<u>Bisher von Don Both erschienen:</u>

Dangerzone

Desirezone

Ruf des Teufels

Hope - mit Kera Jung

Don Both

Immer wieder samstags

A.P.P.

Roman

Immer wieder
samstags

Immer wieder samstags © 2014 DonBoth.

https://www.facebook.com/pages/DonBoth/248891035138778

Lektorat: Belle Molina
Korrektorat: Belle Molina
Weitere Mitwirkende: Mrs. Muse, Sophie Candice
Cover: Maya L. Heyes www.Maya-Heyes.de
Satz: Sophie Candice

ISBN e-Book: 978-3-945164-12-9
ISBN Print: 978-3-94 5164-13-6

A.P.P. - Verlag
Peter Neuhäußer
Gemeindegässle 05
89150 Laichingen

*Dieser Roman wurde unter Berücksichtigung der
<u>neuen</u> deutschen Rechtschreibung verfasst, lektoriert
und korrigiert.*

Pro Mamu a Tatu

1. FRUST UND LANGEWEILE

Alles Fotzen außer Mama. Das ging mir spontan durch den Kopf, während ich meinen gelangweilten Blick über die halbnackten Weiber wandern ließ, die der Meinung waren, sich sexy zu der lauten, penetranten Musik zu bewegen.

Es gab zwei Arten von Hobelschlunzen auf dieser Strandparty. Entweder ich hatte sie schon durch, und sie waren somit uninteressant, oder aber sie befanden sich so weit unter meinem Niveau, dass ich sie nicht mal mit einer verschissenen Kneifzange anfassen würde.

Jap. Bei mir drehte sich alles um Pussys, denn ich war ein achtzehnjähriger Jugendlicher mit überdurchschnittlich gutem Aussehen und einem überdurchschnittlich aktiven Schwanz.

Seufzend schüttete ich mir den aktuellen Whisky hinter die Binde und betrachtete meinen Bruder Phillip, der seine Schlampe Katha auf der Tanzfläche durchfickte. Natürlich im übertragenem Sinne ... Langweilig.

Einen weiteren Schluck später nahm ich meinen Bruder Tom ins Visier. Er war seit Neuestem mit einem rothaarigen Zwerg zusammen. Ich hatte keine Ahnung, was er an Vivian Müller fand. Sie war unsere Nachbarin – winzig und dürr. Ja, dürr! Sie hatte keine Titten, die man kneten konnte, und keine Hüften zum Festhalten. Der laufende Meter besaß nicht mal anständige Haare, in die man seine Faust krallen konnte, wenn sie einem einen blies. Kurzum, sie sah aus wie ein Kerl. Mir war es ein Rätsel, was er von ihr wollte, aber es war nicht mein Business, mich mit dem Liebesleben meiner – oftmals vor Idiotie triefenden – Brüder zu befassen.

Ich sah zu Eva und Valerie, die unserer Clique angehörten, und – wie sollte es auch anders sein – im selben Moment zu mir hinüberstarrten. Kaum glitt mein Blick aus trüben Augen über sie, fingen sie an, ihre Ärsche und Titten aneinander zu reiben, als würde ihr verschissenes Leben davon abhängen.

Ich konnte ein herablassendes Schnauben nicht unterdrücken, doch ein kleiner Teil meines Hirns, der vom Alkohol schon sehr in Mitleidenschaft gezogen war, spielte mit dem Gedanken, später alle zwei auf einmal zu beglücken. Also biss ich mir betont langsam und genüsslich auf die Unterlippe, während ich eine Augenbraue in luftige Höhen zog. Die Weiber krepierten fast einträchtig an einem Herzinfarkt. Man konnte förmlich sehen, wie sich die Feuchtigkeit zwischen ihren schlanken Beinen ausbreitete. So eine Wirkung hatte ich auf die Frauenwelt und ich war mir dessen sehr wohl bewusst. Ich war schließlich Tristan *Du kannst mir nicht widerstehen* Wrangler und verdammt stolz drauf!

Erst mal wollte ich allerdings trinken, vielleicht noch was kiffen und einfach nur abchillen.

Während ich mir mit einer Hand durch die geligen Haare fuhr, blieb ich aus Versehen an zwei verdammt neugierigen Augen hängen, die – hinter einer dicken Brille verschanzt – genau zu mir schielten. *Nicht schon wieder!* Diese kleinen Schweinsäuglein verfolgten mich schon seit der zweiten verdammten Klasse. Der Name der Glubscherin fiel mir auch ein, was nicht wirklich verwunderlich war. Schließlich wohnten wir in einem kleinen Kaff, in dem jeder jeden kannte.

Mirta Engel.

Ich musste glucksen. Was für ein absolut bescheuerter Name! Er stellte einen Widerspruch in sich dar. Wo Mirta wie die Faust aufs Auge passte, vermutete man bei ihrem Nachnamen ein schönes, zartes Wesen. Aber hinter dieser Geschmacksverirrung der Natur konnte sich unmöglich ein Engel verstecken.

Sie glich einer Ente! Oder, wenn man ihren nicht gerade schlanken Körperbau betrachtete, wohl eher einem Truthahn. Jetzt musste ich laut lachen. Das Ungetüm, welches mich mit verträumtem Blick fixierte, grinste unsicher, weil sie wohl dachte, ich lachte sie *an* und nicht *aus*. Gleichzeitig wurde sie knallrot, während sie sich verlegen auf die Lippe biss. Okay, sie war nicht nur hässlich, sondern auch noch strunzdumm! Eine andere Erklärung gab es nicht, schließlich waren es ich und meine Clique, die ihr seit Ewigkeiten das Leben zur Hölle machten, aber sie schwärmte dennoch für mich – genauso wie jede andere Schlunze auch.

Wie wenig Selbstachtung konnte man eigentlich haben? Na ja, bei ihrem Aussehen waren da echte Abgründe möglich...

Weiterhin meinen Whisky trinkend betrachtete ich sie eingehender, auch wenn es mir wahnsinnig schwerfiel und meine Augen beinahe einer seltenen Krebsart erlagen. Na gut, für

Anspruchslose, zu denen ich eindeutig nicht zählte, schien sie wahrscheinlich gar nicht so fett. Dennoch hatte sie locker zehn Kilo zu viel auf den Rippen, was mir die Speckrolle verriet, welche sich selbst unter dem locker sitzenden grauen Pullover abzeichnete. Ein verwaschener alter Jeansrock bekleidete ihre stämmigen Oberschenkel, die einen beim Ficken sicher zu Tode quetschen konnten, wenn man zu früh kam oder anderweitig abfuckte.

Angeekelt schüttelte ich mich, als ich daran dachte, in so etwas jemals meinen über alles geliebten Ficker zu vergraben. Vorher würde ich lieber auf Handarbeit umsatteln. Ha! Als ob ich das nötig hätte.

Mehr Gedanken wollte ich an die ´Folter für Augen´ da hinten nicht vergeuden und wandte meinen Blick ab.

Ich bestellte mir noch mehrere Drinks, rauchte unendlich viele Kippen und verbrachte den weiteren Abend damit, unzählige Typen blöd anzumachen, in der Hoffnung, in eine anständige Schlägerei zu geraten. Leider kannten sie mich alle und kuschten, sobald ich sie nur anvisierte.

Also hieß das beknackte Motto für diesen Abend: Frust und Langeweile pur ... So wie jeden verdammten Samstag.

2. HERZRASEN UND UNERFÜLLBARE TRÄUME

Mia 'poor' Engel

Wieso war ich überhaupt hier? Ich verabscheute doch jegliche Arten von Partys – ganz besonders die am Strand. Jeder trug einen Bikini oder eine Badehose – außer mir natürlich –, einzig, weil ich mich einer Ganzkörpermusterung entziehen wollte. In dem Fall erreichte ich leider lediglich das Gegenteil. Es war ein Teufelskreis.

Frustriert seufzend sah ich der Menge beim Tanzen zu und nippte an meinem alkoholfreien Coconut Kiss. Meine Brille verrutschte dabei immer wieder, sodass ich sie mit dem Zeigefinger permanent gerade auf die Nase schob.

Ich gehörte hier einfach nicht hin. Ich war das kleine hässliche Entlein, das abseits stand und darauf hoffte, nicht von irgendwem blöd angemacht oder schlimmer, fertiggemacht zu werden.

Deshalb behielt ich die 'Wrangler Clique' auch ganz genau im Auge. Jeden Moment konnten sie sich eine neue Gemeinheit ausdenken und mich damit bis auf die Knochen blamieren.

Aber die Angst vor einer erneuten Blamage war nicht der einzige Grund, warum ich immer wieder zu ihnen hinüber sah. Nein, mein Hauptbeobachtungsziel bildete Tristan Sexy.

So hieß er bei den Mädels, bei *allen*. Und so sicher, wie die Erde rund ist, wusste er das auch. Denn das war er. Einfach nur unbeschreiblich, geradezu unverschämt und absolut höschennässend sexy. Kurzum wunderschön. Ganz zu schweigen, dass er Ausstrahlung und Geld wie Heu besaß. Er verkörperte alles, was in dieser Gesellschaft begehrenswert erschien, und den Mädchen der Schule sowie wahrscheinlich der ganzen Stadt schlaflose Nächte bescherte.

Gut, seine Brüder waren auch nicht zu verachten – allesamt vergeben –, hatten aber nicht diese einzigartig verwuschelten dunkelbraunen Haare, den rebellischen Dreitagebart, die grünbraunen, funkelnden Augen, schier perfekte Gesichtszüge, diese langen, talentierten Pianistenfinger und zusätzlich dieses Hammerlächeln.

Okay … Er lächelte so gut wie nie *wirklich*.

Entweder grinste er dreckig oder warf mit Todesblicken um sich. Aber lächeln? Nein. Ich hatte ihn eigentlich nur ein einziges Mal lächeln gesehen, aber das lag schon lange zurück.

Es war in der siebten Klasse gewesen. Für einen Wettbewerb entwarf ich ein Bild, weil mir immer gesagt wurde, dass ich gut im Zeichnen wäre. Mein Lehrer, Herr Piper, ging sogar so weit zu behaupten, ich sei phänomenal, was ich ihm aber nie glaubte. Auf jeden Fall hatte ich gewonnen.

Die Malerei wurde schließlich ausgehängt, was aber auf meinen Wunsch anonym geschah, weil ich jegliche Aufmerksamkeit unbedingt vermeiden wollte. Darauf zu sehen war eine einfache Landschaft, genauer gesagt, mein Lieblingsort: eine geheime Lichtung, tief im Wald verborgen, die nur ich kannte und gerne besuchte, wenn ich in Ruhe zeichnen und nachdenken wollte.

Als ich dann eines Tages zu meinem Spind ging, sah ich Tristan vor *meinem* Bild stehen, und da war es: ein sanftes, verträumtes, offenes Lächeln … Es war so bezaubernd! Wenn ich nicht schon bis über beide Ohren in ihn verliebt gewesen wäre, hätte es mich in diesem Moment erwischt – aber so was von …

Schnell ging ich weiter, um ihn nicht zu stören.

Kurz darauf flippte ich vor Freude fast aus, da man mir mitteilte, dass Tristan Sexy persönlich mein Bild gekauft hatte. Wieso, wusste ich nicht, nur, dass es ihm gefiel, was mich wiederum richtig stolz machte! Vielleicht hing es jetzt irgendwo in *seinem* Zimmer. Allein die Vorstellung ließ mich dusslig grinsen.

Zwei verengte Augen, die zu mir starrten, rissen mich aus meiner Träumerei.

Oje, Tristan sah mich an!

Schüchtern strich ich mir ein paar meiner langen hellbraunen Strähnen hinters Ohr und versuchte, ruhig weiter zu atmen. Ganz besonders, als er plötzlich lachte.

Gott, sein Lachen war fast so schön, wie das sanfte Lächeln, von dem ich jeden Abend träumte. Ich fühlte mein Erröten und musste den Blick von ihm abwenden. Stattdessen sah ich auf meine Oberschenkel und versuchte, nicht vom Hocker zu kippen.

Und wieder einmal ärgerte ich mich fast zu Tode.

Warum in Gottesnamen konnte ich nicht hübsch und begehrenswert sein? Warum konnte ich nicht jemand sein, nach dem sich die Männer umdrehten? Warum konnte ich nicht eine Frau sein, die ihm gefiel?

Tja, die Antwort kannte ich. Ich war fett und hässlich, trug eine Brille, lebte in schlechten Verhältnissen und hatte eine nicht gerade tolle Kindheit hinter mir. Das Essen war immer mein einziger Freund gewesen. Jetzt musste ich die Konsequenzen dafür tragen. Mein Gewicht und mein introvertiertes Verhalten stempelten mich als Außenseiterin ab, die unwürdig für jeden erschien.

In den letzten siebzehn Jahren hatte ich mich daran gewöhnt, soweit dies möglich war.

Dennoch durfte ich doch träumen, oder?

Träumen von dem Tag, an dem Tristan mich ansehen und mehr in mir erkennen würde als das kleine hässliche Entlein … an dem er bemerken würde, wie ich wirklich war – nämlich wunderschön …

3. SCHEISSE GELAUFEN

Tristan 'out and about' Wrangler

Fuck, war ich genervt und obendrein stockbesoffen. Es war wohl schon weit nach Mitternacht, als die Hemmungen sowie die Kleidungsstücke fielen, und die vernichteten Hirnzellen den Intelligenzquotienten zu senken schienen. Jeder knutschte mit irgendwem rum oder reiherte in irgendeine Ecke. Ich derweil thronte immer noch an der Bar, weder am Reihern noch am Knutschen – genauso gelangweilt und frustriert wie schon vor ein paar Stunden, doch jetzt wurde es Zeit ... Also hielt ich Ausschau nach etwas Ablenkung.

Eva und ihr Silikontittengefolge waren verschwunden. Ich hoffte wirklich für sie, dass sie nicht schon daheim ihren Rausch ausschliefen. Sie würden es ihr Leben lang bereuen. Mindestens. Womöglich hatten sich die Schlunzen aber auch unter das Partyvolk gemischt und waren einfach nicht zu erkennen. Gewundert hätte es mich nicht, schließlich sah ich bereits alles verwischt und doppelt noch dazu. Mir blieb wohl nichts anderes übrig, als die Leute näher in Augenschein zu nehmen, um die Weiber ausfindig zu machen. Ich schnappte mein Glas, stützte mich am Tresen ab und taumelte auf die Tanzfläche, die nur noch spärlich besucht wurde. Hier waren sie schon mal nicht. Na super ... Grummelnd entschied ich mich in Richtung des Klogebäudes zu torkeln, das etwas von der Strandbar entfernt lag. Dabei musste ich ein kleines Brückchen passieren, welches sich über einen Seeausläufer erstreckte. Genau hier geschah es. Ich wurde angerempelt und mein geliebter Whisky ergoss sich über einen grauen Pullover.

»Hey!«, beschwerte ich mich sofort lautstark und versuchte, meinen Blick zu fokussieren. Als ich erkannte, wem ich den Drink über die ziemlich großen Titten geschüttet hatte, wünschte ich mir, der Alkohol hätte mir mein kaum noch vorhandenes Sehvermögen komplett genommen.

»Kanns du nisch aufpasssn, verdammde Scheise, Truti!«, spie ich ihr entgegen und zeigte schwankend auf mein Glas. »Der Scheis hat … gansche vieeeer Euro gekoschtet!« Vermutlich zeigte ich drei oder acht meiner Finger – weiß die Muschi.

Sie verzog ihr kleines Gesicht und starrte mit einer Mischung aus Unsicherheit und absolut dämlicher Verträumtheit zu mir rauf.

»Hey!« Ja, ich fragte mich selber, ob ich die Sätze vielleicht auch anders anfangen konnte, aber es war schon zu spät, also lallte ich weiter. »Isch hap disch was gefragt!« Wild fuchtelte ich mit meiner Hand vor ihren Augen rum, verfuchtelte mich aber irgendwie, und wischte ihr mit einer Bewegung die hässliche Brille von der Nase.

»Oh!«, rief sie aus, als diese in weitem Bogen über das Brückengeländer flog. Sie starrte einige Sekunden auf die Stelle, wo das hässliche Ding mit einem leisen *Plopp* im Wasser verschwand, und dann wieder zu mir auf.

Der Truthahn sah auf einmal gar nicht mehr verträumt aus, im Gegenteil, der wirkte scheißwütend. Sie brachte mich mit ihrem Schmollmund und dem unheilverkündenden Funkeln im Blick dazu, lauthals loszulachen.

»Das ist nicht witzig!«, stieß sie mit bebendem Stimmchen aus. Dann sah ich schon, wie ihr die beschissenen Tränen in die Augen stiegen, aber ich war Arschloch genug, um diese zu ignorieren und ihr auf die Schulter zu klopfen.

»Nichtsch für ungut, Misch Maulwurf. Das hap isch doch gern getan. Die Scheise war sowieso hässlisch!« Entschlossen schwankte ich zurück in Richtung Bar, um mir Nachschub zu besorgen, und ließ sie mit einem schockierten Gesichtsausdruck stehen.

Die Schlunze sollte sich mal nicht aufregen. Ich hatte ihr gerade einen Gefallen getan. Wer trug heutzutage schon noch runde Brillen? Wir waren hier nicht in einem beknackten Harry Potter Buch! Es fehlten nur noch Narbe auf der Stirn und Zauberstab in der Hand. Vielleicht konnte sie sich ja so ihr Fett wegzaubern?

Glucksend holte ich mir noch einen Whisky, bevor mir einfiel, wo ich vorhin eigentlich hin wollte.

Also machte ich mich erneut auf den Weg zu den Scheißhäusern. Ich hoffte, ich würde den wütenden Truthahn nicht noch einmal antreffen. Die Luft war rein, wenigstens etwas.

Sicher bei den Klos angekommen drehte ich mir einen Joint, wobei die Hälfte in den Toiletten landete und der Tabak erst gar nicht den Weg in die Tüte fand. Egal. Hauptsache es knallte ordentlich rein. Und das tat es wirklich, mir wurde nämlich kotzübel, nachdem ich ihn durchgezogen hatte.

Da ich aber nach wie vor ficken wollte, machte ich mich auf den Rückweg Richtung Brücke. Geschmeidigkeit sah definitiv anders aus, denn es drehte sich alles, und ich hatte Mühe, die Balance zu halten. So musste sich ein langsamer, torkelnder Marathonschlurf anfühlen.

Nach ein paar Schritten streikte mein Magen endgültig. Also lehnte ich mich über die niedrige Steinbrücke, damit die Übelkeit mich nicht umbrachte. Gerade als ich loslegen wollte, meinen gesamten Mageninhalt an die Luft zu befördern, fiel mir auf, wie lustig die Wellen da unten vor sich hin plätscherten, sich aneinander brachen. Immer näher kamen sie, als ich mich weiter vorbeugte … Das Wasser schien mich verschlingen zu wollen.

Ohne die Möglichkeit zu reagieren verlor ich das Gleichgewicht und fiel kopfüber direkt über den Rand ins kühle Nass.

Ich war viel zu breit und besoffen, um überhaupt mitzubekommen, was hier passierte oder dass ich vermutlich zu hundertprozentiger Sicherheit ertrinken würde, da meine Koordination gleich null war. Es spielte ohnehin keine Rolle mehr, denn der letzte Gedanke galt meinem verdammten Schädel, der fast explodierte, nachdem er mit etwas Hartem kollidierte, und alles um mich herum schwarz wurde.

4. Glück im Unglück

Mia 'the hero' Engel

Ich konnte es nicht fassen. Tristan Wrangler hatte gerade meine Brille im See versenkt. Ich wollte gar nicht daran denken, wie meine Eltern reagieren würden, wenn ich heimkäme und ihnen die freudige Botschaft übermittelte, dass mein Sehgestell baden gegangen war. Mist!

Ja, okay, eigentlich brauchte ich die Brille gar nicht unbedingt. Aber das spielte keine Rolle. Die Erzeugerfraktion würde mal zur Abwechslung nicht ohne Grund ausrasten. Meine Hände ballten sich zu Fäusten, dennoch ging ich weiter. Mir war zum Heulen zumute, aber ich verdrängte die unliebsamen Tränen, die ohnehin nichts brachten. Für mich war's das. Ich wollte mir noch etwas zu trinken holen und würde mich dann auf dem Weg nach Hause machen. Ein Glas Wasser später befand ich mich auf dem Weg zurück und erstarrte. Ich sah Mister *Ich fuchtel deine Brille weg* mit ausgestreckten Armen am Brückengeländer stehen, wo er weit vornüber gelehnt in die sanften Wellen schaute. In diesen lässigen Jeans und dem engen schwarzen Shirt war er einfach nur heiß.

Mit seinem Anblick verflog meine Wut umgehend und ein leiser Seufzer entkam meinen Lippen, während ich ihn weiter beobachtete, ohne die geringste Chance jemals genug von ihm zu bekommen.

Als er leicht nach vorne kippte, runzelte ich die Stirn. Was …? Immer weiter neigte er sich vor und würde so das Gleichgewicht verlieren. Ganz sicher.

Und es geschah – mit der Anmut eines fallenden Steines stürzte er von der Brücke!

Ein Schrei entkam mir und ich schlug die Hände vor den Mund. Panisch blickte ich mich um, aber es war natürlich weit und breit niemand zu sehen.

Ich überlegte nicht lange und rannte auf die Büsche des Ufers zu, um direkt in die eisigen hüfthohen Fluten zu springen. Beim Näherkommen erkannte ich, wie seine Gestalt kopfunter im Wasser trieb. Er rührte sich nicht. Meine Anspannung stieg und ich fing an zu zittern wie Espenlaub. Schnell drehte ich ihn um, damit er hoffentlich atmen und wieder zu sich kommen würde. Dabei umklammerte ich seinen breiten Oberkörper, um ihn über Wasser zu halten. Eine Platzwunde prangte auf seiner Stirn, und ein Wort entkam mir, was ich sonst nie benutzte.

Mit all meiner Kraft griff ich fester unter seine Arme und zerrte den nicht gerade leichten, nassen Körper zur Uferböschung, um ihn dort abzulegen. Erleichtert vernahm ich sein Ächzen. Er war nicht tot. Gott sei Dank!

Ich war völlig am Ende und ausgelaugt, aber gleichzeitig unheimlich froh. Schwer atmend setzte ich mich neben ihn und betrachtete im Schein des Mondes sein Gesicht. Er war einfach nur unbeschreiblich schön. Das erste Mal hatte ich die Gelegenheit, ihn aus nächster Nähe zu bewundern. Seine makellosen Züge fesselten mich und konnten mich nicht davon abhalten, über eine unversehrte Stelle seiner gerunzelten Stirn zu streichen, die sich sofort glättete.

Er seufzte leise und ermutigte mich mit diesem wahnsinnig sexy Geräusch dazu, ihn weiter zu berühren. Hauchzart streichelte ich von seinen hohen Wangenknochen bis zu den Stoppeln des rauen Dreitagebartes und über seinen kantigen Kiefer. Gerade als ich meine Finger von ihm lösen wollte, zog sich sein linker Mundwinkel leicht nach oben. Einfach nur anbetungswürdig!

Automatisch musste ich auch lächeln, wobei ich seine vollen, sanft geschwungenen Lippen anstarrte.

Ich könnte doch … nur einmal … ganz kurz …

Keiner würde jemals davon erfahren.

Nichts deutete darauf hin, dass er gleich aufwachen würde oder, dass sich jemand in der Nähe befand.

Also senkte ich schnell den Kopf und drückte meine Lippen auf seinen warmen Mund.

Es war wie ein Elektroschock, der ein Prickeln durch meinen Körper rasen ließ.

Weder wachte er auf noch rührte er sich, also nahm ich all meinen Mut zusammen und bewegte meine Lippen leicht an seinen. Leise stöhnte ich auf.

Gott! Sie waren so warm und weich und so schrecklich anziehend.

Sein Duft – gemischt mit Alkohol und der Feuchte des Sees – vernebelte mir die Sinne und so ließ ich meine Fingerspitzen erneut sanft über seine Wange, den Hals bis zu seiner Brust wandern.

Das hier war mein erster Kuss, obwohl der Gegenpart nicht mal bei Bewusstsein war. Dennoch, es war fantastisch.

Meine Finger verweilten auf seinem harten Oberkörper, während ich mich seufzend von ihm mehr lösen musste als wollte. Immer noch verwirrt über die ganze Situation war ich dermaßen in Gedanken, dass ich kaum seine Hand emporschnellen sah, die mit gespreizten Fingern meinen Hinterkopf umfasste. Erschrocken erstarrte ich.

»Das war nicht schlecht …«, murmelte er tief, und ich fühlte mehr als alles andere, wie sich seine Lippen zu einem trägen Lächeln verzogen. »Jetzt nochmal mit Zunge!«

Und dann … passierte es!

Sanft strich seine Zungenspitze über meine Unterlippe.

Ich konnte ein weiteres Stöhnen nicht unterdrücken. Dabei öffnete sich mein Mund, was er sofort ausnutzte, um mit seiner Zunge die meine zu finden. Als sie sich berührten, versteifte ich mich anfangs und krallte mich an seinem nassen T-Shirt fest.

»Komm schon!«, forderte er, drang erneut in meinen Mund ein und umwarb mich träge. Meine Bewegungen waren noch schüchtern, bis sein Geschmack mich wie eine Abrissbirne traf. Er schmeckte … *einmalig!* Leicht bitter vom Alkohol, aber doch unendlich süß nach dem Mann, den ich schon immer küssen wollte. Also nahm ich mir ein Herz und schmiegte meine Zunge nun tastend an seine. Seine Finger fuhren in meine Haare, während ich mit wachsender Euphorie seinem Kreisen entgegenkam.

Dies hier war mein erster Kuss. Ein richtiger! Ich küsste gerade Tristan Wrangler *mit Zunge!*

Als ich seinen schneller werdenden Atem bemerkte, seufzte ich, was er mit einem kehligen Stöhnen beantwortete, das sofort zwischen meine Beine schoss und dort alles pulsieren ließ.

Den Druck verstärkend neigte ich meinen Kopf noch ein bisschen mehr, um ihn weiter in meinen Mund einzulassen. Wir keuchten bereits um die Wette. Ich fühlte seinen Herzschlag unter meinen Fingern, welcher genauso raste wie mein eigener.

So. Unglaublich! Als ich merkte, dass er nicht sobald unseren Kuss unterbinden, mich auch nicht anschreien oder mich anderweitig zur Sau machen würde, zog sich alles in meinem

Bauch zusammen. Energisch drängte ich seine Zunge zurück und begann, sie richtig mit meiner zu massieren.

Meine Eigeninitiative entlockte ihm ein weiteres heiseres Geräusch, welches meine Erregung in ein fast unerträgliches Maß steigerte, bis ich von seinen Händen abgelenkt wurde, die zielsicher meinen Rücken hinabfuhren, um mich an den Hüften zu packen, hochzuheben und auf sein Becken zu setzen.

Keuchend versteifte ich mich. Mal abgesehen davon, dass er mich einfach so stemmen konnte, presste er seinen Unterleib gegen meinen, sobald ich auf ihm saß, und was ich fühlte, war hart. *Sehr hart!*

Ein »Mhmm« entkam ihm, während er seine Erregung langsam und genüsslich gegen meine Mitte rieb. Mein Höschen war mittlerweile nicht nur vom Wasser feucht. Als er mit seiner Spitze einen sehr empfindlichen Punkt traf, wimmerte ich laut in seinen Mund, musste aber gleichzeitig meine Lippen von seinen lösen, weil mir die Luft ausging.

Vor diesem Moment hatte ich mich regelrecht gefürchtet, denn der Zauber war gebrochen. Aber statt seine Hände von mir zu nehmen und mich wegzustoßen, vergrub er seine langen Finger wieder in meinen Haaren. Bestimmend zog er meinen Kopf zur Seite, um meinen Hals mit seiner Zunge zu verwöhnen.

Woah! Das konnte er wirklich gut!

Meine Hüften bewegten sich nun automatisch gegen seine. Ich musste mir irgendwie Linderung verschaffen. Das immer stärker werdende Pochen zwischen meinen Beinen war nicht zum Aushalten.

Er schnappte nach Luft, als ich mich fester gegen ihn drückte und an seiner gesamten, ziemlich imposanten Länge entlang rieb.

»Boah!«, keuchte er atemlos, und ich fühlte, wie seine Hand zwischen unsere Körper rutschte. »Du willst, dass ich dir den Ficker reinstecke, nicht?« Seine Fingerknöchel streiften meinen Slip, als er versuchte, seine Hose zu öffnen.

Oh. Mein. Gott! Tristan *sexy* Wrangler wollte mit mir schlafen!

Ich riss die Augen auf, als mir das klar wurde. Aufregung packte mich, meine Hände wurden schweißnass, aber gleichzeitig stiegen mir vor Freude fast die Tränen in die Augen, und ich musste dem Impuls widerstehen aufzuspringen, um es wie eine Irre in die Welt hinauszuschreien.

»Mal schauen, ob du schon so weit bist.« Zielsicher schob er mein Höschen zur Seite und strich über meinen nackten Intimbereich.

Er biss hörbar die Zähne zusammen, als er realisierte, wie bereit ich schon für ihn war. Wie denn auch nicht? Ich war schließlich seit der ersten Klasse unsterblich in ihn verliebt, und mit zunehmendem Alter konnte ich an fast nichts anderes mehr denken als an Sex mit ihm. Meine Erfahrung tendierte zwar gegen null, aber das spielte keine Rolle. Ich war mir sicher, dass er genau wusste, was zu tun war …

»Oh Baby, so feucht …«, raunte er leise in mein Ohr, während er mit einem Finger in mich eindrang. »Und so fucking eng …«, summte er fast schon verwundert.

Ich bog den Rücken durch und konnte einen leisen Schrei nicht unterdrücken, als mich die Gefühle durchströmten, die er in mir auslöste. Dort hatte mich noch nie jemand berührt. Es war ungewohnt, aber auch so gut!

»Das gefällt dir, hm. Dann wart's erst mal ab«, schnurrte er amüsiert und packte mich mit der Hand wieder fester in den Haaren, neigte meinen Kopf zur Seite und küsste mich gierig. Er bewegte seinen Finger einige Minuten heftig in mir, bevor er auch einen zweiten einführte. Rein und raus. Rein und raus. Ich wurde noch feuchter, unter anderem bedingt durch das schmatzende Geräusch, welches entstand, als er mich bearbeitete. Seine Zunge imitierte die Bewegungen seiner Hand, ein unerwartetes Gefühl bildete sich in meinem Bauch und zog sich zu einer Art Knoten zusammen. Ich atmete wiederholt heftig in seinen Mund und begann, meine Hüften im Gleichtakt seiner Finger und seiner Zunge kreisen zu lassen, was ihn noch mehr anheizte.

Als sein Daumen meinen mittlerweile überempfindlichen Punkt erkundete, schwoll der Knoten in meinem Bauch so sehr an, dass ich das Gefühl hatte zu platzen. Doch in dem Moment stellte Tristan alle Berührungen ein, was mich dazu brachte, nun an seiner Wange hinabzugleiten, um die duftende Haut seines Halses zu küssen, an ihr zu saugen und zu lecken, während ich mich schamlos weiter auf ihm umherwand. Ich war wie von Sinnen.

»Geh runter!«, befahl er plötzlich rau, und ich hielt schockiert inne. Seine Hände hoben mich von seinen Hüften, bevor ich reagieren konnte. Sofort versteifte ich mich, denn jetzt war es offensichtlich so weit. Er würde mich von sich stoßen. Mühsam rappelte ich mich auf, um seinen garantiert folgenden wüsten Beschimpfungen zu entgehen.

»Knie dich hin!«, forderte er jedoch ungeduldig, während er

sich wankend aufrichtete, und ich ihn verwirrt ansah. Sein Blick war verschleiert, als er die Augen verdrehte und meinen Nacken packte. Mit einer Hand drückte er mich nach vorn, bis ich die gewünschte Haltung einnahm, mit der anderen schob er meinen Rock hoch, was mein Herz in wahren Aufruhr versetzte. Wollte er mich etwa so das erste Mal …? So hatte ich mir das nicht vorgestellt. Aber meine Befürchtungen verflogen, als er seine Spitze genüsslich an meinem Eingang rieb.

Mit zur Faust geballter Hand umfing er meine Haare und zog kräftig daran, während die andere sich in meine Hüfte krallte. Ich war gefangen; meine Arme und Beine zitterten unkontrolliert.

»Pass auf … der Scheiß wird jetzt verdammt … tief«, meinte er noch knurrend.

Dann drückte er sich in einer einzigen Bewegung scharf in mein Inneres. Ich schrie auf.

Es stach und brannte. Tränen schossen mir in die Augen und ich musste mit Mühe ein Schluchzen unterdrücken. Wenn er mich nicht festgehalten hätte, wäre ich zusammengebrochen.

»Oh, fuck!«, stöhnte er laut, als er mich komplett ausfüllte. »Verdammte Scheiße! Bist du eng! *Fuck!*« Er hielt still, während ich die Zähne zusammenbiss und krampfhaft versuchte, mich irgendwie an die unangenehme Dehnung zu gewöhnen.

Langsam zog er sich zurück, bis er fast aus mir hinausglitt, um danach umso heftiger in mich zu stoßen. Dieses Mal konnte ich den Schrei unterdrücken. Es stach auch nicht mehr, aber brannte nach wie vor. Daher war es immer noch alles andere als angenehm.

Er machte weiter, ohne auf mich zu achten. »Fuck. Du. Bist. Der. Hammer!« Zwischen jedem Wort rammte er sich förmlich in mich. Seine Hand an meiner Hüfte hielt mich an Ort und Stelle, half mir, der Heftigkeit standzuhalten. Mittlerweile tat es nicht mehr weh, aber das hier hatte nichts mit meiner Traumvariante gemein. Eine einzelne Träne lief meine Wange hinab, während Tristan Wrangler mich benutzte, um seine Befriedigung zu finden. Er fand sie sehr schnell. Mit einem lang gezogenen »Fuuuuuuck!« und einem letzten noch härteren Stoß löste er sich von mir, und ich fühlte warme Flüssigkeit, die auf meinen Hintern spritzte.

Sofort befreite er mich aus seinem Griff und ließ sich schwer keuchend ins Gras fallen. Ich kniete hier, mit seinem Sperma an meinem Hinterteil, bis über beide Ohren gedemütigt und wusste einfach nicht, was ich tun sollte.

Mein Atem kam genauso abgehackt wie seiner, mein Herz raste noch immer in meiner Brust und ich schwitzte, während mir etwas Feuchtes an der Innenseite der Oberschenkel hinab lief. Als ich mit bebenden Fingern danach tastete, um nachzuschauen, bemerkte ich es … Blut.

Ich war komplett durcheinander. Von meinem Chaos an Gefühlen abgesehen, wusste ich auch nicht, ob es nicht besser wäre zu bleiben oder zu gehen. Also wandte ich den Kopf, um ihn zu mustern.

Er lag auf dem Rücken, den Arm über sein Gesicht geworfen, die andere Hand lässig auf seinem flachen Bauch ruhend. Seine breite Brust hob und senkte sich immer noch schnell und heftig, seine Hose war weiterhin offen. Ich musste mich zusammenreißen, um eine erneute Tränenflut zu unterdrücken. Mir schoss ein Wort durch den Kopf. *Benutzt.* Genauso fühlte ich mich. Er drehte sein perfektes Gesicht zu mir und sah mir das erste Mal in meinem Leben richtig in die Augen.

Seine Mundwinkel verzogen sich nach oben, er lächelte – warm und offen und einladend und auch irgendwie … *mitfühlend.*

Woah!

Wortlos streckte er seine Hand nach mir aus und strich mir forschend über die Wange. Diese Zärtlichkeit brachte die Wasserfälle zum Überlaufen. Er runzelte irritiert die Stirn, als er die Tränen bemerkte, und wischte sie mit seinen Fingerknöcheln fort. Bevor ich mich versah, ruhte mein Kopf an seiner Halsbeuge und seine Arme hatten mich umschlungen. Seine Lippen pressten sich gegen meine Haare, dann hörte ich ihn flüstern: »Das war der beste Scheiß in meinem ganzen Leben. Danke …« Ich seufzte wohlig auf, als er meinen Nacken kraulte und tief meinen Duft einsog. Nun entspannte ich mich.

Tristan Wrangler hatte gerade den besten Sex in seinem Leben gehabt … *mit mir!* Und er bedankte sich … *bei mir!*

In diesem Gefühl gefangen gestattete ich mir ein Grinsen und legte verträumt meine Hand auf seine Brust. Ich ließ sie nach oben wandern, und er schob mich nicht von sich, als ich anfing, die Seite seines Gesichts und seinen Hals zu streicheln. Seufzend schmiegte ich mich noch enger an ihn, und er erlaubte auch das. Er drückte mich sogar fest an sich.

Im nächsten Moment schlossen sich meine schweren Lider. Mich darauf konzentrierend tatsächlich in seinen Armen zu liegen, lächelte ich und schlief kurz darauf ein.

5. DER TRUTHAHN IN MEINEN ARMEN

Tristan ´shocked ashole´ Wrangler

Ich wachte auf, weil die beschissenen Vögel ihre verfickten Schnäbel aufreißen mussten, um meinen friedlichen Schlaf zu stören. Verdammte Biester! Ich wollte ihnen ihre Hälse umdrehen. Möglichst, ohne mich dafür zu bewegen, denn mein Kopf brachte mich sowieso um. Kein Wunder, dass meine Laune miserabel war. Scheiß Federviecher.

Innerlich grummelnd nahm ich nach und nach meinen restlichen Körper wahr, aber da gab es noch etwas anderes – etwas Warmes, etwas Weiches, kitzelnde Haare an meiner Nase. Im letzten Moment konnte ich mir genau diese zuhalten, um ein Niesen zu unterdrücken. Die Scheiße hätte meinen malträtierten Schädel garantiert zum Explodieren gebracht.

Angestrengt überlegte ich, wen ich da verdammt nochmal in den Armen hielt, aber gestern Nacht war einfach nur ein verschwommener Fleck. Ein verschwommener Fleck und ein verdammt sexy Arsch, der sich mir entgegenstreckte, und die engste Pussy, die ich je in meinem Leben gefickt hatte. Automatisch wurde ich hart. Mein Ficker erinnerte sich voller Sehnsucht an das unsagbar heiße Gefühl um sich herum … Ansonsten war da überhaupt gar nichts.

Der Duft, der nach der gerade noch verhinderten, garantiert tödlich endenden Niesattacke nun meine Geruchsnerven heimsuchte, wirkte angenehm. Irgendwie süß, aber nicht klebrig, gleichzeitig unschuldig und rein wie frisch gewaschene Wäsche.

Trotzdem wagte ich es nicht, meine Augen endgültig zu öffnen, denn jegliche Illusion wäre dahin, wenn ich erst in das Gesicht einer dahergelaufenen Schlampe sehen würde. Einer Schlampe, mit der ich den verdammt besten Sex meines Lebens erlebt hatte. Viel wusste ich zwar nicht mehr, aber dessen war ich mir sicher.

Eben diese hatte ihren Kopf auch noch an meine Brust gebettet, ihre Hand in mein Shirt gekrallt, und als würde das noch nicht reichen, lag ein ungewöhnlich schwerer Schenkel quer über meiner Hüfte. Sie hatte es sich offenbar gemütlich gemacht. Gott, was war ich? Eine beschissene Couch?

Eine böse Vorahnung keimte auf und hatte mit kackbraunen Augen hinter einer fetten Brille zu tun. Diesen absolut abwegigen Gedanken verwarf ich jedoch sofort. Kein noch so starker Rauschzustand könnte mich jemals dazu bringen, oder? Ich schluckte mühsam und zwang mich, den Tatsachen in die Augen oder besser gesagt, in das schlafende Gesicht zu sehen. Was ich erblickte, ließ mich verzweifelt aufstöhnen. »Das kann nicht wahr sein!«, stieß ich panisch hervor und zog sofort meine Hände zurück, die ihren Körper umarmten – die blöden Verräter! Sie regte sich und rieb ihre Nase an meinem Shirt. Ich hatte Angst, dass sie es vollrotzte und hätte sie am liebsten von mir geschoben, weil ich mich nur noch ekelte.

Fuck! Ich hatte mit dem Truthahn gefickt!

Das hier musste ein Albtraum oder ein schlechter Scherz sein! Wo war die Kamera versteckt? Doch es war weder das eine noch das andere, denn sie hob ihren Kopf, um meinem, zu einer angewiderten Grimasse, verzogenen Gesicht zu begegnen – natürlich mit einem absolut glückseligen Lächeln. Dieses verschwand schlagartig und wich Verwirrung, als sie meine Mimik erfasste. Meinen Ausdruck konnte ich beim besten Willen nicht kontrollieren, denn diese Katastrophe – *ja, Katastrophe* – war total abartig!

Ihr Mund klappte auf. Und er klappte wieder zu. Sie runzelte die Stirn und wollte erneut etwas sagen, doch sie brachte wohl kein Wort heraus. Die Fisch-an-Land-Show zog sie ein paar Mal ab, und ich hätte fast geschmunzelt, obwohl mir wirklich nicht nach dem Scheiß zumute war.

Ich konnte mir mittlerweile erfolgreich einreden, dass ich, trotz diverser Bilder in meinem Kopf, niemals mit ihr gefickt haben konnte. Das war schließlich der Truthahn! Der beste Sex in meinem Leben – mit ihr? Ha! Das war schlichtweg unmöglich.

Aber ich musste sicher sein. Also räusperte ich mich und fragte wagemutig die Frage aller Fragen, die zur Abwechslung nichts mit Sein oder Nichtsein zu tun hatte: »Wir haben aber nicht gefickt, oder?«

Der Truthahn runzelte angestrengt ihre Stirn.

Sie wurde so rot wie eine verschissene Tomate und murmelte: »Nein«, woraufhin ich erleichtert durchatmete. Doch dann biss sie sich auf die Lippe und blickte mich unter ihren Wimpern hervor an, die ziemlich lang waren, das musste ich zugeben. »Du hast eher mich…«, nach einem Räuspern fügte sie wispernd hinzu, »gefickt – tief …«. Sie zuckte die Schultern, als wäre es keine große Sache und lächelte mich schüchtern an.

»Fuck!« Ich schloss die Augen und ließ meinen Kopf zurückfallen. Angestrengt wischte ich mir übers Gesicht. Erst als ihr schwerer Schenkel sich von mir löste und sie abrückte, merkte ich, dass doch mehr von ihr auf mir gelegen hatte als vermutet. »So eine Scheiße«, murmelte ich vor mich hin. Nervös fuhr ich mit der Hand durch meine Haare und sah sie wieder an. Sie hatte sich aufgesetzt und versuchte, ihre zerzausten hellbraunen Locken zu richten. »Hat uns jemand gesehen, gehört … oder gefilmt?« Letzteres wagte ich mir nicht mal auszumalen.

Ihre Hand hielt inne, und sie starrte mich für einen Moment ausdruckslos an. Dann tat sie etwas für ihre Verhältnisse sehr Ungewöhnliches: Der Truthahn richtete sich auf, schob das Kinn fast schon trotzig vor und straffte die Schultern. »Nein, uns hat keiner gesehen, gehört oder gar gefilmt! Kein Filmchen wird bei YouTube auftauchen, keine Sorge!«, sagte sie klar und deutlich, laut und irgendwie zynisch. So bestimmend hatte ich sie noch nie reden gehört.

»Gott sei Dank!«, entfuhr es mir, und ich musste schon wirklich sehr erleichtert sein, wenn ich den Namen des Scheißers in den Mund nahm.

Dann richtete ich mich auf und sah mich um. Wo zum Teufel war ich überhaupt?

»Du bist ins Wasser gefallen und wärst fast ertrunken. Ich hab dich rausgezogen«, gab sie emotionslos von sich. Umständlich stand sie auf, und ich verzog das Gesicht bei dem Anblick, wie sie mit ihren Massen kämpfte. Ich konnte von Glück reden, dass dieses Ungetüm mich beim Sex nicht zerquetscht hatte.

»Das glaubst du doch wohl selber nicht«, antwortete ich gewohnt arrogant und suchte meine Hosentaschen nach Kippen ab. Ich brauchte dringend was zur Beruhigung. Nur wurde mir diese verwehrt, weil meine geliebten Glimmstängel komplett durchnässt waren, was das Federvieh triumphierend lächeln ließ.

»Das beweist gar nichts«, giftete ich vor mich hin und schmiss die Schachtel ins Wasser.

Ihr genuscheltes »Umweltverschmutzer«, vernahm ich nur am Rande bevor sie lauter weiter sprach: »Ach ja?« Sie hob eine Augenbraue. »Und das?«

Plötzlich beugte sie sich hinterhältig lächelnd zu mir hinab und drückte zwei Finger gegen meine Stirn. Ich schrie auf, weil ein stechender Schmerz meinen sowieso schon pochenden Kopf durchzuckte.

Vorsichtig ertastete ich die Schmerzquelle und spürte die dicke Platzwunde. Oh!

Einen Moment starrte ich meine Finger an, mit denen ich mir an die Stirn gefasst hatte, dann sah ich wieder zu ihr auf. Sie hatte die Hände auf die breiten Hüften gestemmt und betrachtete mich immer noch überlegen.

Was fiel ihr eigentlich ein zu glauben, sie wäre *mir* überlegen?

Ich stand auf – ächzend und stöhnend – und blickte wortwörtlich auf sie herab. Mit Genugtuung merkte ich, dass sich ihr Gesichtsausdruck sofort änderte, als ich mich widerwillig zu ihrem Ohr hinablehnte.

»Dafür hab ich dich ja gefickt. Vergiss nicht, wie sich mein Schwanz in dir angefühlt hat, denn das wird, so sicher, wie Scheiße stinkt, nicht noch einmal passieren«, flüsterte ich mit meiner Sexstimme und realisierte zu meiner Befriedigung, wie sie erschauderte, als mein Atem ihren Nacken streifte.

Einen kurzen Moment lang überlegte ich mir, dass sie wahnsinnig empfänglich für allerlei Reize schien und solche Frauen immer verdammt gut im Bett waren, doch dann schüttelte ich diesen verrückten Gedanken ab und setzte zum vernichtenden Schlag an.

»Es sei denn, du lässt dir dein Fett absaugen und dein Gesicht operieren.« Das saß. Ich hörte, wie sie scharf den Atem einsog, und rückte zufrieden von ihr ab.

»Wieso bist du so …« Sie haderte mit dem Wort, aber ich wusste, was jetzt kommen würde.

»Gemein?«, bot ich freundlicherweise absolut gelangweilt an. Ich hätte fast gelacht, allein wegen der Art, wie sie ihre kleinen Fäustchen ballte und begann, am ganzen Körper zu zittern. Ihre aufkommenden Tränen waren auch nicht neu.

Und eine passende Antwort auf diese selten dämliche Frage hatte ich auch gleich parat: »Weil ich Tristan Wrangler bin und du ein Nichts!«

Nachdem die Tatsachen klargestellt waren, drehte ich mich wie ein verdammter Schlumpf fröhlich pfeifend um und ging davon. Ein einzelner Schluchzer drang noch an mein Ohr und ich grinste breiter. Gut. Das war richtig gut.

So sah sie mich als den Arsch, der ich war, und würde mich in der Öffentlichkeit nicht ansprechen. Wie sollte ich das auch rechtfertigen? Es war nicht möglich. Keiner durfte jemals erfahren, dass ich den Truthahn gefickt hatte, auch wenn der Sex anscheinend phänomenal gewesen war.

Ja, ich konnte es nicht mehr leugnen.

Den besten Sex in meinem Leben hatte ich nicht geträumt, sondern stattdessen mit dem Truthahn gehabt!

Unfassbar.

Aber noch schlimmer! Obwohl sie mich weder berührt noch angemacht hatte oder ich sie begehrte, war mein Ficker steinhart.

6. ERSTE ORGASMEN

Mia 'bewitched' Engel

Als ich aufwachte, war alles so schön gewesen. Es gab einen klitzekleinen Moment, in dem ich entspannt war und mich unsinnigen Hoffnungen hingeben konnte. Aber dann hatte Tristan Wrangler den Mund aufgemacht, mit seinen Worten alles zerstört und mich wieder auf meinen Platz verwiesen.

Er hatte ganze Arbeit geleistet, weswegen ich meine Tränen nicht zurückhalten konnte und weinend nach Hause geradelt war. Dort verkroch ich mich in meinem Zimmer, bis mein Vater kam und mich auch noch runterputzte, weil ich meine Brille verloren hatte. Einzig mein kleiner schwarzer Chihuahua namens Stanley tröstete mich, obwohl er durch seine Glubschaugen echt hässlich, dafür aber vom Wesen her umso lieber war.

Ich verbrachte das gesamte Wochenende in meinem Bett.

Stanley war mir auch keine große Hilfe, denn durch seine Abschlabberei fühlte sich mein Gesicht irgendwann ganz wund an. Schließlich rollte er sich zu meinen Füßen zusammen und ignorierte mich. Anscheinend wurde es ihm zu blöd. Egal, wie viel er ableckte, es kamen immer wieder Tränen hinterher – ein Fass ohne Boden.

Am späten Nachmittag kam meine Mutter auch mal nach Hause, vermutlich extra, um mich wegen der verlorenen Brille zu drangsalieren. Es hatte keinen Sinn, meinen Eltern zu erklären, wie es passiert war. Die beiden interessierte nur, dass sie erneut Geld für ihre zwar einzige, aber dennoch ungeliebte Tochter ausgeben mussten – neben dem Essen, was ihnen wohl auch schon zu viel war.

Am Abend stopfte ich mir frustriert mit Walnusseis die Kalorien rein, schaute einen meiner Lieblingsfilme – *Der kleine Lord* – und wollte nur vergessen. Nicht mal das Gefühl in Tristan Wranglers Armen gelegen zu haben, konnte ausgleichen, wie ich nach seinen Worten empfand.

Der Kummer blieb, natürlich auch, weil es nie wieder geschehen würde. Im Gegenteil, nun verachtete er mich noch mehr, wenngleich ich nicht gedacht hätte, dass dies überhaupt möglich war. Ich stellte mich bereits darauf ein, am Montagmorgen die Hölle durch ihn und seine ach so tolle Clique zu erleben. Dazu kam noch dieser Fototermin. Mist!

Am Montagnachmittag wollte ich mich spontan übergeben, als ich zur Turnhalle ging, um mich ablichten zu lassen. Ich war als beste Schülerin unserer hiesigen Schule ausgezeichnet worden, also sollte ein Artikel inklusive Fotos in der Schülerzeitung veröffentlicht werden.

Wer das zweifelhafte Vergnügen hatte, mich zu fotografieren, wusste ich nicht, aber zu beneiden war dieser Jemand nicht. Ich war nämlich alles andere als fotogen. Schon allein deshalb hätte ich gern darauf verzichtet, aber mein Pflichtbewusstsein hielt mich von einer dramatischen Flucht ab. Auf dem Weg über den Pausenhof dachte ich über Tristan Wrangler nach.

Den ganzen Tag hatte ich weder ihn noch einen seiner Anhänger zu Gesicht bekommen. Wahrscheinlich rauchten sie irgendwo heimlich, hatten Sex oder trieben weiß der Geier was.

Einerseits war ich erleichtert, weil ich von ihren Gemeinheiten verschont wurde, aber andererseits fühlte ich auch Enttäuschung, denn ich liebte es, meinen persönlichen Gott heimlich zu beobachten, obwohl er mich immer wieder auf die ein oder andere Art verletzte.

Eventuell war ich masochistisch veranlagt, aber möglicherweise auch nur ein hoffnungslos verliebter, absolut naiver Teenager. Vielleicht konnte man als weibliches Wesen auch einfach nicht anders, als Tristan Sexy zu verfallen … Ja, so musste es sein.

Wahrscheinlich trafen aber auch alle drei Faktoren aufeinander. Eine masochistische, naive, hoffnungslos verliebte, zu viel Östrogen produzierende Pubertierende. Genau das war ich!

Seufzend öffnete ich die Tür zur Turnhalle und erstarrte, als ich den Rücken in meinem Sichtfeld erkannte.

Diese breiten Schultern. Diese schlanken Hüften. Diese selbstsichere Körperhaltung. Diese schwarze Lederjacke. Aber vor allem diese dunkelbraunen zerzausten Haare.

Ich schluckte angestrengt und überlegte mir, die Flucht nach hinten anzutreten, als ich Tom Wranglers´ unverkennbare Stimme hinter mir vernahm.

»Oh, no! Sag bloß nicht, er soll *dich* fotografieren!« Er stemmte seine Hände gegen meinen Rücken und schob mich in die Turnhalle. Toms Ausruf brachte Tristan dazu, sich umzudrehen. Mit absolutem Schrecken erblickte ich die hochmoderne Kamera in seinen gepflegten Händen.

Ich starrte ihn mit offenem Mund an, genau wie er mich.

Das durfte nicht wahr sein! Nicht er! Nicht ich! *Keine Fotos!*

Tom riss uns aus unserer Schockstarre und schlug mir auf die Schulter. Ziemlich fest. Nur weil ich fett war, gingen die meisten Leute automatisch davon aus, mir physisch ohne weiteres nicht wehtun zu können. Ein absoluter Irrglaube, denn sein Schlag war weder an mir abgeprallt noch empfand ich nichts dabei. Es war einfach nur schmerzhaft und ein blauer Fleck war mir wohl sicher.

»Hattest du schon mal so ein sexy Fotoobjekt?«, fragte der groß gewachsene, blonde Mann hinter mir ironisch und ging auf seinen Bruder zu. Tristan runzelte ungläubig die Stirn und wandte sich von mir ab.

»Willst du die Fotos machen, Tommy?«, zischte er gereizt und hielt ihm die Kamera entgegen.

Tom riss gespielt entsetzt die strahlend blauen Augen auf.

»Hey! Du bist doch unser Fotografengenie. Ich bin mir sicher, du kannst sogar aus der da was rausholen.« Er deutete mit dem Daumen auf mich, und ich fühlte einen Stich, den seine Worte in mir auslösten. Ich würde mich nie daran gewöhnen, minderwertig behandelt zu werden, nur weil ich nicht so supertoll aussah wie manch anderer.

»Das glaube ich nicht«, murmelte Tristan und drückte irgendwas auf seiner Kamera rum.

Ich stand doof da und fühlte mich miserabel. Jetzt wurde mir richtig schlecht. Gerade als ich mich umdrehen wollte, um mit einer fadenscheinigen Entschuldigung abzuhauen, ergriff Tom Tristan am Ellenbogen und zog ihn etwas von mir weg.

»Eine Minute«, gestikulierte er mit seinem Zeigefinger und fing auch schon an, auf Tristan einzureden. Er flüsterte, weswegen ich kein Wort verstand, aber am Tonfall konnte ich erkennen, dass er versuchte, ihn zu irgendetwas zu überreden. Tristan wirkte verunsichert, was selten vorkam. Am Anfang schüttelte er vehement den Kopf, und ich bildete mir ein, das Wort »Zeitverschwendung« zu hören. Ich gab ihm Recht. Mich zu fotografieren war definitiv Zeitverschwendung.

Ich fühlte mich gleich noch ein wenig unwohler und trat

betreten von einem Bein auf's andere. Dann änderte sich die Situation jedoch, genau wie Toms Tonfall, bis er schließlich dreckig grinste, ebenso wie sein kleiner Bruder. Sie nickten gleichzeitig und Mister Sexy kam lässig auf mich zu.

Tom folgte ihm und strahlte mich an. »Na dann, viel Spaß!«, wünschte er mir zwinkernd und verschwand aus der Turnhalle.

Ich drehte mich zu Tristan um und war verwirrt, als ich sah, wie er sich durch die Haare strich und mich *anlächelte.*

»Na dann, wollen wir mal, oder Miss Angel?« Bei Gott, so hatte er noch nie mit mir geredet! So neckend. So spielerisch. So sanft irgendwie ... Ich war dumm genug, um sofort dahinzuschmelzen. Vielleicht bedeutete ihm Samstagnacht doch etwas? Vielleicht wusste er noch, dass er den besten Sex seines Lebens mit mir gehabt hatte, und wie gut es ihm gefallen hatte, mich zu küssen? Ich lächelte zurück, während mir das Blut in die Wangen stieg, als er mich quer durch die Turnhalle direkt zu einem Hocker vor einem gespannten weißen Laken führte.

»Du bist also die beste Schülerin an dieser Kleinkaffschule, hm?«, fragte er und befestigte seine Kamera auf einem Stativ, um anschließend diverse Knöpfe zu drücken.

Das leichte Stirnrunzeln, als er sich konzentrierte, war so süß. Ich unterdrückte gerade noch so ein Seufzen und erinnerte mich schnell an seine Frage, als er auch schon aufblickte, weil ich nicht geantwortet hatte.

»Äh, ja ...«, stammelte ich. Meine Nervosität versuchte ich zu überspielen, indem ich die mittlerweile schweißnassen Hände rang.

»Ich bin der beste Schüler«, grinste er, und ich sah ihn gespielt verwundert an, einfach weil es zu erwarten schien. Aber eigentlich wusste ich das bereits. Genaugenommen wusste ich so gut wie alles über ihn.

»Wirklich?« Aufgeregt, wie ich war, versuchte ich nicht allzu euphorisch zu klingen, nur weil er sich normal mit mir unterhielt.

»Jepp.« Er zuckte die Schultern, als wäre es keine große Sache und drückte weiter an der Kamera herum. »Du musst noch interviewt werden«, murmelte er vor sich hin.

»Ich weiß«, erwiderte ich etwas griesgrämig, was ihn aufschauen ließ. Das erste Mal in meinem Leben sah er mich fast schon interessiert an.

»Du magst es wohl nicht, wenn sich alles um dich dreht, hm?«, kombinierte er grinsend.

»Ja«, seufzte ich und fing an, auf meiner Lippe herumzukauen.

»Kann ich verstehen«, raunte er eher zu sich selbst, und ich runzelte die Stirn. Schnell blickte er auf, dann lächelte er mich auch schon schief an. Ich fiel bei diesem Spektakel fast rückwärts vom Hocker und war mir sicher, dass er sich dieser Wirkung nur allzu bewusst war. Er benutzte es eindeutig als Ablenkungstaktik und es funktionierte.

»Wann hast du Zeit für mich?«

Mein Herz blieb stehen. »Zeit für … dich …?« Ich klang absolut perplex. Wollte er etwa ein Date? *Mit mir?* Seine Mundwinkel hoben sich noch einen Tick und fast schien er damit dieses spezielle seltene Lächeln anzudeuten, bis er die Augen verdrehte. »Na, für das Interview!«

»Oh! Du machst das auch?«

Er nickte, immer noch amüsiert. »Die Schülerzeitung machen Tom, Phil und ich. Noch nicht gewusst?« Ehrlich gesagt hatte ich das Ding noch nie gelesen. Doch das würde sich jetzt ändern! Seit wann war ich so nachlässig, dass mir das entgehen konnte? Ich schüttelte den Kopf. Stalker-Mia würde bald wieder zur Tat schreiten!

»Also, wann?«, wiederholte er und zog eine markante dunkle Augenbraue hoch.

»Was?« Seine funkelnden Augen lenkten mich vom Thema ab und seine langen Finger, die immer noch an der Kamera spielten, auch. Ich musste sofort daran denken, wie sie sich in mir angefühlt hatten.

»Das Interview, Miss Angel!«

»Oh!« *Das ist so peinlich!* Ich kniff die Augen zusammen und runzelte angestrengt die Stirn. Wann hatte ich denn Zeit für ihn? »Immer!«, platzte es aus mir heraus, und ich hörte ihn leise lachen. Gott! Es war so schön! Ich öffnete die Augen und fühlte, wie mein Gesicht heiß wurde. Sehr heiß …

»Gut. Wie wäre es irgendwann am Freitag nach der Schule?«, fragend legte er seinen Kopf leicht schief, was seine verspielte Attraktivität fast unerträglich machte.

»Wäre mir recht«, kam prompt von mir.

»Okay«, bestätigte er und knipste auch schon das erste Bild. Ich zuckte zusammen.

»Soll ich nicht lächeln, oder so was?« Ich war verwirrt und rutschte auf diesem unbequemen Hocker herum.

Tristan schüttelte den Kopf. »Man bekommt, egal wann und wo, das beste und ehrlichste Bild von einer Person, wenn diese sich unbeobachtet fühlt, also schieße ich die Fotos dann, wenn du es nicht ahnst! Ich *hasse* gestellte Fotos *und Menschen*«, gab er noch verhalten hinzu, sodass ich es kaum hören konnte.

»Echt?« Seine Tiefgründigkeit erfüllte mich mit Ehrfurcht. Das hätte ich ihm gar nicht zugetraut. Offenkundig schien auch er sich gut verstellen zu können.

»Ja, echt«, amüsierte er sich und betätigte erneut den Auslöser.

»Wo ist deine Brille eigentlich?«

Ich legte die Stirn in Falten und schürzte die Lippen. »Im Chiemsee«, antwortete ich trotzig.

»Was macht sie denn da? Geht sie eine Runde schwimmen?«, witzelte er und machte weitere Bilder.

»Du hast sie hineingeschmissen«, grummelte ich vorwurfsvoll vor mich hin.

»Was?« Sichtlich verwirrt schaute er mich an.

Gott, war das unangenehm! Ich spielte wieder an meinen Fingern und nickte. »Am Samstag…«, nuschelte ich und errötete bei dem Gedanken an diese Nacht. An ihn, in mir … tief. Ich biss auf meine Unterlippe und versuchte, die Hitze zu unterdrücken, die dieser Gedanke mit sich brachte. Das Klicken der Kamera nahm ich kaum noch wahr.

»Oh-ha!« Er riss seine Augen auf, und für einen kritischen Moment wollte ich laut loslachen, weil er so absolut verlegen, aber auch irgendwie überwältigt aussah. Seine Gesichtszüge verhärteten sich flüchtig. Dann grinste er schon wieder frech und trat auf mich zu. Und *wie* er das tat. Ich kam mir vor wie die hilflose Beute vor dem übermächtigen Raubtier und fing unwillkürlich an zu zittern. Ohne Vorwarnung zog er an dem Reißverschluss meines Pullovers.

»Zieh dich aus!«, befahl er kühl. Ich starrte ihn mit offenem Mund und aufgerissenen Augen an.

»W-Wieso?«, stotterte ich, als er mir auch schon den Stoff von den Schultern streifte.

»Frauen sind umso schöner, je weniger sie anhaben.« Er runzelte bei seinen Worten leicht die Stirn, aber ich registrierte es kaum, weil sein langer Zeigefinger über mein Schlüsselbein strich. Angestrengt schluckte ich. »Gut …«, krächzte ich verlegen. »Reicht das?«

Er lächelte und verdrehte die Augen. Dann beugte er sich zu mir runter. Direkt an mein Ohr. Fast konnte ich seine nun rasierte Wange an meiner fühlen und musste dem Drang widerstehen, mich an ihn und seinen atemberaubenden, berauschenden Duft zu schmiegen. »Noch lange nicht, Miss Angel.« Was hatte er nur immer mit seinem ´Miss Angel´? Und wieso erregte es mich so dermaßen, wenn er mich so nannte?

»Das ...« Sein Zeigefinger hakte sich in den Bund meines einfachen weißen T-Shirts, »muss auch runter.« Unverhofft zog er es mir einfach über den Kopf, und ich saß somit in meinem alten schwarzen BH vor Tristan Wrangler in der Turnhalle meiner Schule.

Kurz überlegend musterte er mich, bedeutete mir dann aber aufzustehen, damit er den Hocker wegkicken konnte. Dieser schlitterte laut polternd über den Boden, bis er still liegen blieb.

»Und die hier ...« Er öffnete den Knopf meiner Hose, »muss auch weg.«, und zog er den Reißverschluss hinab.

Er war mir so nah. Ich konnte seinen Duft riechen, seine Wärme spüren und wollte dahinschmelzen. Mein Kopf war komplett umnebelt.

Ohne zu zögern ging er vor mir in die Hocke und zerrte mir die Jeans von den Beinen – entblößte meinen weißen Slip. *Woah!* Er wusste definitiv, was er wollte!

Jetzt stand ich vor Tristan *Sexy* in meiner farblich unpassenden Unterwäsche und schämte mich in Grund und Boden.

Geschmeidig erhob er sich wieder und schaute breit grinsend auf mich herab. Unsicher kaute ich auf meiner Lippe herum.

Seine Augen verengten sich und wurden einen Tick dunkler. Sein Blick glitt über meinen halbnackten Körper: angefangen bei den riesigen Brüsten zu meinem großen Bauch über meine viel zu vollen Schenkel. Dann fixierte er meine Lippen, von der ich die untere noch immer malträtierte.

Mit einer sanften Berührung seines Daumens entließ er unversehens das bereits wundgekaute Fleisch aus meinen Zähnen, um dann ganz zärtlich darüberzufahren. »Du machst mich hart, wenn du so aufgeregt bist«, wisperte er leise und hielt in der Bewegung inne. Sein Finger lag nach wie vor auf meiner Lippe, was mich dazu brachte, ihm direkt in die funkelnden Augen zu sehen. »Entspann dich. Es ist niemand bis auf uns hier und keiner wird die Fotos zu sehen bekommen – außer mir«, flüsterte er, und ich nickte schnell. Unter seinen warmen Worten und dem weichen Blick entspannte ich mich tatsächlich etwas. Es war beruhigend, dass er mir versicherte, dass niemand die Fotos zu sehen bekäme.

Ganz abgesehen davon würde ich *alles* für Tristan Wrangler tun, um ihm zu gefallen. Ich gehörte ihm bereits, hatte es schon immer, ohne dass er davon wusste.

Hektisch nickte ich.

»Gut!« Bedächtig ließ er von mir ab und schlenderte zurück zu seiner Kamera. Ohne es verhindern zu können, starrte ich auf seinen Schritt. Mit Genugtuung bemerkte ich, dass er tatsächlich hart war.

Ich war dafür verantwortlich, *ich* hatte *ihn* hart werden lassen.

Trotzdem fühlte ich mich unwohl, so freizügig vor ihm zu stehen, nur das Nötigste an, was besonders meinen fetten Bauch betonte. Verlegen spielte ich mit meinen Fingern und wollte mich nur noch bedecken.

Während er die nächsten Fotos schoss, fielen ihm meine verkrampften Hände auf. Er visierte mein knallrotes Gesicht an und seufzte tief, nur um einen Moment später im Nebenraum der Turnhalle zu verschwinden und mit einem schwarzen Tuch wiederzukommen, welches er mir über die Schulter legte und auf griechische Art um mich wickelte, sodass eine Körperhälfte inklusive meiner größten Problemzone verdeckt wurde. Dann ging er wieder zu seiner Kamera.

»Besser?« Ich nickte und nestelte nun an dem Tuch rum. Er verdrehte die Augen. »Also ... wo waren wir stehengeblieben? Siehst du denn überhaupt was ohne deine Brille?«, fing er erneut ein Gespräch an.

»Ich brauche sie eigentlich nur für die Schule, aber ich trage sie auch gerne im Alltag«, murmelte ich immer noch verlegen.

»Wieso zum Teufel trägst du freiwillig eine Brille?« Er schien sichtlich verwirrt, dennoch knipste er munter weiter.

»Ich weiß nicht ...« Seine hochgezogene Augenbraue zeigte mir, dass er mir nicht glaubte, also holte ich tief Luft und gab die Wahrheit zu. »Ich hatte als Kind eine richtige Brille, eine schwache. Im Teenageralter merkte ich, dass ich sie eigentlich gar nicht mehr benötigte, aber ich fühlte mich so ... nackt ohne sie. Deswegen trage ich sie jetzt immer noch.« Ich zuckte mit den Schultern und versuchte, das Tuch verbissen über meine andere Brust zu ziehen, worauf ich nur ein entnervtes Schnauben hörte.

»So geht das nicht«, stellte er frustriert fest und zwickte sich mit Daumen und Zeigefinger in den Nasenrücken. »Standest du noch nie halbnackt vor einem Mann? Meine Fresse, das ist doch auch nichts anderes, als einen Bikini zu tragen!«, fuhr er gereizt fort, während mein Gesicht vor Scham noch einen Tick dunkler wurde.

»Ich gehe nicht ins Schwimmbad ...«, gab ich zu.

»Okaaaaaay ... « Er zog das Wort lang, überlegte einen Moment und verschränkte die Arme vor der muskulösen Brust und diesem engen schwarzen T-Shirt mit V-Ausschnitt inklusive braungebrannter, glatter Haut darunter. Dann seufzte er resigniert und kam auf mich zu.

»Hör mir jetzt zu.« Seine Hand schob sich in meine Haare und forderte meine volle Aufmerksamkeit. »Du bist vielleicht nicht superschlank, oder so einen Scheiß, aber darauf kommt es nicht an ... Nicht jetzt, okay? Ich will einfach nur ein paar schöne Fotos von dir machen und das Beste aus dir rausholen. Ich weiß, was ich tue.«

Träge nickte ich und genoss seine Berührungen. Gänsehaut breitete sich auf meinem Körper aus, während seine Hand langsam zu meinem Hals glitt, um mich dort zu massieren.

»Kein Grund für falsche Scham«, flüsterte er sanft. »Es ist keiner außer uns hier. Wir sind ganz allein.« Wohlig schloss ich die Augen. Seine Stimme streichelte meine Seele, sein Atem mein Gesicht und seine Finger kneteten meine Haut. Erneut wurde ich ein wenig unbefangener.

»Mhm ...« Wohlig lehnte ich mich leicht gegen seine Hand, als er sich schließlich ganz hinter mich stellte. Mit einem »Scheiß drauf!« verwöhnte er beinahe schon zärtlich meine Schultern mit beiden Händen. Es tat so gut.

Seine Zauberfinger lockerten zusehends meine angespannten Muskeln, was mir aus purer Behaglichkeit ein Stöhnen entlockte.

»Du bist wirklich verspannt«, stellte er fest. Sein Atem streifte meinen Rücken. »Wurdest du schon mal massiert?«

Ich schüttelte den Kopf und lehnte mich mit einem zufriedenen Seufzen weiter in seine immer fester werdenden Bewegungen. Leise gluckste er auf.

»So empfänglich ... », vernahm ich noch, als er mir auch schon in den Nacken blies, woraufhin ich erschauderte. Irgendwann fühlte ich mich tatsächlich so entspannt und beinahe richtiggehend wohl, dass ich anfing zu schwanken. Entschlossen strich er den Stoff von meinen Schultern und das Tuch fiel zu Boden. Ich wollte protestieren, doch seine langen Finger, die über mein Dekolleté herabfuhren, hinderten mich daran. Mit weit aufgerissenen Augen beobachtete ich, wie sie zielsicher direkt unter meinem BH verschwanden. *Woah!*

Leise keuchte ich auf, als er meine nackten Brüste umfasste und leicht knetete. Sein heißer Atem, der meinen Nackten streifte, beschleunigte sich, während eine ungeheure Spannung zwischen uns entstand, die sich zielsicher auf meinen Schritt übertrug.

Ich war erstarrt, aus Angst, er würde aufhören. Seine großen Hände auf mir fühlten sich so gut an, so sanft, so perfekt ...

Wieder keuchte ich, mein Herz raste.

»Es sieht auf den Fotos besser aus, wenn die Brustwarzen steif sind«, hauchte er an meiner sensiblen Haut, dann nahm er meine

Nippel zwischen Daumen und Zeigefinger und zupfte leicht daran. Ich stöhnte auf, mein Körper wand sich träge.

Mein Hintern berührte seinen Schritt, und er zischte auf. Im nächsten Wimpernschlag hatte er sich von mir gelöst, um mit verhärtetem Kiefer und verspannten Zügen wieder hinter der Kamera zu verschwinden. Ich derweil stand völlig unsicher und hilflos rum, und biss mir auf die Lippe.

Sofort tätigte er wieder den Auslöser, während ich vergeblich versuchte, mein presslufthammerartiges Herzklopfen und das Pochen zwischen meinen Beinen zu ignorieren. Ich rieb meine Schenkel aneinander, in der Hoffnung, mir irgendwie Linderung zu verschaffen. Tristan zog eine Augenbraue hoch.

»So verdammt erregbar, hm?«, raunte er belustigt, nahm die Kamera vom Stativ und ging auf mich zu. Noch bevor er bei mir angekommen war, fotografierte er direkt mein Gesicht. Ich wollte die Augen verdrehen, doch er strich mit dem Zeigefinger plötzlich über meine Brustwarze, die sich unter dem BH gut abzeichnete, und ich sog scharf den Atem ein. Er grinste zufrieden, als sie sich wie auf Befehl aufstellte, und richtete seine Kamera direkt auf meine Oberweite. Ich war sein Spielzeug, und er wusste genau, welche Knöpfe er drücken musste.

»Du hast schöne Titten«, murmelte er, worauf ich knallrot wurde. *Tristan Wrangler hatte mir ein Kompliment gemacht!*

»Dreh dich um«, befahl er rau, was ich ohne zu zögern tat. Es war nicht zu überhören, wie er die Zähne aufeinanderbiss. Dann ging er hinter mir in die Hocke. »Fuck!«, stöhnte er schon fast. »Dein Arsch ist auch nicht ohne … Stell deine Beine ein wenig auseinander!«

Oh mein Gott! Ich fühlte mich nun komplett nackt, als ich auch dieser Forderung nachkam, obwohl ich noch mein Höschen trug.

»Mhm …«, summte er, als seine langen Finger an meinem feuchten Slip zwischen meinen Lippen entlangstrichen. »So feucht, Miss Angel. Doch nicht etwa wegen mir?« Ich vernahm den Spott in seiner Stimme und konnte ein Wimmern nicht verhindern.

Was tut er hier nur mit mir?

Seiner Fingerspitze fuhr über meinen empfindlichsten Punkt, und ich zuckte am ganzen Körper zusammen. Schnell hielt ich meine Hände vor den Mund.

»So reizbar …« Er rieb nun fest gegen jenen Punkt. Währenddessen biss ich mir in den Handballen, um peinliche Töne zu ersticken und kniff gequält die Augen zusammen, als sich auch schon der bekannte Knoten in meinem Bauch bildete.

»Du bist schon kurz davor, hm?«, hauchte er, und ich registrierte, wie er weiter knipste. »Hattest du schon mal einen Orgasmus?«

Eilig schüttelte ich den Kopf und bewegte mich weiter gegen seinen drückenden Finger. Das tat so wahnsinnig gut!

»Willst du, dass ich dich das erste Mal zum Kommen bringe?« Seine Stimme klang heiser und dunkel. Ich nickte sofort. Ich hätte allem zugestimmt, Hauptsache das Pochen hörte auf. Das war nicht zum Aushalten!

Er lachte leise und stellte jede Berührung ein. »Okay.« Wieder in meinem Sichtfeld zog er meine Hand von meinen Lippen, packte mich am Oberarm und schob mich bestimmend rückwärts, bis ich die kühle Wand im Rücken spürte.

»Ich will dich dabei hören«, forderte er unverhohlen und hielt mich dabei an der Schulter fest. »Verstanden?« Er zog eine Augenbraue nach oben.

Ich nickte wieder voller Eifer. Einen Unterarm lehnte er neben meiner Schläfe ab, sodass er mich vollständig einkeilte. Die Kamera direkt neben mir war vollkommen vergessen. Es gab nur noch seine unmittelbare Nähe … Die Fingerspitzen seiner anderen Hand ließen mich erschaudern, während sie mit der Rückseite gemächlich meinen Arm hinabstrichen bis zu meiner Hüfte und immer weiter herab … Sein brennender Blick ließ mich dabei nicht eine Sekunde lang los. Als sie bei meinem Venushügel ankamen und weiter am Saum meines Höschens entlangglitten, zitterte ich bereits.

Tristans Augen wirkten verschleiert und unfokussiert, die vollen Lippen öffneten sich leicht und sein warmer, nach Pfefferminze duftender Atem streichelte mein Gesicht.

Meine Hände krallte ich hinter mir in die Wand, aber meine Hüften kamen ihm von ganz allein entgegen.

Er taxierte mich förmlich mit schief gelegtem Kopf und geblähten Nasenflügeln, während sein Zeigefinger meine Erregung gekonnt und feinfühlig steigerte.

Als ich mir auf die Lippe biss, stöhnte er verhalten, woraufhin ich fast explodierte. Sein darauffolgendes verzweifelt gekeuchtes »Fuck!« konnte mich gar nicht mehr beunruhigen, viel zu gefesselt war ich von seinen Liebkosungen und begann, mich zusätzlich an ihm zu reiben.

Um meine Erregung nicht lautstark zu unterstreichen, folterte ich meine Unterlippe stärker und kniff die Augen zusammen, während mein Becken sich im Einklang mit seiner Hand bewegte. Immer schneller, immer wilder. Ich verkniff mir zwanghaft das

Stöhnen, welches aus mir rausbrechen wollte.

»Lass los!«, zischte er. »Halt es nicht zurück, verdammt!« Er drückte bestimmend zu, und ich folgte auch diesem Befehl … Ich schrie, weil der Knoten sofort platzte und Tristan wohlige Wellen durch meinen gesamten Körper schickte. Mein Unterleib pulsierte heiß und ich ergab mich seiner Führung. Völlig desorientiert krallte ich mich irgendwo an ihm fest, weil meine Beine unter meinem Gewicht nachgaben, ließ mein Gesicht gegen seine harte Brust fallen und wimmerte an seiner duftenden Jacke.

So etwas Intensives hatte ich noch nie empfunden!

Sein Arm umschlang meine Taille und stützte mich, ansonsten wäre ich mit Sicherheit zusammengebrochen.

Schließlich ebbte auch die letzte wohlige Welle ab und zurück blieben nur mein rasendes Herz, meine aufgerichteten Brustwarzen und mein keuchender Atem.

Ich konnte nicht glauben, was gerade geschehen war. Ich. Konnte. Es. Nicht. Glauben!

»Puh, nicht schlecht, Baby!« Tristan löste meine verkrampften Hände von sich und tätschelte leicht meinen Kopf. Dann ging er durch die Turnhalle zu seiner Kameratasche, um das Gerät zu verstauen. Ich blieb noch einen Moment stehen und verschnaufte, suchte schließlich mein T-Shirt und zog es mir über, ebenso wie meine Hose.

Die Realität hatte mich wieder und jetzt schien mir das alles schrecklich peinlich.

Ich hatte die ganze Turnhalle zusammengeschrien! Was, wenn uns jemand gehört hatte?

Fertig angezogen ging ich dann auf Tristan zu, blieb aber schnell stehen, weil er unsagbar wütend aussah. Seine Stirn lag in Falten, die Lippen waren zu einem Strich verkniffen und seine Gestik wirkte abgehackt und aggressiv.

Mist!

»Ähm … » Ich räusperte mich, um die unheilvolle Stille zu durchbrechen. »Danke?« Es klang wie eine Frage, aber ich war so unsicher und hatte keine Ahnung, was ich tun oder sagen konnte. Er kam mit einem Ruck auf die Beine und warf sich die gepackte Tasche auf den Rücken.

»Ich hab es nicht für dich getan! Ganz sicher nicht!«, presste er zwischen den Zähnen hervor,

und ich wich einen Schritt vor ihm zurück, weil er mich fast schon rasend anfunkelte.

Wie immer, wenn ich nervös war, kaute ich auf meiner Unterlippe rum und knetete meine Hände.

Was sollte ich darauf nur antworten? Für wen hatte er es denn sonst getan? Er war ja nicht mal auf seine Kosten gekommen. Aber das behielt ich besser für mich.

»Ich muss jetzt los, wir sehen uns, Mirta.« Wie bitte? *Mirta?*

Schon drehte er sich um und ging …

Tristan Wrangler hatte mir zwar den ersten Orgasmus meines Lebens geschenkt, aber er wusste nicht einmal *meinen Namen!*

Mit aufgerissenem Mund und ebenso aufgerissenen Augen starrte ich die Tür an, durch die er gerade entschwunden war. Dann fing ich an zu heulen.

Schon wieder!

7. Harte Erkenntnisse

Tristan 'so horny' Wrangler

Das kann nicht wahr sein, schoss es mir immer wieder durch den Kopf. Ich raste regelrecht vor Wut.

Am Anfang fand ich es ja eine Superidee von Tommy, sie dazu zu bringen, Nacktfotos von sich machen zu lassen, damit wir irgendeinen asozialen Quatsch damit anfangen konnten, aber dann war alles komplett aus dem Ruder gelaufen!

Ich war bei dem Anblick ihres überwiegend unbekleideten Körpers hart geworden. Genaugenommen *steinhart!*

Der blöde Truthahn sah einfach nicht so aus, wie ich sie mir vorgestellt hatte. Denn sie besaß weibliche Rundungen, ausschweifende weibliche Rundungen. Aber diese waren straff, kein Schwabbel, und die Haut, die sich darüber spannte, wirkte so makellos, wie ich es noch nie gesehen hatte: blass, rein und so verdammt zart ...

Natürlich reichte es nicht, dass ich hart wurde, als ich sie auszog. Nein, ich konnte auch noch meine verschissenen Finger nicht von ihr lassen! Eigentlich wollte ich sie wirklich nur etwas massieren, damit sie sich entspannte, weil die Fotos ansonsten beschissen geworden wären – dabei machte ich *nie* beschissene Fotos.

Doch ihr Dekolleté, das sich stark hob und senkte, ihre großen Titten, die perfekt zum Tittenfick geeignet waren, machten mich ganz schwach, und ich konnte einfach nicht widerstehen. Ich *musste* wissen, ob sie sich so weich anfühlten, wie sie aussahen. Fast brennend heiß und anschmiegsam lagen sie in meinen Händen. Genau richtig. Perfekt.

Ich musste sie ablichten – alles von ihr. Angefangen von den kleinen aufgestellten Brustwarzen, den ausgeprägten Rundungen ihrer weiblichen Argumente und ihren Arsch, vorzugsweise in meiner Lieblingsperspektive. Oh ja, ich war ein absoluter Arschfetischist.

Eine Frau ohne angemessenes Sitzfleisch konnte gleich wieder abzwitschern, und ihres war nicht nur angemessen, sondern sogar anbetungswürdig. Diese prallen Backen würde ich im Leben nie vergessen.

Bilder unserer gemeinsamen Nacht tanzten vor meinen Augen: wie ich sie von hinten genommen hatte, ihre heiße Enge um meinen Schwanz, meine Stöße gegen ihr Becken ...

Ihre kleine Spalte bettelte förmlich nach Berührung, und fuck, war die vielleicht feucht! Aber das reichte mir immer noch nicht, denn ich war ein nimmersatter Scheißer! Ich turnte sie immer weiter an, reizte sie gekonnt, bis ihr Höschen fast davonschwamm und sie sich hemmungslos an meinen Fingern rieb. Das kleine Luder stöhnte, bog sich mir entgegen und hatte nicht einmal den Hauch einer Ahnung davon, wie verdammt erotisch sie in ihrer Lust wirkte. Völlig entrückt schien sie eine komplett andere Person zu werden, im Gegensatz zu dem schüchternen Verhalten, was sie sonst an den Tag legte.

Aber dann presste sie ihre Hand gegen den Mund und enthielt mir ihre Wahnsinnstöne vor.

Das pisste mich echt an!

Also bot ich ihr an, sie kommen zu lassen, wenn sie mich dabei zuschauen ließ.

Denn mal ganz ehrlich: Was ist erotischer als eine Frau beim Orgasmus, wenn sie sich vollkommen verliert und sich absolut ihrer unbändigen Erregung hingibt?

Der Truthahn wusste, wie er sich hinzugeben hatte – ganz ohne Erfahrung – und als sie dann ihren Höhepunkt fand und sich an mir festkrallte, ihre kleinen Brauen runzelte, die Augen fest zusammenkniff und verdammt nochmal an meiner verschissenen Brust *kreischte*, da war ich auch einen Millimeter davor abzuspritzen, obwohl kein Schwein meinen Schwanz berührte. Zwischenzeitig vergaß ich sogar zu atmen und erst recht, wieso ich mich eigentlich in dieser Turnhalle befand – viel zu überwältigt war ich von der Intensität ihrer Geilheit.

Ich hatte noch nie eine Frau gesehen, die so aussagekräftig gekommen war wie sie.

Zu schnell war es vorbei. Ich stand schwer atmend mit heftig pochendem, rebellierendem Ficker da, während sie absolut befriedigt und verausgabt in ihrer postkoitalen Entspannung schwelgte. *What a fuck!* Es war noch nie geschehen, dass nur die Schlunze ihre Erlösung fand und ich freiwillig auf meinen Spaß verzichtete.

Außerdem hätte jeden Moment jemand reinkommen können.

Phil oder Tom oder irgendein verdammter Lehrer!

Was hatte ich mir nur dabei gedacht?

Ich war nicht mehr ganz dicht in der Birne, und sie hatte mich dazu gebracht, so etwas zu tun. *Gerade sie!*

Da ich ein aufbrausender Scheißer war, wandte ich mich von ihr ab, um meine Sachen zusammenzusuchen. Unglaublich, dass ich dieses Risiko eingegangen war. Ich hatte schließlich einen Ruf zu verlieren!

Fuck, ich wusste ja nicht mal, auf wen ich wütender war, auf sie oder mich. Das dringende Bedürfnis, auf etwas oder jemanden einzuschlagen wurde übermächtig, aber ich beherrschte mich. Zumal nur sie da war und ich prinzipiell keine Frauen schlug. Daher packte ich mein Zeug und fuhr nach Hause.

❦

In meiner Dunkelkammer im Keller entwickelte ich die verdammten Bilder, und ich war schon wieder hart. Elendiger Verräterschwanz! Mein wichtigstes Körperteil, und ich wollte ihn am liebsten loswerden, denn er machte nur noch Probleme.

Ich betrachtete das Foto, das ich von ihrem halben Gesicht gemacht hatte. Ihre großen Augen mit den langen, dunklen Wimpern und der intensivsten Augenfarbe, die ich je gesehen hatte. Sie waren nicht einfach nur normal braun, nein, sie schienen sehr hell und erinnerten an flüssiges Karamell. Wenn man genau hinsah, erkannte man in ihnen sogar kleine goldene Sprenkel, die ein wenig ihrer Haarfarbe glichen.

Ihre Lippen wiederum waren voll, sanft geschwungen und von so einem natürlichen Rot, das andere Schlunzen nur künstlich erzeugen konnten. Bei intensiver Musterung ihres Kirschmundes schossen mir unweigerlich nicht jugendfreie Szenen durch den Kopf, die mir nicht wirklich dabei halfen, wortwörtlich runterzukommen.

Schnell suchte ich ein weiteres Bild heraus – ausgerechnet von einer Titte im Profil. Perfekt modelliert, perfekte Haut, perfekte Brustwarze. Verdammt!

Doch die richtig schlimmen Fotos kamen erst noch …

Als ich die Aufnahmen ihres göttlichen Arsches in den Händen hielt, stöhnte ich gequält auf. Wohlgerundet und stramm streckte er sich mir entgegen, sodass ich den Abdruck ihrer Schamlippen durch das weiße Höschen erkennen konnte sowie den feuchten Fleck, den ich zu verantworten hatte.

So! Das war's!

Automatisch glitt meine rechte Hand zu meiner Hose und öffnete den Knopf. Es ging einfach nicht anders, zumindest nicht, ohne zu platzen. Meine Finger zogen den Reißverschluss nach unten und umfassten meinen pochenden, steinharten Ficker, um ihn aus seiner Gefangenschaft zu befreien. Er zuckte sofort, als ich ihn berührte, und ich biss die Zähne zusammen, weil sich sofort der altbekannte Druck aufbaute.

Meine Gedanken schweiften ab, direkt zu ihr und ihrer feuchten Pussy: wie sie sich angefühlt, wie sie gestöhnt hatte und sich mit mir bewegte, ihre Haare nach hinten warf, die Beine noch ein wenig weiter spreizte und mir ihre Hüften drängend entgegen schob, um mir besseren Zugang zu gewähren, wie sie schließlich unter meinen Fingern zuckte … Sie war so verschissen heiß gewesen!

Fuck! Mein Schwanz pulsierte bereits heftig. Mein Atem ging ins Keuchen über. Es würde nicht mehr lange dauern. Die Aussicht, diese heftige Erregung loszuwerden, ließ meine Bewegungen schneller werden.

Dieses Stöhnen ...

Ich verkrampfte mich, weil ich merkte, dass ich jeden Moment abspritzen würde, und ließ den Kopf nach hinten fallen. Meine freie Hand krallte sich in die Armlehne, da ging plötzlich hinter mir die Tür auf und meine lachenden Brüder polterten ins Zimmer wie zwei Trampeltiere auf Speed.

Fuck!

Schnell rutschte ich mit meinem Checker-Chefsessel komplett unter den Tisch und versteckte das Foto von ihrem Arsch unter den anderen. Phil schlug mir auf die Schulter, und ich musste mich dagegen stemmen, um nicht vornüber zu kippen. Das war gar nicht so leicht, denn er war ein Bär von einem Mann.

»Na, wie war das Fotoshooting mit unserem Supermodel?«, fragte er grinsend, und ich versuchte zwanghaft, cool zu wirken. Zum Glück war es dunkel. Eilig räusperte ich mich und nahm ein Bild von dem Truthahn, auf dem er einfach nur in Unterwäsche dastand, sich auf die Lippe biss und die Schenkel aneinander rieb.

»Das hier …« Ich musste mich erneut räuspern, »ist passend, denke ich.« Ich überreichte es dem Rothaarigen und sah Tom angepisst dabei zu, wie er sich durch die anderen Abzüge wühlte.

»Wuuhuuu!«, jaulte er und holte ein Foto heraus, welches ihre Brüste in Nahaufnahme zeigte. »Nicht schlecht, dafür, dass sie ansonsten so hässlich ist!« +Er hielt es hoch und zeigte es Phil, der ihm grinsend Recht gab.

»Aber für nichts auf der Welt würde ich die ficken! Auch nicht für diese Melonen!«

Aber vielleicht für den Arsch ... Oh, fuck! Hatte ich das gerade gedacht? *Scheiße!* Ich schluckte und grinste Phil dann dreckig an.

»Wer würde das schon?« Offenbar gab ich mich erfolgreich gleichgültig. »Es war wirklich nicht nett, mich mit dem Teil alleine zu lassen!« Düster starrte ich ein Bild an, von dem aus sie mich schüchtern und mit geröteten Wangen anlächelte. Ich musste es unter die anderen Beweisstücke meiner Niederträchtigkeit schieben.

»Also, was wollen wir dazuschreiben?«, fragte Tom und lehnte sich mit dem Arsch gegen den Tisch.

Ich zuckte die Schultern. Phil stand auf der anderen Seite neben mir. »Ach, komm schon. Du bist doch unser Genie, wenn es darum geht ... wie nennst du sie nochmal?«

»Truthahn«, antwortete ich tonlos.

Sie lachten unisono. »Ach ja, den Truthahn fertigzumachen.«

»Ich lass mir was einfallen«, erwiderte ich kraftlos, und meine Brüder warfen sich verwunderte Blicke zu. Aber sie beließen es dabei. Offenbar war ihnen meine Anspannung nicht entgangen, denn sie sprangen schließlich gleichzeitig auf.

»Dad kommt gleich mit dem Essen heim. Es gibt Pizza, und er hat schon gesagt: Wer seinen Arsch nicht ins Wohnzimmer bewegt, kriegt nichts«, verkündete Phil ernst. Oh ja, ein verpasstes Essen könnte ja seinen Tod bedeuten! Ich verdrehte die Augen.

»Ich hab keinen Hunger«, murmelte ich und starrte auf einen Schnappschuss von ihrem Hals. Nur ihr Hals – nichts weiter ... Aber mein Ficker reagierte, und das, obwohl meine Brüder wie ein Eimer kaltes Wasser wirkten.

»Ähm ... okay.« Tommy zog die Worte lang und befühlte meine Stirn. »Alles klar, kleines Brüderchen? Du und keinen Hunger?«

Ich schlug aggressiv seine Hand weg. »Verpiss dich, Tommy!«

»Oh, oh, oh!« Entschuldigend riss er beide Hände hoch. »Ist ja schon gut. Dann lass ich dich mal allein mit deinen, ähm ... Wichsvorlagen«, scherzte er, und ich musste mich konzentrieren, um nicht zusammenzuzucken oder mein Gesicht zu verziehen.

»Du meintest wohl eher Kotzvorlagen«, lachte Phil auch noch dröhnend. Jetzt war ich kurz davor, ihm eine reinzuhauen. Bevor ich jedoch endgültig ausrasten konnte, verdünnisierten sie sich endlich und ließen mich in der Dunkelheit zurück.

Was war nur los mit mir?

Mein Ficker zuckte verlangend als Antwort, und seufzend kramte ich nach meinem Handy. Ein Weib.

Ich brauchte eines! Jetzt!

Ich wusste, was los war!

Seit Tagen hatte ich schon keinen Sex mehr gehabt. Das musste umgehend geändert werden, dann käme alles wieder in Ordnung, und ich könnte wieder normal weiterleben. Ganz sicher …

8. SCHOCK

Mia 'pranked' Engel

Es war tagein und tagaus dasselbe. Einerseits hatte ich Angst, Angst vor Demütigungen, vor Schmerzen, aber auch vor den daraus resultierenden Tränen, egal, ob in der Schule oder zu Hause. Andererseits gab es auch positive Gefühle. Die Freude, ja, fast schon Glückseligkeit, Tristan zu sehen, sein Lachen, allein ihn beobachten zu können, erfüllte mich.

Heute gab es jedoch weder Freude noch Glückseligkeit. Heute war ein richtig schlechter Tag. So schlecht, dass er glatt als Montag hätte durchgehen können. Allerdings war dieser vielleicht sogar der beste Montag in meinem Leben gewesen, zumindest teilweise. Die Minuten, als Tristan mich mit den Fingern befriedigte, er wegen mir hart wurde und sogar richtig nett war. Das war der pure Wahnsinn. Doch diese kleine Seifenblase platzte viel zu schnell, als er mich zurückwies. Nun war ich ihm nicht nur egal, er war auch noch sauer auf mich.

Vielleicht, weil ich ihm den Gefallen nicht zurückgab, den er mir erwies? Aber wie sollte ich auch? Ich wusste ja nicht einmal, wie ich ein richtiges Gespräch mit ihm führen konnte. Wie sollte ich da erst den Mut dazu aufbringen, seinen perfekten Körper zu berühren?

Den ganzen Abend lang hatte ich darüber nachgegrübelt, warum er so schrecklich wütend gewesen war. Aber ich kam einfach zu keinem Ergebnis. Also entschied ich mich dazu, ihn heute irgendwie abzupassen und mit ihm zu reden. Mit Sicherheit würde er mich erneut verletzen und beleidigen, aber ich wollte, nein, musste wissen, was in ihm vorging – vorausgesetzt ich hatte die Courage, meiner Entscheidung Taten folgen zu lassen, wovon ich eher nicht ausging. Kurzum, der Montag war schwierig, aber nichts gegen den Dienstag.

Denn schon als ich das Schulgelände betrat, sahen mich alle an.

47

Ich hörte die Leute hinter meinem Rücken tuscheln, registrierte meinen Namen, konnte aber ansonsten keine genauen Worte ausmachen. Die Jungs warfen mir ungewohnt anzügliche Blicke zu, die mich zum Stolpern brachten. Die Mädchen wiederum kicherten über mich und machten merkwürdige sexbezogene Bewegungen.

Eine ungute Vorahnung beschlich mich. Also zog ich den Kopf ein – auch Schildkrötenmodus genannt – und eilte schleunigst ins Klassenzimmer. Doch auch dort ging das Getuschel und Getratsche weiter. Wenn ich nur etwas mehr Mumm in den Knochen besessen hätte, dann hätte ich meine Mitschüler gefragt, was schon wieder ihr Problem war. So aber betete ich einfach darum, dass der Tag ein schnelles Ende nehmen möge.

Plötzlich schoben sich zwei blasse, große Hände in mein Sichtfeld, die sich auf meinem Tisch abstützten. Als ich hochschaute, sah ich in zwei blaue, belustigte Augen, die Augen des Schulschlägers Martin. Die Stirn runzelnd erwiderte ich verwundert seinen Blick. Seine Clique hatte mich bis jetzt eigentlich in Ruhe gelassen.

»Hey«, grinste er.

»Hey?«, gab ich unsicher zurück. Er kicherte.

»Ich wollte dich etwas fragen.«

»Was?« Skeptisch betrachtete ich ihn.

»Würdest du mal kurz mit mir mitkommen, Mia?« Er lächelte mich offen an.

Zumindest wusste er meinen Namen. Aber wie auch nicht, schließlich waren wir fast Nachbarn. Er wohnte nur zwei Häuser weiter. Im Sommer sah ich ihn mit den Jungs immer Fußball spielen.

»Okay?«, antwortete ich noch misstrauischer, aber ich entschied mich, ihm vorerst zu folgen, denn der Unterricht würde erst in fünf Minuten beginnen, wie mir die Uhr über der Tafel bestätigte.

Er ging in einem schwarzen weiten Angry-Birds-Shirt und einer Baggy-Pants, die irgendwo in seinen Knien schlackerte, voraus. Doch als er im Schulflur vor den Männerklos stehen blieb, wich ich zwei Schritte zurück.

»Nein, nein! So ist das nicht!«, verteidigte er sich sofort mit erhobenen Händen. Ich runzelte zweifelnd meine Stirn, und er lachte. Dies ließ mich automatisch grinsen, weil er erstens so freundlich und sympathisch wirkte und zweitens, weil seine Fröhlichkeit einfach ansteckend war.

»Ich will dir wirklich nur etwas zeigen, und es hat nichts mit

Sex oder so zu tun. Okay?«, versicherte er mir eindringlich.

Ich verdrehte meine Augen und bedeutete ihm, er solle vorgehen. Martin öffnete eine Kabine und ließ mich eintreten. Mir war nicht wohl zumute mit ihm in diesem engen Raum auf dem Männerklo …

Meine Überlegungen wurden jedoch unterbrochen, als er auf die Innenseite der Kabinentür zeigte. Unfähig mich zu kontrollieren, klappte mir der Mund ungefähr bis zum Boden auf.

Da war ich! Auf einem Foto! In Unterwäsche! Mit rotem Gesicht und eindeutig Tristan ansehend, der sich hinter der Kamera befand. Darüber stand:

WICHSVORLAGE

oder

KOTZVORLAGE

Darunter hatte man dann die Möglichkeit, sich zu entscheiden.

Nur am Rande meines Denkens bekam ich mit, dass bisher ausnahmslos alle ´Wichsvorlage´ angekreuzt hatten. Mit einem Ruck riss ich das Bild von der Tür, während meine Sicht verschwamm.

»Okay. Ich wollte nur wissen, ob du das wirklich bist. Du siehst auf den Bildern so … anders aus … Das erwartet man gar nicht. Du solltest echt nicht so weite Sachen anziehen, die machen dich viel unförmiger, als du bist …«, plapperte Martin ununterbrochen, während ich wortlos aus der Kabine stürmte und sämtliche zu findende Bilder runterfetzte. Die ganze Zeit kämpfte ich gegen verzweifelte Schluchzer, aber ich verlor. Als ich fast fertig war, konnte ich es nicht mehr verhindern. Es brach aus mir heraus, und ich zerknüllte wütend das Papier zwischen meinen zitternden Fingern. Er … hatte es mir … versprochen! Ich war so dumm!

»Hey …« Martin stellte sich an meine Seite und ich zuckte zusammen, weil ich ihn ganz vergessen hatte. »Die Wranglers wieder?«, meinte er mitfühlend. Ich nickte nur schwach und kaute auf meiner Lippe rum.

»Die wissen wirklich nicht, wann Schluss ist!« Martins wütende Anteilnahme verwunderte mich. »Du hast es echt nicht leicht, hm?«, fragte er rein rhetorisch. Ich seufzte nur tief. »Ich werde den anderen sagen, sie sollen die Fotos abnehmen, wo auch immer sie welche sehen«, tröstete er mich sanft. Ich nickte schwach. Bis jetzt hatte es nie jemanden interessiert, wenn ich verarscht und beschimpft oder anderweitig gemeine Spielchen mit mir abgezogen wurden. Er nahm mir die zerknüllten Bilder ab und warf sie in den nächstbesten Mülleimer. Das ließ mich leicht lächeln, was er erwiderte. Er war so nett.

»Kopf hoch, Mia. Wenn man unten ist, kann's nur noch bergauf gehen.« Martin stupste mir spielerisch mit der Faust gegens Kinn, und ich musste leise kichern. Mit dem Handrücken wischte ich über meine Nase und holte mir Toilettenpapier, um laut und undamenhaft zu schnäuzen. Daraufhin zuckte ich die Schultern. »Er ist einfach ein Arschloch«, stellte ich trocken fest, was Martin laut auflachen ließ.

»Ich kann mir denken, wen du meinst und da kann ich dir nur voll und ganz Recht geben!«, grinste er breit. »Aber er wird schon noch sein Fett abbekommen. Glaube mir. Gottes Mühlen mahlen … «

Ich verdrehte meine Augen, als er diesen Spruch anwandte, den Herr Piper auch gerne verlauten ließ, und ging Richtung Klassenzimmer. Davor blieb ich noch mal stehen und sah Martin schüchtern an. »Also … danke«, flüsterte ich.

»Keine Ursache, Kleine. Ich hab ja nichts gemacht.« Leichtfüßig spazierte er den Gang entlang, während ich seiner großen Gestalt hinterherschaute, bis sie um die Ecke bog.

Mir wurde speiübel bei dem Gedanken daran, jetzt in mein Klassenzimmer zurückzukehren, mit dem Wissen, dass nun jeder meinen unvorteilhaften Körper in Unterwäsche kannte. Aber es klingelte zum Stundenbeginn, also atmete ich tief durch, drückte behutsam die Klinke und betrat den Raum.

Ich ließ die Blicke und das Getuschel über mich ergehen, als wäre ich taub und stumm.

Was mich neben der Tatsache, dass nun wohl jeder wusste, wie ich halbnackt aussah, noch wurmte, war der Fakt, dass mein Vertrauen dermaßen missbraucht worden war. Ich hätte es besser wissen müssen. Dennoch war es schwer zu verstehen. Ja, mir wurden die Klamotten geklaut, wenn ich mich zum Sport umzog, sie stellten mir Beine oder zerstachen die Reifen meines Rades, aber diese Nummer war einzig und allein von Tristan ausgegangen. Was hatte ich ihm nur getan, um das zu verdienen?

Dazu kam die Erkenntnis, dass er wohl gestern nur so nett gewesen war, um die Nacktfotos von mir zu bekommen, einzig um mich vor der kompletten Schule zu blamieren. Und ich Deppin hatte nichts geahnt! Ging es eigentlich noch schlimmer? Konnte ich mich noch wertloser fühlen? Die Antwort lautete definitiv Ja!

Nach der Schule kam der kleine Direktor mit seinen verschiedenfarbigen Hosenträgern und seiner birnenartigen Figur persönlich auf mich zu, um mich darüber zu informieren, dass mein Vater benachrichtigt worden war. Oh nein! Wie sollte ich ihm nur erklären, wie die Fotos zustande gekommen waren? Gab es überhaupt eine Erklärung? Zu allem Übel hasste er nichts mehr als leichtlebige Frauen. Im winzig kleinen Büro des Direktors wurde ich bereits von Harald, meinem Erzeuger, erwartet. Offenbar hatte er getrunken, sodass seine Wut über das normale Maß weit hinausging. Meine Beine zitterten unwillkürlich, als ich seinem glühenden Blick aus kleinen Augen begegnete. Ich wusste sofort, was mich daheim erwartete. Er würde ausrasten. Komplett. Mein Magen fühlte sich an wie ein Knoten, solche Panik ergriff mich.

»Mia Marena!«, presste er unter seinem schwarzen Vollbart hervor und packte mich sofort grob am Oberarm. Direktor King blickte verwirrt zwischen uns hin und her, dann verzog er sein faltiges Gesicht und berührte die Schulter meines Vaters, doch dieser verstärkte nur den Griff.

»Harald, immer mit der Ruhe«, sprach er ihn leise an, aber dieser schien ihn gar nicht wahrzunehmen.

»Beweg sofort deinen Arsch ins Auto!«, zischte er mir leise zu. Ich zuckte zusammen, weil er meinen Arm schon fast quetschte und mich halb zur Tür rumschleuderte. »Danke, dass du mich angerufen hast. Ich werde das von jetzt an in die Hand nehmen!« Damit verabschiedete er sich von seinem alten Freund, dessen Gesicht sich zu einer schuldbewussten Miene verzog, bevor mein Vater die Tür hinter uns zuknallte und mich durch den Schulflur zog.

»Ich hab schon immer gewusst, dass du für jeden die Beine breitmachst, genau wie deine Mutter! Aber wart's nur ab, dir werde ich die Flausen schon noch austreiben, sobald wir zu Hause sind. Ich lasse mir von dir doch nicht meinen Ruf zerstören!«, schimpfte er laut vor sich hin. Die Schüler, die sich gerade auf den Heimweg machten, drehten alle ihre Köpfe nach uns um. Ich wäre am liebsten im Boden versunken und nie, nie, nie wieder aufgetaucht. Eine Steigerung dieses Albtraumes war doch nicht mehr möglich, oder? In dem Punkt sollte ich mich erneut irren. Denn als wir auf den Pausenhof traten, der an den Parkplatz grenzte, sah ich die Wranglers in der Ecke stehen. Sie blickten auf, als sie meinen nach wie vor laut fluchenden Vater bemerkten, der mich immer noch hinter sich herzerrte. Schnell sah ich weg. Das Maß der Demütigung war weit überschritten, weshalb ich auch die Tränen nicht mehr zurückhalten konnte. Sie rannen über meine Wangen, während ich mich mit gesenktem Blick bemühte, nicht zu stolpern. Dabei fühlte ich mich eher wie eine Fünfjährige als wie eine siebzehnjährige junge Frau.

»Papa …«, sprach ich ihn an und versuchte, meinen Arm loszumachen, um wenigsten ein winzig kleines bisschen Würde zu wahren, als wir an seinem Arbeitsauto – einem Polizeiwagen – ankamen. »Du tust mir weh!«

Er schubste mich gegen das Auto, wie er es als Polizist wohl sonst nur mit Schwerverbrechern tun würde, die es in diesem kleinen Nest ohnehin nicht gab – vor den ganzen Schülern! Ich wimmerte laut auf.

»Das war noch gar nichts. Ich werde dich mir vornehmen, wenn wir daheim sind!«

Ich konnte gerade so einen Schrei unterdrücken, da wurde plötzlich sein Arm von mir weggerissen.

»Was machst du da, verfickte Scheiße?«, brüllte eine mir nur allzu bekannte Stimme. Schockiert drehte ich mich um und sah gerade noch, wie Tristan meinen Vater von mir wegstieß und sich breitbeinig zwischen uns stellte. *Oh. Mein. Gott!*

Vermutlich schaute ich genauso blöd wie alle anderen auf dem Pausenhof aus der Wäsche – einschließlich Harald. Viel zu schnell fing er sich jedoch wieder. Sein aufgedunsenes Gesicht lief vor Wut rot an.

»Was geht dich das an, Wrangler?«, blaffte er und baute sich Nase an Nase vor ihm auf. Doch Tristan war erstens einen Kopf größer und hatte zweitens anscheinend vor nichts Angst, denn er zuckte nicht mal mit der Wimper, während er sich mit einem

Polizisten anlegte.

»Kindesmisshandlung geht jeden was an!«, zischte Tristan zurück und warf mir einen kurzen Blick zu.

»Ach komm ... halt dich da raus!« Mein Vater wollte an ihm vorbei nach mir greifen, doch Tristan packte ihn kurzerhand mit beiden Händen am Kragen und beförderte ihn mit voller Wucht gegen den Wagen. Der heftige Aufprall ließ das Auto erzittern. Dabei bewegte er sich so unsagbar schnell, dass mein Vater unmöglich reagieren konnte, als Tristan ihm den Unterarm gegen die Kehle drückte. »Fass sie nicht an!«, drohte er aufgebracht. Ich starrte ihn mit weit aufgerissenem Mund und schlotternden Knien an.

Tristan beugte sich an Haralds Ohr und flüsterte ihm etwas zu, was ich nicht verstehen konnte. Dabei sah er mich intensiv an. Mit einem Ruck ließ er meinen Vater dann los, drehte sich um und ging. Dieser war so aufgebracht, dass er ihm hustend hinterherschrie, er könne nach der Aktion mit einer weiteren Anzeige rechnen, was jede Menge Ärger bedeuten würde, wenn man gewisse alte Vergehen noch bedachte.

Völlig perplex kam mein schockiertes Hirn gar nicht mehr mit dem Erfassen dieser Situation nach, weil mein Erzeuger, ganz im Dienstmodus, sämtliche Paragraphen runterbetete. Tristan aber schien das komplett egal zu sein, denn er erweiterte die Anzeige lediglich, indem er meinem Vater im Davongehen den Mittelfinger zeigte, um dann lässig in sein Auto zu steigen, die Musik aufzudrehen und mit quietschenden Reifen davonzufahren. Ich konnte nichts weiter tun, als ihm total vor den Kopf gestoßen nachzustarren, ebenso wie seine Geschwister, die anscheinend genauso wenig wie alle anderen glauben konnten, was soeben geschehen war. Mir dämmerte aber bereits dunkel, dass er weder sich noch mir einen Gefallen getan hatte, sich mit meinem Vater anzulegen. Dieser war von Berufs wegen Gesetzeshüter, der ihm jede Menge Scherereien machen konnte und es auch tun würde. Blieb nur die Frage, warum er Tristan nicht gleich verhaftet hatte.

Mich erwartete jedoch eine andere Art von Ärger, was ein Blick auf Harald mir soeben bestätigte. Ich wollte sterben. Seine Augen waren zusammengekniffen und versprachen mir ohne Worte, dass er alles an mir auslassen würde .

⁂

Als mein Vater von mir abließ, tat mir alles weh. Mein Gesicht fühlte sich nicht nur geschwollen an, das war es vermutlich auch.

Ganz zu schweigen von diversen Blutergüssen, die schon bald in den schillerndsten Farben auf meinem ganzen Körper zu sehen sein würden. Zusammengekrümmt lag ich in meinem Zimmer am Boden und konnte mich nicht bewegen, ohne höllische Schmerzen zu haben. Selbst das Atmen tat weh. Normalerweise schlug er mich sonst mit dem Gürtel ausschließlich auf den Rücken, aber nie so brutal wie heute, und vor allen Dingen nie so, dass es offensichtliche Spuren hinterließ.

Er hatte mir die restliche Woche Hausarrest gegeben und mich in der Schule entschuldigt, damit keiner die Nachwirkungen seiner Prügelattacke bemerkte. Ich wusste, er war einfach nur feige, denn er ließ an mir aus, was ihn im Leben ärgerte. Angefangen bei meiner Mutter bis zu seinem Job, nicht zu vergessen Tristans Aktion. Aber ich musste nur noch ein Jahr durchhalten. Ein Jahr voller Streitereien, den Demütigungen meiner Mutter sowie den Prügelattacken meines Vater, und dann war ich frei. Dann war ich volljährig und konnte tun und lassen, was ich wollte.

Dieser Gedanke gab mir die Kraft, alles zu ertragen, war mein Rettungsanker, und hielt mich in dieser durch und durch kranken Familie über Wasser. Aber es gab natürlich auch noch Stanley …

Kaum hatte mein Vater das Zimmer verlassen, kam er unter dem Bett hervorgekrochen. Ich war erleichtert, dass er nicht verletzt wurde. Denn Harald hatte ihn in die Ecke getreten, als er sich todesmutig auf ihn stürzte und sich in seinem Bein verbiss, um mich zu beschützen.

Mein kleiner Hund legte sich zu mir und leckte mit seiner rosa Zunge mein Gesicht, als würde er mich trösten oder mir irgendwie helfen wollen. Ich drückte seinen winzigen, warmen Körper an mich.

Unweigerlich dachte ich an Tristan. Er hatte mir das alles durch seine miese Fotoaktion eingebrockt, aber er war auch gleichzeitig die erste Person, die sich gegen meinen Vater jemals für mich eingesetzt hatte. Vielleicht hätte sein Versuch, ihn in die Schranken zu weisen, sogar funktioniert, wenn mein Erzeuger nicht so psychotisch wäre.

Tristan konnte ja nicht ahnen, dass er mit seinem Eingreifen meine Situation noch verschlimmerte. Aber für mich zählte der Versuch. Ihm musste doch etwas an mir liegen, wenn er sich für mich mit einem Polizisten anlegte, oder? Vielleicht hatte er aber auch nur aus schlechtem Gewissen heraus gehandelt, aber spielte das eine Rolle?

Immerhin hatte er mich vor den Augen der gesamten Schule

verteidigt!

Obwohl ich hier am Boden lag, meine Lippe definitiv blutete, mein Kopf schmerzte und es mir einfach nur miserabel ging, konnte ich nicht anders, als zu lächeln.

9. GEWISSEN

Tristan´ the Monkey´ Wrangler

Ernsthaft. Ich fand die Idee mit den Fotos auf dem Männerklo wirklich witzig, ebenso wie Phil und Tommy. Nur Vivi, Toms persönliche Hexe, war gar nicht begeistert und schwafelte was von frauenverachtend und niederträchtig. Offenbar kannte sie uns noch nicht gut genug, um zu wissen, dass wir darauf einen Scheiß gaben, zumindest wenn es um den Truthahn ging.

Wir Wranglerbrüder waren ja so witzig und lachten uns in purer Vorfreude schon den Arsch ab, als morgens der verdammte Wecker klingelte und wir, statt grummelnd und miesepetrig, mit einem fetten Grinsen in der Visage am Frühstückstisch saßen. Fuck, obwohl wir normalerweise chronisch lange schliefen, ließen wir es uns nicht nehmen, sogar eine halbe Stunde eher aufzustehen, um rechtzeitig die Kabinentüren der Schule vollzukleistern.

Ich seufzte und blickte aus dem Fenster, während ich rücklings in meinem überdimensionalen und überteuren Kingsize Bett lag. Draußen tobte ein Sturm. Die hohe Weide vor dem Haus klopfte mit ihren langen Ästen nervenaufreibend laut gegen die Scheibe. Das war nichts Neues für diese Jahreszeit, in der sich die täglich angestaute Hitze meist durch ein abendliches Gewitter entlud. Ich mochte den Sommer, aber nicht mehr lange und der Herbst würde Einzug halten. Dann konnte man die Schlunzen nicht mehr draußen knallen, was bedeutete, es müsste entweder mein Auto herhalten – was ich zugebenermaßen nur ungern dafür nutzte, schließlich liebte ich es – oder das Zuhause einer der Schlampen. Ich weigerte mich standrechtlich, sie mit in mein Heiligtum zu nehmen, denn allein bei dem Gedanken, eine dieser Hohlbirnen könnte meinen persönlichen Kram antatschen, sah ich rot.

Wenn ich an den verhängnisvollen Dienstag zurückdachte, fühlte ich mich, als würde jemand auf meiner Brust sitzen und sie mit Gewalt zusammendrücken.

Auf jeden Fall hatten sich die Ereignisse verselbstständigt und es war mir noch immer ein Rätsel, wie das passieren konnte. Seufzend warf ich mich schwungvoll auf die andere Seite, faltete die Hände unter dem Gesicht und betrachtete mein Lieblingsbild.

Noch in der Klasse hatte ich mich wie ein gebackenes Schnitzel gefreut, schon allein weil ich mir mit dieser Aktion selber etwas beweisen wollte: Der Truthahn hatte keinerlei Wirkung auf mich. Jetzt nicht, im nächsten Leben nicht, nie-fucking-mals!

Dieser Hammerorgasmus, den ich ihr beschert hatte, geschah aus reinem Eigennutz, schließlich wollte ich sie kommen sehen, einfach weil sie im Vorfeld so extrem auf meine Berührungen reagiert hatte.

Sie war mir selbstverständlich egal. Ihre Gefühle erst recht.

Daher machte es mir natürlich überhaupt nichts aus, ihren nackten Körper der gesamten Schule zu präsentieren.

Bereits vor der ersten Pause hatten alle Wichsvorlage angekreuzt, wobei ich das Brodeln in meinem Bauch ignorierte, wenn ich mir vorstellte, dass vielleicht irgendein Horst sich wirklich bei ihrem Anblick einen runterholte. So, wie ich es getan hatte …

Auch wenn sie nicht die Dünnste war, so wirkte sie doch auf keinen Fall unattraktiv oder gar abstoßend. Dieser Schock war in mir noch genauso präsent wie in der Turnhalle, als ich sie ausgezogen hatte.

Die schlabbrige Kleidung, die sie immer trug, machte sie optisch locker fünf Kilo schwerer und ließ sie breiter wirken, als sie tatsächlich war. Somit wurde sie natürlich als fett abgestempelt. Doch halbnackt sah sie aus wie ein pralles, natürliches Playboybunny! Ich war gelinde gesagt … *absolut erschüttert!* So hätte ich sie mir nie vorgestellt. Genaugenommen hatte ich es nicht einmal versucht, warum auch, sie ging mir ja am Arsch vorbei!

Ich sah nur das, was ich sehen wollte und den ersten Eindruck vermittelte. Doch als sie in Unterwäsche vor mir stand, blieb kein Platz mehr für Vorurteile.

Sie besaß mit Sicherheit die größten Titten der ganzen Schule, und allein wenn ich an ihren Arsch dachte, wurde ich mit hundertprozentiger Sicherheit wieder hart.

Die einzige Genugtuung, die ich mir zugestand, war ein Foto zu wählen, worauf nicht ihre appetitliche Rückseite zu sehen war. Es musste ja nicht jeder in den Genuss dieses Anblicks kommen.

Die aufkommenden Weicheigedanken verdrängte ich sofort.

Das klappte generell auch verdammt gut, wollte ich an der Scheiße nicht zerbrechen, die mir mein Dasein schon reichlich beschert hatte. Purer Selbstschutz. Kein Schwanz der Welt ist so hart wie das Leben. Davon konnte ich eine verschissene Oper singen.

Nach Unterrichtsschluss rauchten wir wie immer noch eine auf dem Schulgelände, obwohl das streng verboten war – als wenn das jemanden interessiert hätte.

Voller Genuss zog ich gerade an meiner Kippe und ließ mich von Phil mit einem seiner dämlichen Chinesenwitze zulabern, da hörte ich ihn auch schon: Harald Engel, Polizist unseres liebreizenden Städtchens und bekannter Säufer. Ich fragte mich, wie beides möglich war. Egal.

Als ich aufsah, marschierte er im Stechschritt, dabei tierisch motzend, auf seinen Streifenwagen zu, und zerrte jemanden hinter sich her. Es dauerte nur einen Moment, bis ich realisierte, wen er da so grob anpackte. Mich durchfuhr eiskaltes Entsetzen.

Sie stolperte eher, als dass sie ging. Den Kopf gesenkt. Die Schultern eingezogen. Selbst auf die Entfernung konnte ich ihr Zittern erkennen. Sogar ihre Lippen bebten. Fuck! Ihre Wangen waren vom Weinen feucht.

Doch sie gab keinen Ton von sich und ließ alles wortlos über sich ergehen. Es war furchtbar mitzuerleben, wie sie von ihrem eigenen Vater behandelt wurde, doch zeitgleich musste ich mir bewusst machen, dass wir nicht besser waren. Seit Jahren schon wurde sie von uns gedemütigt und fertiggemacht. Ein unangenehmer Druck baute sich auf, machte sich in meiner Brust breit, drohte, mich zu zerquetschen.

Ich war so bestürzt, dass ich mich einige Sekunden lang nicht bewegen konnte. Im Augenwinkel bekam ich mit, dass es meinen Brüdern und ihren Schlampen nicht anders ging. Und nicht nur denen. Der ganze Pausenhof erlebte mit, wie sie Mut bewies und versuchte, sich schließlich zu wehren, und wie ihr eigener Vater sie wie einen gottverdammten Verbrecher mit dem Gesicht gegen die Fahrertür seines Autos drückte.

Mich überkam so eine heftige Wut, dass ich erzitterte.

War der nicht mehr ganz dicht, gottverdammte Drecksscheiße?

Das ging zu weit! Man konnte ja vieles machen! Aber nicht das! Keine körperliche Gewalt gegen Kinder oder Frauen!

Ganz von allein setzten sich meine Beine in Bewegung und überquerten den Pausenhof. Wie in Trance packte ich den dreckigen Wichser an seinem gottverdammten Kragen und zog ihn mit aller Kraft von ihr weg.

Er dachte, er müsse sich aufspielen und den harten Macker markieren, was ich ihm hätte vermutlich durchgehen lassen. Doch ich machte den Fehler, schaute ihr ins Gesicht und entdeckte blanke, unverhohlene Angst darin.

So hatte ich sie noch nie gesehen, und es gefiel mir überhaupt nicht!

Er versuchte, wieder zu ihr zu gelangen, und ihre Augen weiteten sich vor Furcht noch mehr.

Daraufhin drehte ich durch. Ich nahm ihn mir erneut vor und schob ihn kurzerhand gegen sein Auto, was mich nicht mal ein müdes Lächeln kostete, schließlich war ich nicht umsonst im Boxtraining und hatte zwei ältere Brüder. Er hatte keine Chance. Verwundert registrierte er, wie ich ihm mit meinem Unterarm die Luftzufuhr abschnitt, und versuchte vergeblich, sich mir zu widersetzen. Sein geschocktes Keuchen genügte mir aber noch nicht.

Ihr verweintes Gesicht vor Augen beugte ich mich näher zu dem japsenden, armseligen Looser. »Wenn du noch ein einziges Mal mein gottverdammtes Mädchen anfasst, breche ich dir jeden Knochen einzeln, sodass du deinen eigenen Schwanz lutschen kannst, wenn ich mit dir fertig bin!«, zischte ich ihm zu, viel zu aufgebracht, um richtig mitzubekommen, was ich da eigentlich von mir gab.

Erst als ich den Penner losließ – nachdem ich ihn nochmal fest gegen die Scheibe gepresst hatte –, drehte ich mich um und ging zu meinem Auto. Fuck! Was hatte ich da überhaupt gesagt?

Mein Mädchen!

Das machte mich schon wieder so wütend, dass ich auf meine verdammten Brüder schiss, die ich eigentlich mitnehmen musste, und einfach ohne sie in den Wagen stieg. Ich drehte die Musik auf, Gott sei Dank eine harte Rocknummer, und fuhr mit quietschenden Reifen davon …

⊛⊛⊛

Samstagabend, und ich lag immer noch in meinem dunklen Zimmer und hätte mir in den Scheißarsch beißen können.

Was hatte ich mir nur dabei gedacht, ihn so zu demütigen? Ich wusste doch, dass der Arschficker nicht ganz sauber im Schädel war, schließlich waren wir nicht das erste Mal aneinandergeraten. Als ich ihr in die Augen sah und die Angst darin erkannte, wusste ich, er würde sämtlichen, nicht nur durch mich verursachten Frust an ihr auslassen, sobald er die Gelegenheit dazu bekam.

Die gesamte Woche war sie nicht in der Schule gewesen. Je länger sie sich nicht blicken ließ, umso mehr nahm dieser gottverdammte Druck in meiner Brust zu.

Was, wenn der Penner sie einfach umgebracht und im Garten verbuddelt hatte? Er war ein Scheiß-Polizist. Er konnte sie als vermisst melden und keiner seiner scheinheiligen Kollegen würde ihn verdächtigen. Fuck!

Ich setzte mich fahrig auf und vergrub das Gesicht in meinen Händen. Wenn ihr wegen mir etwas passieren würde, wäre das mein Untergang. Das wäre zu viel. Nicht schon wieder. Wegen mir war schon einmal alles aus dem Ruder gelaufen. Ich hatte bereits ein paar Leben zerstört – einschließlich meinem eigenen.

Dieser Hirnfick brachte mich echt nicht weiter. Es ging ihr gut, alles war in bester Ordnung.Das hatte ich mir die vergangene Woche jeden Tag immer und immer wieder versucht einzureden. Am Mittwoch – ich war noch komplett ruhig – dachte ich, sie würde am Donnerstag wiederkommen. Am Donnerstag – ich war *leicht* hektisch geworden – nahm ich an, sie würde am Tag darauf ganz sicher auftauchen. Pustekuchen! Am Freitag war ich dann so weit gewesen, dass man mich einweisen konnte.

Die ganze Woche hatte ich kaum geschlafen – dicke Augenringe und ein ätzendes Gemüt zählten zu den weniger schlimmen Folgeerscheinungen. Meine Brüder bekamen alles ab, aber sie hatten es nicht besser verdient. Sie nervten mich die ganze Zeit, indem sie mich scheinheilig ausfragten, wieso ich denn auf dem Parkplatz so ausgerastet war. Seit wann musste ich mich vor denen rechtfertigen? Ich tat es ja nicht einmal vor mir selbst. Also sagte ich ihnen, sie sollten ihre Klappen halten und sich um ihren eigenen Dreck kümmern. Doch natürlich ließen sie nicht locker.

Sie belagerten mich beim Frühstück, beim Abendessen und würden wir zusammen Mittag essen, hätten sie mich auch da nicht verschont. Sie nervten mich beim Supermario-Kart spielen und beim Grasrauchen. Sie nervten mich sogar beim Duschen oder wenn ich auf dem Scheißhaus saß. Nichts war ihnen heilig! Sie waren überall, schwirrten um mich herum und ahmten Truthähne nach, zumindest versuchten sie es, obwohl das echt beschissen aussah. Manchmal schrien sie auch hysterisch: »Tristan, ich bin deine Isolde. Oh, Tristan, rette mich!«

Elendige Fotzen! Ich konnte ihnen nicht gestehen, dass ich einfach ausgeflippt war, als ich mitbekam, wie sie von ihrem eigenen Vater misshandelt wurde. Sie würden es niemals begreifen. Ich verstand mich ja selber nicht.

Wie sollte ich da mein Verhalten verteidigen oder gar erklären? Also war ich einfach noch pissiger als normalerweise, in der Hoffnung, dass sie mir von der Pelle rücken würden, aber nein …

Als dann auch noch Vivi, die Biotussi von Tommy, am Freitag auf mich einquatschte und mir mit dieser ruhigen Psycholabertour kam, die ich auf den Tod nicht ausstehen konnte, weil ich die zur Genüge kannte, hatte ich endgültig genug. Sie fing damit an, dass ich gar nicht so ein Arschloch wäre, ich mich nur zum Selbstschutz so verhalten würde, weil ich das Wichtigste in meinem Leben verloren hatte. Doch bevor sie auch nur Gelegenheit bekam, ihren Namen in den Mund zu nehmen, fuhr ich die Psychotrine an, dass sie lieber ihre gottverdammte Klappe halten solle, woraufhin Tom mir fast eine ballerte. Jedoch ließ sich seine kleine Freundin nicht so einfach einschüchtern und brabbelte weiter. Sie meinte, ich habe ein schlechtes Gewissen, woraufhin ich sie einfach nur auslachen wollte, weil ich nämlich *überhaupt kein* Gewissen besaß, und so konnte es weder gut noch schlecht sein, verdammte Scheiße! Als sie meinen ungläubigen Gesichtsausdruck sah, verkündete sie todernst, dass jeder Mensch ein Gewissen hatte …

Aha!

… und dass ich wusste, dass ich an dem ganzen Schlamassel schuld war …

Ach nee!

Den Bogen überspannte sie, als sie auch noch in meiner Anwesenheit meinen Bruder ausfragte, was ich denn für den Truthahn empfinden würde. Ich fing an, hysterisch zu lachen und konnte gar nicht mehr aufhören, also ließ ich sie mit ihren realitätsfremden Gedanken am Esstisch sitzen.

Es war offiziell: Vivian Müller hatte sie nicht mehr alle!

Vielleicht lag sie mit dem Gewissen nicht ganz daneben. Na gut, sie hatte mitten ins Schwarze getroffen.

Der Druck auf meiner Brust spiegelte meine Reue wider, aber nie im Leben würde ich etwas für dieses … dieses … dieses gottverdammte Mädchen empfinden. Fuck! Wieso konnte ich sie nicht mehr als Ungetüm sehen oder als das Vogelvieh, das sie war? Wieso sah ich plötzlich *ein Mädchen* in ihr?

Vielleicht, weil ihre Pussy sehr wohl mädchenhaft ist, und du weißt, wie sehr sie dich anmacht, du Idiot!, verspottete mich eine Stimme in meinem Kopf, die ich nicht besonders mochte und auf die ich schon gar nicht hörte … Offenbar hatte sie einen direkten Draht zu meinem Verantwortungsbewusstsein und nervte dementsprechend tierisch.

Warum musste das alles so verdammt kompliziert sein? Wieso musste ich mich letzten Samstag besaufen und sie knallen? Wieso konnte ich alles andere vergessen, aber nicht das Gefühl ihrer engen Pussy um meinen Schwanz, und wieso hallte bei jeder noch so kleinen Gelegenheit ihr hemmungsloses Stöhnen in meinen Ohren wider und brachte mich dazu, es nochmal und nochmal und nochmal hören zu wollen, als wäre ich süchtig nach dem Scheiß?

Ich zündete mir eine Kippe an und trat auf meinen Balkon in die dunkle Nacht hinaus. Die Arme stützte ich auf der Brüstung ab und ließ meinen Kopf hängen. Ich brauchte dringend frische Luft und musste meine Gedanken sortieren. Gerade die letzten Tage tickte ich nicht mehr richtig.

Beim Boxtraining hatte ich abgeloost und fast ein paar kräftige Schläge kassiert, ebenso bei den Weibern. Die ganze verflixte Woche stand ich auf dem Trockenen, was mich gewaltig anpisste, da ich permanent dauerhart rumlief und dieser Scheiß irgendwann echt schmerzte.

Doch allein wenn ich mir so ansah, was sonst mein Standard war, ekelte ich mich. Die Schlunzen waren außen hui und innen absolut ausgeleiert. Sie dachten, für einen guten Fick genügte es, gut auszusehen. Ihnen war nicht klar, was einen guten Fick ausmachte. Beide mussten sich komplett fallen lassen: Äußerlichkeiten, Äußerlichkeiten sein lassen, sich einfach den Hormonen und der Geilheit hingeben, nicht darauf achten, wie die Haare saßen, oder versuchen, keinen peinlichen Laut von sich zu geben beziehungsweise andere merkwürdige Geräusche, die der Körper nun einmal machte. Ganz ehrlich? Sie langweilten mich schon, wenn ich ihre zugekleisterten Augen und die mit Lipgloss verschmierten Lippen betrachtete.

Natürlich hatte das alles nichts mit dem Truthahn zu tun. Nichts mit der vertrauensvollen Art, mit der sie sich an mir festgehalten hatte, als sie kam, oder wie ihre neugierigen Augen glänzten, wenn sie mich beobachtete, und dem verträumten Lächeln, das mich noch vor ein paar Tagen enorm angepisst hatte.

Meine Fresse! Ich musste einfach wissen, ob es ihr gut ging! Schließlich war ich dafür verantwortlich – ich und meine dummen Fotos! Also schnippte ich die Kippe über den Balkon in den wilden Sturm und ging rein. In Windeseile schlüpfte ich in meine Lederjacke und schnappte meine Schlüssel.

Ein Blick auf die Uhr verriet mir, dass es schon zehn war, aber es interessierte mich nicht, denn ich hatte lang genug gewartet.

Unten im Wohnzimmer saß David, mein Dad, gerade auf der

Couch und schaute irgendeinen Scheiß – vermutlich ein Mafiosifilm. Er stand auf den Mist, ich auch … Aber heute gesellte ich mich nicht dazu.

»Ich bin weg«, verkündete ich, als ob das nicht offensichtlich wäre, und schlüpfte durch die Haustür. Ich überlegte zu Fuß zu gehen, weil sie nicht allzu weit weg wohnte, aber natürlich entschied ich mich für die gemütlichere Variante und stieg in meinen heißgeliebten, knallroten Audi.

Ihre Adresse hatte ich durch den geplanten Artikel über sie sowieso, also fuhr ich leicht genervt in die nahegelegene Plattenbausiedlung, obwohl ich normalerweise unter keinen Umständen nicht mal meinen kleinen Zeh in diese Gegend gesetzt hätte. Hier wohnten die Unterprivilegierten. Ich bereute kurzfristig, nicht gelaufen zu sein, denn hier könnte einem das Auto unter dem Arsch weggeklaut werden, aber da kam ich auch schon vor dem siebenstöckigen Gebäude zum Stehen.

Die Straßen waren zum Glück leer und so konnte ich ruhigen Gewissens parken – direkt am hinteren Teil des Hauses, wo die furzhässlichen Balkone hinausragten.

Okay … Wie sollte ich jetzt zu ihr kommen, und wenn ich erst mal bei ihr war, was sollte ich sagen? Ich lehnte mich an meinen Wagen und zündete mir eine Kippe an. Jetzt stand ich vor dem eigentlichen Problem.

Sollte ich ihr vielleicht weismachen: *Hey, ich bin vor Sorge um dich fast verrückt geworden und wollte nur nachsehen, ob mit dir alles in Ordnung ist, weil ich deine gottverdammte Pussy nicht vergessen kann? Wohl kaum, denn so etwas sagte Tristan Wrangler nicht. Eher: Ich wollte nur mal kurz vorbeikommen, um dir meinen Schwanz in den Mund zu stecken, also mach brav Ahhhh.* Ganz sicher kam ich aber nicht vorbeigeschneit, weil ich mir Sorgen machte oder irgendeinen Körperteil von einer Tussi nicht vergessen konnte – zumindest nicht der Tristan, den ich mir in harter Arbeit erschaffen hatte.

»Verdammte Nutten-Kacke«, fluchte ich und fuhr mir mit einer Hand durch das Haar. Aber über mögliche Ausreden konnte ich mir Gedanken machen, wenn ich es bis zu ihr geschafft hatte, vorausgesetzt ich fand heraus, wo sie genau wohnte.

Ihr Vater würde mich wohl kaum herzlich willkommen heißen und zum Essen einladen – weder nach letztem Dienstag noch nach der ganzen Scheiße, die ich mir bereits geleistet hatte.

Die Situation nervte mich gerade richtig und ich war kurz davor, wieder abzudüsen, als ein Schatten im zweiten Stock am Fenster vorbeihuschte. Diese Titten würde ich überall erkennen!

Und als ob sie mir versichern wollte, dass sie es tatsächlich war, trat sie für einen Moment näher und zog die Vorhänge zu.

Strike!

Grinsend schnippte ich die Zigarette weg und machte mich auf den Weg über den Rasen zu den Balkonen.

Ich überprüfte genau die dunkelgraue Mauer und die Regenrinne, überlegte, ob ich mich jetzt wirklich zum Affen machen und da hochklettern sollte. Die Vorstellung gefiel mir ganz und gar nicht!

Und dieser ganze Aufwand nur wegen dem Truthahn!

Ich schüttelte über mich selber den Kopf. Langsam fing ich auch noch an zu frieren, weil der verschissene Wind, der die Bäume schon hin- und herschwanken ließ, schweinekalt war.

Zum wiederholten Male fragte ich mich, was mich geritten hatte, so eine Aktion überhaupt zu starten. Vermutlich würde ich mir sämtliche Knochen brechen, auch wenn ich noch so durchtrainiert und sportlich war, oder man erwischte mich. Vielleicht sogar beides. Aber wie hieß es so schön? No risk, no fun.

Frustriert blickte ich mich um und entdeckte eine Leiter, die zwei Meter von mir entfernt an der Wand lehnte.

Ich grinste breit. Was war ich doch für ein glücklicher Bastard. Während ich auf das Ding zuging, tätschelte ich mir selber die Schulter. Allerdings war ich auch ein blinder Bastard, denn ich hätte sie schon viel eher sehen müssen, schließlich stand sie die ganze Zeit vor meiner Nase. Jetzt hoffte ich nur noch, dass sie nicht so alt war, wie sie aussah. Ich wollte mir doch nicht meinen hübschen Hals brechen.

Zu meinem Glück lief alles wie am Schnürchen. Die Sprossen schienen stabil und die Leiter lang genug, um bis genau unter ihr Fenster zu reichen. Wenn ich gläubig gewesen wäre, dann hätte ich das als Zeichen gesehen. Aber wofür? Für meine phänomenale Dummheit, vielleicht?

Während ich einen Fuß, der in meinen schwarzen Nikes steckte, auf die unterste Stufe stellte, überlegte ich noch schnell, wie ich ihr meine Anwesenheit erklären sollte, ohne wie eine kleine Pussy zu klingen, und kam auch schon bald auf die Lösung. Mit verbissenen Zähnen bahnte ich mir den Weg nach oben und hoffte, sie würde mich nicht einfach in die Tiefe stoßen, wenn sie mich erblickte. Verdient hätte ich es.

Es war eindeutig, dass sie wusste, wer ihr diesen ganzen Schlamassel eingebrockt hatte.

Und ein kleiner nerviger Teil in mir hatte geradezu Panik, ihr gegenüberzutreten. Ich rechnete mit allem: War sie sehr wütend auf mich? Konnte sie meinen Anblick überhaupt ertragen und würde mir die Gelegenheit geben, mit ihr zu sprechen? Oder schrie sie gleich nach ihrem Arschwichser von Vater und zahlte mir somit zurück, was ich verbockt hatte? Die Möglichkeiten waren endlos.

10. ÜBERRASCHUNG

Mia 'nasty' Engel

Die Woche war schrecklich langsam vergangen. Jeden einzelnen Tag dachte ich an Tristan Wrangler.

Ich hätte ihn so gerne angerufen, um wenigstens seine Samtstimme zu hören, vielleicht sogar um mit ihm zu sprechen, auch wenn es wahrscheinlicher und einfacher wäre, unverrichteter Dinge wieder aufzulegen. Doch ich hatte weder seine Nummer noch konnte ich wie selbstverständlich das Festnetztelefon nutzen, denn dies wurde von meinen Eltern mit Argusaugen bewacht. Dazu kam, dass ich mich momentan vor ihnen lieber nicht blicken lassen sollte. Der Ärger mit meinem Vater steckte mir nach wie vor in den Knochen.

Doch es änderte nichts an meiner Sehnsucht nach Tristan. Ich verzehrte mich geradezu nach ihm und wollte mich allein deshalb für meine herausragende Dummheit beglückwünschen. Warum konnte ich nicht einfach verstehen und akzeptieren, dass er niemals in seinem gesamten Leben mehr für mich empfinden würde als vielleicht – vorausgesetzt ich hatte Glück – Mitleid? Nichts anderes war seine Motivation am Dienstag, wobei selbst das einem Wunder glich. Mehr durfte ich nicht hineininterpretieren, auch wenn ich mir gern etwas anderes eingeredet hätte. Ich blieb realistisch.

Dennoch konnte ich nicht das Arschloch in ihm sehen, welches er so gern markierte. Warum? Vielleicht lag es an diesem besonderen Lächeln, das sein Gesicht noch perfekter – aber auch irgendwie weicher – aussehen ließ. Ich hatte es zum ersten Mal zu Gesicht bekommen, als er damals vor meinem Bild stand und würde es nie wieder vergessen. Das konnte ich auch gar nicht. Womöglich war es aber auch die sanfte Art, wie er mich aufgefangen hatte, als ich durch ihn meinen ersten Orgasmus erlebte, oder meine Einstellung, immer zuerst das Gute in den Menschen zu sehen, bevor ich sie verurteilte.

Vielleicht war es auch nichts von alledem, und ich einfach nur zu hoffnungslos unterbelichtet, um die Wahrheit zu erkennen. Keine Ahnung. Nur eines wusste ich. Nichts hatte sich geändert. Nicht nach den ganzen Beleidigungen und erst recht nicht nach der Fotoaktion.

Mittlerweile war es kurz nach zehn Uhr, Samstagabend. Heute vor genau einer Woche hatte ich mein erstes Mal erlebt – mit Tristan Wrangler.

Obwohl es nicht einmal im Entferntesten meinen Vorstellungen und Träumen entsprach, musste ich unweigerlich schmunzeln, wenn ich daran zurück dachte. Einfach nur, weil er mich angelächelt und geküsst hatte, wir uns danach so unglaublich nah gewesen waren und ich in seinen Armen schlafen durfte.

Aller Illusionen zum Trotz war mir klar, dass dies nie wieder geschehen würde. Nie wieder würde ich ihm so nahekommen.

Jedoch hinderte mich dieses Wissen nicht daran, mir diverse Dinge vorzustellen, die wir tun könnten, wäre er nur hier in meinem Zimmer. Immer wenn ich nicht einschlafen konnte oder der Tag besonders schlimm gewesen war, nutzte ich meine Phantasie, um wenigstens darin glücklich zu sein.

Wäre er hier, würde ich ihm wohl die unzähligen Zeichnungen zeigen, die ich von ihm gefertigt hatte, ihm schokoüberzogene Haferkekse anbieten und meine Lieblings-CD abspielen. Manchmal sogar erträumte ich mir seine Lippen auf meinen. Er küsste mich dann genauso, wie er es letzten Samstag getan hatte. Aber Träume sind Schäume.

Seufzend schloss ich die Vorhänge und legte mich ins Bett. Meine Schlafklamotten, bestehend aus knappen Hotpants und einem grauen, ausgeleierten Discounter-Shirt, trug ich bereits, während Stanley schon in Schmuseposition ungeduldig hechelnd auf mich wartete.

Lächelnd streichelte ich ihm über den knochigen Kopf, legte mich unter meine Decke und zog seinen kleinen drahtigen Körper an mich.

Tristan spukte weiterhin in meinem Kopf, eigentlich wie immer – jeden Abend, jeden Tag, jede Stunde und jede Minute.

Was er wohl gerade tat? Ob er wohl auch an mich …

Da klopfte es an der Scheibe! Das Geräusch ließ mich hochschnellen, nur um die Ohren zu spitzen und darauf zu warten, es erneut zu hören. Was gar nicht möglich war, denn Stanley bellte wie ein Verrückter.

Mist, wenn er meine Eltern aufweckte, wäre hier die Hölle los, also hielt ich ihm mit drei Fingern die winzige Schnauze zu.

»Ruhe!«, befahl ich ihm flüsternd und stand unsicher auf.

Ich wohnte im zweiten Stock. Wie konnte da jemand an mein Fenster klopfen? Trotzdem geschah es erneut und wurde begleitet von einer Ladung interessanter, aber derber Flüche, die eigentlich nur von einer Person stammen konnten.

Mit einem Ruck riss ich die Vorhänge auf und starrte geradewegs in das angepisste, jedoch nicht minder wunderschöne Gesicht von meinem Traummann persönlich. Sein Anblick versetzte mich in eine Schockstarre. Tristan stand mit wehenden Haaren auf einer Leiter vor meinem Fenster in seiner sexy Lederjacke und meiner schwarzen Lieblingsjeans, die so vorteilhaft seinen perfekten Hintern betonte, und verdrehte die Augen, sobald ich ihn sah.

»Mach auf!«, formten seine sinnlichen Lippen. Sofort riss ich mein Fenster sperrangelweit auf. Er stemmte sich in mein Zimmer und landete etwas umständlich auf dem Boden, stand aber sofort wieder auf. Noch immer war ich nicht in der Lage, richtig auf ihn zu reagieren, auch nicht, als er sich zu seiner vollen, durchaus imposanten Größe vor mir aufgebaut hatte und auf mich herabsah. Einzig der Mond und die Straßenlaternen erhellten sein engelsgleiches Gesicht und ließen es silbrig schimmern. Unauffällig zwickte ich mir in den Arm. Doch er war tatsächlich da. Ich träumte nicht …

»Verdammte Scheiße ist das kalt da draußen«, fluchte er erneut und drehte sich zum Fenster, um es zu schließen.

Ich schüttelte meinen Kopf hin und her, um ihn frei zu bekommen, während er sich wieder zu mir wandte. Konnte es möglich sein, dass er verlegen war? Fast wirkte er so. So kannte ich ihn gar nicht.

Langsam aber sicher breitete sich ein dussliges Grinsen in meinem Gesicht aus, als ich gewahr wurde, dass Tristan Wrangler tatsächlich in meinem Zimmer stand und mithilfe einer Leiter durch das Fenster geklettert war. Das war ja so romantisch!

Er hob eine Augenbraue und betrachtete mich skeptisch. »Ich bin nur hier, weil wir noch das Interview führen müssen.«

Ich runzelte die Stirn. »Aber die Zeitung erscheint doch nur vierteljährlich, und du hast noch Zeit bis zur letzten Ausgabe.« Damit brachte ich ihn in … echte Verlegenheit. Mein Grinsen wurde breiter, als er sich mit einer Hand genervt durch das volle Haar fuhr.

»Ja, und!«; blaffte er mich an, während er mit seiner zweiten ebenfalls seine Frisur vergewaltigte. »Fuck!« Missbilligend starrte er auf den Boden zwischen unseren Füßen.

»Was?«

Er sah, mit beiden Händen im Nacken verschränkt, in meine Augen und seufzte tief. »Na gut ... Ich fühle mich für den ganzen Scheiß irgendwie ... verantwortlich«, gab er leise und unwillig zu. Dann sprach er so schnell, dass ich ihn kaum verstand. »Ich wollte wissen, ob der Wichser dich umgebracht hat, oder so ... Ich hab mich noch nie bei irgendwem entschuldigt, aber es tut mir leid, Mirta. Der Arsch hat dir doch irgendwas angetan – wegen mir, oder? Deshalb warst du so lange nicht in der Schule. Das wollte ich nicht, okay?« Mir kamen unweigerlich die Tränen, denn Tristan Wrangler persönlich war wirklich hier und machte sich Sorgen um mich. Das Sahnehäubchen daran machte aber seine Entschuldigung aus. *Unglaublich.* Allerdings hielt das nicht lange vor, denn mir fiel auf, wie er mich genannt hatte – *schon wieder* –, und ich wurde wütend. *Sehr wütend!*

»Mirta?«, zischte ich. Erstaunt riss er die Augen auf. Tief in meinem Unterbewusstsein war ich von mir selbst überrascht, denn noch nie hatte ich ihn dämlich angemacht. Vermutlich wagte das keiner, aber jetzt und hier konnte ich mich nicht mehr beherrschen.

»Äh ...« Offenbar war ihm völlig entgangen, warum ich ihn wütend anfunkelte.

»Ich heiße nicht Mirta!«, presste ich zwischen den Zähnen hervor, um nicht ungehalten loszuschreien.

»Oh!« Konsterniert klappte sein Mund auf. »Ähm. Dann ... Marta?« Meine Antwort bestand in einem abfälligen Schnauben. Angestrengt grübelte er, wich aber vorsichtshalber einen Schritt vor mir und meiner mordlustigen Miene zurück. »Auch nicht? Okay, dann eben ... Marianne? Martina? Mechthild? Irgendwas mit M war's auf jeden Fall!«, platzte er raus.

Ich schloss resigniert die Lider und ließ mich frustriert auf mein Bett fallen. Er wusste nicht einmal meinen Namen. Eigentlich sollte es mir nicht wundern, dennoch tat es weh.

»Mia Marena«, unterbrach ich die Ratestunde und strich mir träge über das Gesicht. »Mia ...«

»Oh!«, wiederholte er nur irgendwie ... beschämt und kam auf mich zu. Ich sah ihn nicht an, fühlte aber seine Nähe. Wartend saß ich da, ohne zu wissen worauf. Die entstandene Stille brachte mich schließlich doch dazu aufzublicken. Er stand vielleicht eine halbe Armeslänge entfernt und musterte mich unergründlich, als würde er eine Maske tragen. Dabei sah er jedoch so schrecklich gut aus, dass mein Herz einen heftigen Sprung machte – diese Jacke, diese Jeans, seine Haare und der athletische Körper ...

Trotzdem!

»Was?«, brummte ich und schaute weg, weil ich mich plötzlich sehr unwohl in seiner Gegenwart fühlte, da er mich scheinbar durchscannte. Im Augenwinkel bemerkte ich sein Grinsen, ehe Fingerspitzen mein Kinn anhoben, sodass ich seinem Gesicht nicht ausweichen konnte.

»Du bist gar nicht so hässlich«, murmelte er nachdenklich, und ich erstarrte. Gott, widererwartend war ich in dem Augenblick froh, dass die durch meinen Vater verursachten blauen Flecken nur noch schwach zu erkennen waren und sie Tristan in meinem kaum erleuchteten Zimmer nicht auffielen.

»Du findest mich hübsch?«, fragte ich mit zitternder Stimme – konnte noch immer nicht glauben, was er da eben gesagt hatte –, woraufhin er leise und melodisch lachte. Sein Finger stupste mir leicht auf die Nase.

»Das hab ich nicht gesagt«, gluckste er, als wäre der Gedanke, mich hübsch zu finden, sehr abwegig für ihn. Aber das war mir egal. Schließlich hatte er mich *angestupst!* Entspannt ließ er sich auf mein Bett fallen – direkt neben mich –, bevor ein schreckliches Jaulen durch den Raum klang.

»Scheiße!«, stieß Tristan aus und beförderte sich mit einem Ruck wieder auf die Beine, während Stanley sich gar nicht mehr beruhigen konnte, weil er von diesem Riesen fast zerquetscht worden wäre. Gleichzeitig hörte ich die Schlafzimmertür meiner Eltern aufgehen und schnelle Schritte, die den Gang entlangpolterten. Ohne zu überlegen, packte ich den "Hunde-Zermalmer" am Arm und zog ihn zu meinem kleinen alten, rosafarbenen Kinderzimmerschrank, um ihn zwischen all meine Kleidung zu stopfen. Ich bemerkte gerade noch Tristans schockiertes Gesicht, da knallte ich ihm schon die Schranktür vor der Nase zu und hechtete ins Bett, als auch schon mein Vater ins Zimmer stürmte. Von hinten hell erleuchtet stand er im Rahmen und donnerte: »Was ist hier los?« Ich tat so, als wäre ich wahnsinnig verschlafen.

»Keine Ahnung. Ich weiß auch nicht, was Stanley schon wieder hat.« Dieser knurrte bei Haralds Anblick, verkroch sich aber auf einen Fingerzeig von mir in sein Körbchen. Ein paar Sekunden verstrichen, in denen mein Erzeuger seinen Blick aufmerksam durch das Zimmer schweifen ließ, bis er mich schließlich misstrauisch ansah.

Ich kaute auf meiner Lippe und versuchte, ganz besonders unschuldig auszusehen. »Ich werde dem kleinen Köter seinen verschissenen Hals umdrehen, wenn er mich noch einmal weckt!«, grummelte er schlussendlich und schlug laut die Tür hinter sich zu. Erst als ich hörte, wie er wieder im Schlafzimmer verschwand, stand ich leise auf, um mit schuldbewusster Miene den Schrank zu öffnen und geradewegs in genervte Augen zu sehen.

Tristan drängte mich sofort zur Seite und verließ sein kurzzeitiges Gefängnis, während er sich übertrieben die Jacke und Hose abklopfte und vor sich hin schimpfte. »Ich musste mich noch nie in einem gottverschissenen rosa Eintürer mit Bärchengriffen verstecken!« Ein Kichern entwich mir. »Und erst recht nicht vor so einem Arschloch!«, meckerte er weiter. »Ich kann immer noch nicht fassen, wie er mit dir umgesprungen ist. Zu gern würde ich ihm die Fresse grün und blau …« Abrupt stoppte er, als würde ihm plötzlich etwas einfallen.

Er stand direkt vor mir und legte unverhofft die Hand an meine Wange. Überraschend zuckte ich zusammen, denn erstens tat mein Gesicht noch etwas weh und zweitens hatte ich mit dieser freiwilligen Berührung seinerseits nicht gerechnet. Misstrauisch runzelte er die Stirn und kniff die Lippen zusammen.

»Was hat der Hurensohn dir angetan?« Nur diese Frage ließ mich vor Rührung erbeben. Aber ich konnte und wollte darauf weder antworten noch mich vor ihm zurückziehen, viel zu sehr war ich von seiner Nähe gefangen. Mist, unser Haut an Haut Kontakt hatte wieder einmal mein Sprachzentrum lahmgelegt.

Doch er sah mir direkt in die Augen … blitzende grünbraune Iriden. Trotz der Dunkelheit konnte ich die Farbe erkennen.

Mühsam riss ich mich von dem faszinierenden Anblick los. »Mir geht's gut.« Ich hoffte wirklich, dass dies als Antwort reichen würde. Leider war dem nicht so.

Missmutig spannte er die Kiefermuskulatur an und zog mich energisch zum Fenster, um mein Gesicht im fahlen Lichtschein der Straßenlaternen, die mein Zimmer erleuchteten, zu betrachten. Ein Grollen bestätigte mir, dass ihm nicht gefiel, was er sah. Sein Körper spannte sich an wie bei einem Raubtier auf der Jagd. Als mir klar wurde, was er möglicherweise im Begriff war zu tun, packte ich seinen Oberarm. Erstaunt starrte er auf meine Hand. »Bitte«, flüsterte ich ihm zu. Und er verstand. Mit einem tiefen Seufzer ließ er von mir ab und schüttelte den Kopf, als müsse er seine Gedanken klären.

»Bärchengriffe also, und pink, hm?« Mit einem finsteren Blick musterte er meinen Schrank.

Für seinen Themenwechsel, der mich aus meiner Lethargie riss, war ich zutiefst dankbar und musste unwillkürlich lachen. Ich konnte mich kaum bremsen, was ihn schockiert aufsehen ließ.

Vermutlich klang es ein wenig hysterisch, weil mir die angespannte Situation noch in den Knochen steckte – inklusive sämtlicher Möglichkeiten, was passiert wäre, wenn Tristan sich wirklich meinen Vater vorgenommen hätte, denn sein mörderischer Ausdruck sprach Bände. Gleichzeitig verspürte ich Erleichterung, weil es nicht so weit gekommen war, und so kicherte ich die Gedanken einfach weg. Allerdings konnte ich es auch nicht verhindern – zu lustig erschien die Situation. Der sonst so perfekte Gott wirkte nun zerzauster als sonst und hatte Fusseln in den wunderschönen Haaren. Ich schmiss mich ins Bett und genoss es, das erste Mal in meinem Leben so richtig von Herzen zu lachen. Jegliche Spur des Argwohns von eben war wie weggewischt.

Um meinen Vater nicht wieder aufzuschrecken und Tristan der Schande auszusetzen, erneut in meinem rosa Schrank mit Bärchengriffen zu landen, biss ich dabei in meine Decken.

»Lachen Sie mich etwa aus, Miss Angel?« Und da war es wieder: Miss Angel, und dieser leicht raue, absolut verführerische Tonfall!

In dem Moment verging mir das Lachen und ich versteifte mich, als bei der Erinnerung daran, wie er mich das letzte Mal so genannt hatte und was er mit mir angestellt hatte, eine Welle purer Lust meinen Körper durchströmte.

Die Luft wirkte wie elektrisch aufgeladen. Ich drehte mich auf den Rücken und stemmte mich auf meine Ellbogen.

»Was, wenn ja?«, erwiderte ich kokett, mit provokativ hochgezogener Augenbraue.

Ich hatte keine Ahnung, woher ich den Mut nahm, gerade ihn herauszufordern.

Tristan stand fassungslos vor mir. Mein Traum von einem Mann. Zwei Schritte von mir entfernt. Als er meine ihn reizende Pose und die Worte erfasste, weiteten sich seine schönen Augen erst ungläubig, dann … kam er auf mich zu!

Noch bevor ich irgendwas gegen mein rasendes Herz machen konnte, hatte er sich vor mein Bett gekniet und zog mich an den Kniekehlen an den Rand, sodass unsere Unterkörper heftig gegeneinander krachten.

Woah! Ich keuchte sofort auf, während er wissend und absolut dreckig grinste.

Er packte mich mit beiden Händen an den Arschbacken und

drückte mich, meinen Hintern durchknetend, gegen seine aussagekräftige Erektion. Ich fühlte, wie hart er bereits war und stieß schockiert die angehaltene Luft aus.

»Mich hat die letzten Jahre niemand ausgelacht, schon gar nicht du!« Das Du betonte er regelrecht. Meine Antwort bestand in einem Stöhnen, weil er begann, sich schamlos an mir zu reiben. »Musst du jetzt immer noch lachen, Baby?«, flüsterte er samten.

Ein »Fuck!« rutschte mir heraus, als müsse ich meine Erregung verbal unterstreichen. Dabei warf ich meinen Kopf nach hinten und streckte ihm meine Brüste entgegen. Doch sein Unterkörper stoppte jegliche Bewegung.

»Was hast du da gerade gesagt?«, keuchte er schnell, absolut ungläubig und genauso erregt.

Dieses Mal drückte ich mich gegen ihn, rieb bedächtig und wiederholte langsam und deutlich »F.U.C.K!«, während ich ihm direkt in die glühenden Augen sah.

Ungehalten krachten seine Lippen gegen meine, als er auch schon anfing, seine Hose zu öffnen. »Fuck, du sagst es, Mia-Baby«, murmelte er an meinem Mund. Schnell befreite er seine Erektion. »Fuck, ich *muss* dich jetzt ficken!«

Gott! Ich stöhnte erneut, lauter als zuvor, und krallte meine Hände in seinen Nacken.

Völlig fahrig versuchte er, meine Hotpants zur Seite zu schieben, aber sie war zu eng.

»Heb deinen Arsch hoch!«, befahl er rau an meinem Ohr, und ich tat wie mir befohlen.

Im nächsten Atemzug hatte er mir das Stück Stoff von den Beinen gezogen und packte mich dieses Mal an meinem nackten Hintern.

»Oh!« Ich biss mir auf die Lippe, weil seine langen Finger sich in mein Fleisch bohrten und sich dabei so unsagbar gut anfühlten.

»Bist du wirklich nicht gekommen, als ich dich das erste Mal gefickt habe?«, fragte er unvermittelt und hielt inne. Langsam presste er seine gesamte Länge zwischen meine Falten und bewegte sich ruckartig, sodass seine pralle Spitze genau diesen einen Lustpunkt massierte.

»Nein!« Ich musste einen Schrei unterdrücken, weil da schon wieder dieser Knoten war, der mich mit zeitgleichem Anschwellen meiner Erlösung immer näher brachte. Das, was er da gerade zwischen meinen Beinen anstellte, war zu köstlich.

»Ich hab dich wirklich nicht kommen lassen?« Ungläubig verstärkte er den Druck. Ich lief förmlich über seine Härte aus und schüttelte nur den Kopf.

»Wie konnte ich nur?«, flüsterte er. Bevor seine Zunge heiß auf meine traf, drängte er sich mit einem Stoß in mich. Tief und hart und absolut verzehrend. Doch dieses Mal war die Dehnung nicht unangenehm. Dieses Mal war sie berauschend.

Sofort nahm er ein schnelles, unerbittliches Tempo auf, während ich absolut überwältigt auf die Matratze zurückfiel und er meine Hüften weiter über den Rand zog, um mich komplett auszufüllen.

»Fuck. So. Eng!«, keuchte er ungehalten. Ich schlang ein Bein um seine Hüften, um ihn noch tiefer zu spüren.

Mein Stöhnen wurde lauter. Mit einem Mal lag seine große Hand auf meinem Mund. »Shhh, dein … Vater …«, formulierte er angestrengt, verminderte jedoch kein bisschen seine harten Stöße. Ungehemmt umfasste ich seine Hand und nahm seinen langen Zeigefinger in den Mund, um seinen Geschmack zu genießen. Tristan sah mir mit dunklen Augen dabei zu und runzelte fast schon schmerzverzerrt die Stirn, als ich meine Zunge um seine Fingerspitze kreisen ließ.

»Hör auf«, stieß er knapp hervor und änderte ein bisschen den Winkel, sodass ich ihn noch intensiver spüren konnte, »sonst spritze ich gleich ab!«, warnte er mich fast schon verzweifelt.

Ich grinste ihn lediglich an.

Die Macht, die ich im Moment über ihn fühlte, war viel zu gut, viel zu selten und viel zu erregend, als dass ich sie mir nehmen ließ. Ich saugte fester und biss ihn leicht.

»Boah, Mia!«, stöhnte er und presste einen Finger seiner anderen Hand an meinen Lustpunkt. »Nicht ohne dich!«, stellte er klar. »Nicht dieses Mal!«

Ich explodierte sofort. Schnell erstickte er meine Schreie erneut und zog sich gleichzeitig aus mir zurück, um mir auf die Brüste zu spritzen. Fasziniert, atemlos und durch die Wellen meiner eigenen Lust hindurch sah ich Tristan frech dabei zu. Es war wunderschön zu beobachten, wie die weiße Flüssigkeit meinen erhitzten Körper traf. Mit einem letzten Pulsieren von beiden Seiten brach er schließlich auf mir zusammen und vergrub sein Gesicht an meinem Bauch, was mir ziemlich unangenehm war. Dieser Bereich stellte schon immer meinen größten Makel dar. Ihn schien das allerdings nicht zu stören, denn völlig verausgabt ruhte er auf ihm und versuchte, laut atmend, wieder vernünftig Luft zu bekommen.

Dies beruhigte mich etwas, sodass ich gedankenverloren meine Finger durch seine unglaublichen Haare fahren lassen wollte. Kaum hatte ich sie berührt, murmelte er: »Finger weg!« Nur um seine Ansage mit einem kleinen, leisen »Bitte ...« zu entschärfen. Zutiefst schockiert, aber auch gerührt, ließ ich es bleiben und legte stattdessen beide Hände flach neben meinen fertigen und doch überaus entspannten Körper.

Oh mein Gott!

Als ich mir vorhin vorgestellt hatte, dass Tristan Wrangler jemals mein Zimmer betreten würde, hatte ich nicht an *so etwas* gedacht.

Dies hier war in nichts mit meinem ersten Mal zu vergleichen. Es war zwar immer noch hart, rau und von beiden Seiten absolut ungehemmt gewesen, aber auch berauschend und auf seine eigene Art und Weise vollkommen. Ich wollte es nochmal und nochmal und nochmal!

»Irgendwann musst du mir mal genau erzählen, wie ich dich das erste Mal gefickt habe«, riss er mich aus meinen Überlegungen.

»Okay«, flüsterte ich zurück.

»Aber nicht jetzt. Ich bin scheiß müde.« Er richtete sich auf, um mir ins Gesicht zu sehen. Schüchtern lächelte ich ihn an, aber er verzog nur seine anbetungswürdigen Züge.

»Bild dir bloß nichts drauf ein. Ich bin ein schwanzgesteuerter Ficker und du hast eine verdammt enge Pussy. Das ist alles, okay?«

Schnell nickte ich. Was auch immer ... Er rückte von mir ab und richtete sich wieder die Hose.

Ich machte mir nicht die Mühe, mich irgendwie zu bewegen, als mein Bein von seinen Hüften rutschte, auch nicht, um mich zu bedecken, als er aufstand. Ich schloss einfach nur die Augen und lächelte selig.

»Du hast wirklich überhaupt kein Schamgefühl, hm?« Mit einem Finger strich er zwischen meinen noch feuchten Falten entlang, und ich zog scharf die Luft ein.

Mein Lächeln wurde zu einem breiten Grinsen und ich schüttelte den Kopf. Tristan lachte leise. Träge öffnete ich ein Auge und beobachte ihn, wie er mich ansah beziehungsweise eher mein ´Feuchtgebiet´.

»Dann sind wir ja schon zwei!« Ohne Vorwarnung – als ob er mich jemals vorwarnen würde – beugte er sich vor und platzierte einen Kuss genau zwischen meine Beine.

Bevor ich auch nur reagieren konnte, hatte er sich schon wieder aufgerichtet und schlenderte zum Fenster.

»Wir sehen uns Montag, Mia-Baby. Aber denk nicht, dass sich irgendwas zwischen uns geändert hat«, verkündete er noch.

Dann war er auch schon in die Nacht entschwunden, obwohl ich ihn noch fluchen hörte, als er auf dem Boden ankam, in sein Auto stieg und schließlich mit lauter Musik davonraste.

Mia-Baby ... Das war umso vieles besser als Mirta!

Immer noch grinsend stand ich mit wabbligen Gliedmaßen auf und zog mir ein neues Shirt und meine Hotpants an. Dann legte ich mich wieder ins Bett, kuschelte mich unter die Decke und schloss tiefenentspannt die Augen, um kurz darauf mit einem leisen Seufzen einzuschlafen.

Mia-Baby. Das gefiel mir *wirklich!*

Es schien ... *perfekt.*

11. Miserabel

Tristan ´unhappy´ Wrangler

Schwer stöhnend machte ich mich auf den gefühlt endlos weiten Weg in eine andere Galaxie – auch Turnhalle genannt – in absoluter Null-Bock-Manier. Es war Montagnachmittag. Meine Brüder wollten ihren Schlunzen beim Sport zusehen. War das nicht immer andersrum?

Whatever. Da mein Audi in der "Soundschmiede" zwischenparkte, musste ich mit den notgeilen Pissern nach Hause fahren. Das war der einzige Grund, mich in mein Verderben zu begeben. Ein Cocktail halbnackter Weiber erwartete alle Anwesenden, die versuchten – wobei die Betonung tatsächlich auf ´versuchen´ lag –, nur deshalb beim Sport grazil und sexy auszusehen, weil ich sie mit meiner Präsenz beehrte. Die leidigen Ausnahmen bildeten lediglich Katha, Vivi und … *Mia.*

Verdammt, ich konnte sie einfach nicht mehr Truthahn nennen – nicht nach letztem Samstag.

Den ganzen beknackten Sonntag, nachdem ich bei ihr gewesen war, hatte ich mit einem Dauerständer zugebracht. Selbst nach zweimaliger Erleichterung konnte ich nur daran denken, wie ich sie in ihrem Zimmer gefickt hatte. Wie sie sich anfühlte …

Boah!

Dabei hatte doch alles ganz harmlos angefangen, als ich auf einem äußerst entwürdigenden Weg ihr Zimmer betrat und die lächerlichste aller Ausreden für mein Erscheinen anführte – das Interview. Am Samstagabend um zehn Uhr – alles klar. Mia war vielleicht nicht die Schlankeste und maßlos naiv, aber nicht dumm. Dementsprechend hatte sie mir mein Ammenmärchen nicht abgekauft, womit ich gezwungen wurde, mit der gottverdammten Wahrheit rauszurücken. Sie würde mir schon nicht den Kopf abreißen, nur weil ich bei ihr ,fensterlte' wie ein liebeskranker Bauer im tiefsten Bayern.

Im Gegenteil, ihr gefiel diese Vorstellung, dem dussligen Lächeln nach zu urteilen, das sie an den Tag legte.

Nachdem ich mich von dieser Peinlichkeit erholt hatte, wurde es noch schlimmer, weil ich sie Mirta nannte – natürlich in der festen Annahme, dass dies ihr Name sei. Ihrem wütenden Gesichtsausdruck nach zu urteilen, ging das wohl daneben. Ich dachte, mein letztes Stündlein hätte geschlagen, denn ein paar Sekunden sah es tatsächlich so aus, als würde ich das erste Mal von einer Frau in die Fresse bekommen. Aber sie beherrschte sich – zum Glück – und klärte mich auf. Sie hieß Mia, was nun wirklich um Längen besser war als Mirta.

Ab diesem Zeitpunkt betrachte ich sie genauer, nicht mit den Augen des schwanzgesteuerten Arschloches in mir. Zwar brannte im Zimmer kein Licht, aber der Mond und die Straßenlaternen spendeten genug, um sich notdürftig umzusehen, nicht dass es mich wirklich interessiert hätte, wie sie lebte, daher kommentierte ich ihre Einrichtung nicht weiter und konzentrierte mich ausschließlich auf sie.

Ihr Gesicht war ein wenig rund, dennoch wirkten ihre Züge weich und fließend, genau wie ihr ganzer Körper. Keine spitzen, hervorstehenden Knochen, an denen man sich zwangsläufig blaue Flecken holte, sondern einfach nur ein riesengroßes Kissen, in das man sich voller Wohlbehagen kuscheln konnte. Im Grunde sollte ich schockiert sein, denn seit ich Mia wahrnahm, schienen meine Vorlieben, was Frauen betraf, irgendwie einer Veränderung unterworfen. Sie war schließlich fett. Na ja, nicht fett, aber auch nicht so schlank, wie ich es normalerweise bevorzugte, dennoch war sie wohlproportioniert, was mir ihr derzeitiges Aussehen wieder einmal bestätigte. Als mein Blick auch an ihren Lippen hängen blieb, verabschiedeten sich alle restlichen Zweifel. Sie waren so voll, dass man sofort an ihnen knabbern wollte. Auf den Bildern war mir das ja bereits zum Verhängnis geworden, und auch jetzt konnte ich sie nur anstarren und mir vorstellen, wie sie meinen Schwanz umschlossen. Prompt wurde ich steinhart.

Dazu kam, dass sie hier in der Dunkelheit gar nicht so hässlich war, sondern irgendwie hübsch, was ich ihr gleich sagte. Nicht gutaussehend auf die übliche Art, die ich normalerweise vorzog, denn sie kleidete sich weder modebewusst noch stylte sie sich, nein, einfach nur schön – auf ihre ganz natürliche Weise.

Ich wollte aufstöhnen, als sie sich sogar über dieses Kompliment, was im Grunde gar keins war, freute, obwohl es nur der halben Wahrheit entsprach. Sie war nicht nur nicht hässlich, sie war begehrenswert. Aber als gefühlloses Arschloch hatte man schließlich einen Ruf zu wahren.

Als ich mich hinsetzen wollte, zerquetschte ich fast so eine hässliche, fellbesetzte Trethupe, die schockiert aufjaulte, und ehe ich mich versah, wurde ich in Höchstgeschwindigkeit in einen Schrank gestopft. Fuck, was ging hier ab? Es war klein und so eng, dass ich mich keinen Millimeter rühren konnte, außerdem war ich nicht ihr gottverschissener heimlicher Liebhaber.

Als ich gerade ganz geschmeidig ausflippen wollte, wurde ihre Zimmertür aufgerissen und der Pisser von einem Vater machte sie für Dinge zur Sau, für die sie nichts konnte.

Das brachte mich so heftig zur verdammten Weißglut, dass ich fast aus meinem unfreiwilligen Versteck sprang, um ihm die Fresse zu polieren, aber er verschwand, bevor ich den Gedanken umsetzen konnte. Zumal ich wegen Dienstag von diesem Arsch schon eine deftige Anzeige am Hals hatte, worüber mein Dad alles andere als erfreut war – besonders als er über alle Einzelheiten aufgeklärt wurde. Meine verblödeten Brüder steckten ihm sogar die Fotosache, hielten sich aber sonst aus der Nummer komplett raus. Elende Verräterschweine! Die waren sogar noch schlimmer als mein Ficker.

Irgendwann entließ sie mich aus der Grausamkeit von einem Schrank. Doch ich war einfach nur angepisst. Angepisst auf mich, auf ihren Vater und diese ganze Situation. Das änderte sich aber schlagartig, als ich mich daran erinnerte, wieso ich eigentlich hier war. Meine Hand legte sich automatisch an ihre Wange, ohne mein Zutun, und sie zuckte zusammen. Sofort schrillten sämtliche Alarmglocken. Für jede Berührung war sie so empfänglich und nun wich sie mir aus? Ihr gehauchtes »Mir geht's gut« gab mir den Rest. Ein schon zuvor gehegter böser Verdacht wirbelte durch meinen Kopf und wurde bestätigt, als ich sie zum Fenster zog, um sie dort einer eingehenden Musterung zu unterziehen.

Dieser Wichser hatte es gewagt, seine Hand gegen sie zu erheben. Die Auswirkungen in dem schwachen Lichtschein zu sehen, machte mich rasend. Entsetzt, dass es mir erst jetzt auffiel, inspizierte ich vorsichtig die verblassenden Hämatome. Sie waren kaum noch zu erkennen, zeigten aber auch, wie schlimm es ursprünglich ausgesehen haben musste. Hätte ich das vorher gewusst, wäre ich aus dem verdammten Schrank gesprungen, um den Penner nicht nur das Gleiche anzutun, sondern umgehend kaltzumachen. Obwohl, noch war ich hier und könnte es nachholen, doch sie schien mir anzusehen, was ich vorhatte. Ihre flehenden Augen stießen eine stumme Bitte aus, die sie verbal bestätigte.

Also lenkte ich vom Thema ab, immer noch innerlich brodelnd, und sprach den Schrank an. Ein Eintürer in rosa mit Bärchengriffen. Fuck, wenn das jemand erfahren würde, wäre ich offiziell eine Pussy. Sie aber lachte, erst ganz leise, dann immer lauter, was sie versuchte, in ihren Decken zu ersticken, während sie sich bäuchlings aufs Bett warf. Tatsächlich erwischte ich mich bei einem Schmunzeln. Ihr Lachen war eindeutig ansteckend und so losgelöst, auch wenn man merkte, dass es mit Sicherheit nicht viel Freude in ihrem Leben gab.

Mir verging das Lächeln allerdings, als ich ihren von Glucksern bebenden Arsch in diesen engen Hotpants bemerkte. Ich wurde umgehend wieder hart. Dieses Auf und Ab war nicht zum Aushalten.

Sich ihrer Wirkung auf mich völlig unbewusst, lachte sie weiter, während ich alles tat, um meine aufkeimende Erregung zu unterdrücken und mal zur Abwechslung nicht mit meinem Ficker zu denken.

Moment mal ... *verarschte sie mich etwa?*

Sie, der Extruthahn, lag auf ihrem Bett, präsentierte mir ihren kleinen, weichen Körper und verarschte mich! Mich, Tristan fucking Wrangler! Ich konnte es nicht glauben!

Hätte das eine der anderen Schlampen gewagt, sie wäre nie wieder in den Genuss meines Schwanzes gekommen, aber bei Mia ... Sie bildete – wann eigentlich mal nicht – eine Ausnahme. Bei ihr machte es mich scharf, so scharf, dass ich mich nicht mehr zurückhalten konnte.

Ich *musste* sie ficken. *Sofort!*

Ich wollte ihr nahe sein, wollte meinen Körper mit ihr teilen und mich in ihrer Hingabe verlieren. Das war neu, denn so kannte ich mich gar nicht. Dennoch wollte ich sie. So sehr ...

Natürlich ließ sie es zu und hielt sogar meiner ungezügelten Leidenschaft stand, von der ich annahm, sie damit zu überrumpeln. Ganz im Gegenteil, sie pushte unsere Lust ins Unermessliche. Wie ein Verrückter stürzte ich mich auf sie und als ich meinte, am Limit der Empfindungen angekommen zu sein, sagte sie ein kleines Wort: Fuck!

Mein Lieblingswort aus ihrem Mund zu vernehmen, war das reinste Aphrodisiakum. Mit strahlenden Augen wiederholte sie es auch noch klar und deutlich, wobei sie ihre aufgeheizte Pussy an meinem Verräterschwanz rieb. Sie wusste verdammt genau, was sie mir antat. Höher, immer höher trieb sie uns, wurde wilder, verruchter. Diese Frau war unglaublich im Bett.

Als ich mich endlich tief in ihr vergrub, wollte sie mich noch tiefer. Uns fiel es schwer, leise zu sein.

Sie untergrub meinen Versuch, ihr erregendes Stöhnen mit meiner Hand zu dämpfen, indem sie hemmungslos an meinen Fingern saugte, mich damit aber gleichzeitig zum Aufkeuchen brachte. Ich stand fast unmittelbar vor dem Explodieren, doch ich hatte sie schon einmal gefickt, ohne sie kommen zu lassen. Diesen Fehler würde ich ganz sicher nicht ein zweites Mal begehen, zumal es nichts Schöneres und Anregenderes gab, als Mia beim Orgasmus zuzusehen und zuzuhören. Um wie viel besser musste es dann sein, das hautnah um meinen Schwanz herum zu *fühlen?*

Deshalb durfte ich unmöglich vor ihr meine Erlösung finden.

Schon fast verzweifelt verwöhnte ich ihren Kitzler, und so empfänglich sie für meine Reize war, kam sie sofort.

Sie war phänomenal, enttäuschte mich nie, im Gegenteil, sie übertraf meine Erwartungen.

Während ich so verdammt heftig meinen Höhepunkt erreichte, beobachtete sie meinen zuckenden Ficker mit unverschleierter Lust aus neugierigen Augen. Offensichtlich gefiel ihr, was sie sah, als ich ungehemmt ihr Shirt vollsaute, genauso, wie ihr gefiel, dass ich mir jederzeit nahm, was ich wollte. Nein, es gefiel ihr nicht nur, sie liebte es.

Und ich musste zugeben: Ich liebte, dass sie es liebte.

Es gab nichts Besseres, als sie zu vögeln. Spätestens nach diesem Samstag war ich mir sicher. Sie stellte die ideale Kombination aus superenger Pussy, Hemmungslosigkeit und natürlicher Unschuld dar. Die perfekte Mischung

☙❦❧

Mittlerweile hatte ich es auf die Tribüne geschafft, war härter als hart, und musste meine verschissene Schultasche wie ein Zwölfjähriger mit Dauerständer auf meinem Schoß abstellen, um den riesigen Zaunpfahl zu verbergen, der sich majestätisch in meiner Hose erhob. Es wurde auch nicht leichter, als ich zielsicher nach ihr Ausschau hielt und mein Blick an dem Arsch aller Ärsche kleben blieb, der schon wieder in engen Hotpants steckte. Seit wann trug diese Frau eigentlich immer und überall Hotpants? Und warum waren diese Teile nicht verboten?

Ich seufzte angestrengt, denn mein Ficker zuckte aufmerksamkeitsheischend nach Mias Pussy. Phil und Tom drehten sich verwirrt nach mir um, aber ich versuchte, besonders gelangweilt auszusehen und hob die Schultern.

Zum meinem Glück waren sie aber genügend von ihren Schlampen abgelenkt, während ich weiter Mia ansah, die zum Aufwärmen und Dehnen ihren Arsch vorzugsweise in meine Richtung streckte. Natürlich machte sie es absichtlich, denn so verführerisch zu sein, war nicht normal. Ganz nebenbei sorgte sie dafür, dass mein Schwanz vermutlich schon blau anlief. Zu allem Übel konnte ich aber auch nicht woanders hinsehen. Wie magisch wurde ich von ihrem Anblick angezogen. Es schien nur noch Mia *fucking* Engel und ihre enge Pussy zu geben.

Japp. Mittlerweile hatte sie sich vom Status Truthahn zu einem schönen Engel erhoben, zumindest für mich, so unkonventionell sie auch immer sein mochte. Vermutlich war ich auch einfach nur schwanzgesteuert und aufgrund dessen gefühlsduselig.

Wo sollte das bloß enden?

Noch am Samstag hatte ich ihr gesagt, dass sich nichts ändern würde, aber es hatte sich irgendwie alles geändert. Das war doch lächerlich!

Meine Brüder feuerten inzwischen Katha und Vivi wie bekloppte Cheerleader beim Laufen an. Ich verdrehte nur die Augen, denn ich kam mir vor wie in einem vollen Stadium, als Phil mir direkt ins Ohr grölte. Fehlte nur noch die Vuvuzela, viel tauber konnte ich nämlich nicht mehr werden.

Zum Glück hatten sich die Weiber bald aufgewärmt und würden mit irgendeinem beschissenen, langweiligen Spiel beginnen. Aber wichtiger, Mia würde mir nicht mehr ihren Arsch entgegenstrecken, denn mir platzte nach wie vor fast die Hose.

Ich beobachtete argwöhnisch Eva samt Gefolge, die immer wieder zu Mia sahen und kichernd über sie lästerten. Vivi stand mit verschränkten Armen etwas abseits und visierte missbilligend Katha an, die ganz in ihrem Element lautstark mitmachte. Der verletzte Blick von Mia verriet, dass sie alles hörte, während sie verzweifelt auf ihrer Unterlippe kaute.

Fuck, regte mich der Scheiß auf!

Aber ich konnte verdammt nochmal nichts tun, ohne mir die Blöße zu geben. Verdammt, ich hatte einen Ruf zu verlieren. Ich war Tristan Sexy. Jeder blickte zu mir auf und himmelte mich an. Und ich würde einen Teufel tun, diesen Umstand zu ändern, nur weil mein Ficker scharf auf ihre Pussy war. Also ließ ich den Dingen freien Lauf.

Das Spiel begann. Völkerball.

Ich ahnte bereits, wohin das führen würde, als Phil Katha deutete, dass sie den verschissenen Ball auf Mia schmeißen sollte. Das war doch zum Kotzen!

Die halbe Klasse schloss sich dem an.

Mit geblähten Nasenflügeln sah ich zur Lehrerin, als Eva meinem Ex-Truthahn den Ball mit voller Wucht direkt an den Kopf warf, aber diese schien es nicht für nötig zu erachten, ihr Maul aufzureißen oder einzuschreiten.

Als dann ein zweites Geschoss ins Spiel kam, wurde mir richtig übel. Mia versuchte ihnen zwar auszuweichen, aber sie war nicht schnell genug, was die anderen Weiber ausnutzten.

»Na, Fetti? Hättest mal lieber ein wenig trainieren sollen. Es ist doch keine Herausforderung, so viel Masse zu treffen!«, schrie Valerie durch die ganze Turnhalle und schleuderte ihren Ball im selben Augenblick wie auch Eva in Mias Richtung. Einer traf sie an der linken Brust, was sie vor Schmerz den Atem scharf einziehen ließ, und der zweite erwischte sie direkt in den Unterleib.

Mia gab ein keuchendes Geräusch von sich, fasste sich an den Bauch und ging vornüber in die Knie.

Bevor ich mich zurückhalten konnte, war ich auch schon aufgesprungen und wollte zu ihr laufen, als sie panisch nach Luft schnappte, aber die Lehrerin griff nun doch ein und entschärfte die Lage. Mia war leichenblass. Sie legte sich auf die Seite, und nach ein paar grauenhaften Minuten, in denen mein Herz aussetzte, normalisierte sich ihre Atmung.

Fuck! Schwerfällig ließ ich mich wieder auf die Bank fallen, denn mein Herz erholte sich noch immer von einem gefühlten Marathonlauf. Aus dem Augenwinkel bemerkte ich, wie mich meine Brüder ungläubig anstarrten. Mir ging das aber gerade so was von am Arsch vorbei, denn Mia kämpfte mit den Tränen. Eva musste offenbar noch eins nachsetzen, denn sie hockte sich hin, um ihr irgendetwas ins Ohr zu flüstern. Unter Schluchzern rappelte Mia sich auf und verließ schlussendlich die Turnhalle, während das Spiel weiter ging, und die Fotze einer Lehrerin weder Valerie noch Eva zur Rede stellte. Ich wollte sie vernichten – alle. Bis auf Vivi vielleicht.

So wütend, wie ich war, musste ich mich am Sitz festkrallen, um das nicht umgehend zu erledigen, aber auch, um mich davon abzuhalten, Mia zu folgen.

Ich fühlte mich elend. Richtig elend. Das hatte sie echt nicht verdient. War ihre Klasse immer so zu ihr? Wenn man dann noch die ›Streiche‹ hinzuzählte, die wir ihr spielten, und dieser Horrorvater… Doppel- und Dreifach-Fuck! Das war nicht fair.

Nicht mit *meinem* Mädchen!

Was dachte ich denn da für eine Scheiße? Mein Mädchen?

Sie war nichts dergleichen und würde es auch nie sein. Uns trennten Welten und wir passten nicht zusammen. Fertig.

Sie war nicht gut genug für mich, schließlich war sie der Truthahn. Na ja, der Ex-Truthahn, aber egal. Niemand würde je mein Herz berühren. Das konnte ich nicht zulassen. Niemals. Es ging nur um Sex. Zumindest redete ich mir das ein, während ich an die Empfindungen dachte, die die Enge ihrer Pussy und ihre Arschbacken in meinen Händen in mir auslösten.

Aber da war auch noch ihr Lachen, das diesen glockenklaren, übermütigen Klang hatte und mich jedes verfickte Mal, wenn es mir in den Sinn kam, schmunzeln ließ. Ich dachte daran, wie es ihr gelungen war, mich in den verdammten Schrank zu sperren, wie sie mich verarscht, gereizt, mit mir gespielt, mich herausgefordert und dazu gebracht hatte, mich anders zu fühlen. Bei der Erinnerung daran, wie sie mich schüchtern angelächelt und ihr Gesicht diesen besonderen roten Ton angenommen hatte, wurde mir warm im Bauch, aber gleichzeitig auch sterbenselend, weil ich wusste, dass ich so nicht empfinden konnte und durfte.

Denn nichts auf dieser Welt währt ewig. Das hatte ich früh genug lernen müssen. Es war hart, aber ich hatte es begriffen. Man durfte sich an niemanden binden, weil einem alles wieder genommen werden konnte.

Es fiel mir ja sogar schwer, Gefühle für meine Brüder und meinen Vater zuzulassen, und die zählten zu meiner Familie. Nur hatte ich da auch keine Wahl, sie waren nämlich eine wahre Naturgewalt.

Aber ich würde keiner Frau gestatten, jemals einen Platz in meinem Herzen einzunehmen. Nie wieder.

Daher war es besser, sie zu vergessen. Vergessen, was geschehen war, und aufzuhören, an sie zu denken. Einfach wie bisher weiterzuleben …

Sex, Schlampen und das beste Weed, dies war mein Leben und würde es bleiben. Ganz einfach.

Ohne Mia Engel und ohne ein verdammtes Gewissen. So war es leichter, denn ich wollte und konnte es nicht ändern. Für nichts und niemanden. Noch nicht einmal für mich und erst recht nicht für sie.

12. DIE KOMPLIZIN

Mia 'no more alone' Engel

Was hatte ich mir eigentlich dabei gedacht? Hatte ich wirklich geglaubt, Tristan Wrangler würde sich erneut für mich einsetzen? Vor meiner gesamten Klasse? Vor seinen ach so tollen Brüdern?

Ja, das hatte ich. Naiv, wie ich war, dachte ich wahrhaftig, am Samstag hätte sich etwas zwischen uns geändert, auch wenn er wiederholt das Gegenteil behauptete.

Ich wagte doch tatsächlich die Möglichkeit in Betracht zu ziehen, dass ihm vielleicht etwas an mir liegen könnte, denn eins war klar: Die Geschehnisse in meinem Zimmer hatten nichts mit Mitleid zu tun, nur mit purer und unverschleierter Lust.

Aber da war noch etwas anderes. Die Art, wie sein Blick in meinem versank, wie er mich berührte – unbeschreiblich intensiv. Demnach konnte ich mich doch nicht derart täuschen. Da musste ... mehr sein, oder?

Nein!

Ansonsten hätte er eingegriffen, als sie anfingen, über meine "Hängetitten" und meinen "Schwabbelarsch" zu lästern, oder als sie mich mit Bällen bewarfen. Er griff auch nicht ein, als ich am Boden lag und dachte, ich würde ersticken. Nichts dergleichen. Allerdings wagte ich auch nicht, in seine Richtung zu sehen. Das alles war schon demütigend genug, und sein Anblick hätte es für mich noch schlimmer gemacht. Dieselbe Gleichgültigkeit in seinen wunderschönen Augen wie in all den Jahren zuvor hätte ich nicht ertragen.

Tristan machte sich nichts aus mir. Ihn interessierten lediglich der Sex und meine körperlichen Attribute wie meine Brüste, mein Hintern und meine Schnecke. Ja, ich nannte sie Schnecke, schließlich war sie so feucht und eklig. Meine Geschlechtsteile waren wirklich nichts, was ich mir unbedingt schönreden musste.

Der Schmerz, den meine Mitschüler in mir auslösten, war derselbe wie in all den Jahren zuvor. Doch die Wunde, die entstand, als Tristan mich nicht unterstützte und mir damit zu verstehen gab, wie egal ich ihm doch war, ging unterwartet tief – so wie scheinbar alles zwischen uns. Die Tränen kamen, weil er mir nicht beistand, nicht weil mich andere wiederholt verletzten.

Ich sehnte mich einfach so sehr nach einem Menschen, der mich beschützte, der zu mir stand und allem ein Ende bereitete. Der sagte: Dieses Mädchen hat in ihrem Leben schon genug durchgemacht. Sie sollte nicht noch mehr Schmerz und Angst erfahren.

Aber dies würde nicht Tristan sein, zu Recht verständlich. Was konnte er schon von mir wollen? Er: atemberaubend schön, wohlhabend sowie gleichermaßen beliebt und gefürchtet. Ich dagegen: der Abschaum der Schule, hässlich, arm und von jedem ungeliebt. Es gab niemanden, der sich etwas aus mir machte – nicht einmal meine Eltern, und so würde es auch bleiben.

⚜

Vermutlich schrie ich gerade deshalb überrascht auf, als mich in der Umkleidekabine – in der ich mich verkrochen hatte – eine zierliche Hand an der Schulter berührte. Ich schreckte hoch und sah in zwei besorgte, dunkelblaue Augen, die fast das ganze Gesicht einnahmen, welches wiederum von glänzenden, kurzen naturroten Locken umrahmt wurde, die dem Farbton ihrer vielen Sommersprossen auf ihren hohen Wangenknochen entsprachen.

Die wunderhübsche Vivian Müller, in nichts weiter als einem weißen Tanktop und einer knappen braunen Sporthose bekleidet, blickte mit Mitgefühl und Besorgnis auf mich herab.

»Ich werde dir helfen«, hauchte sie und strich mit sanften Fingern die Strähnen aus meinem verweinten Gesicht. Bei diesen vier Worten wurde mir sofort leichter ums Herz. Schnell wischte ich die restlichen Tränen weg und schaute sie verwundert an, als sie sich neben mich setzte und meine Hand nahm.

»Zuerst möchte ich dir sagen …« Sie seufzte tief, bevor sie mit fester, klarer Stimme weitersprach. »Es tut mir leid, Mia.« Erneut seufzte sie und hob die zierlichen Schultern. »Ich habe immer versucht zu ignorieren, was mit dir geschieht, weil ich dachte, dass ich allein sowieso nichts ausrichten kann. Ich war feige und wollte selber nicht ins Schussfeld der Wranglers geraten, aber jetzt ist das was anderes.«

»Weil du mit Tom zusammen bist?«, krächzte ich neugierig und räusperte mich eilig.

Sie lächelte schwach. »Ja, Tom würde nicht zulassen, dass mir etwas passiert.«

Ich wünschte, ich könnte das auch von *jemandem* sagen.

»Und er wird dich auch beschützen«, flüsterte sie.

»Wer? Tom?«, rief ich verwundert aus. Vivian lachte leise und schüttelte den Kopf.

»Doch nicht Tom!« Selbst ihr ging auf, wie abwegig der Gedanke war, dass ausgerechnet Tom Wrangler, der mich jahrelang terrorisiert hatte, nun zu meinem Beschützer mutieren sollte.

»Ich meinte Tristan«, betonte sie, und ich riss meine Augen noch gute zwei Zentimeter weiter auf. Jetzt hatte ich das dringende Bedürfnis zu lachen. Ausgerechnet er! Er war doch nicht besser als seine Brüder, eher im Gegenteil, noch schlimmer. Aber wie kam sie plötzlich darauf? Keiner wusste doch von …, oder?

Sie redete leise weiter. »Es ist die Art, wie er dich eben angesehen hat, als alle so gemein waren. Und wie er sich die letzte Woche deswegen gequält hat, als dein Vater … » Sie wand sich unbehaglich, und ich lachte ohne Humor auf. Ah ja, daher wehte der Wind. Die Kabinentürhalbnacktfoto-Geschichte.

»Ja, er hat Mitleid mit mir.«

Vivi schüttelte ihren Kopf. »Nein, Mia. Das ist es nicht.«

Hä? Jetzt verstand ich gar nichts mehr, obwohl ich den kleinen Hoffnungsschimmer, der sich in mir breitmachte, nicht verleugnen konnte. »Okay, ja, ein wenig Mitleid hat er schon. Allerdings ist selbst das ungewöhnlich für ihn, wenn man bedenkt, wie er all die Jahre mit dir umgesprungen ist. Aber da ist irgendwie mehr. Ich habe gesehen, wie er dich heute beobachtet hat, bevor alles so eskaliert ist. Da war dieser Glanz in seinen Augen. Dieses sehnsüchtige Funkeln, das bei Männern sonst nur auftaucht, wenn sie sich eine teure Jacht, Luxusautos oder ein fünfzehn Zentimeter dickes Rinderlendensteak anschauen.«

»Hm …« *Okay, wie soll ich das denn verstehen?* Nachdenklich kaute ich auf meiner Lippe rum, während ich versuchte, mich damit abzufinden, dass ich eine Jacht, ein Luxusauto oder ein dickes Rinderlendensteak war. Aber irgendwie hatte sie doch Recht. Denn manchmal fühlte ich mich so – teuer und begehrt –, immer dann, wenn Tristan mich auf diese eine besondere Art ansah. Wenn sie es auch bemerkt hatte, war es nicht nur Einbildung. Konnte ich ihr dann nicht gleich alles erzählen – von unseren besonderen Samstagen und allem anderen?

Zumal ich endlich diese Wahnsinnsgeschichte loswerden wollte, aber was würde er dazu sagen?

»Was?«, fragte sie sofort misstrauisch, und ich atmete tief durch, bevor es aus mir herausplatzte.

»Tristan und ich hatten Sex – zwei Mal. Immer wieder samstags.«

Vivians Mund klappte weit auf, während sie mich einige Sekunden sprachlos anstarrte.

»Wie bitte? Du und Tristan, ihr hattet ... Sex? So richtig mit Reinstecken, und so?«

Ich lachte. »Ja, zwei Mal mit ... äh … Reinstecken, und einmal hat er mich noch …«

Jetzt wurde ich knallrot, schließlich war sie eine Fremde, der ich die schmutzigen Details erzählte. Aber ihr gefesselter, neugieriger Gesichtsausdruck machte es mir unmöglich, ihr irgendeine Information vorzuenthalten. Vivian würde mich nicht verurteilen. »Und einmal hat er mich befriedigt ... mit seinen Fingern.« Allein wenn ich daran dachte, wurde ich wieder feucht. »Bei dem Fotoshooting. Das war's auch schon. Mehr war da gar nicht.« *Genau, bis auf die Tatsache, dass ich unsterblich in ihn verliebt bin und mich in jeder Sekunde nach ihm sehne.*

»Wirklich nicht?«, bohrte sie halb streng, halb kichernd nach, und ich glückste, wenn auch etwas angespannt. »Also, äh … Ich kann sagen, dass zweieinhalb Mal mit derselben Frau weit über seinem Durchschnitt liegt. Daher kannst du dich schon mal glücklich schätzen. Und da er sowieso immer Gummis benutzt, kann auch nichts passieren.« Sie zuckte leichthin die Schultern, und ich wollte gleichzeitig im Boden versinken. Oh, Scheiße! Wie konnte ich nur so dumm sein? Mit seinem perfekten Körper, seiner Anwesenheit und durch den Umstand geschuldet, dass er mich überhaupt berührte, hatte er mich alles vergessen lassen. Es war uns entfallen. Na ja, im Grunde hatte nur ich keinen Gedanken daran verschwendet, er zog ihn ja vorher raus. Nichtsdestotrotz, was, wenn ich schwanger wäre? So unsicher diese "Verhütungsmethode" war, könnte es wahrscheinlich sein, ebenso die Möglichkeit, mir bei seinem regen Sexleben sonst was wegzuholen. Mich beruhigte lediglich die Tatsache, dass er sonst ein Kondom benutzte, was eine Krankheit fast ausschloss, da ich bei unserem ersten Mal noch Jungfrau gewesen war. Gott, mir wurde spontan noch schlechter, während diverse Horrorszenarien in meinem Kopf abliefen, was alles hätte passieren können. Wo blieb die Stimme der Vernunft, wenn er in meiner Nähe war?

Kurz vor einer Panikattacke redete ich mir erfolgreich ein, dass ja nichts geschehen war.

Außerdem, was hätte ich denn tun sollen? Ich liebte ihn über alles – mehr als mich selbst. Jedoch war mir auch klar, ich würde alles für ihn tun und mich ihm jederzeit fügen. Widersetzen kam, was ihn betraf, nicht in meinem Wortschatz vor.

Ich war keine starke, selbstbewusste, moderne Frau, die jemanden wie Tristan Wrangler Kontra gab. Ich war keine Christina Yeng aus "Grey's Anatomy" oder eine Samantha aus "Sex and the City" oder gar eine Jess aus "New Girl". Stattdessen war ich Wachs in seinen Händen und gab mich ganz seiner Führung hin. Das war ich, nur ein Groupie, das es geschafft hatte, mit seinem Idol ins Bett zu gehen und es jederzeit wieder tun würde, dabei eben auch sämtliche Risiken in Kauf nahm, ohne mit der Wimper zu zucken. Wenn ich von etwas überzeugt war, dann mit ganzer Leidenschaft – bedingungs- und manchmal auch kopflos.

Doch davon sagte ich Vivian nichts, denn das würde sie nicht verstehen. Zudem konnte ich nicht zulassen, dass sie womöglich Tristan die Schuld gab, denn ich würde ihn immer schützen, egal wie sehr er mich demütigte.

Vivian saß mir schwer nachdenkend gegenüber und tippte mit ihrem kleinen Zeigefinger auf ihrer vollen Unterlippe rum, während sie an die Kabinentür hinter mir starrte. Irgendwann sprach sie weiter: »Das erklärt einiges«, und grinste dreckig. »Deswegen die Schultasche auf seinem Schoß.« Ich verstand nur Bahnhof, aber sie winkte ab. »Okay, Mia. Das macht die Dinge bei Weitem leichter. Wenn Tristan mit dir geschlafen hat – und das nicht nur einmal –, fährt er auf deinen Körper ab. Bei ihm ist das schon die halbe Miete, vielleicht sogar noch etwas mehr, und ein super Lockmittel. Du musst nur wissen, wie du dein Kapital nutzen kannst.«

Angewidert blickte ich an mir hinab. »Da gibt's nichts zum Nutzen. Ich sehe scheiße aus.«

»Na, na, na«, tadelte sie mich sanft mit erhobenem Zeigefinger. »Du siehst so aus, wie du dich fühlst!«, warf die kleine achtzehnjährige Vivian mit Weisheiten um sich. »Du stylst dich nur absolut falsch. Und außerdem, nur weil du ein paar Kilos mehr drauf hast, heißt das nicht, dass du nicht auch hübsch sein kannst. Dein Gesicht ist beispielsweise bereits traumhaft schön. Und du bist ja keine Dampfwalze, oder so! Aus dir kann man richtig was machen – mit der passenden Hilfe!« Verschwörerisch grinste sie und rieb sich die Hände, während ich ganz rote Wangen bekam.

Noch nie hatte mir jemand solch ein Kompliment gemacht. Sie hatte gesagt, dass sie mein Gesicht schön fand.

»Und du willst mir echt helfen?«, fragte ich unsicher.

Sie nickte und rümpfte die kleine sommersprossige Nase. »Das hätte ich schon viel früher tun sollen, ich wollte ...«

»Ist schon in Ordnung«, stoppte ich sie, bevor sie wieder in Selbstvorwürfen versank.

»Und du denkst wirklich, Tristan könnte in mir jemals mehr sehen als … die Looserin?« Ihre Antwort kam mit einem strahlenden Lächeln, welches locker einer Zahnpasta-Werbung standhalten konnte.

»Auf jeden Fall. Ich habe das Gefühl, dass aus euch mehr werden wird – etwas wirklich Besonderes. Wir werden Tristan Sexy dazu bringen, dass er dir zu Füßen liegt – noch vor dem Abschluss!«, versicherte sie aufrichtig. Aus ihrem Mund hörte es sich fast so an, als wäre das Unmögliche möglich.

Natürlich ließ ich mich darauf ein, denn Vivian war meine einzige Chance!

❧

Vivian war eine Frau auf einer Mission. Am Dienstag besuchte sie mich das erste Mal, was meinen Eltern gar nicht passte und mir ordentlich Ärger einbrachte. Mit zwei Koffern voller Klamotten hatte sie es geschafft, in den zweiten Stock zu gelangen und mich damit völlig zu überrumpeln. Ich war zwischen Entsetzen und Hoffnung völlig hin- und hergerissen.

Endlich in meinem Zimmer angekommen zauberte sie diverse Kleidungsstücke hervor. Von bauchfreien Oberteilen, knappen Miniröcken bis hin zu High Heels war alles dabei. Was glaubte sie, wen sie vor sich hatte? Claudia Schiffer XXL?

Dazu kamen die Farben: gelb, orange, rot, grün, pink. Hauptsache knallig und augenkrebserregend.

Nach einer Stunde einigten wir uns dann auf etwas engere Jeans sowie die Figur betonenden Pullover und Shirts anstatt Tops oder den Schlabberlook. Die Farben blieben im gedeckten Bereich: schwarz, braun, blau, vielleicht auch mal rot und gelb, aber kein verdammtes rosa. Ich hatte keine Ahnung, wie sie mich von Push up BH's überzeugen konnte, denn damit bestand ich nur noch aus Brüsten, aber Vivi schwor mir bei Toms Leben, Tristan würde anfangen zu sabbern, wenn er mich in diesem roten Tittenungetüm sah, also willigte ich ein, ihn bei der nächsten Gelegenheit zu tragen. Vermutlich hätte mir zu denken geben sollen, dass sie bei Toms Leben und nicht bei ihrem eigenen schwor.

Die nächste Gelegenheit kam schneller, als mir lieb war. Am Samstag war mal wieder eine Party – im Hause der Wranglers –, und Vivi hatte mir angeboten, mich mitzunehmen. Na ja, genaugenommen hatte sie es nicht angeboten, sondern mich fast genötigt und dafür eine Stunde auf mich eingeredet, bis ich einknickte – aber erst nachdem sie mir in Aussicht stellte, eine Runde mit ihrem BMW Cabrio zu fahren, welches sie mit an Sicherheit grenzender Wahrscheinlichkeit zu ihrem Geburtstag bekommen würde. Zumindest war sie fest davon überzeugt.

Am Mittwoch kam sie wieder zu mir, zur Abwechslung mal mit nur einem Koffer bewaffnet. Dafür war dieser voller Make up.

Wie schon bei den Klamotten wurde auch hier endlos diskutiert. Als hätte ich jemals eine Chance gehabt. Von der Farbe des Lidschattens, des Rouge bis zum Lipgloss – alles musste besprochen werden.

Welches Problem hatte diese Frau nur? Was Farben anging, schien ihr Wahlspruch: je greller, desto besser. Letztendlich einigten wir uns auf natürliche Brauntöne, und die waren meinerseits hart erkämpft. Dann zeigte mir Vivi noch, wie ich Eyeliner und Mascara richtig auftrug, ohne dass die Wimpern verklebten, dazu etwas Rouge und ein sanft rosa glänzender Lipgloss – und fertig war die zugekleisterte Mia.

Heimlich entschied ich, nur etwas Eyeliner und Wimperntusche zu benutzen, weil ich mich ansonsten so verkleidet fühlte. Aber davon würde Vivi nie etwas erfahren.

Am Donnerstag kam der Knaller. Die Sadistin schleppte mich zum nächstbesten Friseur. Eigentlich nicht zum nächstbesten, eher zum teuersten, und sie bestand darauf zu zahlen. Mittlerweile ließ ich mich aber nicht so schnell kleinkriegen und startete den nächsten verbalen Kampf, schließlich war ich schon geübt. Leider fiel das Ergebnis so ziemlich wie sonst auch aus … Ich fand mich auf dem Friseurstuhl wieder.

Es wurde hier geschnippelt, da geschnippelt und vereinzelte Strähnen mit Farbe vollgeschmiert, von der ich endgültig nach der Klamotten- und Schminknummer genug hatte. Dementsprechend hielt sich meine Begeisterung in Grenzen. Aber das Ergebnis war der Wahnsinn. Meine Haare waren locker zehn Zentimeter kürzer, versehen mit ein paar warm-goldenen Highlights in der hellbraunen Masse, und fielen locker und glänzend nun knapp über die Schulter. Ich konnte mich an ihnen nicht sattsehen und nicht aufhören, sie durch meine Finger gleiten zu lassen – sie waren samtweich.

Aber wenn ich dachte, dass das nun alles gewesen war, so hatte ich die Rechnung ohne Vivi gemacht. Am Freitag zog sie mich in einen Beautysalon und orderte mit unheilverkündend blitzenden Augen ein Ganzkörperwaxing an. Ich dachte, ich hätte mich verhört. Das konnte unmöglich ihr Ernst sein – war er leider doch. Mit einem versauten Grinsen schob sie mich in die nächste Kabine.

Als der erste Wachsstreifen abgezogen wurde, hasste ich sie schon fast und konnte nicht verhindern, dass mir vor lauter Schmerz ein »Verdammt« entkam.

Nach diesem Trauma wurde ich einer Pediküre und Maniküre unterzogen, erst dann hatte ich die Tortur überstanden, wobei ich mir gleichzeitig schwor, so etwas nie wieder machen zu lassen.

Der Mann, für den ich dies alles ertragen hatte, ignorierte mich. Die ganze Woche hatte er mich kaum angesehen. Genaugenommen wurde ich von seiner gesamten Clique links liegen lassen. Kein böses Wort, keine Streiche, stattdessen war es ruhig.

Vielleicht hatte Vivian ein Machtwort gesprochen, möglicherweise lag es aber auch daran, dass ich ihnen aus dem Weg ging, gerade was Tristan betraf. Ich wollte ihm meine Enttäuschung nicht zeigen, genauso wenig, wie ich noch mehr meiner Gefühle offenbaren wollte. Dafür musste ich mich von ihm fernhalten, denn in seiner Gegenwart hatte ich weder Kontrolle über meinen Körper noch über meine Worte. Alles war in einen rosaroten Nebel getaucht, verwirrte meinen Geist und ließ mich Dinge sagen, die alles nur schlimmer machten, weil sie ihn reizten und provozierten. Wenn er nicht in der Nähe war, konnte ich wieder klar denken und realisierte, wie dumm ich mich aufführte und was für ein Arschloch er doch gelegentlich abgab.

Die Macht, die er über mich besaß, machte mir ehrlich Angst, denn bei ihm wurde ich zu jemand anderem. Also mied ich ihn, was ihm offenbar nichts ausmachte. Und … das tat verdammt weh.

Am Freitag nach der Schule trafen sich unsere Blicke, als er gerade in sein Auto stieg. Er sah über alle Maßen frustriert aus und zeigte mir tatsächlich den Mittelfinger. Allein bei dieser kleinen Geste schossen mir die Tränen in die Augen, aber nicht nur vor Kummer, sondern auch vor Wut, und ich verlor mit einem Schlag fast meine – sei sie auch noch so minimal – Hoffnung, ihn jemals für mich zu gewinnen.

Die Vorstellung ihn nie wieder zu küssen oder nie wieder mit ihm zu schlafen, war unerträglich. Einen weiteren Stich in meiner Herzgegend verursachte die Tatsache, dass er die gackernde Eva und kichernde Valerie mitnahm.

Doch bereits am Abend war alles wieder anders. Dieser ganze Aufwand musste doch für irgendetwas gut gewesen sein. Und so dachte ich an Vivians Worte und gestattete mir, mich an den letzten bestehenden Funken Hoffnung zu klammern, dass ich ihm wenigstens noch ein einziges Mal so nah sein durfte wie letzten Samstag.

Ich vermisste ihn einfach so sehr, seinen Duft, das Funkeln seiner einzigartigen Augen, die manchmal grün, manchmal braun erschienen, je nachdem in welcher Stimmung er sich befand, die berauschende Art, wie er mich küsste. Ich vermisste sein ungehaltenes, tiefes Stöhnen, seine ungewohnt raue Stimme und die dreckigen Worte, die mir immer bis ins Mark gingen. Und vor allen Dingen vermisste ich es, mich lebendig und begehrt zu fühlen. Denn genau das empfand ich, zumindest kurzzeitig.

Doch davon war nun nichts mehr übrig.

Also betete ich für den kommenden Samstag, betete dafür, wieder in den Genuss seiner Verführung zu kommen und ihn gleichzeitig selber verführen zu können, auch wenn ich keinen blassen Schimmer hatte, wie ich das machen sollte …

13. PARTY UND ANDERE KATASTROPHEN

Tristan 'fucking jealous' Wrangler

Fuck, war ich gelangweilt. Ich hatte echt keinen Bock auf den Scheiß. Nur weil mein Vater über das Wochenende auf irgendeiner Entwicklungshilfe-Fortbildung war, nahmen meine Brüder und ihre Schlampen das zum Anlass, diesen Dreck zu veranstalten, ohne dass ich was dagegen tun konnte. Also ließ ich mich volllaufen und ignorierte die grenzdebilen Idioten um mich herum. Wenn mir doch jemand zu nahe kam, während ich auf unserem Leder-Dreisitzer saß, vertrieb ich ihn mit düsteren Blicken – sogar die Hobelschlunzen. Denn alles hatte sich verändert.

Der Dreier mit Eva und Valerie diese Woche war weder berauschend noch überwältigend oder gar wirklich befriedigend gewesen. Er taugte lediglich, um den Druck einigermaßen abzubauen. Klasse! Jetzt freute ich mich schon, wenn ich abspritzte! Armselig!

Gerade lief dieser Hip-Hop-Scheiß – wie eigentlich schon den ganzen Abend –, was Phil und sein Weib zu verantworten hatten, als der Alkohol sich bei den ersten tanzwütigen Opfern bemerkbar machte. Die Schlampen wurden noch schlampiger – wenn das überhaupt möglich war – und versuchten arschwackelnd meinen Ficker zu reizen. Der reagierte aber nicht die Bohne. Man konnte sogar meinen, er verschränkte seine kleinen Ärmchen, war genauso gelangweilt wie ich und zog spöttisch eine Augenbraue hoch.

Natürlich wusste ich, dass er nur auf einen Arsch scharf war, aber ich weigerte mich, auch nur ein bisschen an diesen zu denken. Keine Chance. Denn einmal damit angefangen wurde ich steinhart und durfte wieder meinen Schritt verstecken.

Wie tief war ich nur gesunken? Als ich mich irgendwann wie

eine kleine Memme in meinem Zimmer verbarrikadieren wollte, ging die Eingangstür auf. Dieser Anblick war mein Untergang, wie mein Schwanz eindrucksvoll bewies, als er sich ihr freudestrahlend entgegenreckte. Ich dagegen wurde schweinewütend.

Da stand sie und spielte unsicher mit ihren Fingern rum. Einfach so. In einem schwarzen Oberteil mit Fledermausärmeln und weitem Ausschnitt, der ihre Wahnsinns-Titten perfekt zur Geltung brachte. Außerdem war ich mir verdammt sicher, dass sie einen Push-Up BH trug. Das war pure Folter, denn dazu kam eine schwarze Jeans, die von vorn schon dermaßen verflixt eng aussah, sodass ich mir automatisch vorstellen musste, wie erst ihre göttliche Rückseite präsentiert wurde.

Das war aber noch nicht alles. Es reichte nicht, dass man jede Rundung ihrer Beine und ihre Prachttitten bewundern konnte, nein, sie hatte auch noch verschissene Locken, war verrucht geschminkt und hatte irgendwas mit ihrem Blasemund angestellt, sodass er noch voller und appetitlicher aussah als sonst. Oberfuck! Diese Frau war mein Verderben und nicht nur meines! Wenn sie ihre Vorzüge nur ein kleines bisschen betonte so wie jetzt, würden diese auch alle anderen Säcke auf dieser verdammten Party erkennen! Das ging nicht! Auf keinen Fall!

Wie ein Idiot sprang ich geradezu panisch auf die Beine und stürmte auf Mia und Vivi zu, die eben hereinkamen.

Mias Augen weiteten sich überrascht, als sie bemerkte, wie ich auf sie zuraste. Ich musste lächerlich verzweifelt aussehen, ganz besonders, als ich sie am Oberarm packte und in eine etwas ruhigere Ecke des Wohnzimmers neben die nicht gerade kleine Büchersammlung meines Vaters zog.

»Wie siehst du denn aus?«, presste ich zwischen den Zähnen hervor. Sie runzelte verwundert die Stirn und sah meine Hand an, die ihren Oberarm umklammerte. »Du kannst nicht einfach hier herkommen und so aussehen! Das geht nicht!« Japp. Ich war armselig. Und zu allem Überfluss hörte ich mich wahnsinnig an. Sie antwortete nicht.

»Was soll das, Tris?« Ich verdrehte die Augen, als sich der rothaarige Gnom zwischen uns drängte und mich von Mia wegschubste. »So gastfreundlich sind wir, ja?« Wütend funkelte sie mich an, und ich seufzte schwer.

»Vivi, beweg sofort deinen kleinen, dürren …«

»Ah, ah, ah!« Die Angesprochene fuchtelte warnend mit dem Zeigefinger vor meiner verdammten Nase rum wie Big Mama persönlich und stemmte die Hand in die Hüfte.

»Keine Beleidigungen deiner zukünftigen Schwägerin gegenüber«, warnte sie streng.

»Fick dich!«, spie ich aus und schob sie einfach zur Seite.

Mit einem Arm stützte ich mich an der Wand hinter Mia ab und lehnte mich zu ihr herab.

Natürlich bemerkte ich, wie sie erschauderte, als mein Atem ihre empfindliche Haut streifte. Ich konnte nicht anders, als ihre heftig pochende Halsschlagader anzustarren. Fasziniert davon, dass sie diese Wirkung auch auf mich hatte, ließ ich meinen Blick weiter nach unten gleiten … und noch weiter … Fuck! Akuter *Hammertittenalarm!*

»Wirst du bitte, *bitte* gehen, Mia-Baby?«, flehte ich mit meiner sanftesten Stimme, die ich im Moment zustande bekam. Mir war klar, dass ich absolut nichts dagegen tun konnte, wenn sie sich zum Bleiben entschied, denn ihr würde ich ohnehin nichts abschlagen können. Nicht, wenn sie hier so klein und unwiderstehlich vor mir stand, nicht mit dem sehnsüchtigen Ficker in meiner Hose, ihren traumhaften Titten in meinem Blickfeld und ihrem süßen Duft, der meine Sinne berauschte.

»Ich bleibe«, sagte sie fest, absolut überzeugt und funkelte mich kämpferisch an. Irgendwie hatte ich geahnt, dass sie mir gegenüber nicht mehr so einfach klein beigeben würde. Und warum hörte es sich an, als wenn sie diese Worte nicht nur auf die Party beziehen würde? Frustriert seufzte ich auf, und sie erschauderte erneut.

»Das ist definitiv meine Untergang«, flüsterte ich und stieß mich mit einem Ruck von der Wand ab. »Aber ich werde nicht alleine untergehen, Baby«, drohte ich ihr noch. Dann drehte ich mich um, ging zur Couch, packte mir im Vorbeigehen Eva und setzte sie als Sichtschutz auf meinen Schoß – direkt auf meinen Ständer.

Was Mia konnte, konnte ich schon lange.

Wenn sie mich quälen musste, würde ich es ihr gleichtun.

Genau das sagte mein Blick, den ich ihr durch Evas blonde Haare hindurch zuwarf, bevor ich ihm Taten folgen ließ und die Schlampe an mich zog, meine Lippen auf ihren glossverklebten Mund presste, um ihr die Zunge fast bis in den Hals zu stecken, was ihr natürlich mehr als gefiel.

Mia reagierte ungewohnt. Sie hob ihr kleines vorwitziges Kinn in die Höhe und trank das Erstbeste, was Vivi ihr in die Hand drückte, in einem Zug leer. Yeah, das war mein Mädchen! Unwillkürlich musste ich über ihren neugewonnenen Mut und ihr Selbstbewusstsein grinsen. Ich konnte nicht anders, als stolz zu sein, denn ich wusste ganz genau, dass ihre neue Ausstrahlung mit mir zu tun hatte.

Ganz genau, wie sie wusste, dass ich rattenscharf auf sie war – auf sie und nicht auf die dahergelaufenen Tussen hier.

Nicht zu fassen, wie sehr sie mich bereits in der Hand hatte, ohne es vermutlich auch nur zu ahnen.

Ihre Wirkung verfehlte wie vorhergesagt nicht nur bei mir ihren Zweck, denn die Scheißtypen scharwenzelten um sie herum, spendierten ihr Drinks – die sowieso kostenlos waren – und versuchten mit ihr zu flirten, was sie zutiefst verunsicherte. Mit der allergrößten Zufriedenheit beobachtete ich, dass sie von keinem dieser Spasten angesprochen oder angebaggert werden wollte. Nur von mir.

Denn sie hatte längst gemerkt, dass ich immer wieder – vermeintlich unauffällig – zu ihr sah, worauf sie mir aus purer Berechnung, eben weil sie um die Wirkung ihres Arsches auf mich wusste, diesen zudrehte. Dabei schwang sie gedankenverloren ihre Hüften zur Musik, und wenn jemand sie anmachte, schaute sie demonstrativ in meine Richtung, um meine Reaktion abzuschätzen und auch ja sicher zu gehen, dass ich alles mitbekam und um mir zu zeigen, dass ich nicht der Einzige war, der ihre Pussy wollte.

Gerade die Tatsache, dass ich tatsächlich nicht der Einzige war, kotzte mich gelinde gesagt an. Dies wurde durch den Umstand verstärkt, dass ich daran auch noch Mitschuld trug, weil ich sie halbnackt der ganzen Schule präsentiert hatte.

Währenddessen nervte Eva auf meinem Schoß enorm. Permanent wollte sie knutschen und mit in mein Zimmer kommen. Vorher würde die Hölle zufrieren, denn es war absolute Sperrzone für weibliche Wesen, und für Schlampen wie sie sowieso.

Es war kurz vor Mitternacht und wir trieben diesen Scheiß immer noch. Mia hatte bereits einen Alkoholpegel erreicht, der nicht mehr feierlich war. Ihre Wangen waren gerötet, die Augen glasig und ihre Bewegungen ziemlich unkoordiniert. Das nutzte sie, um sich auf die Couch gegenüber zu setzen und mich mit besoffenen Blicken zu erdolchen.

Ich kraulte – einfach um dem Ganzen noch eins draufzusetzen – Evas knochigen Nacken, betrachtete aber Mia und zog sie in Gedanken aus.

Ich musste grinsen, weil sie frustriert aufschnaufte, demonstrativ die Arme verschränkte und von mir wegsah, als ich ihr zuzwinkerte. Fuck! Mein Mädchen war witzig, selbst wenn es eifersüchtig und dicht war. Ein Glucksen konnte ich mir nicht verkneifen, was sie sofort bemerkte. Darauf machte sie etwas sehr Ungewohntes.

Sie zeigte mir den Ficker!

Diese kleine Nachahmungstaktik brachte mich dazu, richtig laut loszulachen, und Mia tat es mir gleich. Der Alkohol machte sie mutig. Ich durfte nicht mal ansatzweise daran denken, was er wohl erst aus ihr im Bett …

Im selben Augenblick kam Martin Oberspast angeschlendert und setzte sich neben mein Mädchen. (Ich hatte schon längst aufgegeben, sie nicht als ´mein´ zu bezeichnen.)

Das war eindeutig zu nah.

Meine Augen verengten sich zu kleinen bedrohlichen Schlitzen, während sie ihm ihre göttlichen, hochgepushten Titten zuwandte und anfing, ihm ausgelassen und wild gestikulierend irgendeinen Scheiß zu erzählen. Diesen Schmerz, der mich jetzt heimsuchte, konnte ich nicht mehr ignorieren, denn ich wollte unmittelbar neben ihr sitzen, wollte, dass sie mir etwas erzählte. Irgendwas! Scheißegal, was. Ich hätte mir alles angehört: Rezepte, Gebete, binomische Formeln … Alles!

Um den ätzenden Scheiß komplett zu machen, legte der Oberspasti dann auch noch unauffällig seine Riesenpranke auf ihr kleines Knie. Sie ließ es einfach geschehen und erzählte lachend weiter.

Boah!

»Eva!«, rief ich so laut, dass sie vor Schreck fast von meinem verdammten Schoß fiel. »Ich hab's mir anders überlegt.« Damit schob ich sie von mir runter. Im Augenwinkel sah ich, wie Mia stirnrunzelnd zu uns blickte.

»Gehen wir ficken«, sagte ich schlicht und hörte mich ein kleines bisschen frustriert dabei an. Eva machte vor Freude fast einen Luftsprung und ließ sich von mir ohne Umschweife wegziehen. Noch nicht einmal mehr umdrehen konnte ich mich. Ich hätte ihren ´Ich hasse dich´-Blick nicht ertragen, nicht noch einmal. Zu allem Überfluss manövrierte ich Eva in mein Zimmer, weil alle anderen schon belegt waren. Hier ging es zu wie im Freudenhaus, überlegte ich, als ich auch schon wütend die Tür hinter mir zuwarf.

Genauso wütend öffnete ich meine Hose und stopfte Eva mit meinem auf Mia geilen Schwanz das Maul.

Ja, ich war ein Arschloch.

Ja, ich dachte immer noch an mein Mädchen, während mir eine andere einen blies.

Und nein, ich wurde nicht noch härter, als sie wie eine Weltmeisterin an mir saugte.

Nein, ich war nicht glücklich, denn fuck, diese Lippen fühlten sich nicht richtig an und ihre Finger mit den langen Fingernägeln erst recht nicht.

Das hier war alles so verdammt falsch!

»Tiefer verdammt!« Ich stieß heftig in ihren Mund, und sie musste würgen, was mir komplett egal war. Es ging immer nur um mich. Um Tristan *fickt dich hart* Wrangler. Nur bei einer nicht.

Eva kamen die Tränen, aber sie hielt stand, als ich mich in ihren Haaren festkrallte und sie meinen Stößen entgegen bewegte.

Doch es war nicht genug. Es war nicht … perfekt!

»Eva«, warnte ich sie mit zusammengebissenen Zähnen und warf frustriert meinen Kopf zurück, als ich merkte, dass mein verdammter Ficker aus Protest an Standfestigkeit verlor. Ich wusste, ich würde bald komplett aussteigen. Die Wut über mich und meinen Verräterschwanz – der nur eine wollte – brodelte in mir.

Eine Unterbrechung folgte durch das Aufstoßen meiner Tür. Die willkommene Störung entpuppte sich als Martin Oberspast, der mit dem Rücken voran reingetaumelt kam – mit meinem Mädchen in seinen Armen! Ich erstarrte mit Evas Haaren in meiner Hand.

Die beiden nahmen uns nicht wahr, küssten sich stattdessen, während sie in seinen kurzen blonden Strähnen wühlte und diese kleinen Geräusche von sich gab, von denen mein Ficker sofort wieder richtig hart wurde.

Über alle Maßen schockiert musste ich dabei zusehen, wie er mein Mädchen in meinem Zimmer gegen die Wand neben der Tür drückte und ihr die Zunge bis zum Bauchnabel steckte.

»Was zum Fuck!«, presste ich zwischen den Zähnen hervor und dachte gerade noch daran, meinen Schwanz aus Evas Mund zu ziehen und die Hose zu schließen, bevor ich die Beherrschung verlor.

Der kam mir gerade recht!

Mit drei Schritten war ich bei dem Penner, der mich nicht einmal bemerkte. Viel zu beschäftigt war er damit, den Körper von meinem Mädchen zu betatschen. Kurzentschlossen packte ich ihn an seinen Haaren, so fest, dass er vor Schmerz grunzte.

»Du kleiner Hurensohn!« Mit einem Ruck zog ich ihn von ihr weg und sah nur noch rot, als ich seinen Kopf gegen den Türrahmen krachen ließ. Mias Schrei hallte in meinen Ohren. Meine Wut wurde noch zusätzlich angestachelt, als er einen blutenden Abdruck seiner hässlichen Visage hinterließ, was mich dazu brachte, ihn immer und immer wieder dagegen schlagen zu wollen.

»Wenn du noch einmal deine Hand an Mia legst oder ich deine Zunge in oder an ihr sehen sollte, mache ich dich platt – in etwa so!« Dann wollte ich ihm den Rest geben, aber der Penner war schnell und verdammt muskulös. Mit einer Bewegung fuhr er herum, noch bevor ich ahnen konnte, was er vorhatte, und rammte mir seine verschissene Faust ins Gesicht. Ich besaß gute Reflexe, konnte sogar noch ein wenig zurückweichen, trotzdem traf er meinen Kiefer.

Noch nie hatte irgendein Wichser mir auf einer Party eine verpasst. Auch wenn ich kein Profi war, so hatte ich mir doch einen Namen gemacht und eine Knockout-Rate von einhundert Prozent vorzuweisen. Er dagegen war nur ein kleiner Schläger.

»Das hättest du nicht tun sollen«, verkündete ich kühl und gab ihm, bevor er auch nur ansatzweise damit rechnen konnte, einen Kopfstoß. Meine Stirn traf ihn so hart, dass ich etwas knacken hörte. Ohne mich darum zu kümmern, ob es sein Nasenbein oder was anderes war, donnerte ich meine Faust seitlich gegen seinen Kiefer und schlug ihm dann in die Nieren, um ihn endgültig dahin zu befördern, wo er hingehörte – zu Boden.

Er hatte keine Chance. Nicht einmal ansatzweise ... Als er sich zu meinen Füßen krümmte wie ein Wurm, stützte ich mich an der Tür ab, fing an, auf ihn einzutreten und ihm zu sagen, was Sache war. Zwischen jedem Tritt ein Wort: »Mein Haus! Mein Zimmer! Mein Mädchen! *Penner!*«

»Tristan! Stopp!«, hörte ich einen verzweifelten Schrei. Zitternde Hände krallten sich in meinen Oberarm und versuchten, mich mit aller Kraft von Martins malträtiertem Körper zu ziehen. »Bitte hör auf!«

Mia weinte! Innerhalb einer Sekunde kam ich zu mir und drehte mich wild keuchend zu ihr um. Ihr Gesicht war tränenüberströmt, ihre Augen vor Schock geweitet und ihre Hautfarbe schimmerte ungesund grünlich.

»Baby?«, fragte ich schockiert, als sie von mir abließ und einen Schritt zurücktaumelte.

Meine Stimme klang komisch verzerrt und ich merkte, wie sehr ich außer Atem war.

Mia schüttelte panisch ihren Kopf hin und her und hörte nicht mehr damit auf. Sie machte mir Angst.

»Beruhige dich, Mia-Baby!« Doch sie schüttelte weiterhin ihren Kopf. Erst als ich die Finger bittend in Richtung ihrer Wange hob, zuckte sie vor meiner blutigen Hand zurück.

»Fuck!«, stieß ich aus und wollte Martin schon allein deshalb noch einmal in den Bauch treten, aber Mia hatte ich schon genug erschreckt. Ich musste mich beruhigen, einen klaren Kopf wiedererlangen. Offenbar hatte ich ihr mit meiner Aktion, die der Wichser nach wie vor verdient hatte, einen Heidenschreck eingejagt.

»Ich werde dir nichts tun«, redete ich leise auf sie ein. »Niemals ...«, gab ich dazu und ging einen Schritt auf sie zu. Doch sie wich zurück.

Dann ging alles ganz schnell. Ihre ungesunde Hautfarbe intensivierte sich, und noch bevor ich mir Sorgen machen konnte, erbrach sie mitten auf meinen überteuren, frisch gereinigten Flokati-Teppich. Ein Schwall brauner Pampe thronte inmitten der Fasern und stank gotterbärmlich. Mia dagegen war wie gelähmt und starrte voller Unglauben auf das Corpus Delicti.

Wow ...

Normalerweise wäre ich wegen dem Teppich abgegangen wie ein HB-Männchen, aber der war mir gerade scheißegal. Denn Mia blickte nun blass wie eine Leiche zu mir auf. Heftig zitternd stammelte sie: »E- entschuldige, T-Tristan ... Es tut mir leid ... I - ich ...«

»Scheiß auf den Fetzen.« Ich nahm sie so sanft wie möglich am Arm und zog mein immer noch entschuldigend vor sich hin stotterndes Mädchen in das angrenzende Bad. Gleichzeitig hoffte ich, Eva würde sich aus meinem Zimmer verpissen, ebenso wie die Reste von dem Oberspasten, vorausgesetzt sie hätten es nicht schon getan, denn beide waren mir nicht mal mehr einen Blick wert.

Kaum hatte ich Mias zitternden Körper über der Toilette positioniert und ihr unglaublich weiches Haar in der Hand, fing sie wieder an zu würgen.

Es war nicht zu fassen: Ich saß hier auf dem Badewannenrand, hielt ihre Haare, streichelte mit der anderen Hand ihren Rücken, während sie mein Klo vollkotzte. Aber auf irgendeine abgedrehte Art tat ich es gern.

Denn ich machte es für mein Mädchen, und wenn ich hier so die ganze Nacht dasitzen musste, dann sollte das fucking nochmal so sein!

Es war meine Pflicht, jetzt für sie da zu sein, da es niemanden in diesem Haus – und vermutlich auf der ganzen beknackten Welt – gab, den es interessierte, wie es ihr ging. Ich musste sie beschützen, weil sie sonst keinen hatte. Das sollte sie auch nicht – keinen außer mir.

Soviel und noch einiges mehr war mir heute bei dem Anblick von Martins Lippen auf ihren klar geworden.

»Ja, Baby, lass es raus«, murmelte ich sanft und versuchte, sie zu beruhigen.

Ich war noch nie für jemanden da gewesen. Aber sie war anders. Sie brauchte mich … dringend.

14. SIMPLY THE BEST

Mia 'the best' Engel

Nicht mehr ganz in meinen Träumen gefangen, sondern in einem friedlichen Dämmerzustand, holten mich alle Ereignisse des vergangenen Abends wieder ein. Na ja, fast alle. Bevor ich aber vor Scham im Boden versinken konnte oder auch nur dazu kam, mich zu fragen, wie ich in sein Bett gekommen war, beherrschte mich dieses mittlerweile bekannte, wunderbare Gefühl, auf das mein Körper sofort reagierte. Meine Brustwarzen wurden steif, mein Herz begann, schneller zu schlagen und eine erregende Dehnung in meinem Unterbauch brachte diesen zum Pulsieren.

»Du warst so verdammt einladend ...«, hauchte eine samtene, überirdisch schöne Stimme weich in mein Ohr.

»Ach?«, murmelte ich glücklich und ließ meine Hände an starken, nackten Armen hochfahren, die rechts und links neben meinen Schultern abgestützt waren. Ich lächelte, weil weiche Lippen über meinen Mund strichen, und krallte meine Finger in seinen unglaublich harten, perfekten Hintern, als er sich ein Stück aus mir zurückziehen wollte, um ihn mit einem Seufzer wieder tiefer in meinen Körper zu schieben. Seine Lippen an meinem Mund verzogen sich zu einem Grinsen. »Du liebst es, wenn ich mich richtig tief in dir versenke, du kleines gieriges Mädchen, oder?«, fragte er an meinem Mundwinkel und presste seinen muskulösen Unterkörper noch etwas enger gegen meinen. Ich stöhnte leise, nickte dabei aber schnell und übereifrig, was ihn zum Lachen brachte.

»Gut ...«, erwiderte er bedächtig »Ich sag dir nämlich was, Mia-Baby ...« Er begann, leicht seine Hüften zu kreisen. Diese rhythmische Bewegung löste ein Wimmern in mir aus und verursachte gleißende Funken, die, ausgehend von dem Punkt an dem Tristan und ich verschmolzen waren, durch meinen gesamten Körper zu fliegen schienen.

»Dieser Ficker wird nur dir gehören ... Aber nie wieder wirst du jemand anderen auch nur ansehen, geschweige denn an ihn denken. Verstanden?«, flüsterte er rau und stöhnte abgelenkt auf, als ich mich um ihn herum zusammenzog und meine Finger in seine Schulterblätter bohrte.

»Dort war noch nie ein anderer ... nur du ...«, entgegnete ich, kaum noch zu einem Wort fähig. Es würde mir nicht schwerfallen. Mehr wünschte ich mir nicht, denn ich wollte schon immer nur ihn.

»Was?« Mit einem Ruck nahm die schöne Dehnung und das wundervolle Kribbeln ein Ende.

Meine Augen flogen schockiert auf, denn er hatte sich von mir gelöst und kniete jetzt aufrecht und einschüchternd anmutig zwischen meinen Beinen.

Ich starrte mit offenem Mund seinen komplett nackten Körper an, den ich so das erste Mal bei Tageslicht sah: seine ebenmäßige, leicht gebräunte, penibel rasierte Haut, die klar definierten Brustmuskeln, seine kleinen braunen Brustwarzen, die genau an der richtigen Stelle saßen. Mein Blick glitt weiter über sein gut erkennbares, aber nicht zu ausgeprägtes Sixpack, sein sexy V bis zu seiner sehr ansehnlichen, verdammt großen, feucht glänzenden Erregung. Dazu noch diese trainierten Oberschenkel ... Wo war nur der nächste Fächer, wenn man ihn brauchte?

Mühsam schluckend zwang ich mich, wieder in sein über alle Maßen empörtes Gesicht zu sehen, was in Sachen Makellosigkeit dem dazugehörigen Körper in nichts nachstand. Ich wollte weinen und lachen vor Glück, allein weil er meinen Blick mit seinen jetzt strahlenden, mehr ins Grüne tendierenden Augen erwiderte.

»Du ... du ...«, begann er, brach aber ab und schaute zwischen meine Beine. Er seufzte ungehalten und strich sich durch die dunklen Haare, während er die Augen schloss und mit zusammengebissenen Zähnen einen neuen Versuch wagte. »Du ... warst also noch Jungfrau, und ich habe dich im Vollrausch entjungfert wie ein asoziales Arschloch?«, sprach er Klartext, so wie immer. Ich nickte, was aber nicht viel brachte, da er ja seine Augen mit den dichten schwarzen Wimpern, die lange Schatten auf seine Wangen warfen, immer noch nicht geöffnet hatte.

Also flüsterte ich: »Ich hatte mein erstes Mal am Samstag vor drei Wochen.«

Wie aufs Stichwort flogen seine Lider auf und spiegelten pures Schuldbewusstsein wider. »Fuck!«, nuschelte er vor sich hin und schüttelte leicht den Kopf.

»Ich war wohl nicht besonders sanft, hm?«, fragte er mit einem schwachen, fast entschuldigenden Lächeln. Schüchtern richtete ich mich auf und strich ihm mit den Fingerspitzen seitlich über die Wange. Ich konnte nicht ertragen, dass er sich wegen mir quälte.

»Nein, warst du nicht, aber es war dennoch in Ordnung.« Er nahm meine Hand, bevor sie seine von Gel verklebten und trotzdem so anziehenden Haare berühren konnte, und umschloss sie fest, als wollte er Halt suchen.

»Wie hab´ ich dich gefickt?« Er sah so aus, als wollte er es gar nicht wissen. So abweisend. Und so ... *wütend.*

Tief seufzend ließ ich mich resigniert in die Kissen zurückfallen. »Von hinten«, murmelte ich leise.

»Was?«, schrie er.

»Von hinten!«, schrie ich zurück und funkelte ihn böse an. War das Gespräch nicht schon peinlich genug? Musste er mich auch noch alles wiederholen lassen? Aber es kam noch schlimmer, denn nun japste er mindestens zwei Oktaven zu hoch: »Ich hab dich bei deinem ersten Mal *in den Arsch gefickt*?«

»Gott, nein! Ich meinte damit ... oh man ...« Zum Glück verstand er mich jetzt auch so und schien ein wenig erleichtert, aber trotzdem noch voller Scham.

»Ich ... bin echt so ein ...« Tristan schluckte und blickte mir tief in die Augen. »Es ... fuck!«

Mir war klar, was er sagen wollte. Er wollte sich entschuldigen, fand aber nicht die richtigen Worte und machte sich stattdessen selbst fertig.

Es quälte ihn wirklich, was ich unmöglich zulassen konnte.

»Tristan ...« Ich richtete mich erneut auf und kniete nun vor ihm, um ihn behutsam an den Schultern in die Kissen zurückzudrücken. Noch immer schmerzverzerrt sah er mich an, wozu jetzt noch ein Stirnrunzeln kam. Aber er beugte sich und ließ sich rücklings fallen.

Zufrieden lächelte ich, als ich auch schon über seine Hüften krabbelte. Bevor er protestieren konnte, umfasste ich seinen Schwanz, der sofort wieder hart wurde.

»Mia!«, stieß er aus, als ihm klar wurde, was ich vorhatte, und wollte mich umgehend von sich heben. Aber ich stemmte mich dagegen und positionierte seine Erregung, um mich schnell auf ihn sinken zu lassen. Seine Finger krallten sich in meine Haut, und wir stöhnten beide laut auf, als die exquisiten Gefühle uns durchrauschten wie ein D-Zug. Er warf seinen Kopf zurück, die Sehnen an seinem Hals traten hervor.

»Baby, was …? Scheiße!«, keuchte er und seine Hände fingen an, meine Bewegungen zu dirigieren, während mein Becken auf ihm kreiste und die Hitze sich in Windeseile in meinem Körper ausbreitete.

»Ich … wollte … nie … einen … anderen … als dich, Tristan Wrangler, deswegen … war es in … Ordnung, egal …«, stöhnte ich abgehackt zwischen jeder lustvollen Welle, konnte aber letztendlich den Satz nicht beenden. Zu sehr versank ich in den Empfindungen, die sein Schwanz in mir auslöste.

»Tristan Detlef Wrangler!«, dröhnte plötzliche eine klare Frauenstimme vor der Tür. Bevor ich auch nur reagieren konnte, hatte mich Tristan fester gepackt und auf den Boden neben sein Bett befördert. *Aua!* Ich schlug verdammt hart mit der Hüfte auf, doch es blieb keine Zeit mehr, mich zu beschweren, weil in dem Moment die Zimmertür aufgerissen wurde.

»Was soll dein vollgekotzter Teppich unter dem Balkon?« Es war eindeutig Katharina, die ihn anmotzte. Stumm rieb ich mir meine schmerzende Stelle und verdrehte genervt die Augen. Den hatte ich wohl ruiniert. Etwas verschwommen erinnerte ich mich, dass ich mich übergeben hatte – sehr ausgiebig und sehr lange. Tristan war für mich da gewesen, die ganze Nacht lang. Ansonsten gab es ein gemischtes Wirrwarr aus Bildern und Gerüchen: von ihm und Eva, Alkohol – viel Alkohol, und Martin mit seiner Zunge. Oh Gott, nie wieder würde ich einen Tropfen anrühren oder auch nur ansehen! Das Einzige, was mir erspart blieb, war ein Kater. Momentan tat mir nur die Hüfte weh – immer noch.

»Geht dich das was an?«, fragte Tristan absolut nicht amüsiert, seine Bettdecke raschelte.

»Hast es wohl nicht mehr aufs Klo geschafft«, höhnte sie und ihr breites Grinsen war klar herauszuhören.

»Das war ich nicht …«, murmelte er unwillig.

»Du hast eine von *diesen Schicksen mit in dein Zimmer genommen*?« Ich runzelte meine Augenbrauen. Nahm er denn sonst keine Mädchen mit hierher? »Und du hast sie in diesem Bett gefickt? *In deinem allerheiligsten Heiligtum?* Das nehme ich dir nicht ab!«

Prompt waren alle Schmerzen vergessen.

»Ja!«, presste Tristan zwischen den Zähnen hervor. Ich konnte nichts gegen das breite Grinsen tun, das sich auf meinem Gesicht ausbreitete. Ich bin die Erste gewesen … *in seinem allerheiligsten Heiligtum.* Wahnsinn!

»Wen?«, fragte sie knapp. Mich! Yeah!

»Verpiss dich!«, antwortete er genauso knapp. Genau!

»Tris!«, forderte sie und tippte mit irgendwas auf dem Boden rum, wahrscheinlich mit ihrer Schuhspitze.

»Katha, fuck the fuck off!«, warnte er nun etwas lauter und musste sie wohl mit seinem Profi *Ich ängstige dich zu Tode* Blick ansehen, weil sie kapitulierend seufzte und wortlos sein Zimmer verließ.

Ich blieb auf dem kalten Parkettboden liegen und hörte ihn irgendwas vor sich hin grummeln. Dann schob er sein Gesicht über den Bettrand und sah einen kurzen Augenblick schuldbewusst aus, bis er mein breites Grinsen bemerkte. »Sie ist jetzt weg«, berichtete er unnötigerweise, und ich schnaubte ironisch auf.

»Schön! Ich habe mir den Hintern gebrochen…«, grummelte ich und rappelte mich umständlich auf.

»Sag so was nicht, Baby!«, rief er gespielt panisch aus und hob mich einfach an meiner Taille aufs Bett, als ich gerade mehr schlecht als recht hochklettern wollte. Für diesen Moment fühlte ich mich wie eine Feder. *Ich! Eine Feder! Ha!*

Schockiert starrte ich ihn an, woraufhin er nur die Augen verdrehte, mich leicht schubste, sodass ich auf dem Bauch in seinem goldenen weichen, duftenden Bettzeug landete. Dann kniete er sich zwischen meine Beine und lehnte seinen Oberkörper über meinen Rücken, strich dabei langsam mit seiner glatten Brust und seinen aufgestellten Brustwarzen an meiner Rückseite entlang. Oh Gott!

»Das wäre fatal, wir brauchen deinen Arsch und deine Hüften so beweglich, wie sie sind«, flüsterte er in mein Ohr, strich ungewohnt sanft meine Haare zur Seite und begann, meinen Nacken mit genauso ungewohnt zärtlichen und absolut verzehrenden Küssen zu bedecken.

Woah! Überfall der erotischen Art!

Ich seufzte wohlig, als bekannte ekstatische Gefühle mich durchströmten, die mein Denken ausschalteten, und räkelte mich träge unter ihm. Dabei presste ich meinen Hintern gegen seinen harten Schritt. Es spielte keine Rolle mehr, dass ich hier nackt unter ihm lag, obwohl ich so fett war.

Bei ihm fühlte ich mich leicht und unbeschwert.

Er war groß, männlich und stark, aber doch so geschmeidig und agil, und konnte es locker mit meinen Kilos aufnehmen.

Tristan genoss es hörbar, seinen Mund langsam leckend und saugend, absolut sinnlich über meine Wirbelsäule hinabgleiten zu lassen.

»Du hast so weiche Haut«, hauchte er an meiner übersensiblen Taille. Eine Hand streichelte dabei meine Seite und kitzelte sie leicht. Ich wand mich noch mehr und kicherte leise. »Und so ein schönes Lachen«, fuhr er fort, und ich erschauerte. Die Wärme in seinen Worten rührte mich zutiefst, und ich wurde knallrot. Immer wieder biss ich auf meiner Unterlippe herum, um mich davon abzuhalten, ihn zu fragen, was in ihn gefahren war. Jeden Moment drohte ich zu zerfließen, wenn er nicht aufhörte, so ungewohnt süß zu sein. Das hier war die Erfüllung meiner Träume, aber gleichzeitig ziemlich irritierend.

Sein rauer Atem kitzelte mich immer noch, als er mein Steißbein erreichte.

»Und du hast den schönsten Arsch, den ich je küssen durfte«, was er dann auch sofort tat. Ganz gemächlich platzierte er kleine Küsse auf jede Backe.

»Und lecken.« Oben an meiner Pofalte setzte er an, schob meine Beine auseinander und leckte viel zu langsam nach unten, um schließlich an meinem Lustpunkt zu verweilen. Mit einer abrupten Bewegung, die mich leise aufkreischen ließ, drehte er mich herum und starrte meine Schnecke an.

»Verfickt nochmal, jetzt fällt mir wieder auf, dass du rasiert bist!«, unterbrach er seine Zärtlichkeiten. »Woher wusstest du, wie deine Pussy in meinen dreckigen Phantasien aussieht?«, knurrte er sich wieder vorbeugend.

Als Antwort stöhnte ich ungehemmt auf und zuckte am ganzen Körper zusammen, weil seine Zunge schon wieder über meine Klitoris strich.

Es schien so, als wolle er sich auf seine eigene Tristan-Weise dafür entschuldigen, wie er mich entjungfert hatte.

Er hielt meine Hüften, während er meinen kleinen nach ihm schreienden Punkt mit seiner Zunge massierte. »Und du schmeckst so fucking gut … Ich will dich auffressen«, summte er direkt an meiner feuchten Schnecke. Dann ließ er zwei Finger in mich gleiten, und mein Becken folgte diesen Bewegungen automatisch im Takt mit seiner Zunge. Mein Kopf fiel zur Seite. Meine Hände krallten sich in die Decken.

»Es gibt so viele Arten, wie ich dich noch ficken werde!« Seine Worte jagten mir einen Gänsehautschauer über den Rücken. Dabei heizte sein schneller werdender Atem und seine hörbar erregte Stimme mich noch mehr an. Er war der pure Wahnsinn!

»Du gehörst mir, Mia Engel.« Seine langen, geschmeidigen Finger krümmten sich und fanden eine Stelle in meinem Inneren, drückten dagegen, sodass ich aufschrie.

»Sag es«, murmelte er und verwöhnte mit seiner Zunge wieder meine angeschwollene Knospe. »Oder ich lasse dich nicht kommen«, drohte er und reizte erneut meine nicht mehr nachgebende, pulsierende Klitoris. Ich krallte mich mit den Händen fester in die Bettdecke.

»Ich … ich …«, stammelte ich und bekam keinen klaren Gedanken zusammen, bis er innehielt, was mich frustriert wimmern ließ.

»Sag, dass du mir gehörst, verdammt!«, forderte er erneut hart.

»Ich gehöre dir!«, keuchte ich atemlos. Oh Gott, wann war das passiert?

Er grinste »Braves Mädchen.« Dann drückte er mit seiner Zunge zu und versenkte die Finger tiefer in mir.

Ich schrie »Tristan!« in die Kissen, während ich mich um ihn herum zusammenzog, mein Körper erzitterte, ich über seine langen, geschickten Finger auslief und heftig kam.

Mit einem Stoß hatte er meine pochende Mitte ausgefüllt, doch er zog sich umgehend wieder aus mir zurück und ergoss sich mitten auf meinem Bauch.

Ich kam einfach nicht mehr mit. Langsam war ich wieder zu halbwegs vernünftigen Gedanken fähig, aber nach wie vor irritiert. Es war so, so, *so verdammt verwirrend!*

Dieses Mal war so anders gewesen, nicht nur wild und hart. Es war sanft und absolut schön. Er hatte mich ebenbürtig behandelt, mir gesagt und gezeigt, dass ihm etwas an mir lag.

Eine Träne rollte langsam über meine Wange. Diesmal allerdings nicht vor Demütigung und Kummer, sondern vor Glück und Stolz. *Tristan Wrangler wollte mich!*

Dieser fiel gerade neben mich in die Kissen, in welchen ich nun mein Gesicht vergraben hatte und versuchte, meine Atmung zu beruhigen. Seine Finger wanderten spielerisch über meinen Körper, als wäre ich die Tastatur eines Klaviers.

»Ich liebe es, wenn du kommst«, unterbrach er gedankenverloren die Stille. »Hätte ich gewusst, wie du im Bett bist, hätte ich dich schon viel früher gefickt.«

Das war schon mehr, als ich je erwartet hatte und mehr, als ich jemals erwarten durfte. Im Grunde sollte ich zufrieden sein. Aber ich war es nicht. Tief in mir wollte ich ihn ganz, nicht nur seinen Körper, sondern auch seine Seele.

Gemächlich rollte ich mich auf die Seite, ignorierte dabei die Sauerei auf mir und wollte mich mit dem Laken bedecken, wofür dieser Wahnsinns-Mann aber seinen knackigen Hintern hochheben musste, was er freundlicherweise auch tat.

Er wandte sich zu mir und beobachtete mich, genauso wie ich es tat. Seine göttlichen Züge an diesem kalten Morgen brachten mich wieder mal dazu, verträumt zu lächeln.

Irgendwann übernahm allerdings mein Verantwortungsgefühl die Herrschaft über meine Emotionen.

»Wieso schläfst du mit mir immer ohne Kondom?«, fragte ich leise.

Er verdrehte die Augen. »Das fragst du nach dem dritten Fick?«

»Wieso, Tristan?« Er seufzte, wirkte aber nicht wirklich verärgert, sondern nach wie vor entspannt.

»Weil du etwas anderes bist als die anderen Fotzen, okay? Ich habe außerdem keine Krankheiten und ich bin mir sicher, dass du auch keine hast, denn sonst hättest du es mir vor lauter Schiss entgegengebrüllt, damit ich mich ja nicht anstecke ... » Wow! Tristan kannte mich besser, als ich dachte. Ich versuchte zu ergründen, was bei mir anders war. Mit keiner redete er so offen oder benahm sich so sanft, und dass er irgendjemanden verwöhnte, passte auch nicht zu ihm.

»Vielleicht wäre es gut, wenn du in Zukunft die Pille nehmen würdest, oder so einen Scheiß. Diese permanente Rauszieherei nervt tierisch, und so sicher ist der Mist auch nicht. Außerdem kann ich es nicht erwarten, in dir zu kommen.« Ha, da war sie wieder, die Stimme der Vernunft, nur dass sie diesmal wie mein Traummann klang. Aber Moment einmal ...

Hieß das etwa, er wollte öfter mit mir schlafen? Nur mit mir? Wirklich?

Vermutlich strahlte ich jetzt wie ein Berg Atommüll.

Tristan schnaubte spöttisch. »Du stehst wirklich auf mich, hm?«

»Du weißt gar nicht, wie sehr ich ...«, *dich liebe*, »...auf dich stehe.« Wenn er erfahren hätte, wie schwer meine Gefühle für ihn tatsächlich wogen, wäre er wahrscheinlich schreiend davongelaufen. »Ich verstehe nur nicht, was du mit mir willst«, setzte ich nach und sah schüchtern unter meinen Wimpern zu ihm auf. Er fuhr sich tief durchatmend durch die Haare.

»Ich ... weißt du ... bei den anderen Weibern muss ich ständig ihre verdammt komplizierte Tussi-Scheiße ertragen, aber mit dir ... kann ich einfach nur das tun, was mir Spaß macht.« Er zwinkerte mir zu, und ich seufzte – verträumt und peinlich. Es macht ihm Spaß mit mir!

Er lachte und wuschelte mir durch die Haare.

»Wie lange schon?«, wollte er neugierig wissen, faltete die Hände unter seinem Gesicht und imitierte mich somit.

Es war so friedlich und harmonisch. So echt und so … intim.

»Was?« Ich hatte schon wieder den Faden verloren. Seine leuchtenden Augen lenkten mich zu sehr ab.

»Wie lange Sie mir schon verfallen sind?«

»Sehr lange«, murmelte ich ausweichend.

»Wie lange, Miss Angel?«, wiederholte er ruhig, was mich kichern ließ, weil mir automatisch heißer wurde, wenn er mich so nannte. Dazu noch seine autoritäre, scheinbar übermächtige Stimme und ich konnte ihm nichts abschlagen.

»Seit der ersten Klasse«, flüsterte ich und merkte wie ich wieder rot wurde.

Er schien nicht sehr überrascht zu sein. »Hm.« Er schürzte die vollen Lippen. »Da bist du nicht die Einzige. Du weißt ja, die Schlunzen stehen auf mich«, antwortete er schulterzuckend.

»Ich weiß.« Mir war vollkommen klar, dass jedes Mädchen, vorausgesetzt es war nicht gerade lesbisch oder blind und ging auf unsere Schule, ihm hinterher schmachtete. Das brachte mich zu meiner folgenden Frage: »Wie viele hattest du schon?« Ich wagte nur zu flüstern, und er zog eine formvollendete Augenbraue nach oben.

»Zu viele, als dass ich sie zählen kann, oder will.« Er klang eher gelangweilt als genervt.

»Waren sie gut?« Es schien masochistisch, aber ich wollte es wissen.

»Einige.« Seine Augen verengten sich zu Schlitzen.

»Welche war die Beste?«, bohrte ich weiter und zerkaute meine Lippe. Ja, ich war wirklich masochistisch veranlagt.

Plötzlich lächelte er. Es wirkte echt, war eines von der Sorte, wobei mir das Herz aufging – voller Zuneigung und vielleicht auch … Liebe. Zumindest ein kleines bisschen, wenn ich es mir in meinem Luftschloss ganz intensiv vorstellte.

Er richtete sich etwas auf und strich mit seinen Lippen über meine Wange. »Mia fucking Engel war und ist die Beste«, hauchte er in mein Ohr. Dann gluckste er und legte sich breit grinsend mit geschlossenen Augen auf den Rücken, während ich schockiert den Atem ausstieß.

»Du lügst«, erwiderte ich geschockt.

»Ich sage den Leuten immer die verdammte Wahrheit ins Gesicht, außer in ein paar Ausnahmefällen, wenn sie nicht damit umgehen können oder es sinnlos wäre, sie überhaupt auszusprechen«, gab er zurück, und ich hatte Probleme damit, ruhig weiter zu atmen. Es wollte nicht in meinen Kopf, dass ich besser als Eva oder Valerie sein sollte.

Die besaßen Erfahrung, wussten, was sie taten, hatten perfekte Körper, perfekte Haare und perfekte Fingernägel. Wie war das möglich?

»Wieso ausgerechnet ich?« Ich konnte oder wollte es partout nicht glauben. Ihn dagegen brachte dies nur noch mehr zum Glucksen – völlig losgelöst und jung.

So hatte ich ihn noch nie erlebt, wofür ich ihn aber gleich noch mehr liebte.

»Deine Pussy, Mia«, erwiderte er schließlich, als wäre somit alles klar. Als ich nicht reagierte, drehte er sich wieder zu mir, stützte sich auf seinen Ellbogen und grinste mich frech an. Gott, war er schön!

»Sie ist eng. Verdammt eng.«

»Aha.« Jetzt war ich noch skeptischer, worauf er richtig laut lachte und dabei seinen Kopf nach hinten warf, was mir auch ein Grinsen entlockte.

Dann sah er wieder zu mir. »Du bist ein Naturtalent, was Sex angeht, Baby. Außerdem brauch ich dich nur so …« Er strich mit seinem Finger über meine Brustwarze, die sich durch die dünne Decke abzeichnete, den Blick fest auf mich gerichtet, und ich sog zischend den Atem ein, » … anfassen. Schon bist du feucht und bereit für mich. Das ist der Traum eines jeden Mannes.« Mit einem Grinsen entzog er sich mir. Mein Schmollen erheiterte ihn gleich noch mehr.

»Siehst du … du willst mich schon wieder dringend in dir, sogar wenn du gerade einen Orgasmus hattest. Und weißt du, was mir noch besonders gut an dir gefällt, was mich regelrecht in deinen Bann gezogen hat?« Jetzt starrte ich ihn an. Ich hatte ihn mit irgendwas in meinen Bann gezogen?

»Was?«, fragte ich atemlos. Ohne mir zu antworten rutschte seine Hand unter die Decke an meinem Schenkel entlang, bis zwei Finger ihr Ziel fanden und entschlossen in meinem Inneren verschwanden. Dabei sah er mir immer noch in die Augen. Stöhnend bog ich meinen Rücken durch, als er mich dehnte.

»Genau, Mia-Baby, dein Stöhnen«, raunte er. »Es ist der schönste Klang dieser Welt. Ich bin süchtig danach. Und nach dem hier auch.« Mit einem Krümmen seiner Finger traf er diese bestimmte Stelle, sodass ich ihm noch mehr entgegen kam und meine Hüften auffordernd hob. Sein Atem ging bereits schneller und seine Stimme klang um einiges rauer.

»Du nimmst dir, was du brauchst, ohne lange zu fackeln. Du hörst auf deinen Körper und versteckst nichts vor mir … und …« Er beugte sich über mich, um mich zu küssen.

Gleichzeitig drückte er seinen Daumen gegen meinen Kitzler und verstärkte die Bewegungen seiner unsagbar talentierten Finger. Innerhalb von einer Minute explodierte ich und versank in der Intensität meines Höhepunktes. Gott! Er hatte es drauf, eine Frau zum Orgasmus zu bringen.

»Das Beste, Baby…«, hauchte er in meinen Mund, als ich keuchend in seine Augen sah, » ist, wenn du kommst. Ich werde jedes Mal hart, wenn ich daran denke, wie sich deine Muskeln zusammenziehen und du deine Lust in die Welt hinausschreist. Und dabei gibst du nur und verlangst nichts. Deshalb bist du die Beste. Genug Gründe?« Schief grinsend gab er mir noch einen abschließenden Kuss auf die Lippen und kam mit einer fließenden Bewegung auf die Beine.

»Ich geh zuerst duschen, dann kannst du ins Bad. Und dann müssen wir schauen, wie wir dich hier rausschmuggeln.«

»Ja, ja«, winkte ich gähnend ab, drehte mich um und schlief ein, bevor er das Zimmer verlassen hatte. Es war verdammt anstrengend, zweimal hintereinander zu kommen, und das nach letzter Nacht.

⊙~☙

Ich träumte von Vivi, die meinte, wenn ich mit Martin rummachen wolle, müsse ich nur in den zweiten Stock in das letzte Zimmer rechts gehen. Freundlicherweise brachte sie mich sogar hin und zeigte mir die strahlend weiße Tür. Selbst in meinem Traum (oder war dies gar eine Erinnerung?) war ich so betrunken, dass sich alles drehte. Ich wollte doch Martin gar nicht, wollte aber auch nicht, dass Tristan ihn zusammenschlug. All das Blut … Mir wurde schlecht. Plötzlich tauchte Tristans atemberaubendes Gesicht vor mir auf und er hauchte: »Ich bin für dich da, Baby.« Mit seinen Worten verschwanden der Schwindel und die Übelkeit.

Es konnten nicht einmal fünf Minuten vergangen sein, da kitzelte mich etwas an der Wange. Es war irgendwie kalt und feucht, was mich enorm verwirrte. Dazu flüsterte mir meine Traumstimme ins Ohr: »Ich finde es ja wirklich fucking sexy, wie du dich hier in meinen Laken räkelst, aber ich glaube, ich könnte mich nicht zurückhalten, wenn Chief Pimmelkopf dir noch mal etwas antut, weil du die Nacht in meinem Bett verbracht hast.«

Immer noch verschlafen öffnete ich glücklich und breit grinsend meine Augen. Er fand mich sexy! In seinem Bett! In seinem allerheiligsten Heiligtum!

Und er wollte nicht, dass mir etwas geschah.

»Ich fürchte, du musst nach Hause, Baby!«

Er lehnte sich lächelnd über mich – mit nassen, zerzausten Haaren und den geraden, ebenmäßigen Zähnen war er unbeschreiblich schön.

Ich drehte mich etwas, um ihn kurz anzuschmunzeln. »Ich will aber noch nicht aufstehen.« Er sah mich verblüfft an und schüttelte dann mit einem Knurren seine tropfenden Haare über mir aus.

»Bewegen Sie sofort Ihren heißen Arsch aus meinem Bett, bevor ich ihn entjungfere! Ich zähle bis drei!«, drohte er spielerisch. »Eins … zwei …«

Quietschend zog ich die Decke über mein Gesicht und lauschte seinem wahnsinnig melodischen Lachen.

»Nein! Nicht weitererzählen!«, rief ich ihm aufmüpfig aus meinem sicheren Versteck entgegen.

»So frech, Miss Angel?« Ich schlug glucksend auf seine langen Finger ein, die sich hinterlistig, wie sie so waren, unter die Decke schlängelten und nach meiner Brust greifen wollten.

Gleichzeitig robbte ich nach hinten.

»Mia, pass …«, warnte er, aber da war das Bett schon zu Ende und ich landete ein zweites Mal an diesem Morgen auf dem kalten, harten Parkettboden, natürlich wieder auf der Hüfte. Aua! Mann, war das peinlich!

»Fuck!«, fluchte er. Schon lehnte er sich über den Rand und blickte ängstlich zu mir hinab.

»Wie geht's deinem Arsch?«, fragte er sofort mit großen Augen. Seine wirklich zutiefst besorgte Miene brachte mich schon wieder zum Kichern.

Ja! Er war wirklich um mich besorgt, was mich verdammt glücklich machte. Er machte mich so verdammt glücklich.

»Danke, Tristan!«, stieß ich voller Inbrunst aus und richtete mich auf.

»Für's Arschbrechen? Ich weiß ja nicht w …« Weiter kam er nicht, denn ich küsste ihn fest und innig. Überrumpelt erwiderte er meine Attacke schließlich, während ich sein Engelsgesicht in den Händen hielt. Bis mir plötzlich auffiel, dass ich noch nicht Zähne geputzt hatte …

»Gott, meine Zähne!« Schockiert löste ich mich von ihm. Ein Blick in sein Antlitz bestätige, dass diese Sorge um eventuellen Mundgeruch ein wenig spät kam, denn er lachte nur und ließ sich in die Decken zurückfallen. Ich derweil stand auf und sah mich nach meinen Sachen um. Sie waren aber nicht da. Eindeutig.

Zum ersten Mal schaute ich mich wirklich in seinem Zimmer um, obwohl wir hier die letzten Stunden verbracht hatten, aber seine Anwesenheit nahm mich bisher zu sehr in Anspruch.

Es war penibel aufgeräumt. Kein Staub. Keine umherliegende Kleidung. Kein Dreck. Nichts! Die Einrichtung war in schwarz/weiß gehalten: ein großer schwarzer Schreibtisch mit einem supermodernen Laptop drauf, ein Schwebetürenschrank mit verspiegelter Front und ein großer Plasmafernseher an der Wand, dazu eine Kommode – alles auf Hochglanz poliert.

Das Bett – also das allerheiligste Heiligtum, in dem wir uns die letzten Stunden geaalt hatten – war riesig, mit silbernen Metallpfosten und edel wirkendem goldenem Bettzeug ausgestattet. Aber das alles ließ mich nicht aufkeuchen. Es war das Bild in dem schwarzen, teuer aussehenden Rahmen an der Wand gegenüber von seinem Heiligtum.

Mein Bild!

Die Zeichnung meiner Lichtung. Ich musste lächeln, denn er hatte es so angebracht, dass er es vor dem Aufstehen und Schlafengehen betrachten konnte. Eindeutig ein Ehrenplatz. Ob ich jemals eine ähnliche Position in seinem Herzen innehaben würde?

»Du kannst meine Zahnbürste benutzen«, riss mich seine samtene Stimme aus meinen sehnsüchtigen Hoffnungen, und ich sah ihn verwundert an.

Nur in Calvin Klein Boxershorts lag er auf dem Rücken und musterte mich mit hinter dem Kopf verschränken Armen. Die Sonne strahlte durch die große verglaste Balkontür direkt auf sein perfektes Gesicht und seinen geschmeidigen, athletischen Leib. Tristan mit diesem entspannten, aber doch immer ein kleines bisschen dreckigen Lächeln auf den Lippen, sein muskulöser Körper, scheinbar lässig präpariert in den goldenen Laken eines riesigen Bettes, mit nichts weiter als einer schwarzen engen Shorts bekleidet ... Dies hätte glatt eine Werbeaufnahme für die neue Hugo Boss Kampagne sein können. Auf jeden Fall füllte er die wichtigsten Stellen zur Genüge aus, ganz ohne nachhelfen zu müssen.

Ich musste wieder mal verträumt lächeln. »Ehrlich?« Er verdrehte seine Augen und schloss sie dann, um sich der Sonne entgegenzustrecken.

»Ich habe gesagt, ich würde dich auffressen, wenn ich könnte ...«, antwortete er nur und machte keine Anstalten, seine Lider zu öffnen oder mit seiner Sonnenanbeterei aufzuhören. Leise lachte er.»Außerdem hast du gestern Abend nicht nur dich angekotzt ...

Viel schlimmer hätte es nicht kommen können. Ich ekel mich nicht vor dir … oder deinem Speichel, schließlich wurde ich aufs Übelste desensibilisiert.« Ihn mochte das belustigen, ich stattdessen wollte sofort in Grund und Boden versinken.

»Apropos …« Er richtete sich auf und hechtete zu seinem Schrank. Nach einigem Rumkramen holte er ein weißes Shirt und eine einfache schwarze Jogginghose hervor, um danach in seiner hochglanzpolierten Kommode nach Unterhosen und ein paar Socken zu suchen.

»Deine Sachen kannst du nicht mehr anziehen.«, verkündete er und hielt mir die Kleidung entgegen.

Überfordert starrte ich erst ihn an, dann die Klamotten in seiner Hand, als wüsste ich nicht, was ich damit tun sollte. Erst seine Zahnbürste und jetzt die superteuren Designersachen. Ich kam nicht mehr mit. Er war eindeutig nicht der Tristan Wrangler, den ich kannte. Dank meiner stundenlangen Beobachtungen wusste ich, dass der sich niemanden – nicht einmal seinen Geschwistern – gegenüber so verhielt.

Er war so … liebevoll.

Es überwältigte mich, wie Tristan mit mir umging, obwohl ich doch nur die kleine, fette, hässliche Mia war, die ihn auch noch angekotzt hatte. Vor Tränen verschleierte sich mein Blick, während sich seine Augen schockiert weiteten.

»Mist!«, fluchte ich schluchzend und schlug die Hände vors Gesicht.

Fazit: Komplett nackt stand ich im Zimmer meines persönlichen halbnackten Gottes und heulte.

Toll!

»Ich wollte dich nicht beleidigen«, sagte er schnell, und ich lachte humorlos auf.

»Was?«, schniefte ich in meine Hände, während ich gleichzeitig versuchte, die nicht enden wollende Tränenflut zu unterdrücken.

»Na, weil ich … meine größten Sachen rausgesucht habe. Das war nicht sehr … nett.« Unbehaglich rechtfertigte er sich, was mich nur den Kopf schütteln ließ. Auch wenn ich mit meinem Körper unzufrieden war und mich selber nicht mochte, so konnte ich doch die magersüchtigen Frauen nicht verstehen, die sich wegen einer Kleidergröße aufregten. So war ich nicht und das sollte Tristan wissen. Schließlich war alles Ansichtssache.

Ich richtete mich auf, schluckte den letzten Schluchzer hinunter und straffte die Schultern, während ich die Kleidung entgegennahm.

»Danke, Tristan!« Meine Stimme klang fest. »Für alles. Ich musste heulen, weil noch nie jemand so nett zu mir war wie du. Ich bin das nicht gewöhnt.« Dabei blickte ich ihm geradewegs in die Augen. »Natürlich bin ich nicht beleidigt oder verletzt, weil du mir passende Sachen gibst. Ich weiß ja, dass ich fett bin.«

Unheilvoll zogen sich bei meinen letzten Worten seine Augenbrauen zusammen und die Hände ballten sich zu Fäusten.

»Du bist nicht fett, Mia!«, grollte er, und ich spannte mich an, weil er sich so wütend anhörte.

»Nicht?«, fragte ich unsicher. Er schüttelte hektisch den Kopf.

»Fuck, nein! Du … hast vielleicht ein paar … Kilos zu viel auf den Rippen ...« Er wand sich unangenehm berührt, und ich widerstand dem Impuls, die Augen zu verdrehen. Das Thema war bei mir gegessen. Ich war fett. Daran gab's nichts zu rütteln. Fertig!

Tristan sprach schnell weiter. »Aber du bist trotzdem straff und nichts schwabbelt, oder so. Du hast weibliche Rundungen: Hüften, geile Titten und einen super Arsch, so wie J-Lo, Salma Hayek oder Beyonce. Und außerdem bist du gelenkiger als die meisten anderen Frauen, was ein wahrhafter Segen ist.« Ein dreckiges, triumphierendes Grinsen folgte.

»Ballett«, sagte ich dahin.

»Du hast Ballett gemacht?« Bei der Frage zuckten seine Mundwinkel verdächtig, aber ein Grinsen versuchte er mit allen Mitteln zu unterdrücken. Ich konnte es ihm nicht verdenken, denn er sah wohl dasselbe: mich im Tütü als sterbenden Schwan.

»Jepp, fünf Jahre bis zur fünften Klasse. Die Lehrerin hat schließlich gemeint, es sei … hoffnungslos. Ich wäre einfach nicht grazil genug … nur gelenkig.« Ich zuckte die Schultern. Jeder, der mich anschaute, konnte auf den ersten Blick erkennen, dass ich ein unkoordiniertes Trampeltier war. Da musste man nicht um den heißen Brei herumreden.

»Ich geh mich jetzt fertig machen. Danke nochmal!« Ich stellte mich schnell auf die Zehenspitzen und drückte dem fast lachenden, bebenden Tristan einen keuschen Kuss auf die vollen Lippen. Selbst währenddessen konnte er sich sein Lächeln nicht verkneifen. Ich war versucht zu sagen: »Und weißt du was? Ich liebe dich«, aber ich verkniff es mir gerade noch so.

»Machst du mir mal den sterbenden Schwan?«, murmelte Tristan noch, als seine Hände schon meinen Rücken hinabglitten und meinen Arsch umfassten.

Ich kicherte. »Das willst du nicht sehen! Bei mir wird's eher das gestrandete Walross!«

»Das Einzige, was ich nicht sehen will, ist, dass du dich anziehst!« Er schmollte mich herrlich an und drückte meinen Unterkörper fordernd gegen seine wieder beachtliche Erektion. Natürlich wurde mir erneut heiß, feucht war ich sowieso permanent in seiner Gegenwart, und dazu war ich einfach glücklich, *so glücklich!*

»Nackt bist du mir am allerliebsten.« Mit seinen Fingerspitzen streichelte er über meine Wange, um dann eine verirrte Strähne hinter mein Ohr zu streichen. Seine schönen Augen funkelten mich intensiv an. Ich war verloren. So was von …

»Doch leider hab ich Scheiß zu erledigen. Auch wenn ich dich lieber noch eine Runde ficken würde.« Ich keuchte auf, als er sein Becken an mir rieb und seine Lippen meine fanden. Dabei küsste er mich mal eben um meinen kompletten Verstand, indem er seine Zungenfertigkeit in meinem Mund unter Beweis stellte. Ich fuhr über die Muskeln seines Rückens, die sich so schön unter meiner Berührung anspannten und sich dabei so sinnlich anfühlten. Mit allem, was ich hatte, kostete ich den Moment aus.

Irgendwann lösten wir uns keuchend voneinander, aber nicht ehe Tristan seine weichen, vollen Lippen noch ein letztes Mal auf meine gedrückt hatte – ganz sanft. Dann verschwand ich in sein stylisches, in Brauntönen gehaltenes, maskulines Bad, wusch mich in der Luxusvariation einer Dusche und kam mir vor wie eine Prinzessin. Seine Klamotten waren nicht sehr weit, obwohl er mir extra schon die größten gegeben hatte.

Wie peinlich … Na gut, sie schlabberten schon, aber an den falschen Stellen, besonders an den Schultern und im Schritt. An den Brüsten dagegen war sein Shirt ziemlich eng.

Aber es sollte mir egal sein, schließlich trug ich Tristans Kleidung! Wenn mir jemand vor drei Wochen gesagt hätte, dass ich heute in seinem Bad, in seinen Sachen stehen würde, hätte ich ihm den Vogel gezeigt und ihn lauthals ausgelacht. Aber jetzt betrachtete ich im Spiegel meine geröteten Wangen, die strahlenden Augen, das Lächeln um meine geschwollenen Lippen und fühlte mich wie ein neuer Mensch. Sogar die blonden Strähnen in meinen Haaren schienen intensiver zu glänzen. Ich roch an seinem teuren Parfum, welches fast so himmlisch duftete wie er selbst, gefolgt von seinem Handtuch und – ja, ich gebe es zu – einem weißen Muskelshirt, das ich aus seinem Wäschekorb zog. Danach benutzte ich seine Zahnbürste und wollte nebenbei die komplette Welt umarmen.

In diesem Moment konnte mich nichts dazu bringen, an Zuhause zu denken und eine mögliche Rechtfertigung, warum ich so spät heimkam, oder an meinen Vater, der jederzeit wegen einer noch so kleinen Lappalie ausflippen konnte, wenn er wieder mal einen schlechten Tag gehabt und zu viel Alkohol intus hatte. Ich dachte nicht einmal an den nächsten Schultag, wo alles wieder beim Alten sein und Tristan mich erneut ignorieren oder mich fertigmachen würde, weil ihm sein Ruf so wichtig war. Nein. Dafür war ich zu happy.

Denn schon jetzt hatte ich mehr erreicht, als ich mir jemals zu träumen gewagt hätte.

Zwar liebte er nicht mich, aber meinen Körper. Diesen Körper, für den er mich jahrelang verachtet hatte und für den mich ein Großteil der Gesellschaft immer noch schief ansah. Irgendwann könnte er dann vielleicht auch meine Seele begehren. Womöglich liebte er aber immer nur sich? Und was, wenn er nicht einmal das konnte? Wäre er dann jemals in der Lage, jemand anderen in sein Herz zu lassen?

Ich wusste es nicht.

Ich wusste nur, dass ich glücklich war. Und das war das Einzige, was zählte – zumindest für jetzt ...

15. DER RICHTIGE WEG

Tristan ´so nasty´ Wrangler

Montagnachmittag und ich war leicht angepisst. Warum in Gottes Namen fuhr ich schon wieder mit meinem dämlichen großen Bruder zur Schule? Mir war doch klar, dass er als notgeiler Wichser seiner blonden Schlampe beim Sport zusehen würde.

Ja, okay. Schuldig im Sinne der Anklage, denn möglicherweise wollte ich eine brünette ... Nein, ich konnte sie unter keinen Umständen so herabwürdigend betiteln, indem ich sie Schlampe, Schlunze oder Fotze nannte. Das ging auf keinen fucking Fall!

Alle Fotzen außer Mama und Mia Engel.

Sie war mein Mädchen. Es war jetzt offiziell, zumindest zwischen uns. Demnach würde sie keinen an sich ranlassen, so wie das Arschgesicht auf der verschissenen Party, und ich würde meinen überaktiven Ficker zügeln.

Das ging für mich auch völlig in Ordnung, schließlich war sie die einzige Pussy, die ich wollte – beziehungsweise die wir wollten. Die anderen interessierten mich einfach nicht, machten mich nicht einmal mehr an und waren somit nicht existent.

Mir war es immer noch ein Rätsel, wie dieses kleine Luder binnen ein paar Ficks solche Macht über mich erlangen konnte. Ich erkannte mich selbst nicht wieder.

Schon allein, weil ich mich seit ein paar Jahren schon nicht mehr so glücklich gefühlt hatte wie letzten Samstag und dem darauffolgenden Sonntag. Die Erinnerung an das Wochenende ließ mich nicht los.

◎◠◡◠◠◠◎

Um vier Uhr hatte sie sich endlich ausgekotzt und war über dem Klo eingeschlafen.

Nur mit übermäßiger Selbstbeherrschung konnte ich meinen Schwanz im Zaum halten, während ich ihr die teilweise eingesauten Sachen auszog. Es war unfuckingfassbar. Obwohl sie stank wie eine Brauerei und über und über mit Erbrochenem bekleckert war, wurde ich geil wie Nachbars Lumpi.

Aber nicht mal so ein Arschloch wie ich würde über sie in diesem Zustand herfallen. Schließlich war ich kein Leichenschänder. Trotzdem ließ ich es mir nicht nehmen, sie komplett zu entkleiden, natürlich nur zur Sicherheit, falls sie doch noch mal ihren Magen entleeren wollte. Dass ich dabei auch was von ihrem Körper hatte, wenn sie schon bei mir schlief, war völlig uneigennützig und stellte lediglich einen Bonus dar.

Mia war deutlich schwerer als die anderen Schlampen, mit denen ich so zu tun hatte – nicht, dass ich eine von denen großartig durch die Gegend trug –, doch bedeutete es keine Kraftanstrengung für mich, sie in mein allerheiligstes Heiligtum zu verfrachten. Nicht umsonst stemmte ich viermal die Woche Gewichte.

Als sie auf meinem Bett lag, betrachtete ich einige Augenblicke das Bild, welches sich mir bot: ihr friedliches, feines Gesicht, diese dichten, langen Wimpern auf ihren hohen Wangen, die in der Nacht so dunkel wirkenden, perfekten Blow-Job-Lippen, ihr keckes Kinn und die vollen Locken, die sich auf meinem Kissen ausbreiteten wie ein Fächer.

Ihre Arme hatte sie weit über den Kopf gestreckt, während sie sich träge räkelte und dabei mit sanfter Stimme etwas vor sich hin murmelte, was sich verdächtig nach »Oh, Tristan…«, anhörte. Vermutlich interpretierte ich mehr hinein, eben nur das, was ich gern hören wollte, um eine Entschuldigung zu haben, warum mein Ficker sich protestierender gegen meine Hose drückte. Mit einem etwas idiotischen Lächeln glitt mein Blick zu ihren straffen Brüsten mit den dunkelbraunen Brustwarzen, die sich auffordernd nach oben streckten, zu ihrem weichen Bauch, der so anschmiegsam er war, sich keineswegs nach außen wölbte, wenn sie auf dem Rücken lag. Nichts zerstörte, trotz ihrem leichten Übergewicht, die typische Form einer weiblich gebauten Frau. Sie besaß eine schmale Taille, die in aussagekräftige Hüften überging.

Mittlerweile schwer atmend konzentrierte ich mich auf das Wunder zwischen ihren Beinen, dem Ansatz der zarten Falten, die sich jetzt gut sichtbar präsentierten, weil das kleine Luder rasiert oder gewachst war, bewunderte schließlich die wohlgeformten, strammen Schenkel und die festen Waden, die sich so kraftvoll um meine Hüften schlingen konnten, um mich tiefer in ihren Körper zu drücken.

Meinen schon sabbernden Schwanz ignorierte ich komplett, denn ich sollte und durfte nicht nur mit meinem Ficker denken, wenn es um sie ging, erst recht nicht jetzt. Aber wie sollte ich das bewerkstelligen, wenn vor mir die Verführung in Person lag, ohne sich dessen bewusst zu sein, was sie mir antat? Allerdings konnte ich nicht leugnen, dass gerade diese Tatsache das Ganze noch reizvoller machte.

Wie sollte ich Mia Engel jemals widerstehen?

Gar nicht, du Idiot! Der Zug ist schon lange abgefahren, also versuch es erst gar nicht! Sie hat dich so was von am Haken!, meldete sich diese nervige Stimme in meinem Kopf, und ich musste ihr Recht geben. Dieses eine Mal zumindest.

Ich würde und wollte mich ihr nicht enthalten, schließlich war ich jung, genau wie sie, und absolut hormongesteuert. Was den Sex betraf, waren wir praktisch füreinander erschaffen und total scharf aufeinander. Also sollten wir das viel zu kurze Leben auch genießen. In diesem Moment war sie wirklich mein Mädchen, das ich nicht gehen lassen wollte.

Okay, ich war gerade etwas sentimental. Schulterzuckend ignorierte ich die Tatsache, dass ich hier im Schutze der Dunkelheit zur Pussy mutierte. Also ging ich aufs Ganze und gab mich dem kranken Wunsch hin, mich an sie zu kuscheln. Das hatte ich noch nie getan, aber bevor ich nur zweifeln konnte, legte ich mich zu ihr, zog ihren Rücken an mich und vergrub mein Gesicht in ihren Locken, während ich das fruchtige Aroma einatmete. Dabei kam eine Hand auf ihrer Brust zum Liegen, und mir entkam aus purem Wohlbehagen ein beschissener Seufzer. Unfassbar!

Ich fühlte mich so verdammt geborgen, dass es schon fast zu viel für mich wurde, denn es war sehr lange her, dass ich auch nur ansatzweise so etwas empfunden hatte. Aber zu wissen, dass dies der Ort war, an dem ich jetzt sein sollte und der einzige, an dem ich sicher war, beruhigte mich unheimlich. Mir konnte nichts geschehen, solange ich sie berührte … Es kam mir zumindest so vor.

Während sie sich an mich schmiegte und erneut sehnsuchtsvoll meinen Namen murmelte, als würde sie mein Innerstes widerspiegeln, konnte ich es nicht verhindern, dass Scheißtränen in meine Augen stiegen. Sogar im Schlaf wusste sie, was ich brauchte und was ich begehrte.

Die Wahrheit schrie mir förmlich ins Gesicht. Sie gehörte mir, auch wenn ich tief in mir ahnte, dass sie viel zu gut für mich war. Doch als purer Egoist sollte sie niemals ein anderer bekommen, was ich ihr bewusst machen würde, gleich morgen früh.

Am besagten Morgen gab sie mir dann den Rest. Sie lachte – sogar richtig viel –, verarschte mich und zog mich auf. Ich konnte gar nicht anders, als darauf mit Genuss einzugehen.

Sie trieb mich in den Wahnsinn!

Diese Stunden waren so schön und losgelöst, dass es tatsächlich nervte, als ich sie schlussendlich zur Haustür schmuggelte und mich mit einem tiefen, besitzergreifenden Kuss verabschiedete.

Ich hatte überhaupt keine Ahnung, wie es nun weitergehen sollte, allerdings ließ sich auch nicht der primitive Besitzerinstinkt verleugnen, der, je mehr Zeit wir miteinander verbrachten, immer stärker wurde.

⊚❧⊚

Mir kam es vor wie ein Déjà-vu, als ich wieder mit meinen Brüdern auf der Tribüne saß. Sie unterhielten sich kichernd über irgendeinen Scheiß, doch als der Name Mia fiel, wurde ich aufmerksam.

»Die wird vielleicht blöd aus der Wäsche gucken!«, gluckste Phil. Tom verdrehte die Augen.

»Wieso?«, schoss es aus mir raus. Ich konnte gar nicht anders.

»Katha wird ihre Sachen verstecken, wenn sie nach dem Sport duscht, sodass sie nackt durch die Schule rennen muss. Besorg dir lieber Augenklappen, Tris. Nicht dass du bei dem Anblick erblindest«, lachte mein Vollidiot von Bruder. Ich war einen Millimeter davor, ihm sein dämliches Grinsen aus dem Gesicht zu schlagen. Meine verdammte Hand zuckte sogar. Doch ich hielt mich zurück, stattdessen kämpfte ich, um mir selber ein ungefähr genauso debiles Grinsen in meine Visage zu tackern, obwohl es sich eher wie eine verkümmerte Grimasse anfühlte.

Also drehte ich mich von ihm weg und murmelte ein »Wohl kaum« vor mich hin.

Fuck! Ich konnte doch nicht zulassen, dass mein Mädchen vor der gesamten Schule, oder besser gesagt vor den ganzen notgeilen Wichsern, nackt über den Pausenhof gehen und nach Hause radeln musste!

Mein Blick wanderte automatisch zu ihr und ich beobachtete, wie sie sich dehnte.

Einen Arm hatte sie über dem Kopf gestreckt, den anderen in die Hüfte gestemmt, während sie für einige Sekunden in meine Augen sah und mir ein klitzekleines Zwinkern schenkte, ehe sie mir provokativ den Arsch zuwandte und ihre Hände flach auf den Boden zwischen ihre Beine legte.

Die magersüchtigen Tussen betrachteten sie neidisch – wobei ich mich immer noch fragte, was ich jemals an ihnen gefunden hatte –, weil diese gerade mal mit den Fingerspitzen ihre Zehen erreichten. Ja, mein Mädchen war wirklich verdammt gelenkig und manipulierte allein durch ihre Erscheinung meinen Ficker, obwohl das gar nicht mehr nötig war. Der Penner war ihr bereits hörig.

Ich war ganz in ihrem Anblick versunken, wie sie da unten so glücklich in sich reingrinste, wohl wissend, wie sehr sie meinen Schwanz reizte, der sich aus der Hose befreien wollte, um mit ausgebreiteten Armen auf sie zuzulaufen. Mir wurde klar, dass ich es beim besten Willen nicht mehr dulden konnte, sie weiterhin dem Gespött aller zu überlassen. Die Demütigungen mussten aufhören, und ich würde sie beschützen, möglichst ohne, dass es jeder Arsch mitbekam. Als Mia ihre Runden lief, blickte sie wieder – jetzt schüchtern – zu mir hoch, ohne zu ahnen, dass sie permanent aus dunklen, gierigen Augen beobachtet wurde.

Meinen Kopf leicht schief legend lächelte ich sie an, mir bewusst, was das für eine Wirkung auf sie haben würde. Sie und drei weitere Mädchen in ihrem direkten Umfeld stolperten gleichzeitig über ihre eigenen Füße und starrten mich mit offenem Mund an. Allerdings wusste nur Mia, wem es galt und das war fucking gut so. Ich musste glucksen, weil sie so rot wurde, dass ich es sogar auf der Tribüne erkennen konnte – für den Rest der Stunde.

◎◎☙❦☙◎◎

Ein wenig kam ich mir ja schon wie ein Perversling vor, wie ein notgeiler Wichser, der es nötig hatte, als ich mich in die Frauenumkleide schlich. Vorher vergewisserte ich mich allerdings, dass die Weiber bereits fertig waren, was sich nicht gerade als einfach herausstellte, wenn man gleichzeitig verhindern wollte, dass man gesehen wurde. Diese hysterischen Schlunzen wäre ich ja nie wieder losgeworden.

Ich vermutete, dass Mia jetzt wirklich allein war, da sie garantiert erst nach allen anderen die Duschen betreten würde. Und so war es auch.

Ich hörte nur das Wasser rauschen. Erleichtert atmete ich auf und fühlte mich augenblicklich nicht mehr wie ein Spanner.

Grinsend bog ich um die Ecke der letzten offenen Kabine und erstarrte. Dort stand sie – mit dem Rücken zu mir – nackt, feucht glänzend und absolut sinnlich. Sie wusch sich gerade die Haare und summte eine leise Melodie vor sich hin.

Als ich den Song erkannte – "Sex is on fire" –, musste ich grinsen. Fuck, das war mein Mädchen.

Ohne mir dessen bewusst zu sein, hatte ich mir auch schon mein schwarzes Shirt über den Kopf gezogen und öffnete leise den Gürtel sowie den Verschluss meiner wieder viel zu engen Jeans. Es folgten die Socken und Shorts. Komplett nackt legte ich meine Klamotten auf das nächstbeste Fensterbrett, um sie vor Spritzwasser zu schützen.

Gerade jetzt war es mir scheißegal, dass jemand reinkommen könnte, denn ich brauchte mein Mädchen und zwar verdammt dringend. Mit zwei Schritten trat ich zu ihr und schlang ihr von hinten die Hände um den Bauch, während ich leise in ihr Ohr sang: »You, your Sex is on fire …« Mia quietschte erschrocken auf und verspannte sich im ersten Moment, um im nächsten sofort ihren kleinen, feuchten Körper an meine nackte Brust und meinen harten Schwanz zu schmiegen. Sie hatte sich immer noch nicht zu mir umgedreht, stattdessen rieb sie sich genüsslich an mir.

Fuck! Ich liebte es, wenn sie das tat.

»Mista Wrangler, ich muss doch bitten …«, säuselte sie gespielt tadelnd, das "Mister" auf ihre eigene unverwechselbare Art mit einem "A" am Schluss enden lassend, wobei meine Hände gemächlich an ihrer Taille nach oben glitten und ihre flutschigen Brüste massierten.

»Ich kann dir einfach nicht widerstehen«, murmelte ich und benetzte dabei ihren Nacken mit hauchzarten Küssen. Sie schmeckte so süß. So verrucht. So einmalig. So … Mia.

Leise lachend drehte sie sich in meinen Armen, um mich anzuschauen. Das Wasser prasselte auf uns herab, floss in feinen Rinnsalen über ihre glatte Haut und färbte ihre Haare dunkel, während wir einige Sekunden in unseren Augen versanken.

Ich konnte mich kaum noch beherrschen, wollte sie aber auch nicht immer überfallen. Stattdessen hatte ich das Bedürfnis, ihr zu zeigen, dass ich gleichfalls anders konnte, als immerzu das Arschloch raushängen zu lassen, auch wenn es mir bei allen anderen egal war. Gerade sie hatte mehr verdient.

»Darf ich etwas probieren?«, fragte sie jedoch ungewohnt mutig. Ihre Stimme klang leicht rau und ziemlich verunsichert. Sie blickte zwischen unsere Körper herab und starrte einige Sekunden auf meinen Schwanz, der leicht gegen ihren Bauch drückte. Er zuckte als Antwort. Ich grinste, worauf sie sich heftig auf die Lippe biss und knallrot wurde, ehe sie schließlich ertappt in meine Augen sah.

Der Ausdruck in ihrem Gesicht brachte mich endgültig zum Lachen, und ich zog erwartungsvoll eine Augenbraue nach oben.

»Hat es was mit deiner Hand und meinem Ficker zu tun?« Ein Mann durfte doch noch träumen. Schon öfter hatte ich mir vorgestellt, wie es wäre, wenn ihre Finger meinen Schwanz umfassen würden. Auffordernd zuckte er erneut. Sie fühlte es, schloss kurz die Lider, um dann tief durchzuatmen.

Als sie sie wieder öffnete, strahlte mir die pure Lust entgegen und ein schüchternes Lächeln zierte ihr schönes Antlitz.

Zu meiner Enttäuschung schüttelte sie jedoch schnell den Kopf und wurde dabei noch eine Stufe dunkler im Gesicht. Ich wollte schmollen, spritzte aber bei ihrem nächsten Satz fast ab.

»Eher mit meinem Mund und deinem … *Ficker*.« Sie räusperte sich bei dem letzten Wort.

»Fuck, Baby …«, keuchte ich nur und kniff gequält die Augen zusammen, um die sinnlichen Bilder zu vertreiben, die sich automatisch in meinem Schädel abspielten. Das war ihr wohl Antwort genug, denn sie stellte sich auf die Zehenspitzen und lehnte sich an meine Brust. Schon spürte ich ihre weichen Lippen auf meinen und ihre Zunge, die vorwitzig meine umkreiste. Fuck! Bei dem Gedanken ihrer möglichen Fertigkeiten an meinem Schwanz stöhnte ich und umfing sie mit meinen Armen, um sie ein paar Schritte rückwärts gegen die Kacheln zu drücken. Ich küsste sie mit all meiner angestauten Leidenschaft, was sie mindestens ebenso intensiv erwiderte.

Nach einigen Minuten löste sich Mia jedoch von mir und verwöhnte gekonnt meinen Oberkörper, leckte und küsste meine Haut, verweilte an meinen Brustwarzen, um an ihnen zu saugen und strich mit ihren Fingern über meine zuckenden Bauchmuskeln, ehe sie mit ihrer rechten Hand meinen Schwanz umschloss.

»Ich weiß nicht genau …«, flüsterte sie schüchtern an meiner Brustwarze und blickte schließlich herzzerreißend zu mir auf. Ihre Unsicherheit rührte mich, und natürlich half ich ihr. Wenn mein Baby Hilfe brauchte, würde sie diese auch bekommen!

»Keine Panik, Baby«, beruhigte ich sie, legte meine Finger um ihre und verstärkte den Druck. Dann begann ich, ihre Hand mit langen, vorsichtigen Bewegungen zu führen.

Leise seufzend ging sie in die Hocke. Ihr Kopf lehnte an der Wand hinter ihr, als sie voller Vertrauen und Lust zu mir aufsah.

Fuck! Das war ein Bild für die Götter.

Nasse Haare, Tropfen in ihren langen, tiefdunklen Wimpern, der feuchte, nackte Körper mit schamlos gespreizten Beinen und ihre kleine Hand um meinen Schwanz.

In diesem Moment war ich der glücklichste Mann auf dieser Erde.

Bevor ich in Versuchung kam, irgendwelchen Kitsch von mir zu geben, fuhr ich ihr lieber mit den Fingerknöcheln sanft über ihre Wange. Diese Frau hatte mich im wahrsten Sinne an den Eiern.

Sie strahlte mich derweil an, weil sie solch liebevolle Berührungen nicht von mir gewöhnt war. Es tat mir in der Seele weh, aber ich konnte auch die Unsicherheit nicht verleugnen, die Mia in mir auslöste. Gleichzeitig musste ich aber auch einsehen, dass sie mir bereits sehr viel bedeutete. Gab es einen Weg zurück? Die Antwort machte mir Angst, aber ein Blick in ihre vertrauensseligen Augen ließ mich alles vergessen und ich flüsterte: »Mein Mädchen.«

Sie schluckte mühsam und lehnte dann ihre Stirn an meinen Unterkörper, direkt neben den sabbernden Ficker. Wahrscheinlich wollte sie vor Rührung ein paar Tränen verdrücken, und ich gab ihr die Zeit, strich inzwischen durch ihre Haare.

Irgendwann war sie bereit, denn sie wich zurück, packte mit ihrer linken Hand meine Arschbacke und drängte mich an sich. Instinktiv wollte ich zurückweichen.

Sie wollte, dass ich ihren Mund fickte!

»Mia, ich glaube … » *Keine gute Idee!* Mit zusammengebissenen Zähnen versuchte ich, mich dagegen zu stemmen. Das konnte ich nicht tun, es war falsch, schließlich setzte ich sie nicht mit einer dieser x-beliebigen Schlampen gleich, an denen mir nichts lag. Doch sie lehnte sich einfach vor. Ihre Finger umschlossen nach wie vor meinen Ficker, als ihre Lippen warm und weich meine Spitze kosteten.

»Fuck!«, stöhnte ich laut und zuckte mit meinen Hüften nach vorne. Ich war so ein Arsch!

Ihr Kopf traf leicht auf die Fliesen hinter ihr und ich wollte mich schon entschuldigend zurückziehen. Sie aber drückte mich immer noch vehement gegen sich und stöhnte verdammt nochmal mit meinem Schwanz in ihrem Mund auf.

Sie erstaunte mich immer wieder, denn sie wollte wirklich die harte Nummer. Und sie liebte es!

Hoffnungslos verloren bewegte ich mein Becken, zwang mich aber gleichzeitig, ihr meinen Ficker nicht in den Rachen zu rammen. Sie sollte es genießen, und fuck, das tat sie.

Mein Atem ging bereits schneller, während ich lustvoll die Augen schloss, als sie begann, sich regelrecht festzusaugen.

Meine Hände vergruben sich in ihren Haaren, was sie erschaudern und erneut um meinen Schwanz herum aufstöhnen ließ. Sie bedurfte keiner weiteren Hilfestellung. Ohne Anleitung ließ sie ihre Zunge um meine Eichel kreisen und massierte mit sanften Fingern meine straffen Eier, was mich an den Rand des Wahnsinns trieb.

»Baby, du bist … ein … fucking … Naturtalent!«, presste ich zwischen den Stößen aus.

Es schien, als würde sie das noch mehr anspornen, denn sie schob mich näher an sich heran. Keine hatte mich je so tief aufgenommen. Keine Ahnung, wie sie das anstellte, aber der Würgereflex blieb aus, und ich war mir sicher, gestorben und im Himmel gelandet zu sein, als mein verdammt großer Schwanz zu zwei Dritteln zwischen ihren vollen Lippen verschwand.

»Der Hammer!«, keuchte ich ungläubig. Sie stöhnte auf, weil ich ihr Haar fester packte und sie mir somit entgegen bewegte. Ohne Probleme hielt sie stand, was sämtliche Barrieren zum Einsturz brachte.

Mein Grunzen und Schnaufen hörte man sicher durch die ganze Umkleide, aber ich gab einen Scheiß drauf. Alles worauf ich mich konzentrierte, waren ihre Laute und ihre Körpersprache, denn ich wollte nichts tun, was ihr nicht gefiel. Aber mittlerweile kannte ich mein Mädchen. Sie genoss es offenbar, die vollkommene Macht über mich zu haben, während ich mit mir kämpfte, nicht jetzt schon abzuspritzen. Lange würde ich es nicht mehr zurückhalten können, denn meine Eier zuckten schon. »Baby …«, warnte ich heiser. Sie blickte grinsend mit ihren offenen, normalerweise hellen braunen Augen, die gerade dunkel vor Lust gefärbt waren, zu mir auf. Sie wusste, dass ich so weit war. Mittlerweile keuchte ich und das Herz raste in meiner Brust.

»Ich werde gleich so was von abspritzen. Wenn du den Scheiß nicht schlucken willst, dann …« Dabei minimierte ich meine Bewegungen, sie aber zwinkerte mir zu und ließ ihre Zunge so fest um meine Eichel schnellen, dass ich dachte, ich müsse krepieren. Ich kam, und wie – direkt in ihrem Mund, während sie jeden einzelnen Strahl schluckte. Mit ausgestreckten Armen musste ich mich an der Wand hinter ihr abstützen, um unter der Intensität und der Dauer meines Höhepunktes nicht zusammenzubrechen. Aber auch der schönste Orgasmus ist irgendwann vorbei – leider. Mia leckte noch einmal über meinen kompletten Schwanz, säuberte ihn, und gab mir zum Schluss noch einen sanften Kuss auf die Eichel, der mich glucksen ließ. Sie war so verrucht und gleichzeitig so verdammt niedlich!

Überaus glücklich strahlend zwängte sie sich zwischen meinem nackten Körper und der Wand nach oben und forderte einen Kuss ein. Ohne meine Haltung zu verändern, küsste ich sie mit allem, was ich für sie fühlte, ihr aber nicht sagen konnte. Es wurde ein wirklich leidenschaftliches, alles verzehrendes, zutiefst dankbares Lippenbekenntnis.

Sie grinste an meinem Mund. Ich schlang meine Arme um ihre Hüften und vergrub mein Gesicht an ihrer Halsbeuge, während sie mich fest umklammerte. Tief inhalierte ich ihren reinen Duft. So standen wir mitten in der Dusche und hielten uns aneinander fest wie zwei Ertrinkende.

Als ich mich jedoch bei ihr revanchieren wollte und meine rechte Hand zwischen ihre Beine wanderte, schüttelte sie zu meiner Verblüffung den Kopf. Sie hatte mich noch nie abgewiesen.

»Wieso?«, murmelte ich stirnrunzelnd und rückte ein Stück ab, um ihr fragend ins Gesicht zu blicken.

»Das nächste Mal. Wir sind schon ganz runzlig«, flüsterte sie sanft und biss sich bedauernd auf die Lippe. Es war ganz klar eine Ausrede, aber ich würde nicht nachbohren, weil ich wusste, wie sehr dieser Scheiß nervte. Daher versuchte ich, nicht allzu frustriert auszusehen, als ich sie aus meinen Armen entließ, und wir wortlos aus der Dusche schlüpften, um uns gegenseitig abzutrocknen.

»Hier.« Ich gab ihr mein Shirt und meine Shorts, und schlüpfte in meine Hose. Sie starrte irritiert die Sachen an.

»Die Fotzen haben deine Klamotten geklaut, also musst du meine anziehen. Da alle draußen lauern wie die verdammten Aasgeier, werden wir aus dem Fenster klettern. Ich werde mit dem Auto ums Haus fahren und dich dann heimbringen«, verkündete ich ihr meinen genialen Plan, und es tat mir leid, dass so etwas überhaupt nötig war.

Doch wieder einmal überraschte sie mich. Zuerst schaute sie verständnislos, doch dann begannen ihre Augen vor Tränen zu glitzern. Ehe ich mich versah, hatte sie mich umarmt, ihr Gesicht an meiner Brust vergraben, während sie sich überschwänglich bei mir bedankte. Mein schlechtes Gewissen nahm zu. Einerseits weil ich daran dachte, was ich ihr schon alles angetan hatte, andererseits weil es für sie keinen Grund geben sollte, halbnackt durch irgendwelche Fenster klettern zu müssen, verdammt nochmal!

Aber im Moment konnte ich nicht mehr für sie tun …

16. GENTLEMAN WIDER WILLEN

Mia ´so happy´ Engel

Ich wusste nicht so recht, was ich von seinem "genialen Plan" halten sollte und noch unsicherer wurde ich, als ich in luftigen Höhen auf dem Fensterbrett saß und mich vorsichtig vorbeugte, um nach unten zu linsen. Es war schwindelerregend hoch ... Wie sollte ich denn da hinunter kommen, ohne mir sämtliche Gliedmaßen zu brechen? Aber was hatte ich denn für eine andere Wahl, wenn vermutlich alle Schüler mit Handys bewaffnet auf dem Hof standen und auf meinen Auftritt als überfetter Flitzer warteten. Also ging ich lieber dieses mörderische Unterfangen ein und stürzte unter Umständen in den Tod.

Ich musste mich unbedingt beruhigen, um nicht weiter über mein vorzeitiges Ableben nachzudenken. Seufzend schnüffelte ich an Tristans Shirt, das so wundervoll frisch nach ihm duftete, und konnte wieder mal nicht anders, als verträumt zu grinsen.

Er hatte sich in letzter Zeit wirklich verändert, besonders wenn wir unter uns waren, benahm er sich richtig untypisch, beinahe süß. Dafür war ich unheimlich dankbar und würde deshalb mit einem seligen Grinsen auf den Lippen sterben. Vielleicht aber auch mit einem lauten »Fuck!«, denn seine Flucherei war enorm ansteckend. Zudem machte es ihn unglaublich an.

Der knallrote Audi, in dem ich schon immer mitfahren wollte, bog gerade um die Turnhalle und kam hinter einer Hecke zum Stehen. Ein Lächeln entkam mir, als sich kurz darauf Tristan laut motzend einen Weg durch das dichte Grün bahnte, was schnell zu einem ausgewachsenen Kichern wurde, als er oben ohne mit Blättern in den Haaren und angeekeltem Gesichtsausdruck unter dem Fenster stehen blieb. Er wirkte wie der wunderschöne Adam, der gerade aus dem Paradies verbannt wurde – nur mit missmutig verzogenem Mund und gerunzelter Stirn.

»Ich hoffe, du weißt das zu schätzen«, meckerte der Griesgram und zupfte sich Pflanzenteile aus seinen zerzausten Strähnen. Nun musste ich so sehr lachen, dass ich fast aus dem Fenster gefallen wäre, worauf er sich schon panisch bereitmachte, um mich aufzufangen. Doch ich konnte mich noch im letzten Moment festkrallen.

Oje. Jetzt stand er da unten und sah erwartungsvoll zu mir auf. Meine Beine baumelten über dem Fensterbrett, und er konnte gerade mal meinen Fuß erreichen, wenn er seinen Arm streckte. Das war viel zu hoch.

»Komm schon, Baby«, drängte er. Ich blickte verzweifelt zu ihm herab. Jetzt war mir nicht mehr nach Lachen zumute. Mein Herz raste bereits in meiner Brust.

»Was? Komm schon? Willst du, dass ich mir das Genick breche, Tristan?«, fragte ich gereizt. Als Antwort auf meinen Tonfall schnellte seine Augenbraue nach oben, dann seufzte er genervt. »Dreh dich um, halte dich am Rahmen fest und lass dich rückwärts mit den Beinen voran einfach hängen. Ich hebe dich runter. Ist doch kein Problem, Baby«, verkündete er, als würde er so was jeden Tag tun, und zündete sich nebenbei auch noch eine Zigarette an. Er ahnte wohl schon, dass es mit mir nicht so einfach werden würde.

Ich zeigte ihm den Vogel. »Du kannst mich nirgendwohin heben! Ich werde dich unter mir begraben!«

»Wirst du nicht«, gluckste er und zog erneut an seiner Kippe. Mhm, so sexy … Ich grinste kurz, aber dann fiel mir wieder ein, was er von mir wollte.

»Doch, werde ich schon! Ich bin zu schwer für dich!« Die Panik kroch weiter in mir hoch. »Vergiss es einfach. Ich gehe vorn raus! Es ist egal. Ich werde schon damit fertig, Tristan. Fahr nach Hause.« Meine Stimme zitterte und ich atmete tief durch.

»Nein, vergiss du es!« Er schnippte seine Kippe weg und trat mit entschlossenem Gesichtsausdruck einen Schritt auf mich zu. Jetzt befand er sich direkt unter mir. Mit ernster Stimme sprach er: »Du bist nicht zu schwer für mich. Wirklich nicht. Ich bin ein durchtrainierter Scheißer, siehst du?« Seinen braungebrannten Arm hebend spannte er seinen wirklich beträchtlichen Bizeps an. Ich konnte mir das Sabbern gerade noch verkneifen, aber ein träumerischer Seufzer entkam mir.

Er war ja so perfekt …

»Mia! Nicht träumen! Komm schon! Hab verdammte Eier in der Hose und tu es! Ich schwöre dir, ich werde dich auffangen«, sagte er inbrünstig, und ich wusste, dass er dies nicht nur auf diese Situation bezog. »Ich werde dich nicht mehr enttäuschen.

Vertrau mir, Mia-Baby. Okay?« Jetzt probierte er diesen flehenden Tonfall, dem ich nichts entgegensetzen konnte.

»Wie du willst!«, antwortete ich trotzig. Mit schlotternden Gliedmaßen drehte ich mich um, hielt mich dabei am Fensterrahmen fest, während ich auf die Knie ging, um langsam ein Bein nach unten auszustrecken. Ich fühlte, wie sich seine langen Finger an meiner Wade nach oben schlängelten, je weiter ich ihm entgegen kam, und Gänsehaut breitete sich bei seiner Berührung aus. »Konzentrier dich!«, warnte er mich.

»Gott, wir werden beide sterben«, jammerte ich und nahm meinen ganzen Mut zusammen.

Seine Hand blieb schließlich an meinem Oberschenkel liegen.

»So sehr ich deinen Zweitnamen für mich schätze, aber Tristan reicht auch, obwohl …« Ich konnte nicht anders, als die Augen zu verdrehen, auch wenn ich gleichzeitig ein Grinsen unterdrücken musste. Da hatte er im Angesicht des Todes nichts Besseres zu tun, als dumme Witze zu reißen.

»Mhm … und diese Aussicht.« Missmutig grummelte ich vor mich hin. Aber ich kam gar nicht dazu, mich aufzuregen – würde ich wohl auch später nicht, dafür liebte ich es viel zu sehr.

»So, jetzt den anderen Fuß. Halte dich gut fest«, wies er an. Ich atmete tief durch und verstärkte meinen Griff am Fensterbrett. Lange konnte ich mich nicht mehr halten, also sollte er mich schnell runterheben.

»Okay, ich tu's jetzt wirklich!«, ermahnte ich ihn und wusste, dass nun er die Augen verdrehte.

Mit angehaltenem Atem klammerte ich mich fest, mobilisierte die letzten Kräfte und ließ auch das andere Bein langsam nach unten gleiten. Sofort schlangen sich seine Arme um meine Oberschenkel und hielten mich mit steinhartem Griff fest. »Lass los«, forderte er ruhig, und ich löste meine verkrampften Finger, während ich die Augen zusammenkniff. Jetzt würde ich ihn zerquetschen. Ganz sicher würde er unter meinem Gewicht zusammenbrechen, aber er hielt mich nur sicher in seinen Armen.

»Siehst du«, murmelte er an der Rückseite meiner Oberschenkel, und ich fühlte, wie er sie küsste. »Gar nicht schwer …« Dann marschierte er mit mir direkt auf die Hecke zu, ohne zu zittern oder nur angestrengt zu atmen. Für mich war es aber immer noch verdammt hoch.

»Tristan! Lass mich runter!«, kreischte ich und hörte ihn ausgelassen lachen.

Vor den Büschen blieb er stehen und ließ mich betont langsam an seinem Körper herab.

Sobald ich wieder festen Boden unter den Füßen hatte, beruhigte sich mein immer noch rasender Herzschlag.

Als ich mich zu ihm umdrehte, lehnte er zufrieden grinsend mit verschränkten Armen an einem Baum.

»Siehst du, Baby, ich bin nicht zusammengebrochen und du hast mich auch nicht zerquetscht«, meinte er ironisch. Seine Augen strahlten mich an, und ich war mir sicher, dass meine dem in nichts nachstanden.

Ich hatte ihm vertraut und es nicht bereut.

Und wieder wollte ich ihm sagen: »Ich liebe dich. Ich liebe dich so sehr«, aber auch diesmal verkniff ich es mir. Stattdessen verringerte ich die Distanz zwischen uns, stellte mich auf die Zehenspitzen und murmelte: »Danke«, bevor ich ihn sanft küsste.

»Mhm …«, vibrierte es an meinen Lippen. Fest umarmte er mich und vertiefte den Kuss.

Einige Minuten später schlugen wir uns durch die Hecke und setzten uns schnell in sein Auto.

Während wir über das Schulgelände fuhren, machte ich mich ganz klein auf meinem Sitz, auch wenn er die ganze Zeit meinen nackten Oberschenkel streichelte, als versuche er, mich zu trösten. Es war auch nicht weiter schlimm, denn in erster Linie war ich froh, einer weiteren Demütigung entgangen zu sein. Nachdem wir auf die Hauptstraße eingebogen waren und ich mich wieder aufrichten konnte, kam ein neues Problem auf. Wie sollte ich meiner Mutter erklären, dass ich nur in einem schwarzen Shirt und schwarzen Shorts nach Hause kam? Gestern hatte ich Glück: Meine Mutter trieb sich was weiß ich wo rum und mein Vater hatte Spätschicht, sodass es niemandem auffiel, wie ich gekleidet war.

Heute sah das allerdings anders aus. Regulär wurde ich nach der Schule erwartet, zwar nicht mit mütterlicher Fürsorge und einem warmen Essen, aber mit diversen Aufgaben, die ich zu erledigen hatte. Mist! Wie konnte ich das vergessen? Unruhig rutschte ich auf meinem Platz herum und war nicht imstande, den Chauffeurdienst in Tristan Wranglers weichen Ledersitzen seines superteuren Audis zu genießen. »Hör auf, mit deinem Arsch meinen Sitz zu polieren. Spuck's lieber aus!«, befahl er nach einigen Minuten nervöser Zappelei.

»Ich … Ich … kann so nicht heim.« Zerknirscht blickte ich an mir herab. Er zog eine Augenbraue nach oben.

»Dann kauf dir doch einfach was Neues. Ich halte bei der Boutique da vorne«, schlug er vor, und ich wollte endgültig vor Scham sterben.

Trotzdem nahm ich meinen alten zerfledderten Geldbeutel, der seine besten Tage erlebt hatte, als ich fünf Jahre alt gewesen war, und zählte die paar Euro. Es war nicht viel, denn ich bekam nur sehr wenig und unregelmäßig Taschengeld, aber das störte mich meistens nicht. Ich ging sorgsam mit meinem spärlichen Eigentum um und brauchte nicht viel.

»Ähm … gibt's da ein Outfit für acht Euro?« Peinlicher ging es wirklich nicht, und ich wollte spontan in dem weichen Leder versinken.

Na los, Tristan. Trampel darauf rum. So, wie ich es von dir gewöhnt bin! Seufzend ließ ich meinen Kopf gegen die Sitzlehne fallen und schloss meine Augen, um die Tränen zu verdrängen, die spätestens nach den nächsten nun kommenden Worten meine Wangen hinablaufen würden. Ich wollte mich nicht selbst bemitleiden, das tat ich normalerweise auch nicht. Aber gerade jetzt hätte der Unterschied zwischen uns nicht größer sein können, und das fühlte sich schrecklich an. Spätestens jetzt würde Tristan ebenfalls erkennen, wie unüberbrückbar unsere Leben waren, mich auf der Stelle aus dem Auto werfen und anschließend seine Kleidung zurück verlangen.

»Hey!« Seine Finger strichen über meine Wange und nahmen mir mein Portemonnaie aus der zitternden Hand.

»Lass mal, Mia.« Sein beruhigender Tonfall brachte mich dazu, zu ihm hinüberzusehen. Sein Blick, mit dem er mich kurz bedachte, war weich und so voller Mitgefühl, dass es mich überwältigte. »Ich zahl für dich.« Ich schüttelte heftig den Kopf und wollte gerade protestieren, als er auch schon einen Finger auf meine Lippen legte.

»Du hast nichts und ich habe alles. Wenn du irgendwann auch mehr hast, kannst du es mir zurückgeben«, sagte er bestimmt.

»Tristan, bitte … es ist mir schon so peinlich genug«, nuschelte ich düster gegen seinen Finger, aber er zog nur eine Augenbraue hoch, um zu signalisieren, dass er darüber nicht diskutieren würde. Was er dann aber doch machte.

»Das muss es nicht. Niemanden sollte es unangenehm sein, wenn er kein Geld hat. Meistens kann man nichts dafür!«, meinte er stirnrunzelnd und blickte dabei aus dem Fenster zu der Boutique, vor der wir stehen geblieben waren. Schließlich wandte er sich wieder mir zu. »Ich bin ein verwöhnter Scheißer. Mir bedeutet die Kohle nichts, und es tut mir nicht weh, wenn ich etwas für dich ausgebe. Hundert oder Zweihundert mehr oder weniger sind egal.«

Meine Augen weiteten sich, als ich mir die enorme Summe

vorstellte. Er lachte leise, aber auch ein wenig bedauernd.

»Fuck, Baby, du bist manchmal so süß.« Entschlossen lehnte er sich zu mir und drückte seine Lippen auf meine. Er küsste mich sanft und überredete mich mit seiner Zunge, bis ich seufzte und aufgab. Ja, ich würde tatsächlich alles für ihn tun, sogar meinen verdammten Stolz überwinden.

»Wenn du willst, kannst du es einfach als Bezahlung für den phänomenalen Blow-Job vorhin sehen«, verkündete er grinsend, stieg aus, während ich nur fassungslos den Kopf schüttelte. Er war so ein Macho, aber ich wusste, bei ihm war so was nicht beleidigend gemeint.

◦◦∽✶◦∽◦◦

Lediglich mit Tristans Shirt und Shorts bekleidet kam ich mir in dem Laden völlig fehl am Platz vor. Was alles noch blöder machte, war die Tatsache, dass wir so tun mussten, als würden wir nicht zusammengehören, denn jeder im Ort inklusive der Verkäuferin kannte die Wranglers. Da allerdings nach wie vor niemand wissen sollte, dass wir miteinander zu tun hatten, wäre das Risiko groß, dass es auf diesem Weg rauskam.

Somit ging ich allein und wurde von der Angestellten seltsam gemustert, als ich beim Suchen auch noch auf sie angewiesen war. Schnellstmöglich schnappte ich mir ein paar Klamotten, die meinen alten am ehesten entsprachen. Mit einer Jeans und einem schwarzen Pullover verschwand ich gerade in der zweckmäßigen Umkleidekabine, als ich Tristan auch schon hörte. Unauffällig war wirklich etwas anderes. Er öffnete einen Spalt weit den beigen Vorhang und schaute zu mir rein.

»Und?«, fragte er neugierig und ließ seinen Blick über mein neues Outfit wandern.

»Sieht es aus wie meine alten Sachen?« Unsicher schaute ich ihn an. Aber er verdrehte nur die Augen.

»Ja, tut es … Nur, dass es ungefähr dreimal so viel kostet.« Als er bemerkte, wie sich mein Gesichtsausdruck in schuldbewusst änderte, redete er hastig weiter: »Nicht, dass es mir was ausmachen würde!« Das ließ mich wieder kichern und ich wollte ihn einfach nur küssen, wäre da nicht noch ein winzig kleines Problemchen gewesen.

»Die Unterwäsche ist zu klein.« Errötend zeigte ich auf die schlichte, schwarze Wäsche, die ich notgedrungen gewählt hatte. Seine Augen fingen an, verwegen zu funkeln.

»Ich such dir welche aus!« Mit einem Ruck hatte er mir das Set aus den Fingern gerissen und strahlte nur so vor Vorfreude.

Mit Sicherheit wäre er am liebsten wie ein kleiner Junge an Weihnachten auf und ab gehüpft. Obwohl wir damit wohl auch nicht noch mehr aufgefallen wären, als es bereits der Fall war. Wollte er nicht verhindern, dass uns jemand zusammen sah? Gott, er war so verwirrend und unberechenbar. »Welche Größe?«, wollte er noch wissen, und ich wurde rot wie eine Tomate.

»Tristan, bitte …«, murmelte ich verlegen. Er überraschte mich, indem er zu mir in die kleine Kabine schlüpfte und mein erhitztes Gesicht in seine schlanken Finger nahm.

»Mia Engel. Falls du es noch nicht gemerkt haben solltest, genau hiermit …« Seine Hand rutschte herab und umfasste meine Brust. Ich keuchte auf. Zufrieden mit meiner Reaktion ließ er sie weiter über meinen Bauch nach unten wandern, genau zwischen meine Beine: »… und hiermit hast du mich um deinen kleinen Finger gewickelt. Und das hier …« Seine langen Finger stahlen sich zu meinem Arsch, um einmal genießerisch darüber zu streicheln und anschließend hinein zu kneifen. Dabei grinste er dreckig: »… liegt mir wirklich am Herzen. Ich will, dass es schön verpackt ist. Außerdem verbiete ich dir, dich jemals wieder wegen deinem Körper vor mir zu schämen! Das nächste Mal, wenn wir alleine sind, werde ich dir zeigen, wie sehr ich ihn schätze. Aber jetzt müssen meine Worte reichen. Die letzten Jahre hab ich viel Scheiße gebaut und auch gesagt, ich hab dich wirklich verletzt und bin auf deinen Gefühlen rumgetrampelt. Aber eins kannst du mir glauben, ich liebe deinen Körper. Wirklich. Also sei ein braves Mädchen und sag mir deine verfickte Größe, damit ich dir was Schönes aussuchen kann. Etwas, worauf ich mir heute Abend einen runterholen werde, wenn ich mir dich in diesem sexy Fummel vorstelle!«

Woah!

Ich starrte ihn an. Mein Hirn musste diese ungewohnt gefühlvolle, ehrliche und gleichzeitig gewohnt dreckige Ansprache erst einmal verarbeiten. Tristan streichelte mit einem Daumen meine Wange. Mit der anderen Hand hielt er mich immer noch am Hintern an sich gepresst.

»Baby, atmen.« Ich holte tief Luft, denn ich hatte sie wirklich die ganze Zeit angehalten. Aber diese Spannung zwischen uns war einfach nicht anders zu ertragen. »Sag schon«, drängte er sanft und lehnte seine Lippen gegen meine Stirn.

Tief inhalierte ich seinen berauschenden, männlichen Duft und flüsterte unwillig: »L und 80 D.« Ich fühlte, wie sich seine Lippen an meiner Stirn zu einem Grinsen verzogen.

»Danke, Miss Angel.« Unverzüglich rückte er zufrieden

grinsend ab und ließ mich herzklopfend in der Kabine stehen, um mir Unterwäsche auszusuchen.

Dieser Mann machte mich wahnsinnig und ich liebte ihn nur noch mehr dafür.

⊙⌾⊙

Ich musste immer noch an die schwarzen Spitzendessous denken, die er mir ausgesucht hatte. Der BH war knapp und aus einem dünnen, fast durchsichtigen Stoff und das Höschen hatte die Form einer Hotpants. Mir war immer noch ganz schwindlig, weil ich mich die gesamte Zeit vor ihm drehen musste, während sich Tristan an meinem Hintern nicht sattsehen konnte.

Gegen Strapshalter, Strümpfe und Korsett konnte ich mich wehren, aber mir entging nicht das aufgeregte Glitzern in seinen Augen, was verriet, dass darüber noch nicht das letzte Wort gesprochen worden war.

Allein der Preis hatte mich fast umgehauen – zweihundert Euro für einen Hauch von Nichts –, umso beruhigter war ich, mich wenigstens hier durchgesetzt zu haben. Was die restlichen Sachen anging, wollte ich gar nicht erst wissen, wie viel sie gekostet hatten, denn ich verließ vor Tristan das Geschäft, der währenddessen die Rechnung beglich. Dennoch musste für die Verkäuferin offensichtlich gewesen sein, dass wir uns gut kannten. Erstens dürfte sie das Oberteil und die Hose wiedererkannt haben, die ich erst mit ihrer Hilfe gefunden hatte und zweitens war mein persönlicher Sexgott alles andere als diskret, als er sich durch die Ständer weiblicher Unterwäsche wühlte. Nichtsdestotrotz nahm ich mir vor, mich irgendwie, irgendwann bei ihm zu revanchieren.

Er hatte ja nicht nur die dunkelblaue Jeans und den schwarzen Pullover gekauft, sondern auch passende Ballerinas und Socken sowie Dessous. Ihm schien das jedoch nichts auszumachen. Im Gegenteil, er wirkte fast glücklich, als ich mich auf dem Rücksitz seines Autos umzog, er mich dabei unverhohlen betrachtete und mich ständig mit seinen langen Fingern versuchte abzulenken, nach denen ich kichernd schlug.

Der Tag war geradezu himmlisch gewesen und ließ die Zeit rasend schnell vergehen. Seitdem seine starken Arme mich in der Dusche umschlungen hatten, war alles andere in den Hintergrund gerutscht. Schweigend fuhren wir nach Hause, und ich dachte an den morgigen Termin bei der Frauenärztin, um mir die Pille verschreiben zu lassen.

Gleichzeitig fragte ich mich, wann wir uns wohl wieder richtig nahekommen würden. Momentan hatte ich meine Tage, weswegen ich ihn auch nach dem Sport abwehren musste, obwohl das eigentlich egal war. Es reichte allein, hier bei ihm zu sein, selbst wenn dies gleich zu Ende sein würde, da wir fast bei mir daheim waren. Dort erwartete mich Stanley, damit er eine Gassirunde drehen konnte, und meine Mutter …

Wir hielten vor meinem Block.

Ich wollte nicht gehen und ihn nicht gehen lassen. Viel lieber wäre ich hier sitzen geblieben, idealerweise für den Rest meines Lebens, anstatt mich morgen wieder dem kalten, gemeinen Tristan Wrangler zu stellen, der er schon die Jahre zuvor gewesen war. Leider blieb mir nichts anderes übrig. Also seufzte ich und war gerade im Begriff, die Tür zu öffnen, als mein Traummann ein kleines Knöpfchen drückte, um das Auto zu verriegeln.

»Oh!« Erstaunt und völlig entgeistert drehte ich mich zu ihm um. Dann keuchte ich auf, weil er mich mit diesem dunklen und verlangenden Blick ansah.

Ohne ein Wort packte er meine Haare und zog mein Gesicht zu seinem heran. Er küsste mich so innig und tief, dass ich völlig überrascht von der Eindringlichkeit war. Ich versuchte, standzuhalten und mit der gleichen Leidenschaft seinen Kuss zu erwidern, um in ihm all meine Gefühle zum Ausdruck zu bringen. Seufzend krallte ich mich in sein Shirt, das er jetzt wieder trug, und hielt ihn fest. Ich wollte mich nicht verabschieden, genauso wenig wie er.

Doch irgendwann mussten wir uns trennen. Als er seine weichen Lippen ein letztes Mal behutsam auf meine drückte, tat es fast körperlich weh, mich zurückzulehnen und die Tür zu öffnen, nachdem er das Auto entriegelt hatte.

Dieser Kuss hatte alles gesagt. In ihm hatten wir all unsere Zuneigung, Verzweiflung und Hingabe mitgeteilt. Worte waren überflüssig. Mühsam verdrängte ich die Feuchtigkeit, die sich in meinen Augen sammelte, schluckte ein Schluchzen runter, als ich ausstieg und er den schnurrenden Motor startete. Ich musste mich regelrecht davon abhalten, zum Wagen zu hechten, mich an Tristan zu hängen, um ihn anzuflehen, bei ihm bleiben zu dürfen.

Mit quietschenden Reifen wendete er und raste davon, und eine einzelne Träne lief meine Wange hinab. Einerseits weinte ich vor Kummer, aber andererseits auch vor Freude, denn in unserer kleinen Welt gehörte Tristan Wrangler zu mir.

Früher oder später würde er sich selbst eingestehen, dass er etwas für mich empfand, denn ich war mir sicher, dass es so war.

Früher oder später würde er es auch offiziell machen. Schon heute freute ich mich auf den Tag, an dem ich meinen gesamten Mitschülern hocherhobenen Hauptes in die Augen sehen und ihnen mitteilen konnte, dass Tristan Sexy mein Freund war.

Bis es so weit war, musste ich lediglich geduldig sein.

17. Verkettung der Ereignisse

Tristan 'so bored' Wrangler

Das konnte einfach nicht wahr sein. Warum hatte ich mich dazu breitschlagen lassen, hier aufzulaufen – auf eine verschissene Strandparty, schon wieder? Ich wusste doch, wie öde und selten bescheuert diese kranken Veranstaltungen waren, zumal sich ohnehin immer die komplette Dämlichkeit der gesamten Schule einfand. Dazu kam, dass die Musik scheiße war, die Bar schlecht bestückt, und warum zum Teufel wurden pinke Badehosen für Kerle eigentlich nicht verboten? Es war alles wie gehabt, denn leider hatte sich der Großteil immer noch nicht der so dringend benötigten Schönheits-OP unterzogen, vorzugsweise am Hirn. Da es die leider nicht umsonst gab – warum eigentlich nicht? –, sollte ich vielleicht sammeln gehen. Genügend freiwillige Spender gab es bestimmt.

Links neben mir unterhielt sich beispielsweise so ein Vollspast mit einer unterbelichteten Ausgabe des weiblichen Geschlechts über Taschentücher. Das musste man sich mal reinziehen! Die laberten über Taschentücher auf einer Strandparty.

Rechts stand mein Bruder Tom, der Arsch, mit seiner Schlampe und glotzte mich permanent dümmlich an. Beide kicherten und tuschelten, tranken und knutschten. Trotzdem schielten sie immer wieder zu mir. Weiß die fucking Muschi, warum.

Fuck, die Pisser hier regten mich alle auf! Die Bar regte mich auf, der Strand regte mich auf, die bunten Lampions überall auch und das Lagerfeuer sowie die scheiß Fackeln erst recht.

Kurz: Die gesamte Menschheit kotzte mich an!

Ich verschwendete hier nämlich kostbare Zeit. Seit Montag kurz vor siebzehn Uhr hatte ich nicht mehr getan, was ich eigentlich tun wollte: mein Mädchen in den Armen halten, ihr irgendeinen Scheiß erzählen, ihr zuhören und natürlich sie geradezu ehrfürchtig ficken.

Ich hatte keine Ahnung, was in mich gefahren oder wann das

passiert war, aber wenn ich sie ansah, empfand ich Ehrfurcht, tiefe Ehrfurcht.

Auch jetzt.

Sie stand mir gegenüber an der Bar. Genau an derselben Bar, an der ich vor vier Wochen einen Drink nach dem nächsten gekippt hatte. Die Umstände waren die gleichen. Doch wir waren es nicht.

Vor vier Wochen war mein Mädchen noch der Truthahn. Niemals hätte ich es über mich bringen können, sie anzufassen, zu beachten oder gar zu schätzen. Sie war es schlicht nicht wert gewesen. Stattdessen hatte ich ihr das Leben zur Hölle gemacht.

Und nun? Nun war ich mir nicht sicher, ob ich es wert war. Mittlerweile war sie wahrhaftig mehr als nur ein guter Fick, denn je öfter ich ihre enge Pussy um mich spürte, desto mehr wurde ich zu einer. Das Allerschlimmste? Ich wusste nicht, ob mich das tatsächlich störte.

Immer wieder sah ich verstohlen zu ihr. Ich wollte bei ihr sein. Besonders als sie an ihrem alkoholfreien Cocktail nippte und mich unter gesenkten Wimpern anlächelte. Nicht schüchtern. Nicht errötend. Sondern sinnlich. Verführerisch. Schwanz anziehend.

Fuck!

Schnell wandte ich meine Augen von ihren dunklen, lustverschleierten ab und nahm einen sehr großen Schluck von meiner Whiskey-Cola. Der Scheiß war eklig. Ich wollte nur einen Geschmack auf meiner Zunge, den meines Mädchens, egal ob von ihrem Mund oder ihrer Pussy. Mhm …

Derweil kicherten diese kleine Hexe und mein Idiotenbruder schon wieder neben mir, doch diesmal reichte es. Mit meiner Geduld am Ende fuhr ich zu ihnen herum und erwischte sie beim Glotzen.

»Was? Noch nie einen Typen gesehen, der kurz davor ist, seinen Bruder und seine Hexe zu köpfen?«, blaffte ich.

Vivi verzog ihren Mund lediglich zu einem himmelschreienden dreckigen Grinsen, während Tom nur wissend eine Augenbraue hob.

»Ich wollte gerade was rauchen gehen. Und du siehst aus, als würde dir etwas Beruhigung guttun. Kommst du mit?«, erkundigte er sich mit vermeintlicher Engelsstimme.

»Frag nicht so blöd!«, grölte ich. Ja, ich war die letzten Tage ständig überreizt und verdammt angepisst. Sogar noch mehr als sonst. Dieses dämliche Pärchen, das sich eben noch so angeregt über Taschentücher unterhalten hatte, machte die Flocke.

Vielleicht hätte ich schon eher ein wenig rummotzen sollen. Ich war mir sicher, niemand brauchte in diesem Moment dringender einen entspannenden Zug aus einer erstklassigen Grastüte als ich.

»Dann komm, Alter«, lachte Tommy und ging vor. Vivi folgte mir.

Fluchend bahnte ich mir einen Weg durch die ›tanzenden‹ Spacken und bekam gerade so aus dem Augenwinkel mit, dass Phil und Katha mein Mädchen ansprachen, und sie grinsten – absolut hinterfotzig.

Ich blieb so abrupt stehen, dass sich Vivis spitzes Näschen in meinen Rücken bohrte. »Tristan!«, rief sie empört und verschüttete auch noch ihren scheiß Yogi Tee auf meiner Kehrseite. Nur diese Kräuterkuh brachte es fertig, ihren widerlichen Yogi Tee sogar auf einer Strandparty zu trinken. Rein, biologisch und gesund, bla, bla, bla.

»Vivi!«, ätzte ich und wirbelte zu ihr herum. »Du hast …«, doch weiter kam ich nicht. Als ich mich vergewissern wollte, dass Mia mit Phil und Katha noch da waren, bevor ich Vivi zusammenschiss, waren sie verschwunden.

Mein Herz setzte aus.

»Gottverdammte Scheiße!«, wütete ich, bevor die Hexe auch schon ihre Stirn runzelte.

»Was ist denn?« Unschuldig sah sie mich an. Ich derweil wollte nur brüllen: Mia, where the fuck is Mia? Aber Tom hielt mich davon ab, indem er mir in den Arm boxte.

»Kommst du jetzt, oder was?«

Misstrauisch starrte ich die Schlunze von meinem Bruder an und verengte die Augen zu bedrohlichen Schlitzen. Irgendwas war im Busch und sie hatte damit zu tun. Das beruhigte mich aber nicht wirklich, auch wenn Vivi mein Mädchen mochte und die gesamte letzte Woche jeden Tag mit ihr verbracht hatte. Wenigstens jemand, wenn schon nicht ich. Dafür war ich ihr sogar insgeheim dankbar. Dennoch konnte ich es auf den Tod nicht ausstehen, wenn irgendein Scheiß hinter meinem Rücken abging. Sogar Mias Verwandlung war Vivis Werk: der Push Up BH, das dezente Make up, die moderne Kleidung und die wild gelockten Haare, nicht zu vergessen die Intimrasur. Allein der Gedanke brachte meinen Ficker zum Zucken, dem ich jetzt aber keine Beachtung schenken konnte. Stattdessen machte ich mir eine Randnotiz, die Hexe ab heute einfach zu mögen und grinste sie an.

Darauf riss diese die Augen auf, als würde sie sich um meinen Geisteszustand sorgen. Ich lachte nur und durchwühlte mit einer

Hand ihre naturroten Haare. Ärgerlich runzelte sie die Stirn.

»Ich hoffe, du passt auf sie auf!« Für einen kurzen Moment klappte ihr der Mund auf, aber dann lächelte sie beruhigend.

»Ich liebe sie auch, weißt du.« Ihre klaren, blauen Augen schauten direkt in meine, bereits leicht glasigen.

Bevor ich diesen verbalen Herzinfarkt nur ansatzweise verkraften konnte, zog sie mich auch schon bestimmend durch die Menge.

»Aber jetzt komm! Wir müssen uns beeilen, du kleiner schwanzgesteuerter, verliebter Dummkopf. Du versaust noch alles. Die ganze Planung …«, murmelte sie vor sich hin, aber ich vernahm nur ein Rauschen.

Hatte dieses Weib mir gerade indirekt zu verstehen gegeben, dass ich Mia Engel lieben würde? Wenn, war es sogar zu absurd, um darüber zu lachen.

No fucking way! Ich, Tristan Wrangler, liebte nicht! Keinen! Nicht mal mich selbst! Rein aus Prinzip.

Ich stolperte immer noch völlig verwirrt hinter Vivi her, bis wir die Treppen erreichten, die zum Kiesstrand führten. Erleichtert registrierte ich Phils breite Schultern in einer Gruppe von Leuten, die sich dort versammelt hatten, und setzte mich wieder in Bewegung. Als Tom bereits die Tüte angezündet hatte, entdeckte ich neben Katha mein Mädchen, was mich über meine eigenen Füße stolpern ließ. Vivi kicherte lediglich, weil ich fast auf die Nase fiel, und zerrte mich weiter.

Es kostete mich meine gesamte Selbstbeherrschung, mir nichts anmerken zu lassen. Weder meinen Schock noch meine Latte. Vom Lagerfeuer leicht erhellt wirkte sie wie eine Erscheinung, während sie einen luftigen braunen Rock und eine weiße Tunika mit verdammten V-Ausschnitt trug – inklusive Push Up.

Oberfuck!

Ohne dass ich es wirklich hätte beeinflussen können, wurde ich in ihre Richtung geschubst. Als meine Schulter sie streifte, kaute sie auf ihrer Lippe herum und verspannte sich am ganzen Körper, genau wie ich. Auf ihre Gegenwart reagierte ich hochsensibel, nahm jede Berührung wahr, fühlte sie. Das hier würde mein Untergang sein. Denn ich sah weder was die anderen Wichser sagten noch was sie taten. Jede Faser meines Seins war auf Mia neben mir fixiert, auf mein Mädchen, obwohl ich sie nicht einmal ansah.

Erst als Phil, der gerade an der Tüte gezogen hatte, schwankend seine Hand ausstreckte, um ihr den Joint unter die Nase zu halten, den sie mit großen, unschuldigen Augen anstarrte, reagierte ich.

Fuck, nein!

»Auf keinen Fall!«, stieß ich aus und riss ihm das Teil geradezu panisch aus den dicken Fingern.

Er lachte schallend. »Da ist aber jemand geizig, hm? Lass doch unseren Truthahn auch mal ziehen. Vielleicht lernt er dann fliegen!«

Ich verschluckte mich an dem Scheißteil, als sie scharf die Luft einzog, und hustete wie ein Irrer.

Bitte! Geht nicht auf den Namen ein!

Aber es wäre ja nicht meine verschissene Familie, wenn sie in diesem Übel nicht auch noch rumgebohrt hätten.

Katha stupste Mia spielerisch an, allerdings gar nicht abwertend, und lachte.

»Ja, Tristan hat diesen ganz speziellen, liebevollen Namen für dich kreiert.«

Fuck! Das war's. Mein Ficker konnte sich von seiner absoluten Lieblingspussy verabschieden! Riesige Augen musterten mich vorwurfsvoll und durchaus verletzt. Mit offenem Mund erwiderte ich ihren Blick. Ich konnte sehen, dass sie gleich anfangen würde zu weinen. Was hatte ich getan? Wie konnte ich sie nur jemals Truthahn nennen? Ich wusste doch, was für Komplexe sie hatte. Die höhnische Stimme in meinem Kopf musste natürlich auch noch ihren Senf dazugeben: *Ja, jetzt weißt du es. Ein bisschen spät, oder?* Ich ignorierte sie lediglich und überlegte, was ich tun konnte. Irgendwas musste ich sagen, es abschwächen, sie idealerweise beruhigen. Aber vor den anderen konnte ich kaum mit der Wahrheit rausrücken, zumal ich selbst nicht einmal wusste, was die Wahrheit war.

»Ich … ich …«, stammelte ich vor mich hin, als ihre Unterlippe auch schon bebte und sie erneut auf ihr herumkaute, um die angekündigte Tränenflut zu verhindern.

Fuck! Nein! »Das …« Ich fühlte mich, als würde ich keine Luft bekommen. Meine Finger zitterten so sehr, dass die Tüte auf den Boden fiel. Doch als ich mich nach ihr bückte, fing Mia plötzlich an zu lachen. Aus vollem Halse, laut und glockenklar. Eine Welle der Ruhe und des Friedens und vor allem der Erleichterung breitete sich in mir aus.

Es war fast schon ein Naturgesetz, dass ich jeden an den Eiern oder Eierstöcken aufhängen würde, hätte er sich über mein Gestammel und den kleinen Ausflipper lustig gemacht.

Aber mein Mädchen durfte immer über mich lachen.

Der Klang war einfach zu verdammt schön.

Ich grinste und hob die Tüte auf. »Nicht sehr einfallsreich …

Ich weiß.«

Leise glucksend gestattete ich mir einen tiefen Zug an dem Joint und beachtete die anderen Penner nicht, die mucksmäuschenstill und baff um uns herum standen.

Na ja, Vivi und Katha kicherten leise, aber Mia lachte mich weiterhin richtig aus und ging völlig aus sich heraus. Genauso, wie nur ich sie kannte. Viel fehlte nicht mehr, nur dass sie sich den Bauch halten und auf mich zeigen würde, aber das entsprach ihr nicht.

Meine Brüder mimten weiterhin Statuen und schauten dämlich aus der Wäsche. Vermutlich warteten sie immer noch auf meinen Ausraster, der unweigerlich folgen musste. Doch der blieb aus – auch als sich alle beruhigt hatten. Dies war eine absolute Premiere. Offenbar merkte das auch Mia, denn sie lehnte sich ein kleines Stückchen nach rechts, um ihre Schulter leicht an meine Seite zu schmiegen, als wolle sie sich entschuldigen. Aber das musste sie nicht – sie nicht!

Ich grinste in mich hinein und gab die Tüte an Vivi weiter, die nur »Jetzt« rief.

Aufgeschreckt gab ich ein »Was?« von mir, als Tom und Phil auch schon auf mich zusprangen und mit Stahlgriffen meine Oberarme packten. Es ging alles rasend schnell, ohne dass ich den Hauch einer Möglichkeit hatte, mich zu wehren oder wenigstens lautstark zu protestieren.

Endgültig fassungslos war ich, als Vivi und Katha mein Handgelenk nahmen, welches Mias streifte, und etwas Plüschiges darum befestigten. Mit einem Klack rastete ein Schloss ein. Mir schwante Böses, besonders da sich plötzlich alle in Sicherheit brachten, sogar mein Mädchen, das sich aber keine zwei Schritte von mir entfernen konnte, ohne mir den Arm auszureißen. Eine Sekunde lang versuchte ich zu ergründen, was uns aneinander fesselte, schloss meine Augen, öffnete sie wieder, aber konnte nicht glauben, was ich sah. Die Wichser waren tot!

Sie hatten mir verdammte Handschellen angelegt. Aber das Abgefuckteste kam ja noch. Sie waren mit schweinchenrosa Fell besetzt, als wäre ich eine verflixte Pussy, und waren an einer kleinen Kette mit einem viel zierlicheren Handgelenk verbunden. Normalerweise hätten sie mir dort auch sehr gut gefallen, aber hier und jetzt war das ein absolutes No Go!

Ich befand mich auf einer Strandparty in der verfickten Öffentlichkeit, war offenbar dazu verdammt, mit einem Dauerständer rumzulaufen, weil mein Mädchen so dicht bei mir stand und ich sie so lange nicht mehr hatte.

Meine Gedanken schienen völlig wirr, hin- und hergerissen zwischen diversen Mordplänen und meiner Erregung, erst recht, als ich in die großen, ängstlichen Augen von Mia sah.

Mein Kopf fuhr zu meinem ältesten Bruder herum, der schon halb im Fluchtmodus befindlich bereit war, jeden Moment Katha wie einen Football zu packen und mit ihr zu türmen.

»Öffne den Scheiß, solange du noch nicht tot bist!« Ich bekam kaum die Zähne auseinander.

»Nö!« Gelangweilt grinste er, aber ich konnte einen Funken Unsicherheit in seinem Blick erkennen.

»Ich schwöre dir, Phil ... Du wirst ...« Der Scheißer hatte sich den Mist ausgedacht, ganz klar. Er besaß auch den Schlüssel, weswegen er diesen überheblichen Ausdruck in seiner hässlichen Visage trug. Außerdem war er der Stärkste in der Familie und konnte ihn am effektivsten beschützen. Nur leider würde mich das nicht daran hindern, ihm seinen widerlichen Arsch aufzureißen, wenn ich erst einmal freikam.

Ich musste zugeben, dass sie es geschickt eingefädelt hatten. Meine Drohungen blieben wirkungslos, stattdessen drängelte sich Vivi an Mia und gab ihr einen Kuss auf die Wange, ehe sie Tom mit sich fortschleifte.

»Viel Spaß an diesem schönen Samstagabend!«, trällerte sie noch ätzend fröhlich.

Phil zuckte mit den Schultern, als könne er überhaupt nichts tun, und zog Katha lachend in seine Arme. »Bis später, Bro!« Dann kniff er ihr in den Arsch, woraufhin sie ihm kichernd auf den Hinterkopf schlug, und schon machten sich auch die beiden vom Acker.

Ich blieb zurück, an Mia gekettet. Die ersten Leute wurden auf uns aufmerksam, und ich hatte einen Ständer. Mein Herz raste.

Mir kam all das in den Sinn, was ich die gesamte Woche nicht mit ihr tun konnte, wovon aber ich und mein Ficker geträumt hatten.

»Weißt du ...«, sagte ich schließlich und sah den Wellen dabei zu, wie sie sich sanft am Strand vor unseren Füßen brachen.

»Hm?«, murmelte sie und schaute in den Himmel.

Ja. Das Arschloch in mir würde sich den ganzen Abend mit ihr irgendwo verstecken, damit niemand sie auch nur von der Seite ansehen konnte. Egal ob wir Handschellen trugen oder nicht. Das Getratsche konnte ich jetzt schon hören: »Tristan Wrangler musste den ganzen Abend mit dem Truthahn über die Party laufen und sich von ihr anhimmeln lassen ... und dem Penner hat es auch noch gefallen, denn er hatte eine verdammte Dauerlatte!« So oder so ähnlich würde die Scheiße laufen.

Sollte ich weiterhin das Arschloch mimen, um heil aus der Nummer rauszukommen, oder sollte ich etwas anderes schützen?

Ich löste meinen Blick von den Wellen und schaute auf sie herab. Auf sie, die so klein und zerbrechlich neben mir stand, auch wenn sie körperlich nicht so wirkte. Dennoch war sie empfindsamer als alle magersüchtigen Schlampen zusammen. Innerlich. Ein falsches Wort konnte sie zerstören.

Dennoch oder vielleicht auch gerade deshalb brauchte ich sie, also musste ich aufpassen, dass dies nicht geschah. Ich musste sie beschützen. Zudem wollte ich, dass sie mir vertraute. Nein, genaugenommen brauchte ich es.

»Tu mir einen einzigen Gefallen.« Kalt, knapp und hart betonte ich jede Silbe. Sie wandte sich mir zu, um kleinlaut zu mir aufzusehen.

»Ich tu alles, was du willst«, flüsterte sie natürlich sofort absolut verunsichert und erzitterte leicht.

Fuck! Sie war so verdammt anbetungswürdig! Ihre Angst war geradezu greifbar: die Furcht vor Zurückweisung. Doch ich hatte mich bereits entschieden. Also grinste ich sie verführerisch und dreckig an, was sofort ihr Kopfkino aktivierte und die erste körperliche Reaktion entlockte. Ihr Blick verschleierte sich leicht, ihr Atem beschleunigte sich und diese gewisse Spannung baute sich zwischen uns auf. Ich wollte sie haben! Hier und jetzt! Mein Ficker schrie förmlich nach ihr, schien sich nach ihr zu verzehren. Aber das würde ich nicht tun! Nicht jetzt und auch nicht hier!

Dafür war es nötig, dass sie etwas einhielt, eine einzige verdammte Regel, zumindest solange wir uns in der Öffentlichkeit befanden und aneinander gekettet waren.

Ich wusste, es würde schwer für sie werden, sehr schwer. Mindestens genauso wie für mich. Denn wir reizten uns ständig gegenseitig.

Allein die Vision, sie könnte die schwarzen Hotpants tragen, die ich ihr ausgesucht hatte, entlockte mir ein Keuchen.

»Baby.« Mit weicher Stimme begann ich, was sie sofort verträumt und erleichtert lächeln ließ. Sie mochte es, wenn ich sie "Baby" nannte oder noch besser, ihren Lieblingskosenamen benutzte: "Mia-Baby".

»Fass. Meinen. Schwanz. Nicht. An!« Deutlich sprach ich jedes einzelne Wort aus und sah sie ernst und eindringlich an. Aber meine Augen funkelten schelmisch, denn ich wusste, wie sie reagieren würde.

Bei dieser Gewissheit zuckten sogar meine Mundwinkel nach oben.

Sie lachte – ausgelassen, herzerfrischend und frei. Auch ich konnte nicht anders, als nun endgültig zu grinsen und ihr die weichen Haare zu verwuscheln.

»Ich brauch erst mal was zu trinken.« Schon machte ich mich auf den Weg in Richtung der Treppen, um meinen ursprünglichen Platz an der Bar wieder einzunehmen. Allerdings kam ich nicht weit. Ein Widerstand an meinem Handgelenk brachte mich zum Stoppen. Verwirrt drehte ich mich mit hochgezogener Augenbraue zu Mia um, die sich weigerte mitzukommen.

»Dir ... macht es echt nichts ... aus?«, fragte sie leise und zaghaft. Ich konnte nur ironisch aufschnauben.

Die ganze verschissene Woche war ich ein genervter Pisser gewesen, weil ich meine Zeit nicht mit ihr verbringen konnte, und jetzt fragte sie mich allen Ernstes, ob es mir was ausmachen würde, wenn ich endlich einen ganzen Abend mit ihr hatte?

Ausmachen? Ich schwebte gerade im verfickten Himmel!

Mein Ficker sah das ähnlich, denn ich hätte schwören können, dass er dreckig grinste. Er konnte nämlich nie genug von ihrer Nähe bekommen.

»Mir macht lediglich etwas aus, dass unsere einzige körperliche Verbindung aus Handschellen besteht.« Als sie die Bedeutung meiner Aussage erfasste, bekamen Mias Augen einen lustvollen Ausdruck und verursachten eine Gänsehaut, die ihr den Rücken hinabrieselte, sodass ich sie fast erbeben sah. Ganz in ihren Phantasien versunken folgte sie mir ohne weitere Gegenwehr.

»Keine Angst, Mia-Baby«, beruhigte ich sie und meinen ungeduldigen Schwanz gleichzeitig. »Ich werde es nicht lange aushalten.« Meine Warnung brachte sie zum Glucksen, voller Vorfreude und Erwartung. Ich lächelte nur vor mich hin, als wir die Strandbar betraten und uns den ganzen Spasten stellten.

Wenigstens musste ich mir jetzt keine Sorgen um sie machen, denn sie war sicher an mich gekettet.

Ein verdammt angenehmes Gefühl ...

18. REIZE

Mia ´honestly happy´ Engel

»Tristan, du trinkst zu viel.« Die Sinnlichkeit in Person kippte mittlerweile den achten Whiskey in einer Stunde. Er saß auf dem Hocker neben mir – zur Abwechslung mal ohne eine Kippe zwischen seinen langen Fingern. In seinen schwarzen Jeans, diesem roten verdammt engen T-Shirt, auf dem »Prolo« stand, einer dünnen schwarzen Krawatte, dem zu ihm gehörenden Lederarmband, seinen in alle Richtungen gegelten Haare, seinen funkelnden, phänomenalen Augen, diesem leicht kratzigen Dreitagebart sowie diesem typischen dreckigen Grinsen auf dem einmaligen Gesicht war er Sex auf zwei Beinen. Dieser Anblick sagte alles aus, worauf ich prompt errötete.

Er zog nur eine Augenbraue nach oben und hielt mir seinen Drink entgegen, während er die goldbraune Flüssigkeit schwenkte.

»Auch ´nen Schluck, Miss Angel?« Er gluckste nur, als ich meine Nase verzog. Doch dann überlegte ich es mir anders, schließlich sollte er mich nicht für eine Memme halten. Ich nahm ihm also den Whiskey ab, und Tristans Mund klappte auf, als ich die brennende, einfach ekelhaft schmeckende Flüssigkeit auf ex herunterschluckte. Breit und überheblich grinste ich ihn an. Indes knallte ich das Glas lautstark vor ihm auf den Tresen, erschauderte ob des bitteren Nachgeschmacks des Alkohols.

»Wäh!«, war mein einziger Kommentar.

Mein Traummann amüsierte sich köstlich über mein angeekeltes Gesicht, schüttelte schließlich allerdings fassungslos den Kopf.

»Du hörst nie auf, mich zu überraschen.« An den Barmann gewandt grölte er: »Noch ´nen Whiskey«, woraufhin dieser sich hastig mit unsicherem Gesichtsausdruck an die Arbeit machte. Tristan strahlte diese Aggression aus, die gerade Männer in seinem Umfeld sofort springen ließ, wenn er etwas verlangte.

Vorausgesetzt, sie wollten nicht als Sandsack missbraucht werden. Die Frauen dagegen waren von ihm fasziniert, fast schon hypnotisiert, himmelten ihn unweigerlich an und lagen ihm zu Füßen. Ihre Wangen wurden in seiner Gegenwart rot, die Augen lustvoll verschleiert und sie befeuchteten sich permanent ihre Lippen, während sie sinnfreies Zeug stammelten. Wenn er sie aus Versehen berührte, bekamen sie Gänsehaut und ihr Atem beschleunigte sich.

Ich wollte sie alle umbringen, weil offensichtlich war, dass sie in ihrem Kopf andauernd die unanständigsten Sachen mit meinem … Tristan anstellten, obwohl ich es ihnen gleichzeitig nicht verdenken konnte. Er war ein Meister in diesen Dingen. Dingen, nach denen ich lechzte und selber bei ihm tun wollte.

Auf eine verspielte und offene Art war er charmant, aber gleichzeitig auch rüde zu dem weiblichen Geschlecht. Damit bestätigte er das Bild, was sie sich von ihm gemacht hatten – das Bild des sexy Arschlochs. Nur ich wusste, dass mehr dahintersteckte. Denn er war auch gütig und warmherzig, das hatte er mir mehr als einmal bewiesen.

Ich durfte seine Zahnbürste benutzen, er hatte mir seine Kleidung gegeben, hatte sich von mir ankotzen lassen, mich aus dem Fenster gehoben, mir neue Klamotten gekauft und mich in seinen Armen gehalten. Ja, er war auch sensibel.

Nur konnte ich mir keinen Reim darauf machen, warum er die feste Überzeugung besaß, diese Seite vor anderen Menschen verstecken zu müssen. Lediglich ein dumpfes Gefühl sagte mir, dass der Verlust seiner Mutter eine entscheidende Rolle dabei spielte. Leider wusste ich nicht, was genau geschehen war, denn als ich eingeschult wurde, ging er bereits in die zweite Klasse. Zu dem Zeitpunkt war er schon Halbwaise. Allein darüber nachzudenken, tat weh.

Das Bild eines kleinen Tristans, der ohne seine Mama aufwachsen musste, schob sich vor mein inneres Auge, worauf ich ihn am liebsten in den Arm genommen hätte. Zu gern wollte ich ihm helfen, seinen Schmerz zu lindern, nur konnte ich den Mut nicht aufbringen, ihn darauf anzusprechen. Außerdem wollte ich ihn auch nicht bedrängen oder einengen. Das hatte ich mir geschworen, also hielt ich mich zurück.

Irgendwann würde er sich mir von selbst öffnen. Diese Taktik schien am besten zu funktionieren: alles geben, nichts verlangen. Und so würde ich weiter darauf warten, bis er so weit war.

»Herr Wrangler«, schrillte eine unangenehme Stimme direkt an meinem Ohr, als sich auch schon Eva in einem pinkfarbenen knappen Bikini zwischen unsere Hocker quetschte und mich geflissentlich ignorierte, während sie meinem Traummann ihre volle Aufmerksamkeit schenkte und zu allem Überfluss auch noch ihre Hand auf seine Brust legte.

»Boah, nee!« In einem Zug leerte er sein Glas.

Unsere aneinander geketteten Hände lagen nebeneinander auf der Bar, und sein Zeigefinger strich kurz über meinen Handrücken. Vermutlich wollte er mich beruhigen.

»Jetzt sei doch nicht so …«, säuselte sie und tatschte weiter an ihm rum. Tristan beobachtete ihre Hand, als wäre sie ein giftiges Insekt. »Letztes Mal konnte dein kleiner Freund nicht genug von mir bekommen.« Noch während sie die Worte sprach, wanderte sie mit ihren widerlich lackierten Fingern immer weiter nach unten. In dem Moment, als sie diese auf seinen Schritt legte, zudrückte, und ich schreien wollte, packte er grob ihr Handgelenk und zischte: »Kleiner Freund? Ich denke, du brauchst eine verdammte Brille, Eva!« Ihren Namen spuckte er so vehement aus, dass man den Eindruck hatte, er wolle einen ekelhaften Geschmack loswerden. Darauf weiteten sich ihre Augen, wurden nahezu riesig und ängstlich. Mit einem Ruck ließ er sie los.

»Außerdem solltest du dich in Zukunft besser an Schwänze von deinem Kaliber halten …« Er ließ seinen Blick durch die tanzende Masse gleiten und grinste böse, während er auf Markus aus seiner Klasse zeigte und samten flüsterte: »Der ist doch was für dich, hm? Er hat dir sicher harte zehn Zentimeter zu bieten. Mehr kannst du sowieso nicht händeln. Und jetzt verpiss dich, verdammt nochmal!« Zum Schluss schrie er schon fast und erinnerte mich an einen der cholerischen Anfälle meines Vaters, zumindest von der Lautstärke her.

Woah!

Eva und ich zuckten beide schockiert zurück. Ihr kamen sogar die Tränen. Er hatte es echt drauf, Frauen zum Weinen zu bringen. Ihr Blick huschte eine Sekunde zu mir und ihre Lippen pressten sich zu einem dünnen Strich zusammen, bevor sie auf dem Absatz kehrtmachte und hocherhobenen Hauptes mit extra wackelndem Hintern davonstolzierte.

Ich saß immer noch sprachlos da und starrte Tristan an. Er war sauer.

»Gottverdammte Schlampen!«, murmelte er vor sich hin und bestellte dann laut motzend einen neuen Drink. Er sah so verdammt frustriert aus, dass ich ihn an meine Brust ziehen und ihm zuflüstern wollte: »Ich sehe mehr in dir als den heißen Kerl. So viel mehr …«

Aber natürlich sagte ich kein Sterbenswörtchen. Stattdessen legte ich meine freie Hand flach auf die Öffnung des Glases, als er danach griff. Er hätte das Teil sonst wieder auf ex geleert. So viel Alkohol war nicht gut, ich sah doch Tag für Tag, was es aus meinem Vater machte. Und ich konnte unmöglich zulassen, dass er seinem Körper das antat, indem er seinen Frust sowie seine Probleme darin ertränkte. Es gab andere Möglichkeiten, sich abzureagieren.

Einige Sekunden starrte er voller Unglauben auf meine Hand. Dann seufzte er und blickte fragend hoch in meine Augen. Mit etwas Angst betrachtete ich ihn und wartete darauf, dass er ausflippen würde, schließlich war er alt genug, und ich hatte nichts Besseres zu tun, als ihn zu bevormunden. Doch stattdessen kam er mit einer fließenden Bewegung auf die Beine, was aufgrund der Menge des Whiskeys, die er mittlerweile intus hatte, erstaunlich war. »Du hast ja Recht, Mia-Baby«, meinte er und grinste mich frech an, bevor er mich an meinem plüschbesetzten Handgelenk vom Hocker zog. Wow! Tristan Wrangler gab mir Recht!

Zielsicher fasste er sich in einer typischen männlichen Bewegung an den Schritt und schaute mich mit tief gerunzelter Stirn an. »Ich habe versucht, es zurückzuhalten, aber jetzt geht's nicht mehr …«

»Hä?«

Er zog mich fröhlich hinter sich her. »Ich muss pissen«, verkündete er trocken und ging mit mir in Richtung Strand.

»Die Klos sind da hinten.« Ich schaute zurück über meine Schulter, aber er zerrte mich nur weiter.

»Na und!« Mit einem Ruck blieb ich stehen und sagte mit fester Stimme: »Du wirst nicht in den See pinkeln, Tristan Wrangler. Hier baden Kinder!«

Erst schien er fassungslos, doch dann lachte er und kam einen Schritt auf mich zu. Seine glatten Lippen strichen kurz über meine Schläfe.

»Fuck, Baby … Du bist heiß, wenn du deinen Moralischen hast und das Schlimmste, du hast schon wieder Recht. Ich glaub, dieser Abend ist verhext.« Ich grinste nur dusslig, als er sich umdrehte und die Toiletten ansteuerte. Tristan Wrangler hatte auf mich, Mia Engel, gehört. Zwei Mal!

Mit erhobener Augenbraue sah Tristan auf mich herab, als wir die Schlange an den Klos entdeckten.

»Busch?«, bot ich schulterzuckend an und brachte ihn damit zum Lachen.

»Busch!«, bestätigte er und zog mich auch schon zum nächsten Gestrüpp, durch das er sich fluchend zwängte. Vor einem Baum, um den sich ein kleines Fleckchen Wiese behauptete, blieben wir stehen.

Hier war es dunkler, denn das Licht der Strandparty erreichte uns nicht mehr, aber dennoch konnte ich den großen Mann neben mir erkennen, dank des wolkenlosen Himmels und dem hell strahlenden Mond. Wie abgeschieden vernahmen wir aus der Ferne die schlechte Musik, lautes Lachen, Geschrei sowie hitzige Diskussionen. Alles vermischte sich und war kaum auseinanderzuhalten.

Als er sich breitbeinig vor irgendein hochgewachsenes Grünzeug stellte, runzelte er die Stirn.

»Was?«, fragte ich leise, weil er sich nicht die Hose öffnete, sondern nur angestrengt überlegte.

Er sollte einfach sein Geschäft erledigen, damit wir wieder zurück zu den anderen konnten. Ich wollte noch unbedingt mit Vivi reden, die sich zwar nicht mehr hatte blicken lassen, nachdem wir aneinander gekettet worden waren, aber ganz sicher noch irgendwo herumschwirrte.

Was war denn jetzt bitte das Problem?

Tristan schloss die Augen, bevor er etwas gequält sagte: »Jetzt hör mir zu. Ich kann nicht, wenn der Ficker hart ist. Das heißt: sei leise, beweg dich nicht, atme nicht, seufze nicht, stöhne nicht, keuche nicht. Tu am besten gar nichts, was mich irgendwie reizen könnte. Er ist wie eine verängstigte Katze, du musst so tun, als wärst du gar nicht da, damit er seiner Natur folgt, okay? Und wehe du lachst jetzt! Der Scheiß macht mich auch an!«

Nur mit Mühe verkniff ich mir eben jenes, aber die Tränen vor Belustigung konnte ich nicht stoppen. Ich nickte heftig, war aber gleichzeitig erstaunt. Hatte ich etwa so eine starke Wirkung auf ihn?

»Gut!« Verbissen öffnete er den Knopf seiner Hose, und ich spürte, wie ich vor Anspannung ganz starr wurde. Gleichzeitig durchfuhr mich Erregung, ließ mich feucht werden und mein Bauch krampfte sich zusammen, als er den Reißverschluss über die verlockende Beule in seiner Jeans nach unten zog.

Ohne meinen Blick abwenden zu können, beobachtete ich seine langen Finger, wie sie in seine Shorts griffen und dann … innehielten.

Verwirrt runzelte ich die Stirn und wollte schon fast schreien: »Hol ihn raus! Looos!«

Etwas vorwurfsvoll schaute ich schließlich in sein wunderschönes Gesicht und er in meins. Verdammt, er hatte mich beim Glotzen erwischt. Ich wurde knallrot. In seinen Augen tanzte der Humor, aber er verdrehte sie nur, als er sah, wie ich mir etwas gequält auf die Lippe biss.

»Miss Angel«, warnte er sanft. Oh Gott! Was tat er nur? Ich wurde noch viel feuchter, und er schnaufte frustriert auf.

»Hm?«, erwiderte ich kleinlaut.

Mit seiner leisen, samtenen, patentierten Sexstimme antwortete er mir: »Ich weiß, du und mein Ficker, ihr seid die besten Freunde … Ich würde fast so weit gehen und sagen, dass er dich verdammt nochmal vergöttert. Aber verdammt, Baby! Schau. Woanders. Hin!«

Oh! Mein Mund klappte auf, und ich spürte, wie ein nächste Welle Blut in meine Wangen schwappte. Doch ich konnte mir den Anblick auf keinen Fall entgehen lassen, also lächelte ich süßlich.

»Nein, Mista Wrangler.« Mit einer schnellen Bewegung wollte ich nach seiner Hose greifen und ihn rausholen.

»Fuck!«, stieß er aus und befreite ihn selbst, bevor ich ihn auch nur berühren konnte. »Er ist sowieso schon auf Halbmast. Fass ihn bloß nicht an!«, zischte er, und jetzt musste ich doch lachen, worauf sein Schwanz in seiner Hand zuckte. Tristan erdolchte mich mit düsteren Blicken. »*Hör. Auf. Damit!* Der Scheiß ist unangenehm! Ich muss jetzt echt pissen, sonst platzt mir die verdammte Blase!«

Ich hielt mir die freie Hand vor den Mund, versuchte die Gluckser zu ersticken und schaute ihn treudoof an. Er aber verengte die Augen und sah in den Wald.

»Dann schau eben zu, du kleine Voyeurin«, grummelte er resigniert. Das war die Einladung, ihn zu ärgern. Es war zwar nicht nett, aber ich liebte es einfach viel zu sehr auszutesten, wie weit ich bei ihm gehen konnte, schließlich hatte er einiges wiedergutzumachen. Und da ich scheinbar als einziger Mensch das Privileg besaß, ihn nerven zu dürften, musste ich das ausnutzen und auskosten.

»Hm … also…«, säuselte ich. Er wollte gerade loslegen, da hauchte ich »Tristan?« in die stille Nacht und ließ seinen Namen mit all meinen Gefühlen, die ich für ihn hegte, aber vor allem mit all meiner Sehnsucht, die ich verspürte, von meinen Lippen rollen. Gequält kniff er die Augen zusammen.

»Mia!« knurrte er warnend. Doch ich ließ mich nicht beirren.

»Du ...« Er zuckte, und Tristan biss die Zähne zusammen, »… machst mich gerade ...« Er zuckte erneut und richtete sich Stück für Stück auf. Ich grinste breit und lehnte mich an sein Ohr, als ich die letzten Worte flüsterte, »... *so feucht!*« Tristan stöhnte nun tief in seiner Kehle – ungehalten, aber vor allem leidend. Unerwartet packte er mich an den Haaren und ließ seine Lippen auf meine krachen. Ich lächelte siegesgewiss, als seine Zunge in meinen Mund eindrang und meine leidenschaftlich massierte, sie umschmiegte, während er mich nach hinten drängte.

»Du kannst nicht anders, hm?« Als ich die raue Rinde des Baumes in meinem Rücken fühlte, glitt seine Hand zu meiner Schulter, um mich mit Druck nach unten in die Knie zu zwingen.

»Du musst mich einfach anmachen. Egal wie, egal wo! Du spielst ein gefährliches Spiel mit mir, Baby. Aber dieses Mal werde ich gewinnen!« Keuchend hockte ich vor ihm, während er seine angekettete Hand in seine Hüfte stemmte und mit der anderen seine nun steinharte Erregung umschloss. Ich stöhnte sehnsüchtig auf, als ich sah, wie er sich streichelte – ein paar Zentimeter von meinem Gesicht entfernt.

»Ich kann mit Ständer nicht pissen. Tu was dagegen!« Seine Stimme klang autoritär und ließ keinen Widerspruch zu. Gott, diese Augen: waldgrüne, dunkel schimmernde Diamanten mit sandbraunen Funken, direkt durch das Mondlicht in Szene gesetzt, um ihre Einzigartigkeit zu unterstreichen. Ich erschauderte heftig und stöhnte leise auf. Ihm hilflos ausgeliefert fixierte er mich raubtierhaft und gleichzeitig dominant. Er war so verdammt heiß, wenn er mir etwas befahl. Ohne ein weiteres Wort schob ich seine Hand mit meiner freien weg und beugte mich nach vorne, um seinen Schwanz mit meinen Lippen zu umschließen.

»Fuck!« Erfreut grinste ich in mich hinein, als er wie immer ungehalten und absolut schamlos seine gewohnte Antwort auf meine Liebkosungen in die Nacht hinausstöhnte und erneut in meine Haare griff. Sein Kopf fiel nach hinten und ich konnte die angespannten Sehnen an seinem Hals erkennen. So, wie er vor mir stand, war er ein Bild für die Götter. Ein Bild meines Gottes!

Er hielt sich zurück, denn er stieß nur leicht in meinem Mund, aber ich schob ihn weiter, saugte und massierte seine Spitze mit meiner Zunge. Ich liebte es. Ich liebte sein Zucken, sein Pulsieren, sein Zischen, sein Stöhnen, wenn ich ihn vollkommen beherrschte.

»Oh, fuck ... so geil!« Zustimmend summte ich, als Tristan anfing, meine Wange zu streicheln. Seine Finger liebkosten mich weich und liebevoll, im Gegensatz zu seinem Penis, der hart und bestimmend seine Erlösung forderte.

»Bist du wirklich so feucht?« Sämtliche Bewegungen kamen zum Erliegen, während er mich fragend mit verschleierten Augen ansah.

»Willst du, dass ich dich ficke, Baby?« Verwundert schaute ich zu ihm hoch, wich soweit es möglich war zurück, um darauf zu reagieren, aber kein Wort verließ meine Lippen. »Ich kann dich einfach nicht leer ausgehen lassen. Das geht gegen meine Fickerehre.«

Die Luft verließ zischend meine Lunge. Mein Bauch verkrampfte sich fester und mein Höschen besaß wohl kein einziges trockenes Fleckchen mehr.

»Bitte …«, flehte ich schwach. Mehr brachte ich nicht zustande. Tristans sinnliche Lippen verzogen sich zu einem schiefen Grinsen.

»Darum musst du mich nicht bitten, Mia-Baby!« Gewohnt anmutig fiel er vor mir auf die Knie. »Das werde ich immer für dich tun – mit dem größten Vergnügen.« Seine große Hand schmiegte sich an meine Wange und seine Lippen verschmolzen ein weiteres Mal mit meinen. Als er zurückwich und seinen Prachtarsch in das Gras beförderte, folgte ich ihm, krabbelte breitbeinig über ihn, um den Kontakt zu seinem Mund und seiner Zunge nicht zu verlieren. Mister Sexgott aber hatte andere Pläne. An meiner Hüfte festhaltend drückte er mich heftig an sich. Wir stöhnten beide auf, als sich unsere Unterkörper berührten und ich mein Becken auf ihm kreisen ließ. Die Finger unserer aneinander geketteten Hand verschlangen sich miteinander, was sich wunderbar intim anfühlte, während die andere zwischen meine Beine wanderte und dort über den nassen Stoff strich.

»Dieses Mal …wirst du mich ficken. Ich hab noch nie eine Frau meinen Schwanz reiten lassen, außer dich einmal … kurz … also…« Er schob mein Höschen zur Seite, »… fühl dich geehrt«. Gleichzeitig drehte er seine Hüfte. Mit einem glatten Stoß hatte er mich ausgefüllt und ich richtete mich sofort auf. Er war so … tief!

»Fuck!«, riefen wir beide unisono aus, und ich hielt komplett inne. Selbstvergessen ließ ich den Kopf nach hinten fallen, genoss die süße Dehnung und das heiße Kribbeln aus vollen Zügen.

»Baby … bitte … beweg dich!«, flehte er heiser. Mit einem Lächeln tat ich ihm den Gefallen und begann, jenem uralten Rhythmus zu folgen, während er behutsam meine Brust knetete.

»Darum musst du mich nicht bitten.«, wiederholte ich seine Worte vor ein paar Minuten. Wir schauten uns an, mit der gleichen Ehrfurcht, der gleichen Leidenschaft – und so hoffte ich

… mit derselben Liebe. Dies war der Moment! Ich konnte es mir beim besten Willen nicht mehr verkneifen. Es musste raus. Jetzt sofort! Auf der Stelle!

»Ich liebe dich, Tristan!« Bevor ich mich versah, hatte ich es ausgesprochen. Es war nur ein Hauch, ein paar Buchstaben, die zusammengefügt so viel Tragweite besaßen. Tristan versteifte sich auf der Stelle, und ich kniff die Augen zusammen.

Dumm! Dumm! Dumm! Ich war so dumm!

Jetzt würde er mich von sich stoßen und alles wäre vorbei!

Aber bevor die grauenhafte Realität über mich hereinbrechen konnte, beugte ich mich vor und küsste ihn mit all meiner Liebe, mit all meiner Verzweiflung und all meiner Hoffnung. *Bitte, Tristan, lass mich dich lieben! Bitte!*

Und er ließ es zu …

Nach dem ganzen Schrecken löste sich endlich seine Versteinerung und er strich sanft mit der Zunge über meine, küsste mich so tief wie noch nie und stöhnte leise in meinen Mund, als ich meine Beckenbodenmuskulatur anspannte und mich noch enger an ihn schmiegte.

Er hatte mich nicht von sich gestoßen! Vielleicht liebte er mich sogar. Aber das spielte im Moment keine Rolle, denn gerade war ich zufrieden, so wie es war. Denn was wir hier taten, hatte rein gar nichts mehr mit Ficken zu tun. Behutsam und voller Hingabe bewegten wir uns im Einklang, sodass mir die Tränen kamen. Zärtlich und geschickt umspielte er durch den Stoff meine Brustwarze, genauso zärtlich und geschickt küsste er mich. Der pure Wahnsinn. Mein Orgasmus baute sich langsam auf, so langsam, wie wir uns hochschaukelten. Dafür waren die Empfindungen umso intensiver.

Unser Atem ging schneller, unser Keuchen wurde lauter, aber die Bewegungen blieben träge und voller Genuss, während wir uns die ganze Zeit innig küssten.

Gott! Wie ich ihn liebte.

»Ich komme gleich«, warnte er mich schwer atmend an meinen Lippen. Ich löste mich leicht von ihm, um ihm bei seinem Orgasmus ins Gesicht sehen zu können. Tristan krallte eine Hand in meine Hüfte und biss die Zähne aufeinander. Er schloss die Augen und warf seinen Kopf mit einem gequälten Ausdruck nach hinten.

»Komm schon, Mia!«, hauchte er verzweifelt.

Er war so erotisch! Ein Gott von einem Mann. Mit seinem Schwanz tief in mir …

Bei dem Gedanken explodierte ich heftig um ihn herum.

Mit verbissenen Zähnen hielt er komplett still, damit ich meinen Höhepunkt genießen konnte, und um nicht zeitgleich seinen Abschluss zu finden. Mir wurde kurzfristig schwarz vor Augen und alles drehte sich, weil es so berauschend war. Komplett überwältigt konnte ich kaum einen Mucks von mir geben. Zögerlich flaute das Gefühl ab und meine Muskeln entspannten sich spontan.

Mit einem leidenden Ausdruck in seinen wunderschönen Zügen hielt er nach wie vor still. Ich lachte leise und strich ihm mit einer Hand über seine Wange.

»Ich bin gerade gestorben«, keuchte er atemlos. »Bin ich froh, wenn die gottverschissene Scheiße wirkt und ich in dich spritzen kann!«

Mittlerweile hatte ich mir die Pille besorgt und nahm sie bereits, worüber wir uns ausgiebigst an der Bar unterhalten hatten. Glucksend beugte ich mich vor, um ihn zu küssen. Es war so zuvorkommend von ihm, aber auch so typisch, dass er sich zurückhielt, um mich zuerst kommen zu lassen, weil er ihn ansonsten hätte rausziehen müssen. Beim Sex dachte er immer zuerst an mich, wollte, dass ich voll auf meine Kosten kam, um es so perfekt wie möglich zu machen. Das musste ein Mann erst mal schaffen.

»Danke, Baby«, murmelte ich vollends befriedigt, aber er schnaufte nur ironisch und immer noch angespannt. Allerdings riss er die Augen auf, als ich mich von ihm löste und auf seinen Unterschenkeln zum Sitzen kam. Ich grinste ihn frech an und beugte mich über seine pulsierende Härte.

»Du darfst jetzt!«, verkündete ich dreckig grinsend und schloss meine Lippen um seine ungeduldige Erregung. Ich wusste, es würde augenblicklich geschehen.

»Goooooott!«, rief er aus. Wie ich erwartet hatte, kam er sofort und unnachahmlich heftig in meinem Mund, und ich schluckte alles, was er mir gab. Absolut erschöpft ließ er sich danach rücklings ins Gras fallen. Zufrieden kroch ich genauso verausgabt nach oben und vergrub mein erhitztes Gesicht an seiner Halsbeuge, atmete tief seinen verruchten Duft ein und ließ mich davon umhüllen. Noch immer schob er mich nicht von sich. Stattdessen umschlang er mich mit seiner verfügbaren Hand, drückte mich noch fester, noch inniger gegen seinen kräftigen, erhitzten Körper und begann, meinen Nacken zu kraulen.

»Ich liebe es, wenn sich deine Pussy um meinen Schwanz schmiegt und ich liebe es, wenn dein Mund dasselbe tut, Mia-Baby. Ich liebe es, wenn du mich anlächelst und ich liebe es, wenn deine kleinen Hände mich irgendwo berühren. Fuck. Ich liebe es sogar, wenn du mich auslachst. Ich liebe deinen Körper – nackt sowieso, aber sogar angezogen!« Ich wusste, was er mir mit seinen geflüsterten Worten sagen wollte, wusste, was sie bedeuteten. Noch dichter drängte ich mich an ihn, klammerte mich regelrecht fest und schluchzte leise auf.

»Ich bin froh, dass ich erkannt habe, was du wirklich bist, Baby. Nämlich wunderschön.« Er gab mir einen sanften Kuss unter mein Ohr, und ich versank in seinen Gefühlen für mich, in meinen Gefühlen für ihn ...

19. SIE LIEBT MICH

Tristan 'so happy' Wrangler

Unfuckingfassbar! Mia liebte mich!

Natürlich hätte sie für ihre Offenbarung keinen passenderen Moment aussuchen können. Mein Blut befand sich ein paar Etagen zu tief, sodass ich auf ihr Geständnis anfangs nicht wirklich reagieren konnte, zumal sie gleichzeitig mit beweglichen Hüften meinen Schwanz ritt und ihn mit festen Muskeln umschloss.

Als es endlich in meinem nutzlosen Hirn ankam, dachte ich für einen Moment, mich verhört zu haben. Eigentlich hoffte ich es eher.

Mein erster Impuls war wegrennen, dem ich widerstand. Dennoch konnte ich nicht verhindern, dass totales Chaos meinen Kopf beherrschte: *Nein! Wie kann sie mir das antun? Wie kannst du ihr das antun? Wie kannst du zulassen, dass dieses unschuldige Wesen sich ernsthaft in dich verdorbenen Penner verliebt?*

Ich war schlichtweg gelähmt vor Schock. Doch ihre weichen, warmen Lippen flehten mich regelrecht an, indem sie sich auf meine legten, es zuzulassen. Sie wollte doch nichts für ihre Liebe. Absolut nichts. Wer also war ich verdammt nochmal, überhaupt mit dem Gedanken zu spielen, ihr irgendetwas abzuschlagen oder zu verweigern? Ja, wer war ich? Das kam mir wahrhaftig in den Sinn. Jahrelang hatte ich mir einreden können, dass mein Leben so funktionierte. Alkohol und Weiber, aber keine Gefühle. Jahrelang glaubte ich, dass ich es niemals wieder zulassen würde, jemanden in mein Leben zu lassen. Nicht, nachdem ich scheinbar alles verloren hatte. Und dann kam Mia! Diese Frau löste eine Flutwelle an Emotionen in mir aus, sodass mir fast nichts anderes übrig blieb, als mich ihr zu beugen.

Ich musste mir eingestehen, dass sie bereits einen Teil von mir übernommen hatte, der für niemanden mehr zugänglich sein sollte. Ohne dass ich etwas dagegen tun oder es willentlich beeinflussen konnte, hatte sie sich bereits – von mir völlig unbemerkt – in mein Herz geschlichen. Diese Gewissheit war erschreckend, verstörend, aber dennoch unabänderlich. Eine Rückkehr stand außerhalb jeglicher Möglichkeiten.

Kurzum: Ich würde ihr alles geben, gerade weil sie nichts verlangte.

Mit diesem Entschluss küsste ich sie zurück und versuchte, all die Gefühle darin einfließen zu lassen: die Wärme, das wohlige Kribbeln, das Glück, wenn sie in meiner Nähe war, aber auch die Verzweiflung, die Angst, die ich verspürte, allein wenn ich daran dachte, dass mein Mädchen eines Tages nicht mehr da sein würde, wenn sie mich genauso verlassen würde, wie…

Das erste Mal in meinem Leben fickte ich nicht. Ich machte Liebe. Na ja, genaugenommen machte sie Liebe mit mir, zeigte mir, wovon ich absolut keine Ahnung hatte. Denn dieser Scheiß war total neu für mich.

Das berühmt-berüchtigte Wort hatte seinen Schrecken noch nicht ganz verloren, aber so furchtbar hörte es sich auch nicht mehr an. Es brachte mich nicht dazu, das Weite zu suchen, wenn es von ihren Lippen rollte, schon gar nicht, wenn ihr Körper dieselbe Sprache sprach. Fuck!

Ich wünschte mir stattdessen, dass ich es selber sagen könnte, einfach damit sie sich genauso gut fühlte wie ich, ohne die kleine Angst, die mich eisern umklammert hielt. Das ungläubige Strahlen, was zwangsläufig darauf folgen würde, wäre es wert. Es wäre alles wert.

Wann bin ich zu diesem verdammten Weichei mutiert?

Ihren anschmiegsamen Körper an mich gepresst, schamlos an ihren fruchtig süßen Haaren schnuppernd und die Makellosigkeit ihrer blassen Haut unter meinen Fingerspitzen ertastend, konnte ich unmöglich Klarheit erlangen.

Wann bin ich ihr eigentlich so verfallen? Und wieso fühlt sich mein Unterleib an, als würde er jeden Moment in tausend Stückchen explodieren?

Scheiße! Ich musste immer noch pissen!

»Baby«, murmelte ich an ihrem Hals. Sie ließ nur ein träges, verschlafenes »Hm« ertönen. »Ich weiß, dieser Ritt war mit Sicherheit wahnsinnig anstrengend für dich, und ich schwöre es dir, der Ficker da unten wird sich gleich tierisch aufregen. Aber du musst jetzt sofort von mir runtergehen, sonst passiert gleich ein Unglück epischen Ausmaßes!«

Meine Warnung brachte sie dazu, sich abrupt aufzurichten, während sie sich mit ihren kleinen Händen auf meiner verschwitzten Brust abstützte.

»Was?« Ihre Augenbrauen hoben sich fragend nach oben, doch schließlich konnte man fast hören, wie es *Klick* machte. »Oh!« Sie hechtete förmlich von mir, hatte aber nicht an die Handschellen gedacht und wurde, so schnell, wie sie von mir wegkommen wollte, wieder zurückgeschleudert. Bevor sie erneut auf mir landen konnte, fing ich sie ab und kam gleichzeitig auf die Knie. Für mehr blieb keine Zeit. Keine Millisekunde später öffneten sich alle Schleusen und ich seufzte entspannt auf.

»Ganz schön dringend, hm?«, vernahm ich ihren unsinnigen Kommentar. Meine Antwort bestand demnach nur in einem ironischen Schnaufen, was Mia wiederum mit einem melodischen, leisen Kichern erwiderte. Ab dem Zeitpunkt konnte ich nur noch dümmlich grinsen, obwohl mir eher nach einem Stöhnen zumute war, allein weil ich die Erleichterung einer sich leerenden Blase genoss.

Viel zu schnell wurde auch dieser Moment unterbrochen, denn ich hörte meinen Arschlochbruder Phil. »Tristan Heinz Wrangler!«, brüllte er, und ich fluchte leise, weil sie es sich zur Aufgabe gemacht hatten, sich ständig neue, dämliche Zweitnamen für mich auszudenken und diese überall zu verbreiten – als wäre das Original nicht schon grausam genug.

»Ich dünge das Grünzeug!«, grölte ich aus dem Gebüsch zurück und wollte ausflippen, weil man immer und überall von diesem Wichser gestört wurde. Nicht mal mehr pissen konnte man in Ruhe. Er lachte jedoch nur laut und schallend.

»Komm aus dem Arsch! Ich will nach Hause!«, rief er zurück.

Mia lachte immer noch, vermutlich unter anderem wegen »Heinz«, aber schließlich seufzte sie. Diese Art von Seufzen, das ich in meinem Beisein noch nie gehört hatte. Ich kannte und liebte sie alle, aber dieses hier war anders. Mein Kopf fuhr zu ihr herum, während ich meine Hose schloss und sie stirnrunzelnd genauer betrachtete. Demonstrativ inspizierte sie das Gras zu ihren Knien, kaute – wie üblich, wenn sie unsicher war – auf ihrer Unterlippe und hatte die Augenbrauen sorgenvoll zusammengezogen. Der bedrückte Ausdruck in ihrem aussagekräftigen Gesicht gefiel mir überhaupt nicht.

»Hey?« Widerwillig blickte sie zu mir auf. »Was geht ab?«, fragte ich und stand auf. Ich half ihr ebenfalls auf die Beine und ordnete ihre an der Schulter verrutschte Tunika.

»Nichts!« Vermutlich sollte das darauffolgende Lächeln mich beruhigen, aber es wirkte so verkrampft, dass es schon wehtat nur hinzuschauen. Also war es auch kein Wunder, dass ich ihr einen Scheiß abkaufte – auf keinen verdammten Fall.

»Du sollst nichts vor mir zurückhalten, Baby!« Mit meinem Körper drückte ich sie gegen den Baum. Ganz langsam schmiegte ich mich an sie und ließ ihren Duft in meine Lungen strömen – süchtig danach, sie zu berühren, zu riechen, zu fühlen … Immer wieder.

»Du willst es nicht wissen, Tristan«, nuschelte sie, ließ ihre Nase über meine Brust wandern und atmete tief durch.

»Warum nicht?« Mit Daumen und Zeigefinger umfasste ich ihr rundes Kinn, um den Augenkontakt zu erzwingen.

»Weil ich nicht will, dass du dich wegen mir schlecht fühlst.« Es war eindeutig, wie verdammt schwer ihr dieses Gespräch fiel. Ihre Stimme hatte diesen festen Klang verloren, wirkte hilflos, beinahe gebrochen, genauso wie sie. Dazu kam, dass wir noch nie über diesen ganzen Beziehungsquatsch geredet hatten. Wann auch? Bis heute wusste ich ja nicht einmal, was das zwischen uns zu bedeuten hatte, ahnte es im Zweifelsfall, weigerte mich aber gleichzeitig, diesen Gedanken weiter zu verfolgen. Das alles überforderte mich ehrlich gesagt.

»Wenn ich dir erzähle, was mich bedrückt, wirst du dich verpflichtet fühlen, an der Gesamtsituation etwas zu ändern, und ich weiß, dass du das nicht willst.«

Meine Augen wurden groß, als ihre Worte in meinen Kopf einschlugen wie eine Bombe.

»Du hast Recht!«, erwiderte ich umgehend. »Ich will nichts ändern!« Wollte sie mich nicht mehr? Hatte sie gemerkt, was für ein Arschloch ich immer noch war und dass ich sie nicht verdient hatte? Blanke, pure Panik breitete sich wie ein Flächenbrand in mir aus und ließ damit alle Befürchtungen wahr werden. Ich würde sie verlieren. Aber hatte sie mir nicht gerade eben noch ihre Liebe gestanden? Wie zum Fuck meinte sie das? Verdammt...

Zu allem Überfluss wurden ihre Augen feucht. »Eben, du willst nichts ändern«, wiederholte sie flach und irgendwie geschlagen.

»Ja!« *Bloß nicht!*

»Aber ich … ich … will das schon. Ich will dich ganz«, flüsterte sie plötzlich kaum hörbar. Vermutlich war es nicht einmal für meine Ohren gedacht, aber ich vernahm jedes Wort, die umgehend die Panik vertrieben und stattdessen einem wohlig warmen Gefühl Platz machten.

»Was heißt ganz?«, wisperte ich leise und samten, aber auch irritiert. Fast schon hoffnungsvoll schaute sie zu mir auf und ihr Karamellblick berührte meine Seele.

»Tristan, so froh ich auch bin, dass du mich im Moment in deinen Armen hältst, ist es dennoch nicht mehr genug …«, kam immer noch fast nicht wahrnehmbar über ihre Lippen. »Es ist nur heute, immer wieder samstags oder höchstens mal montags. Aber das alles will ich jeden Tag. Ich will dich jeden Tag.« Die letzten Silben gingen beinahe komplett unter. Frustriert schnaufte sie auf und löste ihren sehnsuchtsvollen Blick von mir.

»Aber ich weiß, dass du nicht mehr in mir siehst als einen guten … ähm … Fick.« Oh, ich liebte es, wenn mein Mädchen meine versaute Sprache kopierte.

»Und es ist auch vollkommen in Ordnung für mich. Du musst … dir … keine Gedanken wegen mir machen. Nicht, dass ich annehmen würde, dass du dir überhaupt Gedanken über mich machst …« Sie strich mit ihren Fingerspitzen ehrfürchtig über mein vor Schock erstarrtes Gesicht und sah wieder zutiefst traurig zu mir. »Du warst schon immer ein unerreichbarer, strahlender Stern für mich, Tristan. Das hier, diese Samstage … sind das Beste, was ich jemals erleben werde. Das weiß ich, und ich bin zufrieden damit … Manchmal sieht's vielleicht nicht danach aus, aber … ach, mach dir keinen … Kopf«, endete sie noch betrübter. Sie log, es stand vollkommen ersichtlich auf ihrer Stirn geschrieben. Der Widerspruch in ihrer Aussage hatte sie verraten. Eindeutig, sie wollte mich, alles von mir. Meinen Körper und meine verdammte Seele. Ab hier konnte ich nicht mehr umkehren, sie sollte alles bekommen.

»Mia!« Ich würde diesem Unsinn jetzt sofort und auf der Stelle ein Ende bereiten. Mit dem Zeigefinger hob ich ihr Kinn an und strich mit meinem Daumen über ihre Unterlippe, während wir uns eingehend musterten, in dem Versuch, den jeweils anderen zu lesen. Nahm sie wirklich an, ich würde mich nicht mit ihr befassen? Glaubte sie allen Ernstes, diese Momente mit ihr würden mir nichts bedeuten? Merkte sie denn nicht, wie ich sie ansah? Fühlte sie denn nicht, wie ich sie berührte?

»Ich mache mir Gedanken um dich. Du bist doch mein Mädchen!« Nun war es an mir zu flüstern. Es fiel mir so unsagbar schwer, die Wahrheit zu offenbaren, ihr und auch mir all das einzugestehen und mich ihr damit komplett auszuliefern. Zwar hatte sie mich schon in der Hand, dennoch war es alles andere als einfach. Doch sie so traurig zu erleben, konnte ich genauso wenig ertragen.

Das musste ich auch nicht, denn allein diese zwei Sätze vertrieben das Unglück aus ihren Zügen, während ihre Mundwinkel sich scheinbar von ganz allein zu einem verdammt schönen Lächeln hoben. In ihrem Inneren schienen die Emotionen zu toben, denn ihre Hand, die nun auf meiner Wange lag, zitterte leicht. Ich nahm sie in meine und küsste jede Fingerspitze einzeln, einfach um sie noch mehr lächeln zu sehen, so süchtig war ich danach.

»Und ich weiß, dass ich versucht habe, dir etwas anderes klar zu machen, aber du bist mehr für mich als ein guter Fick!« Eindringlich schaute ich in ihre großen, tiefen Augen. »So viel mehr …«, murmelte ich gegen ihre kleinen, delikaten Finger.

Sie strahlte regelrecht. »Seit wann bist du so süß? Danke«, hauchte sie mir entgegen, und ich wollte wirklich abwehrend schnauben und einen Spruch bringen, hätte damit allerdings diesen Moment zerstört.

Ich konnte es nicht fassen, sie nannte mich süß, als wäre ich ein kleines beschissenes Plüschtier, was sie knuddeln und liebhaben konnte, wann immer sie wollte – obwohl die Vorstellung durchaus was für sich hatte. Außerdem war das hier mein Mädchen und mein Mädchen durfte mich als süß bezeichnen.

»Dafür musst du dich nicht bedanken.« Ich zwinkerte ihr bei unserem neuen Insider zu, was sie zum Kichern brachte. Allein dieser Laut machte mich so fucking happy und ließ mich alles andere um mich herum vergessen, sodass ich ziemlich mädchenhaft aufschrie, als eine kleine Hand auf meine Schulter tippte. Mia, selber aufgeschreckt, kreischte ebenfalls kurz, bis sie Vivi hinter mir entdeckte und laut loslachte.

»Na? Wie hat euch mein Plan gefallen?«, grinste diese scheinheilig.

»Plan?«, fragten wir beide wie aus einem Munde, schnaubten gleichzeitig auf und verdrehten simultan die Augen.

»Das ist erschreckend«, war Vivis trockener Kommentar zu unserer unbeabsichtigten Synchronität. Ich nahm mein Mädchen an der Taille, denn ich wollte sie nicht mehr loslassen. Die kleine Kräuterhexe wusste ohnehin Bescheid.

»Also ist der ganze Plüschhandschellenmist auf deinem Haufen gewachsen?« Ich hob unsere verschränkten Handgelenke und schwenkte sie demonstrativ unter ihrer sich kräuselnden Nase.

»Hm, Tom ließ sich leicht überreden. Phil auch. Aber wieso erzähl ich dir das? Du weißt ja, wie deine Brüder sind. Für einen guten Streich sind sie immer zu haben.

Unsere Katha war natürlich dagegen ... Sie ist grundsätzlich immer dagegen – gegen alles und jeden. Aber besonders gegen dich, vermutlich rein aus Prinzip!«

»Äh, Katharina Askorbova liebt mich eben. Da kann man nichts machen«, grummelte ich ironisch.

»Ja klar, sie hat dir in ihrem Zimmer einen heiligen Schrein errichtet.« Vivi konnte in Sachen Sarkasmus eindeutig mit mir mithalten.

Sie grinste uns kurz entschuldigend an. »Du musst Tom nach Hause fahren. Er kotzt die ganze Zeit. Ihm geht's wirklich schlecht.«

»Tommy kotzt? Das ist ja mal ganz was Neues!« Ich verdrehte die Augen. »Er soll verdammt nochmal seinen faulen Arsch bewegen und zu Fuß gehen, sonst reihert der mir wieder ins Auto!«, setzte ich noch angepisst nach. Mia rammte mir daraufhin kurzerhand den Ellbogen in die Seite. Ich keuchte auf, rieb mir die Stelle und schaute vorwurfsvoll auf sie herab. Das hätte ich nicht erwartet! Sie hatte echt den Mumm, mich körperlich anzugreifen.

»Fuck, Baby!«

»Er ist dein Bruder«, kam prompt, mindestens genauso vorwurfsvoll, während sie ihren strengen Blick anwandte, den sie den ganzen Abend geprobt und für hilfreich befunden hatte. Ich seufzte theatralisch auf.

»Verfickte Scheiße, er darf natürlich mitfahren ... Die gesamte Menschheit darf mitfahren, wenn Madame das so will!«

Vivi lachte heiter. »Und Phil meinte, er muss Katha vor den ganzen besoffenen Lüstlingen in Sicherheit bringen, und wenn du nicht innerhalb von fünf Minuten am Auto bist, versenkt er den Schlüssel zu deiner Freiheit im Chiemsee. Nein, köpfe mich nicht, ich bin nur die Übermittlerin.«

Mit einem Grinsen drückte ich Mia noch enger an meine Seite. »Das wäre gar nicht schlecht!« Mein Mädchen vergrub glücklich ihr rotes Gesicht an meiner Brust und ich küsste ihren Scheitel. Vivi fiel in eine Art Schockstarre und verstummte.

»Wow.« Ich runzelte die Stirn, als sie ihre Stimme wiederfand. »So hab ich dich noch nie mit einer Frau umgehen sehen. Du bist ja richtig ... richtig ... süß«, meinte sie ziemlich ungläubig. Ich zuckte bei dem letzten Wort heftig zusammen. Fuck! Ich war kein verdammtes Plüschvieh! »Und ihr seht niedlich zusammen aus!«

»Ja, ja, du mich auch!«, knurrte ich arrogant, »Wenn schon, dann sehen wir heiß zusammen aus!«, was beide Weiber zum

Kichern brachte.

»Ja, okay, das auch …« Vivi zwinkerte Mia zu, worauf diese eine Nuance dunkler wurde.

So schön es auch war, trotzdem mussten wir uns gleich trennen. Egal was ich für sie empfand, meinen Brüdern konnte ich mich noch nicht stellen. Für sie war das hier lediglich ein Streich und so sollte es vorerst bleiben. Allein bei der Vorstellung, wie ich ihnen gegenüber meine Gefühle für den Ex-Truthahn gestand, wurde mir heiß und kalt. Sie würden mich offiziell für verrückt erklären lassen – inklusive Gratisreise in die nächste Irrenanstalt mit ausgedehntem Urlaub in der Gummizelle. Noch vor einem Monat ging es mir nicht anders, aber seitdem hatte sich alles verändert. Ich hatte mich geändert. Nein, sie hatte mich geändert. Dennoch konnte ich mich nicht komplett von meinem alten Ich trennen, noch nicht. Dafür brauchte ich Zeit. Zeit für mich. Zeit zum Nachdenken. Die Zweifel mussten zerstreut werden, wobei ich nicht wusste, ob mir das gelingen würde, ob ich das Risiko eingehen konnte, wieder jemanden so nah an mich rankommen zu lassen. Dafür war Vertrauen vonnöten. Vertrauen, was sich normalerweise erst aufbauen und festigen musste. Konnte ich es Mia bereits ganz und gar schenken?

Als ich ihren warmen Körper spürte, der sich hingebungsvoll an meinen drängte, war ich mir sicher – zumindest in einer Sache … Ich brauchte sie!

Alles andere würde sich ergeben …

❦

»Wir fahr` n n Truthahn nach Hausche? Wasch is mit dia losch, Alda?« Tommy lallte so stark, dass man ihn kaum verstehen konnte. Er lag auf der Rückbank quer über Phil, Katha und Vivi – aus kotztechnischen Gründen. So war gewährleistet, dass einer schnell dir Tür aufmachen und der andere ihn rausschieben konnte, wenn sein Mageninhalt sich spontan dazu entschied, ihn zu verlassen.

Tom besaß ja einige nervige Eigenschaften. Aber nur eine davon war im wahrsten Sinne des Wortes *zum Kotzen*. Er reiherte andauernd! Entweder hatte er was Falsches gegessen, zu viel geraucht, zu viel getrunken, Magendarmgrippe oder weiß die Muschi was. Tom fand immer irgendeinen Grund, deswegen hatte ich den Penner nicht gerne in meinem Zimmer, oder in meinem Auto, schließlich wurde er manchmal zu allem Überfluss auch noch reisekrank.

Er sollte sich hüten, sich in meinem Audi zu übergeben.

Ein winziges Bröckchen auf einem meiner Sitze und er war ein toter Mann.

Mia saß mit einem verträumten Lächeln vorn auf dem Beifahrersitz und lehnte ihre Stirn an die Scheibe, während sie dabei zusah, wie die Außenwelt an ihr vorbeizog.

Es war schon vier Uhr am Morgen und die Sonne würde bald aufgehen. Der Samstag schien so lange her, als wäre all das vor Wochen geschehen.

Ich war müde, gerädert und mittlerweile wieder nüchtern, nur ein flaues Gefühl in der Magengegend verriet den übermäßigen Alkoholkonsum des Vorabends. Oder kam es doch vom baldigen Abschied? Ich wusste es nicht, ich wusste nur, dass es mir jedes Mal schwerer fiel, sie gehen zu lassen.

»Wieso sitzt sie überhaupt vorne?« Katha, das Prinzesschen, war angepisst, weil sie zwischen den Verrückten eingekeilt wurde: einem vor sich hin jaulenden Tom, der nicht einmal in einer Karaoke-Bar bestehen würde, einem lallenden Phil, der einfach mitgrölte, und einer vor sich hin brabbelnden Vivi. Aber wie hieß es so schön? Ehre, wem Ehre gebührt.

Ich verdrehte die Augen. »Weil sie die Nüchternste von uns ist und – im Gegensatz zu euch Spasten – mich nicht ankotzen wird.«

»Ich schaff … dasch auch von hintn«, quatschte Tom fröhlich. Ich blickte ihn nur warnend im Rückspiegel an. Er lachte glucksend und tat so, als würde er würgen.

»Wofür strafst du mich, du dummer Arsch?«, murmelte ich düster, schaute in den Himmel und fuhr mir angestrengt durch die Haare. Neben mir kicherte es, und schlagartig war meine schlechte Laune verflogen, zumindest kurzfristig. Denn gleichzeitig konnte ich mir vorstellen, dass gerade ihr genug einfallen dürfte, wofür ich noch Abbitte leisten musste. Angefangen von dem Diebstahl ihrer Jungfräulichkeit auf diese ungehobelte, unsensible Arschlochart bis hin zum Aushängen ihrer Unterwäschebilder in der ganzen Schule. Die Liste war endlos.

Angeblich hatte sie mir alles vorbehaltlos verziehen, was ich aber nicht glauben konnte. Aber nicht nur das, sie warf es mir bis heute nicht einmal vor. Ihre Gefühle für mich waren so rein, so bedingungslos, dass sie hoch gepokert, alles gesetzt – nicht zuletzt ihre Würde – und gewonnen hatte. Nun lag es an mir, meine Vergehen an ihr wiedergutzumachen, und ich würde alles dafür tun.

Wann hatten sich nur die Seiten vertauscht?

Ursprünglich war sie diejenige, die mir verfallen war, die mir hinterherschmachtete und mich bei jeder sich bietenden Gelegenheit anhimmelte. Nun aber hatte sie den Spieß umgedreht. Jetzt hing ich kopfüber und war völlig verloren – durch sie, für sie.

Um sie noch ein wenig länger bei mir zu haben, überlegte ich, ein paar verschnörkelte Umwege zu fahren. Leider waren Phil und Katha nicht mehr besoffen genug, als dass es ihnen nicht auffallen würde. Sie wirkten sowieso schon aufs Äußerste misstrauisch, weil ich für die Handschellenaktion nicht wenigstens meinen Brüdern eine reingehauen hatte. Vielleicht hatte aber auch Vivi ihr Plappermaul nicht halten können. Weiber waren so. Mit eiskalter Offenheit wurde alles analysiert: von der Größe sowie Breite beziehungsweise Reifegrad des Schwanzes, und was weiß ich. Früher oder später würde so oder so alles rauskommen. Denn in unserer Familie konnte einfach keiner lange ein Geheimnis für sich behalten. Meine Brüder waren gottverdammte Klatschtanten und hatten sich noch einmal gesteigert, als sie mit ihren Schlunzen zusammenkamen, die mittlerweile auch schon dazu gehörten. Nicht dass ich besonders glücklich darüber war, ich hatte mich lediglich daran gewöhnt. Der Umstand, dass zwei Frauen ständig das Wohnzimmer belagerten, ihre Fußnägel mit stinkigem Lack bekleisterten, sich die Fingernägel mit quietschenden, nervtötenden Tönen feilten und mich auf noch mindestens hundert andere Arten störten, war mittlerweile ... ganz okay. Hin und wieder sogar amüsant. Ich arrangierte mich. Das traf es wohl am besten.

Richtig lustig war es nur mit einer. Sie sollte auch dazugehören.

Viel zu schnell kamen wir schließlich vor dem hässlichen Plattenbau an, in dem Mia wohnte. Meine schlechte Laune hatte sich mit jedem Meter gesteigert, den wir näherkamen, und ich stand kurz davor, zum griesgrämigen Pisser zu mutieren. Zumindest so lang, bis ich mein Mädchen wieder sehen und sie verdammt nochmal anfassen konnte. Mit abrupten Bewegungen und quietschenden Reifen brachte ich mein Baby Nummer zwei zum Stillstand.

»Also ... danke«, murmelte mein Baby Nummer eins neben mir. Ich ließ meinen Blick stur geradeaus gerichtet, während ich knapp nickte. Für einen Moment zögerte sie. Einen Moment, indem mein Herz anfing zu rasen, weil sie gleich gehen würde. Sie seufzte leise, und ich schloss gequält die Augen. Es wurde immer schlimmer!

Schließlich verabschiedete sie sich kurz und kaum hörbar bei den anderen und hechtete förmlich aus dem Auto.

Mit dem Bedürfnis, meinen verdammten Schädel gegen das Lenkrad zu schlagen oder zumindest ein wenig Amok zu laufen und die verschissene Stadt anzuzünden, Katzenbabys zu ertränken, Facebook lahmzulegen oder andere Grausamkeiten zu begehen, fuhr ich aggressiv los, damit keiner auf die Idee kam, den Vordersitz für sich in Anspruch zu nehmen oder meinen desolaten Zustand zu bemerken.

Normalerweise hätte Tom umgehend den Platz neben mir belagert, aber der stellte ja gerade eine Kotztüte auf zwei Beinen dar. So konnte ich mich allein hier vorn perfekt meinem Selbstmitleid hingeben.

Wieso durften die Pisser, die sich auf meinem Rücksitz zusammenquetschten, locker fröhlich mit der Person zusammen sein, die sie begehrten, und mir blieb es verwehrt? Wieso hatte ich sie nicht angefleht, dass sie bei mir blieb? Wieso war ich so feige? Und wieso benahm ich mich wie eine verschissene Pussy? Ich widerte mich gerade regelrecht selbst an.

Ich wurde immer frustrierter, während wir nach Hause fuhren, denn ich hatte keine Ahnung, wie ich und Mia ein Paar sein konnten – trotz unserer Vergangenheit und unserer Unterschiede. Aber die wichtigste Frage war doch: Wann würde ich endlich den Arsch in der Hose haben, um mein Mädchen über alles andere zu stellen, sogar über mein beschissenes Image? Denn eins war klar, solange ich die Meinung anderer als wichtiger erachtete, konnte es zwischen uns auf Dauer nicht funktionieren. Würde ich sie dann verlieren, weil ihr das Versteckspiel irgendwann zu blöd wurde? Das wollte und durfte ich nicht riskieren, auf der anderen Seite auch nicht mein mühsam aufgebautes Leben hinschmeißen. In meinem Kopf herrschte gähnende Leere. Es gab keine Antworten, nur Fragen und die Gewissheit, dass ich es schon sehr bald erfahren würde …

20. ACHTERBAHN DER GEFÜHLE

Mia 'so confused' Engel

Ich wusste nicht so recht, was ich von diesem Montag halten sollte.

Die Sonne schien auf mich herab, als ich mich auf dem Weg zur Schule befand. Aber war das ein gutes Zeichen oder die Ruhe vor dem Sturm?

Immer wieder schweiften meine Gedanken zu Samstagnacht, was mit ziemlichen Aufmerksamkeitsdefiziten einherging. Ich sah mich, wie ich auf ihm saß, seine schönen Hände, die mich berührten, hörte seine heisere Stimme, die mich reizte. Noch immer wurde mir ganz warm im Bauch, wenn ich mich an seine wahnsinnig süßen Worte erinnerte, zum Beispiel, als er mir sagte, dass ich sein Mädchen wäre und er ziemlich viel an mir lieben würde.

Obwohl wir nicht allein waren, hatte er mich im Arm gehalten, auch wenn es sich lediglich um Vivi handelte, vor der Tristan mich freiwillig berührte. Trotzdem war es ein großer Schritt für ihn gewesen. Genauso, wie es ihn Überwindung gekostet haben musste, mich im Auto vorn sitzen zu lassen.

Am Sonntag bekam ich Besuch von Vivi, die mich in die Mangel nahm und ausquetschte wie eine überreife Zitrone. Alles wollte sie wissen. Jeder Kuss, jedes Streicheln, jedes Wort und jeder einzelne Stoß wurde analysiert.

In dem Moment war ich wirklich froh, dass Tristan mich, was das Reden über Sex anging, desensibilisiert hatte, ansonsten wäre ich spätestens dann vor Scham im Boden versunken, als ich ihr erzählte, in welch kompromittierender Situation ich ihm meine Liebe gestand. Vivi fand das selbstredend grandios. So grandios, wie ich wiederum den Plan mit den Handschellen fand. Wir wurden eiskalt erwischt, weil selbst mir kein Sterbenswörtchen verraten wurde. Vermutlich hätte ich vor lauter Aufregung sowieso alles ausgeplaudert.

Tristan selbst stellte dabei die größte Überraschung dar. Normalerweise entsprach es ihm eher, Amok zu laufen, allein bei dem Gedanken, an mich gekettet den ganzen Abend verbringen zu müssen. Stattdessen nahm er es locker, fast zu locker, als hätte er sich genau das gewünscht.

Wenn doch nur jeden Tag Samstag wäre, dachte ich verträumt, und betrat das alte Schulgebäude, wo ich mich mit den genervten, verschlafenen Massen mittreiben ließ. Könnte er mich nicht genau jetzt gegen einen Baum drücken und küssen? Diese Zunge ... mhm...

»Oh!« In meinen Tagträumereien versunken merkte ich überhaupt nicht, dass der Schülerstrom stoppte, als ich auch schon in meinen Vordermann rannte. Gott, dieser Rücken ... so wahnsinnig sexy. Ein tiefer, sehnsuchtsvoller Seufzer entkam mir, denn ein bekannter, betörender Duft stieg mir in die Nase. Harte Muskeln spannten sich unter einem engen dunkelblauen Shirt an, worauf ich mich nicht zurückhalten konnte, nur ein einziges Mal diesen göttlichen Hintern mit beiden Händen anzufassen, wohlwissend, wie der Besitzer dieses Prachtarsches reagieren würde.

»Fuck, Baby, du weißt ja, mein Arsch ist dein Arsch, aber erschreck mich nicht so, wenn ich noch auf verdammten Kaffeeentzug bin«, murmelte er vor sich hin. Ich grinste breit und glücklich. Tristan wusste anscheinend sofort, wer ihn unsittlich berührte, ohne sich umzudrehen. Vielleicht lag es an der Art und Weise, womöglich auch an der Spannung, die sich automatisch zwischen uns aufbaute, wenn wir uns nahe kamen.

Die Massen setzten sich wieder in Bewegung und ich dankte schon fast dem Typen hinter mir für seine Ungeduld, denn er drängte mich permanent gegen die perfekte Rückseite vor mir. Kichernd schmiegte ich meine Wange an diese und umschlang in einem Anfall von Übermut seinen flachen Bauch, um ihm knallhart an seinen Ficker zu fassen. Er zuckte. Tristan zischte. Ich stöhnte ...wurde allerdings im nächsten Moment am Handgelenk aus dem Gewühl gezogen. Einige Leute starrten uns schockiert an, doch er verteilte lediglich warnende Blicke und zerrte mich erbarmungslos weiter, was ich natürlich widerstandslos über mich ergehen ließ. Nach einigen Schritten hielt er an seinem Ziel. Keuchend entzifferte ich das kaum leserliche Schild, was dort angebracht war:

Das war so klischeehaft, dass ich hysterisch kichern musste.

Vor Aufregung und beginnender Erregung raste mein Herz, als wir uns in dem kleinen, vollgestellten Raum befanden und Tristan die Tür hinter uns mit einem bestimmenden Knall schloss. Sofort drückte er mich gegen diese, umfasste mein Gesicht mit seinen großen Händen und presste seine sinnlichen Lippen auf meine ausgehungerten. Seine Zunge … oh diese wundervollbringende, so talentierte Zunge plünderte schamlos meinen Mund. Meine Knie wurden weich, während ich damit kämpfte, nicht auf der Stelle ohnmächtig zu werden. So konnte die Woche immer beginnen, denn ich war im Himmel. Um ihm noch näher zu sein, krallte ich meine Finger in seiner Rücken und stellte mich auf die Zehenspitzen. Er wäre nicht Tristan Wrangler, wenn er mich nicht durchschaut und mich forsch an meinem Arsch ohne jegliche Probleme hochgehoben hätte. Und ich wäre nicht Mia Engel, wenn ich nicht meine Beine um ihn geschlungen und meinen Unterleib herzhaft stöhnend an seinem gerieben hätte. Wir wären nicht wir, wenn wir uns nicht von unserem absolut unbändigen Verlangen nacheinander mitreißen lassen würden.

Dies geschah, bis wir unsere Lippen schon fast gewaltsam voneinander lösen mussten, um nicht zu ersticken. Unser beinahe aufeinander abgestimmtes Keuchen gipfelte in einem ausgewachsenen Lachanfall.

»*Das* wird ab jetzt zum Morgenritual«, legte Tristan immer noch etwas außer Atem fest und strich mit seinen seidig glatten Lippen über meinen Hals, während ich mich weiterhin an ihn klammerte und nicht glauben konnte, was hier passierte – immer noch schwer beschäftigt, Luft zu holen.

»Hm-hm«, gab ich ihm verträumt Recht und schnupperte unauffällig an seinen Haaren. Sie

rochen himmlisch. Natürlich wagte ich es nicht, sie zu berühren, denn er mochte das nicht.

»Gott, Baby … du riechst so verdammt gut …«, murmelte er gegen meine Haut – sprach damit meinen Gedanken aus – und nahm mein Haar zur Seite, um seinen Mund sowie seine Nase über meinen Nacken gleiten zu lassen.

Dieser zaghafte Kontakt sandte kleine Blitze durch meinen ganzen Körper und ich erschauderte.

»Und du reagierst wieder mal so heftig auf mich … Fuck, ich will dich ficken!« Ich erstarrte und meine Augen weiteten sich, als er den Kopf wieder hob, um mir ins Gesicht zu sehen.

Seine Augen brannten – moosgrüne lodernde Flammen mit bernsteinfarbenen Abgründen darin. Sie brannten wegen mir. Sie brannten für mich.

»Dann fick mich, Tristan.« Meine Stimmte triefte vor Verlangen und ungezügelter Lust. Langsam und bedächtig rieb ich mich an seinem Schritt. Tristan zischte, seine Hände gruben sich stärker in meinen Hintern, den er weiterhin mühelos festhielt, und er runzelte gequält die Augenbrauen.

»Geht nicht, Mia-Baby. Ich muss Matheklausur schreiben.« Nur sehr unwillig entließ er mich auf den Boden, doch bevor er sich ganz von mir löste, nahm er mein Gesicht erneut zwischen seine langen Finger und lehnte seine Stirn gegen meine. Diese Intimität war überwältigend.

»Ich vermisse dich wie verrückt«, flüsterte er. Ich wusste, was er meinte. Wir waren zwar jetzt in diesem Moment zusammen, aber gleich mussten wir uns wieder trennen, um uns den Rest des Schultages mit Blicken zu begnügen, die zwar alles sagten, aber keine Berührung ersetzen konnten.

»Ich liebe dich«, hauchte ich und hatte eine Sekunde Angst, dass er dieses Mal abwertend reagieren würde. Aber er tat nichts dergleichen. Stattdessen seufzte er tief und beugte sich für einen Kuss zu mir herab. Sanft und ehrfürchtig begegneten sich unsere Lippen, wobei er leise in meinen Mund stöhnte und seine Daumen meine Wangenknochen streichelten.

Ganz sicher, das hier musste der Himmel sein, denn Tristan Wrangler war ein Gott, und dieser Gott empfand etwas für mich, dessen war ich mir sicher. Ob dieser unglaublichen Tatsache füllten sich meine Augen mit Tränen. Aber ich verdrängte sie fürs Erste erfolgreich und konzentrierte mich weiterhin auf das Spiel unserer Zungen – unseren Kuss. Damit teilten wir uns mehr mit, als es mit Worten möglich war. In jeder einzelnen Minute zeigte ich ihm, was er mir bedeutete, waren sie doch begrenzt. So auch jetzt – ohne eine Silbe –, nur mit einem tiefen Blick schob er mich behutsam zur Seite, öffnete die Tür und verschwand im undurchsichtigen Schülergewimmel, das nach wie vor den Flur verstopfte. Ich nutzte die Zeit bis zum Klingeln, indem ich mich an die Wand lehnte, versuchte mich zu akklimatisieren, um die

Röte aus meinen Wangen und die Aufruhr in meinem Körper zu vertreiben. Doch ich hatte nur zweifelhaften Erfolg, dafür ging Tristan mir zu sehr unter die Haut. Es war kaum zum Aushalten.

⊚≈⊙

Sport – mein absolutes Hass-Fach. Sport ist Mord, so sagte man doch.

Dies stellte eine unabänderliche Tatsache dar, schon allein aufgrund meiner ausladenden Rundungen. Wie ein Fass auf zwei Beinen fühlte ich mich inmitten der schlanken Mädchen und schwitzte – bedingt durch meine Masse – viel schneller, was wirklich abscheulich war und mir das Gespött aller einbrachte. Ich konnte mir andere schweißtreibende Betätigungen vorstellen, die mir im Gegenzug nichts ausmachten, zum Beispiel Sex mit Tristan. Dabei wurde mir auch heiß, sehr heiß, während die Feuchtigkeit unsere Leiber bedeckte und mehr Sauerstoff vonnöten war, als ich aufnehmen konnte. Aber das Entscheidende dabei war der Hammerorgasmus, mit dem ich belohnt wurde und der alle Anstrengungen ausglich.

Was bekam ich hier?

Nichts, wenn man von den schiefen Blicken der Tussen aus meiner Klasse absah und die permanenten Demütigungen hinnahm.

Ganz besonders schlimm wurde es beim Bockspringen. Hieß es nicht immer, dass man in der Schule für das ganze Leben lernt? Mir hatte sich noch nicht offenbart, welches Zukunftsszenario greifen musste, um diese Disziplin zu beherrschen.

Die Lehrerin sah das wohl anders. Sie wollte es so, also bekam sie es.

Vier Böcke wurden aufgebaut und ebenso viele Teams gebildet. Selbstverständlich kam ich mit Eva und Valerie in eine Gruppe. Nur Angela, die auch bei uns landete, war sehr nett.

Großartig! Manchmal kam es mir vor, als würde die Pädagogin ihre sadistische Ader an mir ausleben. Aber ich hatte keine Wahl, also: Augen zu und durch! Dabei versuchte ich krampfhaft, den dunkelbraunen chaotischen Haarschopf oben auf der Tribüne zu ignorieren. Obwohl er unbeteiligt wirkte, spürte ich seine Blicke bei jeder einzelnen Bewegung auf mir.

Wie jeden Montag legte ich ihm natürlich auch eine aufreizende Dehnshow hin, die ihn fast sabbern ließ. Jedes einzelne Mal war es für mich immer noch ein Wunder und unfassbar, dass ich so eine enorme Wirkung auf ihn hatte, was mich noch weiter anspornte.

Schließlich sollte er was für sein Geld bekommen. Bei dem Gedanken musste ich lächeln. Manchmal fühlte es sich an, als wären wir allein in dieser riesigen Turnhalle. Alles wurde ausgeblendet und wir konzentrierten uns ausschließlich auf den jeweils anderen. Es gab einfach nichts Schöneres, als meinen persönlichen Sexgott um seine Selbstbeherrschung zu bringen, indem ich provokativ für ihn posierte.

Eva und Valerie sprangen gerade leichtfüßig über den Bock, worauf mein verträumtes Grinsen in sich zusammenfiel, denn ich ahnte bereits, dass ich niemals so elegant dieses Hindernis überwinden würde. Gott, das Teil war erstens viel zu hoch und ich zudem auch noch die Kleinste im Team. Selbst das Sprungbrett schien nicht sehr vertrauenerweckend. Einmal falsch aufgekommen würde ich unter Garantie auf meiner ohnehin schon ramponierten Nase landen. Das Allerschlimmste und was mir ein regelrechtes Unwohlsein bescherte, war, dass mein persönlicher Traummann mich die ganze Zeit nicht aus den Augen ließ. Er würde diese Peinlichkeit miterleben, sich endgültig fragen, was er mit mir dickem, ungeschickten Ding wollte und einfach das Weite suchen.

Jetzt konnte ich wirklich das Loch gebrauchen, was man sich in diesen Momenten stets herbeisehnte, um darin zu verschwinden. Leider musste ich mich der Realität stellen und sah mich mit einem wahren Albtraum konfrontiert.

Ich atmete noch einmal tief durch und schaute zu Eva, die als "Sicherheit" neben dem Bock stand. Ihr dreckiges Grinsen verhieß nichts Gutes, und mir wurde ganz flau im Magen. Dennoch wollte ich mir hier nicht die Blöße geben und als feige gelten, also rannte ich los.

Während meines Laufes visierte ich das Hindernis an, und es sah auch gut aus. Ich würde es über das Turngerät schaffen, aber genau als ich den rechten Fuß ausstreckte, um ihn auf das Sprungbrett zu setzen, schnellte Evas rosa Turnschuh nach vorn und traf mich voller Wucht am Schienbein.

»Argh!«

Sofort stolperte ich und verlor das Gleichgewicht. Meine Arme streckten sich automatisch aus, um den bevorstehenden Sturz abzufangen. Dabei achtete ich nicht mehr darauf, wo ich hintrat und schaffte es deshalb nicht über den Bock, sondern dagegen. Mein Gesicht kollidierte mit dem glatten Leder und Schmerz schoss von meinem Nacken ausgehend in meinen gesamten Kopf. Nur am Rande nahm ich ein Knacken wahr, verursacht durch die

Wucht des Aufpralls, aber ich ignorierte es, als mir kurz schwarz vor Augen wurde und ich zu Boden ging. Auf den Knien bemerkte ich das Blut, welches aus meiner Nase tropfte.

Das Rauschen in meinen Ohren ließ fast das hämische Gelächter untergehen, was von der gesamten Klasse zu kommen schien. Doch ich hörte es noch viel zu deutlich, was somit meine Demütigung real machte.

Die Tränen kamen wie von selbst, vermischten sich mit dem Blut auf der Matte und nahmen mir gleichzeitig meinen Stolz. In diesem Moment wollte ich sterben.

Sie würden nie aufhören, mich zu quälen, dessen war ich mir sicher. Aber ich wollte auch nicht als Beweis meiner eigenen Schande weiterhin die Hilflose geben, stattdessen kam ich wacklig auf die Beine und bedeckte meine Nase mit einer Hand.

Alles in mir schrie nach Flucht, aber ich bekam keine Gelegenheit, denn hinter mir vernahm ich ein Raunen und Keuchen. »Tun sie was, anstatt hier blöd rumzustehen! Wofür werden sie gottverdammt nochmal bezahlt?«, grölte eine mir allzu bekannte Stimme durch die gesamte Turnhalle. Ich drehte mich schockiert in die Richtung, aus der sein tiefer Bass kam.

Tristan stand bedrohlich vor der Sportlehrerin, inmitten aller Mädchen, und funkelte sie wütend an. Die Einschüchterung war ihr deutlich anzusehen. Denn er wirkte wie der Teufel persönlich, und er war sauer. Seine Hände, die er zu Fäusten geballt hatte, zitterten. In seinen schönen Augen glänzte unverhohlener Zorn, der nur auf eine Gelegenheit wartete, um auszubrechen.

»Wie können sie so was nur immer zulassen, verdammte Scheiße? Sind sie eine beschissene Sadistin? Werden sie daheim dermaßen unterdrückt, dass sie es hier an ihren Schülern auslassen müssen?« Die Hälfte der Anwesenden stieß schockiert die Luft aus, mich und die Pädagogin eingeschlossen. »Ich werde sie beim Direktor melden und gleichzeitig dafür sorgen, dass sie ihren Job verlieren«, drohte er und ließ keinen Zweifel daran.

Absolut konsterniert starrten alle Tristan an. Keiner wagte zu atmen, aus Angst, dass die Situation eskalierte. Selbst die kleine, schwarzhaarige Frau konnte keinen Ton mehr von sich geben, stattdessen zitterte ihre blassrosa Unterlippe. Wortlos musterte sie ihn, bis sie sich scheinbar wieder gefangen hatte.

»Ich werde selbst den Direktor aufsuchen und ihr Verhalten unverzüglich melden!« Ihre Autorität hatte sie bei allen Schülern aufgrund der dünnen Stimme, mit der sie sich aus der Affäre zog, eingebüßt.

Mit einem kurzen, vermeintlich strengen Blick stolzierte sie letztendlich aus der Turnhalle, nicht ohne die Tür mit einem Knall hinter sich zuzuziehen.

Ähm, hallo? Meine Nase, sie blutet!

Jetzt wandten alle ihre Aufmerksamkeit wieder mir zu. Jemand zwickte mir in die Nase, nachdem ich wegen diesem spektakulären Auftritt von eben den Schmerz völlig vergessen hatte und die Hand runternahm.

»Ist doch nicht so schlimm, Fetti! Vielleicht können sie die im Krankenhaus ja gleich …« Evas Spott verklang zu einem verschreckten, kleinen Schrei, als Tristan sie ruckartig am T-Shirt von mir wegzog, sie gegen die nächstbeste Wand knallte und zwischen seinen Armen einsperrte.

Jetzt würde er die Beherrschung komplett verlieren.

»Lass deine Finger von ihr!«, fuhr er sie an. »Ständig auf den Fehlern der anderen rumtrampeln, um eure eigene Hässlichkeit nicht erkennen zu müssen, das ist leicht!« Nur Millimeter trennten die Gesichter von Eva und diesem Wahnsinnsmann, der meine Ehre verteidigte.

»T-Tristan … b-bitte …«, stammelte Eva und wollte unter seinem Arm durchrutschen. Sie hatte wirklich Angst vor ihm, was ich ihr nicht verdenken konnte. An ihrer Stelle wäre ich schon längst heulend zusammengebrochen. Er aber verhinderte ihre Flucht und drückte sie erneut heftig gegen die Wand.

»Halt einfach dein Maul! Und bitte mich um nichts, du bist es nicht wert!« Noch bevor das letzte Wort verklungen war, holte er mit der Faust aus und ließ sie direkt auf sie zu schnellen. Eva kreischte genau wie die gesamten Mädchen kurz auf. Doch er traf nicht ihr Gesicht, sondern rammte mit voller Kraft ein paar Zentimeter von ihr entfernt die Vertäfelung, an der sie stand. Man hörte ein Krachen und splitterndes Holz, dann war alles still.

Eva durchbrach die Ruhe mit unkontrollierten Schluchzern. Ihr ganzer Körper zitterte, während ich mich weder bewegen noch glauben konnte, was hier geschah.

»Schön, nicht wahr, wenn man Angst hat und gedemütigt wird? Ein schönes Gefühl, wenn man weiß, dass man keine Chance hat, der andere es aber ausnutzt. Schön, wenn ständig auf den eigenen Unzulänglichkeiten rumgetrampelt wird, nicht wahr, Kleintitte?« Bedrohlich und leise verklang seine Stimme. Sie schluchzte nur noch lauter, als seine Fingerknöchel über ihr Gesicht strichen. »Merk dir das Gefühl, und vergiss nicht, wenn du der Meinung bist, einen Schwächeren schikanieren zu wollen. Es gibt irgendwo auf der Welt immer jemanden, der stärker ist als du. Er könnte dir dasselbe antun.« Damit stieß er sich mit einem Ruck von der Wand ab und drehte sich von ihr weg. Während Eva zutiefst gedemütigt und zitternd wie Espenlaub zu Boden rutschte und ihre Knie mit ihren dünnen Ärmchen umschlang, war ich wie gelähmt. Einzig meinen Blick konnte ich nicht von ihr nehmen. Das geschah erst, als sich zwei grünbraue Augen in mein Gesichtsfeld schoben. Sie waren traurig, so unsagbar traurig.

Tristan reichte mir seine Hand und ich nahm sie. Er umschloss sie fest und schockte mich ein weiteres Mal, indem er mich problemlos vor allen anderen auf seine Arme hob. Mein Gesicht versteckte ich an seiner Brust, hielt aber meine Nase, um ihn nicht mit meinem Blut einzusauen. Wortlos verließen wir die mucksmäuschenstille Turnhalle und er trug mich über den Parkplatz, geradewegs zu seinem Auto. Dort ließ er mich vorsichtig runter und öffnete mir die Beifahrertür. Keiner von uns sagte ein Wort. Weder als ich einstieg noch als ich zusammenzuckte, weil er die Tür zuknallte.

Er war gerade ausgeflippt! Richtig ausgeflippt! Wegen mir! Das musste ich erst einmal verarbeiten. Wir schwiegen weiterhin. Selbst als er den Audi startete und ihn auf die Straße lenkte, saßen wir wie zwei Fremde nebeneinander, berührten uns nicht. Dennoch konnte ich die Wut und auch die Trauer, die von ihm abstrahlte, fast körperlich fühlen. Ohne mich nur anzusehen, reichte er mir ein Taschentuch, womit ich versuchte, meine Nase zu reinigen, die schon nicht mehr blutete. Wieso war er so ausgerastet? Er hätte Eva fast geschlagen! Ich konnte nicht nachvollziehen, warum ihm das, was passiert war, so nahe ging und ihn so unendlich betrübt machte.

»Meine Mutter hat sich wegen mir umgebracht«, durchbrach er die Ruhe im Wagen. Völlig emotionslos sprach er das aus, was mir in dieser Situation fast den Boden unter den Füßen wegzog. Ich war gelinde gesagt völlig perplex, wobei das nicht einmal reichte, um zu beschreiben, wie ich mich fühlte.

»Halt an!« Mehr brachte ich kaum raus. Er schnaubte lediglich und gab stattdessen richtig Gas. »Halt an, Tristan!«, brüllte ich nun. Er drosselte das Tempo, fuhr an den Seitenstreifen und stemmte sich abrupt auf die Bremse.

Für einige Minuten war es wieder still zwischen uns. Ich musste mich sammeln und überlegen, was ich tun sollte. Schließlich schnallte ich mich ab und krabbelte auf seinen Schoß. Kurz huschte eine Vielzahl von Emotionen über sein Gesicht, aber er ließ es zu, dass ich mich breitbeinig auf ihn setzte, indem er seinen Sitz nach hinten verstellte.

Seine Hände lagen auf meinen Hüften und er sah mich mit schmerzverzerrtem Ausdruck an. Ich umfasste seine Wangen, strich über die glatte Haut und schaute in seine endlos tiefen, verlorenen Augen.

»Jetzt erzähl«, murmelte ich. Ohne meinen Blick von ihm abzuwenden, streichelte ich ihn weiterhin, drängte mich enger an ihn, um ihm noch ein wenig mehr Halt zu geben.

Und Tristan erzählte ... mit leiser, fast schon monotoner Stimme sowie vor Kummer stumpfen Augen.

»Meine Eltern lernten sich im Urlaub in London kennen. Es war Liebe auf den ersten Fick. Mein Dad folgte meiner Mutter in ein kleines Kuhkaff und heiratete sie nur drei Monate danach. Schon immer wünschten sie sich drei Kinder. Also machten sie sich gleich nach Davids Studium an die Arbeit ... Ich war der Jüngste von uns dreien. Phil und Tom waren bereits ein eingespieltes Powerteam. Sie haben schon früh angefangen, sich gegen den kleinen, nervigen Bruder zu verbünden, der auch noch der Liebling ihrer Mutter war. Im Grunde wuchs ich als Einzelkind auf, weil die beiden mit ihren drei und vier Jahren keinen Bock auf das Baby hatten.

Irgendwann schickten meine Eltern mich in eine dieser Kinderaufbewahrungsanstalten ...« Er registrierte meinen fragenden Blick und verzog das Gesicht. »Kindergarten ...« Kaum hatte ich genickt, fuhr er fort, so eintönig wie zuvor. »Dort ging es los. Warum? Keinen Schimmer. Jeden Tag war ich mit blauen Flecken übersät und erzählte meiner Mutter von den Gemeinheiten, die mir die anderen Kids antaten. Sie redete mit den Kindergärtnerinnen und den Eltern, aber keiner hatte etwas gesehen oder wollte es nicht. Die Menschen schauen nun mal gerne weg, wenn ihnen etwas nicht gefällt. Meine Mum versuchte, mich zu trösten, für mich da zu sein, und wie Mütter so sind, meinen Schmerz auf sich zu nehmen.

Doch es half nicht. Vielleicht erschien ich allen als seltsam, merkwürdig, was sie instinktiv ablehnten.

Ich schätze, ich war still. Stiller als andere Kinder und womöglich haben sie mich deshalb als Punchingball benutzt, keine Ahnung ... Aber die Zeit war fucking genial, ehrlich.« Ein bitterer Zug zeichnete sich um seinen Mund ab und visualisierte den Sarkasmus in seiner Stimme. »Ich lief wochenlang ziemlich kahl herum, weil meine Mutter den Klebstoff, den sie mir in die Haare schmierten, nicht mehr rauswaschen konnte. Permanent wurde ich mit irgendwas beworfen, manchmal war es Dreck. Wenn ich Glück hatte, nur Gras. Meistens nahmen sie allerdings das Spielzeug. Schon mal einen Holzbaustein an den Kopf bekommen?« Die Frage war wohl eher rhetorischer Natur, denn er sprach augenblicklich weiter. »Kinder können wirklich grausam sein, wie du sicher weißt. Aber am schlimmsten waren die Schimpfwörter. Mit aller Verachtung, die ein junges Leben aufbringen kann, wurde ich niedergemacht.

Irgendwann hörte ich auf zu essen und zu lachen, verlor jeglichen Spaß und zog mich immer mehr zurück. Zu dieser Zeit ließ ich niemanden mehr an mich ran.« Wieder warf er mir einen flüchtigen Blick zu. Doch kaum sah er mir in die Augen, verzog er das Gesicht und schaute in die imaginäre Ferne. »Meine Mutter zerrte mich zu einem dieser Beklopptenärzte … Sie hielt das für eine verdammt gute Idee. Dreimal darfst du raten, was der tat ...« Selbst wenn er eine Antwort erwartet hätte, wäre mir nichts in den Sinn gekommen. In einem leicht versonnenen Ton mit einem harten, humorlosen Lächeln auf den Lippen beschrieb er seine grausame Kindheit: »Mir wurde die ganze Bannbreite bunter Pillen verschrieben. Ich sag dir, wenn du den Dreck nimmst, dann siehst du nur noch Farben und dir ist alles scheißegal. Meine Mum, die diesen Kurpfuscher ebenfalls konsultierte, konnte wohl ebenfalls mit einer schillernden Auswahl an ′Leck mich Arsch′-Pillen dienen. Aber so genau weiß ich das alles nicht mehr, dafür war ich noch zu klein … oder zu zugedröhnt.

Der Erfolg war gigantisch! Denn jetzt vermöbelten sie mich nicht nur für meine Existenz an sich, sondern auch noch dafür, weil ich ein ausgewachsener Psycho war. In meiner Brotzeitbox lagen immer diverse Medikamente, und wenn eines der kleinen Monster fragte, meinte die Erzieherin: ′Tristan darf sich nicht so aufregen. Deshalb bekommt er seine Tabletten.′ Ha! Was für eine perfekte Vorlage! Ich schätze, ich sah auch ein bisschen neben der Spur aus. Tja, und wehren ist auch nicht drin, wenn du in Dauertrance bist. Nicht, dass ich auf die Idee gekommen wäre.

Unter Drogen wurde ich eingeschult. Diesmal waren es nicht unbedingt nur die Jungs, die mich schikanierten. Hier waren es eher die Mädchen. So dumm wie ihre Eltern, die ihr Einkommen permanent versoffen und ihre Ableger im Vollrausch zeugten. Was willst du da erwarten?

Jedenfalls war ich für die der Punchingball. Auch hier wehrte ich mich nicht, einerseits weil es Weiber waren, andererseits kannte ich im Grunde nur die Opferrolle. Dann zogen die Jungs nach, weil ich mich gegen die paar Hühner nicht behaupten konnte und ich ohnehin meinen Stempel als Psycho und Idiot weg hatte. Einmal in der Scheiße, immer in der Scheiße.

Und ich schwöre dir, die riechen das! Die riechen den Angstschweiß wie diese Köter. Sie riechen ihn und ermitteln unter dreihundert Scheißern genau den einen, der sich vor Schiss in die Hosen pinkelt, weil er in die Schule muss. Na ja, ich war der Trottel. Und meine Brüder machten sich einen Spaß daraus. Sie machten zwar nie mit, aber sie lachten sich regelmäßig einen ab.

Ich knie ja heute noch deswegen in ewiger Dankbarkeit vor den Pissern! Vielleicht sahen sie es als eine Art Rache, weil ich Mamas Liebling war und sie ihre komplette Kraft und Zeit in mich steckte.«

Tristan holte tief Luft, eine Augenbraue war spöttisch erhoben, die Lippen mit einem Mal so schmal, dass ich sie kaum ausmachen konnte. Hass!, durchfuhr es mich. Er hasst sich! Aber warum? Es rann mir eiskalt den Rücken herab, aber ich ließ ihn nicht los und wartete darauf, dass er die Kraft fand, um weiter zu reden.

»Du weißt doch, was ein Parcours ist, oder? Na ja, der Weg zwischen der Schule und meinem Zuhause wurde zu einem. Separat kamen noch die Strecken zwischen den einzelnen Klassenzimmern dazu.« Hohl lachte er auf. »Du weißt, was ich meine, du ganz bestimmt … Im Unterricht war es einfacher, weil sie mich da nicht verprügeln konnten. Und irgendwann gewöhnt man sich auch an jede Menge Scheiß: ob nun Spucke im Essen, Kaugummi oder Tonnen von Zellstoffkugeln im Haar. Die tagtägliche anständige Dröhnung erleichterte es sogar. Mit der Zeit müssen ihnen die normalen Nummern zu langweilig geworden sein, schätze ich, denn sie dachten sich immer genialere Pläne aus. Der ultimative Schlag erwartete mich eines Tages, als ich auf den Weg zum Deutschunterricht mal musste. Nur das Mädchenklo war in Reichweite und ich hatte keinen Bock den ganzen Jungs zu begegnen, die mit diversen Gemeinheiten an strategisch günstigen Punkten auf mich lauerten. Ich machte also vorsichtig die Tür zu den Toiletten auf … linste hinein … die Luft war so ziemlich rein ... und los! Jetzt oder nie ...« Er gab ein Schnauben von sich und schüttelte den Kopf. »Dämlicher Penner«, murmelte er. Und wieder verging eine ganze Weile, in der er irgendeinen Punkt außerhalb des Wagens betrachtete. »Sie hatten mich natürlich beobachtet«, fuhr er irgendwann unvermittelt fort. »Und sie stellten den kleinen Psycho direkt, während er heimlich im Mädchenklo am Kacken war.«

Ich betrachtete seine Hände, die sich zu festen Fäusten geballt hatten. Sie bebten, als würde dahinter jede Menge Kraft stecken. »Lena, so hieß ihre Anführerin, meinte, für das Vergehen müsse ich bestraft werden. Entweder das oder sie würden mich beim Direktor melden und ich käme in den Kinderknast …« Mit einem Mal klang er nicht mehr monoton, eher verzweifelt. »Ich hatte ihnen das abgekauft, naiv, wie ich war, und wollte nicht in den Knast! Ich …«

»Was haben sie getan?« Nur mühsam konnte ich meine Wut beherrschen. All das, was mir während der vielen Jahre als Idiotin der Schule widerfahren war, konnte sich nicht mit dem messen, was sie diesem kleinen Jungen angetan hatten. Und zu diesem Zeitpunkt wusste ich nicht einmal die Hälfte. Eilig blinzelte ich die Tränen weg. Nicht jetzt, das würde auch nichts ändern. Ich versuchte, einen seiner Finger zu berühren, doch er nahm sie geistesabwesend beiseite und so blieb mir nichts anderes übrig, als mich zu wiederholen. Es war kaum mehr als ein Flüstern: »Was haben sie getan?«

»Was denkst du denn?«, wisperte er heiser. »Ich tat es! Ich fraß meine eigene Scheiße, und kann sie noch heute schmecken. Das werde ich niemals vergessen, niemals! Sie verlangten von mir, dass ich meinen heißgeliebten Schulranzen, auf den ich so stolz gewesen war, damit beschmierte, was ich auch tat. Fuck, ich hätte mich sogar selbst angepisst, wenn sie danach nur gegangen wären. Ich hätte alles gemacht!

Als meine Mutter angerufen wurde, um mich abzuholen, war sie mit den Nerven bereits am Ende, noch bevor sie in der Schule ankam … Sie fand mich in den Toilettenräumen, zusammengekrümmt in einer Ecke. Ich ließ keinen an mich ran. Dabei wippte ich wie in Trance vor und zurück und murmelte nur: ´Ich will nicht. Ich will nicht. Ich will nicht´.

Ihre tröstend ausgestreckte Hand schlug ich weg und begann zu schreien. Ich schrie, weil sie mir nicht geholfen hatte, weil sie mich nicht beschützt hatte und konnte mich nicht mehr beruhigen. Stundenlang hörte ich nicht auf, alles musste raus. Der Arzt sagte meiner Mutter, ich hätte ein Trauma davongetragen und es wäre eine Langzeittherapie nötig, um dies zu verarbeiten. Trotzdem sei nicht garantiert, dass ich jemals wieder der Alte werden würde. Natürlich wurde zur Sicherheit gleich die Dosis der Pillen erhöht und ich bekam eine Breitseite Beruhigungsmittel. Wir zogen um und ich kam an eine neue Schule.

Dort war es nicht viel besser. Obwohl … Scheiße musste ich da keine fressen. Kann natürlich auch daran liegen, dass ich niemals wieder auf ein Mädchenklo gegangen bin. Man lernt ja aus seinen Fehlern.«

Ich ignorierte das flaue Gefühl in meinem Magen, während in Tristans Augen wieder die Emotionen tobten. Statt tiefstem Hass und Abscheu sich selbst gegenüber fand ich nur noch Resignation.

Sein Blick fesselte meinen, ich zuckte allerdings zusammen, als er überraschenderweise so unpassend zu seinem Ausdruck mit wütender und fester Stimme seine Geschichte fortsetzte.

»Meine Mutter brachte sich an einem Dienstagmorgen um. Laut Leichenbeschauer, der sie später untersuchte, saß ich da gerade im Zeichenunterricht und malte den Baum in unserem Garten. Ich weiß noch, die Sonne schien und der Himmel war wolkenlos. Als ich nach Hause kam, schickte mich Dad nach unten in den Keller, um ein paar Konserven zu holen, denn der Kerl kann einfach nicht kochen. Scheiß Dosenfraß, ich hasse das Zeug bis heute ...«, zwei Minuten später ein heiseres Wispern, »... ihre Zunge, Mia … ihr Gesicht war komplett blau angelaufen ...«, eine Minute später, »…die Augen ... ich habe noch nie so große Augen gesehen ...«, drei Minuten später …

»Sie hinterließ lediglich einen Abschiedsbrief, den ich so oft gelesen hab, dass ich jedes einzelne Wort auswendig weiß«. Als hätte er ihn vor Augen, begann er:

»´Es tut mir unendlich leid, dass ich keinen anderen Ausweg mehr weiß und euch verlassen muss. Ich bin zu schwach, zu unfähig und habe als Mutter versagt. Es schmerzt mich so sehr, dass ich das Gefühl habe zu ersticken. Tagtäglich verliere ich mich mehr und finde nicht die Kraft, weiterhin durchzuhalten.*

Mein liebster David, du warst immer das Licht in meinem Leben und wirst es immer sein. Aus unserer Liebe sind drei wundervolle Jungs entstanden. Einer großartiger als der andere.

Tommy und Phil, meine kleinen Rabauken, ich bin so unglaublich stolz auf euch. Bewahrt euch euer Selbstbewusstsein und euer Durchhaltevermögen, was ihr eindeutig von eurem Vater habt. Ihr werdet euer Leben perfekt meistern.

Mein kleiner Tristan, gerade bei dir muss ich mich besonders entschuldigen. Keine Worte können je wiedergutmachen, was ich dir angetan habe. Es ist doch meine Aufgabe, dich vor allen Ungerechtigkeiten dieser Welt zu beschützen, aber ich bin zu schwach. Das war ich schon immer. Ich wollte nie, dass sich meine Kindheit in deiner wiederholt.

Tristan, mein Baby, ich hoffe, du kannst mir irgendwann verzeihen, denn ich kann es nicht. Aber ich weiß, du wirst irgendwann die Stärke in dir finden, denn du bist so viel besser, als ich es je war. Mir ist nie gelungen, was du schaffen wirst: zu kämpfen.

Zeit meines Lebens habe ich es versucht, aber ich kam nicht gegen diese Stimme an, die mir von Anfang an zuflüsterte: Du bist nichts wert. Ich musste einsehen, dass sie Recht hat.

David, ich hab dir nie davon erzählt, aber ich konnte nicht. Meine Angst, dass du mich dann mit anderen Augen siehst, fraß mich schier auf.

Ich liebe euch so sehr. Bitte vergebt mir!´«

Ich konnte mein Schluchzen nun nicht mehr unterdrücken und schlug eine Hand vor den Mund. Er musterte mich, diesmal mit einem leichten Stirnrunzeln, und nahm jetzt endlich meine Hand in seine. Dann lächelte er wieder – traurig –, ehe er unsere ineinander verschlungenen Finger grüblerisch betrachtete. »Dies war eine verdammte Motivation, das kannst du mir glauben. Nur schade, dass ich nicht früher auf die Idee kam, dann hätte ich meine Mutter nicht auf dem Gewissen. Aber man kann wohl nicht alles haben. Ihr Verlust hat uns Brüder wenigstens zusammengeschweißt. Alle anderen gehen mir drei Meilen am Arsch vorbei …« Erneut wandte er den Blick ab und als er mich wieder ansah, waren seine Augen von einer Härte gesättigt, wie ich es noch nie bei ihm gesehen hatte. »Mit zehn begann ich, Sport zu treiben wie ein Verrückter. Ich lernte verschiedene Kampfsportarten, um mich verteidigen zu können. Und, wie du ja bereits weißt, bin ich beim Boxen hängen geblieben. Aber auch geistig entwickelte ich mich weiter. Schnell lernte ich, andere Menschen einschätzen zu können und ihre Schwächen zu erkennen, bevor sie mich durchschauen konnten. Jeder war ein potenzieller Feind und gefährlich.

Das Leben ist ein Boxring und Angriff die beste Verteidigung.

Jeden einzelnen Tag macht es mich so sauer, Leute zu sehen, die wortlos alles über sich ergehen lassen, obwohl sie einen Mund und einen Körper haben, mit dem sie sich wehren können …

Ich hatte es nicht getan. Hätte ich nur ein wenig Mut aufgebracht, wäre meine Mutter noch da.

Als ich ihren Brief las, wurde mir bewusst, dass ich die Schuld an ihrem Tod trage. Ich habe meine Mutter umgebracht … Ich …« Oh Gott, ich musste eingreifen.

»Tristan …« Meine Stimme klang kratzig und heiser vom leisen Weinen. Aber ich riss mich zusammen und räusperte mich, bevor ich energisch beginnen konnte: »Du hast sie nicht umgebracht!«

Seine Augen verhärteten sich noch einen Tick. Aber ehe er reagieren konnte, flüsterte ich: »Du warst klein und ... du ... wusstest nicht, wer du bist. Du hast dich selbst nicht gekannt. Deswegen warst du auch nicht überzeugt von dir und konntest demnach nicht für dich einstehen ... aber ...«, und jetzt packte ich ihn fast schon grob.

»Ich weiß nicht viel über eine richtige Familie, aber ich weiß, was du verdient hättest! Sie hätte sich nicht aus der Verantwortung ziehen und dich allein lassen dürfen, nicht in so einer schweren Phase deines Lebens. Glaub mir, ich weiß, wie es sich anfühlt, allein gelassen zu werden. Ich weiß, du denkst, es ist alles deine Schuld. Aber nichts davon ist wahr. Du denkst, deine Schwäche hat sie in den Selbstmord getrieben. Doch du warst nicht schwach, sondern stark. Du hast gekämpft, indem du dich dazu entschieden hast, es durchzustehen, ganz egal was sie dir antaten. Du hast nie aufgegeben, auch wenn du gedemütigt wurdest, auch wenn du psychische und physische Schmerzen erlitten hast.

Aber deine Mutter hat aufgegeben, was nicht hätte passieren dürfen. Sicherlich hing es mit der Gesamtsituation zusammen, und offenbar war sie schon vorher labil ... »

»Was weißt du schon?«, knurrte er und öffnete die Tür. Dann schob er mich von seinem Schoß nach draußen und stieg taumelnd aus.

Scheinbar völlig entkräftet lehnte er sich mit dem Rücken gegen sein Auto und zündete sich eine Zigarette an. Seine sonst so sicheren Hände zitterten.

»Was maßt du dir an, über elterliche Pflichten zu sprechen? Du lässt dich doch jeden Tag fertigmachen! Sehr einfach, es auf deine Eltern zu schieben. Werde wach, Mia! Du bist der Versager, nicht sie!« Getroffen zuckte ich zurück. Die Worte taten genauso weh wie der kalte, unnachgiebige Tonfall, mit dem er mich anfuhr. Aber ich würde mich nicht mehr einschüchtern lassen. Erst Recht nicht von Tristan. Ich würde ihm Kontra geben, denn ich war die Einzige, die es durfte.

»Das ist etwas komplett anderes! Du warst schon immer unbeschreiblich schön, nur eben still!« Ich runzelte die Stirn. »Und ein bisschen bekifft ... Ich bin fett! Da wird man schon abgestempelt, wenn die Leute einen nur ansehen! Man muss nicht mal einen Mucks von sich geben!« Kühl schaute ich ihm in die Augen. »Aber wenigstens bringt mich das nicht dazu, aus Frust andere schlecht zu behandeln, nur weil es das Leben nicht gut mit mir meint oder weil ich mich gerade scheiße fühle. Und weißt du was, Tristan? Ich bin vielleicht eine naive Träumerin, die an höhere Mächte glaubt, aber ich glaube auch an ausgleichende Gerechtigkeit und daran, dass im Grunde genommen jeder Mensch gut ist, insbesondere du. Vergiss es, mich vom Gegenteil überzeugen zu wollen. Du bist nicht schlecht! Schlecht ist nur, was du aus dir gemacht hast!«

Er fing an zu lachen. Humorlos und hart.

Ärger durchfuhr mich und ich platzte heraus, ohne nachzudenken: »Was würde wohl deine ...« Bevor ich blinzeln konnte, hatte er meine Arme gepackt. Unsere Gesichter waren sich sehr nah. Sein Blick war kalt wie Eis. Kälte, die sich umgehend in meinem Bauch einnistete. »Wage es nicht, von meiner Mutter zu sprechen!« Mit einem letzten bedrohlichen Funkeln wurde sein Griff noch etwas fester. Für ein paar Sekunden stand die Welt still, und ich hielt die Luft an. Dann blinzelte er, ließ mich ruckartig los und setzte sich wieder ins Auto. »Fahren wir jetzt, oder was?«

Tief durchatmend stieg ich wieder ein. Selbst hier im Auto herrschten ungefähr fünf Grad zu wenig. Tristan sah mich nicht an, doch er schien sich wieder einigermaßen gefangen zu haben, wenn auch nur oberflächlich, denn seine Bewegungen wirkten nicht mehr so fahrig. Die Spannung in mir stieg mit jedem Meter, den wir zurücklegten. Was würde er jetzt tun? Ich hatte eine imaginäre Linie überschritten, war zu weit gegangen und müsste mich nun den Konsequenzen stellen. Aber wie wütend war er auf mich? Die Ungewissheit schürte die beginnende Panik, ihn vielleicht sogar verloren zu haben.

Meine Unterlippe heftig malträtierend rang ich mit meinen Händen – gute zehn Minuten lang. Die Ruhe schnürte mir die Kehle zu. Ich versuchte Luft zu holen, aber es funktionierte nicht.

Dann, eine Reaktion. Er atmete tief durch, einmal, zweimal, ich sah es nur im Augenwinkel und wagte nicht, mich zu rühren.

Nach einer gefühlten Ewigkeit griff er über die Mittelkonsole nach meiner Hand und erst, als er mich wieder berührte, fiel diese enorme Anspannung von mir. Er drückte meine Knöchel an seine Lippen und runzelte die Stirn. Ohne mich anzusehen murmelte er: »Ich wollte dich nicht blöd anmachen«, und legte unsere Hände in seinen Schoß.

Ich seufzte erleichtert, weil er wieder auftaute. »Hast du nicht. Du warst nur ehrlich.«

»Es so zu sagen, war trotzdem nicht richtig. Nicht bei dir ...

Nicht nach heute ...« und dann blickte er mich wieder an. Erst als er meine Nase schuldbewusst anvisierte, fiel mir ein, auf was er hinauswollte. »Ach das ...« Ich winkte ab. Er schnaubte ironisch.

»Ja, das!«

»Es gibt Schlimmeres ...«

Nun konzentrierte er sich wieder auf Straße. »Da hast du Recht.« Aber seine Hand hielt mich weiterhin fest, während sein Daumen mich streichelte.

Eins wurde mir klar: Es konnte tatsächlich ein Wir geben! Noch nie war ich mir so sicher wie in diesem Moment, denn jetzt verstand ich ihn. Die Menschen hatten nichts anderes getan, als ihn immer wieder zu enttäuschen und willentlich zu verletzen. Das erklärte sein abweisendes und grobes Verhalten besonders Frauen gegenüber. Ich konnte auch nachvollziehen, warum er mich permanent so fertiggemacht hatte. Es spiegelte seinen Hass auf sein altes Ich wider. Vielleicht würde er ihn jetzt loslassen und nach vorne blicken können.

Egal was man in der Kindheit durchmachen musste, man sollte irgendwann in der Lage sein, sich zu entwickeln und damit abzuschließen.

Keine Frage, es war schrecklich, was ihm passiert war. Noch schrecklicher war es jedoch, was seine Mutter getan hatte. Ja, er glaubte am Tod seiner Mutter schuld zu sein und an der Zerstörung der Familie. Aber im Enddefekt war dem nicht so. Ein Kind ist nie verantwortlich. Ein Kind ist immer ein Opfer der Ereignisse um sich herum. Ein Kind weiß nicht, wie es sich verhalten soll, was moralisch richtig oder falsch ist. Ein Kind kann sich nur so entwickeln, wie es ihm die Menschen in seiner Umgebung vorleben, egal ob es Eltern, Lehrer oder andere Kinder sind. Es wird geprägt durch seine Umwelt.

Erst wenn er das realisierte, konnte er wirklich frei sein. Frei von Schuld und Selbsthass. Dabei würde ich alles tun, um ihm zu helfen – meinem sensiblen, zutiefst gebrochenen Tristan.

21. Mein Mädchen

Tristan 'lickinggod' Wrangler

Nun war alles raus: meine gesamte katastrophale Kindheit. Nicht einmal Tom und Phil ahnten von den Geschehnissen an diesem einen speziellen Schultag. Lediglich mein Vater wusste es. Noch heute besaß ich deswegen bei ihm so etwas wie Narrenfreiheit. Allein aus Schuldgefühlen und schlechtem Gewissen heraus würde er mir vermutlich alles durchgehen lassen.

Damals war David Wrangler selten zu Hause. Als Entwicklungshelfer unterstützte er aktiv die Armen, wofür er ständig in der Weltgeschichte umherreiste. Im Gegenzug oblag meiner Mutter allein die Erziehung drei kleiner, wilder Jungs. Monatelang gab es nur uns, bis Dad für ein paar Tage mal daheim war. In denen versuchten wir, sämtliche verpasste Zeit unterzubringen.

Einzig die Sorge um Geld blieb uns erspart. Beide Großelternteile hatten Fonds für meine Eltern und später für uns angelegt, sodass wir diesbezüglich wohl nie Probleme kriegen dürften. Dennoch fehlte die strenge Hand des Vaters. Keine Frage, wir liebten unsere Mutter ohne Vorbehalt, aber sie konnte sich selten gegen uns durchsetzen und war sehr nachgiebig, weshalb wir sie nicht ernst nahmen. Mit Tom und Phil gab es regelmäßig Schwierigkeiten, aber die hatten den Blödsinn auch mit Löffeln gefressen.

Sie hauten ordentlich auf den Putz, während ich seelenlos vor mich hinlebte.

Für eine so ziemlich alleinstehende Frau war das zu viel, zumal sie sich ihr Leben garantiert anders vorgestellt hatte. Nachdem sie sich entschloss, mit meinem Vater eine Familie zu gründen und wir Kinder endlich da waren, vereinnahmte der Job seine gesamte Zeit und sie blieb zurück. Auch wenn sie uns vergötterte, wie nur eine Mutter es konnte, es war nicht genug.

Daher quälten meinen Vater noch heute insgeheim Selbstvorwürfe. Jetzt war er derjenige, der sich mit uns rumschlagen musste, was ihn regelmäßig an den Rand der Verzweiflung brachte. Aus den damals fabrizierten Kleinjungenstreichen wurden ein paar richtig wüste Nummern, die in der einen oder anderen Anzeige endeten.

Ich für meinen Teil hatte die letzten Jahre schamlos ausgenutzt und alles nachgeholt, was meine Brüder in Punkto Ärger und schlechtem Verhalten an Vorsprung besaßen. Ich schlug Typen grundlos krankenhausreif, missbrauchte Frauen für meine eigene Befriedigung und behandelte sie wie Dreck. In all der Zeit ließ ich mir von niemandem etwas sagen oder gefallen, denn es gab immer eine Möglichkeit, sich Respekt zu verschaffen. Dafür nutzte ich meine eigene Methode, auch wenn ich dafür unwürdige und verachtenswerte Wege betrat.

Mein Vater war zwar ein gutes Vorbild, aber ich kam auf meine Art und Weise schneller ans Ziel. Das Ergebnis zählte. Hauptsache man wurde geachtet und nicht verachtet. Egal wie.

Einziges Problem: Mein Mädchen litt unter meinem Lebenswandel und wurde auch noch verletzt. Dem Scheißer sei Dank war sie stark, und ich hatte sie nicht endgültig zerstört.

Zuhause tastete ich erst einmal mithilfe meines Vaters ihre Nase ab, der uns telefonisch beriet. Er ging davon aus, dass es sich um mein derangiertes Riechorgan handelte, und auch wenn er kein Arzt war, so hatte er mit drei sich regelmäßig prügelnden Söhnen genug Erfahrung auf dem Gebiet.

Ihr Näschen war zum Glück heil geblieben, würde aber noch eine Zeit lang wehtun. Um sie von ihren mit Sicherheit immer noch heftigen Schmerzen abzulenken, wollte ich mich um sie kümmern. So, wie sie es für mich getan hatte. Ich konnte immer noch nicht glauben, dass sie nun alles wusste. Dabei hatte sie so großartig reagiert. Obwohl es mir mehr als schwerfiel, blieb sie bei mir, half mir da durch, und ich Arsch griff sie auch noch an, wenn auch nur aus Selbstschutz, da ich selber von den Emotionen überwältigt wurde. Keine Ahnung, was genau dahintersteckte: ihre Tränen oder die tief in mir vergrabenen Erinnerungen, die erstmalig komplett ans Tageslicht gezerrt wurden – auf jeden Fall war ich psychisch fertig. Dennoch nahm sie es mir nicht übel, weil das einfach nicht ihrem Wesen entsprach.

Ich sollte mir wirklich ein Beispiel an ihr nehmen, denn sie war mir um einiges voraus.

Aber nun war es Zeit, ihr was Gutes zu tun.

Als Mia mich mit ihren großen, mitfühlenden und auf ihre eigene Art weisen Augen ansah, ahnte ich, dass sie dasselbe mit mir vorhatte. Jetzt ging es aber einzig und allein um sie.

Fragend blickte sie zu mir hoch, aber ich zog sie einfach mit mir. Noch bevor wir mein Zimmer betraten, streifte ich mir schmunzelnd in einer fließenden Bewegung mein Shirt über den Kopf – meine Nikes folgten.

Mit einem breiter werdenden Grinsen registrierte ich ihre dreckigen Gedanken, die ihr förmlich ins Gesicht geschrieben standen. Lüstern scannte sie meinen entblößten Oberkörper.

Unglauben machte sich bei ihr breit, als ich ohne Vorwarnung in die Knie ging und sie von ihren Turnschuhen befreite. Bei jeder noch so leichten Berührung erschauderte sie, während ich ihr lächelnd die Fußknöchel streichelte.

In dem festen Vorsatz, das Arschloch ihr gegenüber endgültig zu begraben, nahm ich mir vor, sie heute ausschließlich zu verwöhnen. Das beinhaltete, dass ich sie nicht ficken würde. Vorerst…

Sex mit Mia war himmlisch, genial, berauschend, einfach meine absolute Lieblingsbeschäftigung, das stand außer Frage, aber an ihr gab es so viel mehr zu entdecken, das war mir inzwischen klar.

Sobald ich aufrecht stand, verweilten ihre Augen auf meinem Sixpack. Als ich ihr eine lange, weiche Strähne hinter ihr Ohr strich, seufzte sie sehnsuchtsvoll auf. Es rührte mich zutiefst, als sie ihre Hand zaghaft nach mir ausstreckte – unsicher mich anfassen zu dürfen – und mir über die Brust strich, genau dort, wo mein durch sie zum Leben erwachtes Herz schlug.

Dabei biss sie sich auf die Lippe und lächelte mich an. Fuck, sie war so dermaßen heiß, aber ich würde mich jetzt nicht verleiten lassen. Wortlos zog ich sie an der Hand zu mir, griff ihren wundervoll prallen Hintern, um sie ein Stück hochzuheben. Mit meiner kostbaren Fracht ging ich rückwärts zu meinem Bett und überflutete währenddessen ihr Antlitz mit süßen Küssen. Sie kicherte glücklich, was wiederum mein Innerstes erwärmte.

An meinem allerheiligsten Heiligtum angekommen ließ ich mich einfach fallen und nahm sie knallhart mit ins sichere Verderben. Ihr Keuchen hallte durch die Stille, bis sie ihr Gesicht atemlos an meiner nackten Brust vergrub und sich an mich schmiegte wie eine rollige Katze. Ich angelte mir meine dünne Bettdecke und zog sie über uns.

»Was wird das?«, fragte sie schließlich. Gedankenverloren kraulte ich ihren Nacken, während sie mir mit den Fingerspitzen kleine und große Kreise auf den Bauch malte.

Es war so normal und doch so aufregend.

»Wir chillen«, verkündete ich grinsend. »Mein Bett, mein Mädchen und ich … Die perfekte Mischung«, ergänzte ich und drückte ihr einen sanften Kuss auf die Haare. Sie seufzte glücklich auf und beließ es dabei.

So war sie eben. Sie gab mir immer, was ich brauchte. Nun lag es an mir, Gerechtigkeit walten zu lassen und alles wiedergutzumachen. Ich würde ihr alles zurückgeben. Denn zu meinem Glück konnte ich gut in meinem Mädchen lesen, so wie sie auch in mir. Es schien, als wären wir aufeinander geeicht.

Das Knurren ihres Magens störte irgendwann die Idylle. Als sie merkte, dass es mir nicht entgangen war, wurde sie knallrot und ich musste lachen, woraufhin sie noch dunkler wurde. Das war so verdammt niedlich!

»Pizza?«, schlug ich vor, aber sie verdrehte die Augen.

Sich in den Kissen vergrabend grummelte sie fast unverständlich: »Nur weil ich fett bin, heißt das nicht, dass ich nur Fast Food esse.«

Knurrend schmiegte ich mich enger an sie, strich die dichten Locken von ihrem Ohr und flüsterte mit Nachdruck: »Du bist *nicht fett*. Merk dir das endlich Mal! Fett ist XXXXXL, du hast nicht mal ein X davor!« Sie kicherte nur. »Aber Pizza ist alles, was ich dir anbieten kann, ohne die Küche abzufackeln.« Sie drehte sich zu mir. Anstatt dem niedlichen Rotton zierte ein breites, glückliches Lächeln ihr Gesicht.

»Pizza hört sich gut an.«

Verfickt und zugenäht, sie war wirklich wunderschön! Diese glänzenden, langen Haare und die genauso glänzenden, riesigen Augen.

»Geht klar, Baby!« Ich gab ihr schnell einen Kuss auf ihre weiche Wange und sprang auf die Beine.

Seufzend kuschelte sie sich wieder ein und atmete wohl tief durch. Was trieb sie da? Einige Sekunden betrachtete ich sie, ließ meinen Blick über ihre mittlerweile so vertrauten Rundungen gleiten. Fuck!

Nichts auf dieser Welt würde mich dazu bringen, sie je wieder aus diesem Bett zu lassen – zumindest heute.

Dafür war es zu berauschend, Zeit mit ihr zu verbringen, und ich wusste, dass wir diese Ansicht teilten.

»Salami oder Schinken?«, wollte ich noch wissen und ging

schon mal schlendernd zur Tür.

Sie zuckte nur mit den Schultern, was ich auch erwartete, weil mein Mädchen nicht so verwöhnt war wie andere Schlampen.

In die Küche rannte ich beinahe.

Im Rekordtempo schmiss ich irgendeine verdammte Pizza in den Ofen, damit ich schnell wieder bei ihr sein konnte. Im Vorbeilaufen dachte ich noch daran, eine Packung – in diesem Haus seltenen – Orangensaft und zwei Gläser mitzunehmen. Mehr Verpflegung war im Moment nicht drin.

Als ich wieder in meinem Zimmer ankam, war ich ziemlich außer Puste, aber das hinderte mich nicht daran, mich einfach aus dem Lauf heraus, aufs Bett neben sie zu schmeißen, sodass alles wackelte und sie vor Schreck aufschrie.

Ich lachte sie herzhaft aus, als sie sich umdrehte und mich durch ihre Haare wütend anfunkelte, die sie zwischendurch immer wieder aus dem Gesicht pustete.

Uhh, Grudge in sexy …

»Ich hab fast geschlafen, Tristan Wrangler!«, zischte sie mit dieser süßen, düsteren Stimme, die sie an den Tag legte, wenn sie sauer war.

»Hier wird nicht geschlafen, Miss Angel.« Ich piekte ihr demonstrativ in die Seite. Sie quiekte auf und zuckte vor mir zurück.

»Ich hasse es, wenn mich jemand aufweckt! Da kann ich echt ungemütlich werden, Sir!«, antwortete sie trotzig und schlug nach meiner Hand. Da sie mich mal wieder angriff, blieb mir gar nichts anderes übrig, als mich aus reiner Notwehr mit meinem gesamten Körper auf sie zu stürzen.

»Legen sie sich gerade mit mir an, Miss Angel?«, fragte ich, setzte mich auf ihre Beine und fuhr fort, sie überall zu piesacken.

Ihre kleinen, viel zu langsamen Händchen konnten rein gar nichts gegen meine flinken, langen Finger tun. Sie wand sich wie ein Wurm und grunzte sogar, weil sie so heftig und laut lachte. Ich wusste nicht, ob es einen noch schöneren Ton auf dieser Welt gab als ihr ausgelassenes Lachen kombiniert mit ein paar herzhaften Grunzern.

»Ja, sonst macht's ja keiner!«, brachte sie trotzdem hervor. Ich traute kaum meinen Ohren. Denn sie widersetzte sich mir immer noch.

»Doch, aber ich scheiße einfach drauf!«, gluckste ich zurück, hörte aber nicht auf, sie zu kitzeln.

»Bei mir nicht! Ich kann dich mit Sex beherrschen.« Sie kannte mich verdammt gut.

Es war fast beängstigend … aber nur fast. Vor allem war es lustig und verdammt erleichternd einfach mal ich zu sein.

»Ohhh, bitte hör auf!«

»Nope.« Ich musste selber lachen, als ich ihre Finger mit einer Hand festhielt und mich mit dem Oberkörper auf sie legte, sodass sie sich wirklich nicht mehr rühren konnte, um sie mit der anderen weiter zu ärgern.

»Ich zeig dir gleich, wer hier wen beherrscht«, rief ich aus. Mia bekam vor lauter Anstrengung einen ganz roten Kopf. Ihre Kleidung war verrutscht und ließ ihre cremige Schulter hervorblitzen.

Kurz vor knapp bemerkte sie dann doch, dass sie nicht den Hauch einer Chance besaß, denn als die Erkenntnis in ihr Bewusstsein sickerte, kreischte sie schließlich einfach nur noch flehend: »Ich mach gleich in dein Bett! Hör auf!« Brav, wie ich war, gehorchte ich. Meine Hand verselbstständigte sich, legte sich mit gespreizten Fingern auf ihre Hüfte und drückte sie sanft.

»Weißt du jetzt, wer der Boss ist, Mia-Baby?« Ich strich mit meinen Lippen entschuldigend über ihre und wollte das Ganze gerade voller Genuss ausweiten, da fiel mir erst auf, in welche Position wir gerutscht waren. Misstrauisch hob ich meine Augenbraue.

Ich lag zwischen Mias Beinen, die mich umschlungen hielten. Sogar durch meine Hose und ihre Sport-Hotpants konnte ich die gleißende Hitze fühlen, die ihr Unterkörper ausstrahlte.

Sie biss sich auf die Lippe, als sie merkte, wie die Stimmung abrupt kippte. Zwischen uns flimmerte und pulsierte es. Ihre großen, tiefen Augen tanzten verwegen, lockten mich unterschwellig. Ihre geröteten Wangen schimmerten wie beim Sex.

Provozierend grinste sie dreckig und so verdammt einladend, während sie ihr Becken hob und ihre heiße Mitte direkt an meinem sich gerade im Rekordtempo versteifenden Schwanz rieb.

Ich stöhnte frustriert auf und hielt ihre Hüfte fest, denn so ging das nicht. Jetzt würde mein Hirn mal ausnahmsweise an bleiben. Sie würde es nicht mit einer geschickten Bewegung ausschalten. Nein! Diesmal nicht, auch wenn der Ficker schmollte.

»Ich werde dich nicht ficken!«, japste ich. Sie hielt sofort inne und schien leicht schockiert.

Das hatte sie wohl nie im Leben von mir erwartet – ich ehrlich gesagt auch nicht. Dann trat Unsicherheit in ihre Augen, sogar Kränkung war darin zu lesen, und sie fragte leise: »Warum?« Ich schnaubte ironisch auf, weil sie gerade tatsächlich annahm, ich könnte sie jemals nicht mehr wollen. Meine Hand glitt unter ihr weißes Sport-Top, streichelte die nackte Haut an ihrer sanft geschwungenen Seite und ich senkte meine Lippen an ihre Stirn.

»Ich werde dich nicht ficken … Ich werde dich lieben.« Es kostete mich viel Überwindung, aber es war die Wahrheit und musste gesagt werden. Hörbar atmete sie aus und stammelte aufgeregt: »So wie letzten Samstag?« Ich lächelte und verdrehte meine Augen über ihre spürbare Nervosität. Hatte sie denn immer noch nicht gecheckt, was ich für sie empfand?

Weil sie ihr wehgetan hatten, flippte ich vor der halben Klasse aus, machte die Fotze einer Lehrerin fertig, der im Übrigen nach wie vor dringend das Amt entzogen werden sollte, und schlug beinahe eine Frau. Na ja, es handelte sich zwar nur um Eva, die diese Bezeichnung nicht verdient hatte, aber dennoch… Zudem kannte sie nun meine komplette Lebensgeschichte. Für sie hatte ich meine Mauern niedergerissen. Ich war bereit … Was sollte ich denn noch alles tun?

»Nein, letzten Samstag hast du mich geliebt«, murmelte ich und ließ meine Lippen an ihrem duftenden Gesicht herabgleiten – über ihre Schläfe, ihre Wange bis zu ihrem hübschen, kleinen Ohr. »Jetzt drehen wir den Spieß mal um. Was hältst du davon, Baby?« Sie erschauderte, mein Ficker zuckte ungeduldig. Diesmal hörte ich nicht auf ihn. Er war zweitrangig – ausnahmsweise. Jetzt war sie dran. Wenn ich Glück hatte, würde ich auch auf meine Kosten kommen. Wenn nicht, dann eben nicht. Es war mir fucking egal, solange ich sie verwöhnen konnte.

»Ich denke, das ist eine sehr gute Idee«, wisperte sie atemlos. Mit meiner Zunge liebkoste ich ihre Ohrmuschel, was ihr eine Gänsehaut bescherte.

»Denkst du, ja?«, flüsterte ich lächelnd zurück und platzierte meine Küsse an ihrem Hals. Fuck! Sie roch so gut, wie sie schmeckte. Ihre Haut war so verdammt seidig weich und ich wollte jeden Quadratzentimeter erkunden – immer und immer wieder. Ungeduldig konnte ich es nicht erwarten, mich umgehend zwischen ihren Beinen zu vergraben, denn ihr Aroma war unvergleichlich. Aber ich zügelte mich auch hier, ließ mir Zeit, während ich an dem Rand ihres Oberteils entlangstrich, und mir Mia ihre wundervollen Titten entgegenstreckte, sich dichter an mich schmiegte.

Mir fiel auf, dass sie instinktiv zu wissen schien, wo meine Grenzen lagen. Ich konnte es beispielsweise auf den Tod nicht ausstehen, wenn jemand meine Haare berührte.

Das war immer meiner Mutter vorbehalten gewesen, auch wenn sie nicht mehr da war. Außerdem hasste ich es, wenn jemand meine heilige Frisur zerstörte. Obwohl ich ihr nie den Grund dafür nannte, vergrub sie ihre kleinen Finger immer in meiner Schulter oder vorzugsweise in meinem Arsch, vielleicht noch in meinem Nacken, aber niemals in meinen heiligen Haaren. Ich war so dankbar für ihr intuitives Einfühlungsvermögen.

Nachdem ich sie losgelassen hatte, zog ich nun ihr T-Shirt nach oben – ganz behutsam.

»Ziehen wir den Scheiß aus«, hauchte ich heiser gegen ihre göttlichen Brüste und biss durch den Stoff sanft in ihre Brustwarze.

»Ja«, schrie sie fast. Ich richtete mich auf und beobachtete zufrieden schmunzelnd, wie sie sich das Oberteil nun komplett über den Kopf zerrte und achtlos ins Zimmer warf. Aufreizend und auffordernd sah sie mich mit hochgezogener Augenbraue an – ohne Angst im Blick oder ihren Körper mit ihren Händen bedeckend. Wo war die schüchterne Mia geblieben, die einst betreten und peinlich berührt in BH und Slip vor mir gestanden hatte? Sie hatte sich unlängst verabschiedet und ich dankte dafür dem Scheißer da oben!

»Mista Wrangler. Ich warte nicht gern!« Sinnlich fuhr sie sich mit ihren Fingerspitzen über ihren BH, den ich ihr gekauft hatte. Ob sie wohl auch das passende Unterteil dazu trug? Fuck, was tat sie mir nur an?

»Es tut mir außerordentlich Leid, Miss Angel«, grinste ich. »Sie warten zu lassen, ist natürlich unverzeihlich. Wie kann ich das nur jemals wiedergutmachen?«, raunte ich ihr mit würdevoller Stimme zu, was sie zum Kichern brachte.

Gemächlich ließ ich meine Hand ihren Rücken entlanggleiten, um mit einer geschickten Bewegung ihren BH zu öffnen. Sie war immer noch verwundert über mein Können, als ich ihn ihr auch schon vom Körper entfernte. Ich verdrehte die Augen. Naives, geiles Mädchen. Mit gerunzelter Stirn ließ sie sich wieder zurück in die Kissen fallen, komplett oben ohne und damit absolut göttlich.

»Was?«, fragte ich amüsiert und tänzelte mit meinen Fingern ihren Oberkörper herauf zu diesen Prachttitten, um sie zu umkreisen. Je enger ich die Kreise zog, desto schneller ging ihr Atem.

»Sie sind mir etwas zu geübt. Mista Wrangler«, murmelte sie abgelenkt und starrte leicht hypnotisiert auf meine Hand, die nun fast an ihrem runden, perfekten Nippel angekommen war.

»Ich habe nur für sie geübt, Miss Angel ...« Mit Daumen und Zeigefinger zupfte ich an ihm, woraufhin er sich nur noch mehr verhärtete. Sie stöhnte auf und bog ihren Rücken durch.

»Nur damit ich sie allein durch meine Hände, ohne ihre göttliche Pussy zu berühren, zum Orgasmus bringen kann. Soll ich?« Ich wartete ihre Antwort erst gar nicht ab, sondern kniff ihr stattdessen auch noch in den anderen Nippel.

Die Verführung pur lag schamlos vor mir und ihr weiblicher Körper wand sich lüstern in den Laken. Es wäre so einfach, aber gleichzeitig so dringend, sie umgehend auszufüllen – tief und hart. Ich kniete bereits zwischen ihren Beinen und wünschte mir nichts sehnlicher. Doch den Gefallen würde ich weder ihr noch mir tun. Jetzt noch nicht. Noch lange nicht ...

Ihre gerötete Haut, aber auch ihr ungehaltenes Stöhnen verriet, dass sie tatsächlich kurz davor war zu kommen. Also ließ ich meinen Finger neckisch Richtung Bauch wandern und tippte auf ihm herum, als würde ich Klavier spielen.

Mit einem feurigen Blick und einem frustrierten Schnauben zickte sie mich an. Ich aber grinste nur frech und legte den Kopf leicht schief, um ihr mit den Augen zu zeigen, was ich tatsächlich mit ihr vorhatte.

Sie konnte doch unmöglich annehmen, dass sie umgehend auf ihre Kosten kommen würde, oder? Ihr Ausdruck verriet eindeutig was anderes, dabei sollte sie es besser wissen. Ich war nun mal ´Mia-Baby hat einen lauten Orgasmus´-süchtig und wusste: je länger ich ihn hinauszögerte, desto intensiver wurde er für sie.

Nach wie vor beschäftigte ich mich mit ihrem Bauch, obwohl es ihr immer noch unangenehm war, dort berührt zu werden, weil sie sich fett und hässlich fand. Dabei wäre sie sogar noch mit zwanzig Kilo mehr schön gewesen – bei den perfekten Proportionen, die ihr Leib aufwies. Jeder Teil wurde von mir verehrt und geliebt, auch wenn sie sich so selbstkritisch sah. Einmal mehr beugte ich mich zu ihr herab, um ihr zu zeigen, wie sehr ich ihre Rundungen zu schätzen wusste. Ich leckte die gesamte Länge bis zu ihren Brüsten entlang, genoss ihr Aroma und biss anschließend leicht in die Haut. Dabei schaute ich ihr unentwegt in die Tiefen ihrer Karamell-Iriden, einfach um ihre Reaktion abzuschätzen und zu wissen, was sie dabei empfand.

Anfangs verkrampfte sie sich, aber als ich meine Zunge in ihren Bauchnabel tauchte und ihn leise stöhnend umkreiste, entspannte sie sich wieder. Für den Bruchteil einer Sekunde vergrub sie ihre Hände in meinen Haaren.

Bevor ich es aber auch nur richtig registriert hatte und sich das typische Unwohlsein, was damit einherging, einstellen konnte, zog sie ihre Finger umgehend zurück, um sie in den Bettrahmen zu krallen. Völlig in ihrer Lust gefangen warf sie dabei ihren Kopf zurück und verdrehte genussvoll die Augen. Mich überkam dasselbe Bedürfnis, nur nicht aus denselben Gründen. Es war schließlich gar nicht so schlimm, als sie mein Haar anfasste, vermutlich, weil es mein Mädchen tat. Kurz runzelte ich die Stirn. Sie stellte tatsächlich mittlerweile die Ausnahme der Ausnahmen dar. Selbst mein Herz zog sich bei dem Gedanken schmerzhaft zusammen, obwohl es ihr bereits gehörte. Im Grunde dürfte mich diese Erkenntnis nicht mehr schocken, sie tat es dennoch, denn es war, als würde ein fehlendes Fragment plötzlich wieder an Ort und Stelle sitzen.

Ich liebte diese Frau.

Diese Einsicht raubte mir schier den Atem, obwohl sie mir gleichzeitig eine Wärme bescherte, die meinen gesamten Körper in Besitz nahm. Sämtliche Berührungen an ihr hatte ich eingestellt und versuchte krampfhaft, nicht auszuflippen. Sicher würde dies jeden Moment geschehen. Ich wartete...

Doch die Panik blieb aus.

»Willst du mich noch lange ... quälen?« Ungeduldig zappelte sie, damit ich meine Liebkosungen fortsetzte. Ich lächelte jedoch nur in mich hinein und fühlte mich so wohl wie noch nie in meinem Leben, widmete mich aber wieder dem Mädchen, das ich wahrhaftig liebte.

Bestimmt zum zehnten Mal strich ich nun schon am Saum ihrer Hotpants entlang, platzierte gelegentlich kleine Küsse und grinste, als sie richtig sauer wurde.

»Du kennst doch den Spruch mit der Geduld und der Tugend, oder«, fragte ich und öffnete den Knopf ihrer kurzen Sporthosen.

»Heutzutage gibt's wichtigere Scheißtugenden«, zischte sie angepisst, weil ich den Reißverschluss sehr langsam nach unten zog. Ich gluckste amüsiert. Sie war köstlich, wenn sie scharf auf mich war, aber noch besser, wenn sie, so aufgeheizt vor lauter unbefriedigtem Verlangen, sogar Schimpfwörter in den Mund nahm. Oh, nein! Sie war ganz und gar nicht mehr schüchtern, stattdessen sagte sie, was ihr durch den Kopf ging, und das wiederum machte mich unsagbar an.

»Na, na, na«, tadelte ich leise und bekam fast einen Herzinfarkt, als ich die Höschen entdeckte. Sie hatte tatsächlich das passende Gegenstück zu dem BH angezogen.

»So sexy Unterwäsche, Miss Angel?« Provokant schnippste ich mit meinem Zeigefinger am Bund der Pants.

»Hmmm«, summte sie nur zustimmend und hob auffordernd ihren Arsch in die Höhe. »Du kannst gleich beide Teile ausziehen!« Ich lachte leise und schüttelte meinen Kopf über ihre maßlose Ungeduld. Sie war ja schon fast schlimmer als ich, was gar nicht so leicht war, aber perfekt für unser Zusammenspiel.

Scheinbar schwer seufzend tat ich ihr den Gefallen, richtete mich auf und zog ihr in einem Rutsch beide Unterteile aus. So sehr ich die Hotpants auch mochte, nackt war sie mir dennoch am liebsten! Mit einem tiefen Atemzug verbarg ich meine Nase in ihrem feuchten Slip und starrte ihr dabei in die Augen. Als sich ihre Miene schockiert verzog, grinste ich lediglich und warf ihn zu den übrigen Sachen. Dafür stellte ich ihre Beine an den Fußknöcheln etwas weiter auseinander, während sie mein Treiben beobachtete und auf ihrer Unterlippe kaute, was mir eine breiteres Grinsen entlockte.

Behände strich ich mit meinen Fingerspitzen über ihre strammen Oberschenkel und verweilte mit meinem Blick auf ihrer wunderschönen Pussy, die sich mir öffnete wie eine verdammte Rosenblüte.

Sie war perfekt: symmetrisch mit feinen, gesund rosa gefärbten Lippen, wenn man sie erst spreizte. Damit wäre sie die ideale Pornodarstellerin – als ob ich zulassen würde, dass jemand anderes dieses Prachtstück zu Gesicht bekäme.

Bei der Aussicht zuckte mein Ficker schon wieder auffordernd in meiner Hose. Ich umfasste ihn, um ihn etwas zu verlagern, während ich immer noch mein absolutes Lieblingsteil von ihr betrachtete. Im Gegenzug musterte sie mich auch genau, aber als ich ihren ›Komplizen‹ berührte, stöhnte sie rau auf und warf ihren Kopf in die Kissen.

»Was ist?« Mit verkniffenem Ausdruck atmete sie so flach, dass ich Angst hatte, sie würde jeden Moment hyperventilieren.

Mias ganzer Körper war mittlerweile von einer gesunden Röte überzogen. Ihre steifen Brustwarzen und ihre vor Feuchtigkeit glänzenden Schamlippen verrieten mir, wie unendlich erregt sie schon war.

»Du bist so unglaublich sexy, Tristan … Wenn ich dich noch eine Minute länger anschaue … dann komme ich allein von deinem Anblick«, keuchte sie und kniff immer noch ihre Augen zusammen. »Und nein, lach jetzt nicht«, stieß sie vorwurfsvoll aus, gerade als ich leise lachen wollte. »Dein Lachen macht meine scheue Katze nämlich auch an!«

Ich verkniff es mir, obwohl sie wieder einmal meine Worte von der Strandparty gegen mich verwendete. Dafür strich ich lieber mit meinem Finger zwischen ihre nassen Falten entlang.

»Sexy also?« Sie presste ihren Unterkörper an mich und stöhnte tief.

Mit einem »Jaa!« öffnete sie ihre Augen, die mich dunkel und lustverschleiert verzweifelt anflehten.

»Bitte, Tristan … tu irgendwas … Ich halte das nicht mehr aus … dieses Pochen ...«, jammerte sie, ohne auch nur ansatzweise stillhalten zu können. Gequält keuchte ich, als sie mir immer mehr entgegenkam – so bereit, nur für mich. Fuck!

Sie kratzte dermaßen an meiner Selbstbeherrschung, dass es mir schwerfiel, nicht einfach meinen Schwanz aus der verdammt engen Hose zu befreien und ihr mit tiefen Stößen einen phänomenalen Höhepunkt zu verschaffen. Doch ich ballte lediglich meine Hände zu Fäusten und biss die Zähne zusammen. Es konnte doch nicht so schwer sein, Geduld zu beweisen. Leider war ich alles andere als geübt darin, daher grenzte es beinahe an ein Wunder, mich zurückzuhalten, doch mir ging es nicht allein so. Mein Mädchen kam fast um vor Erregung. Zur Beruhigung schloss ich kurz die Augen und dachte an einen Nachmittag im Schwimmbad, an dem ich zufällig in den zweifelhaften Genuss kam, mit den unansehnlichen Titten einer Oma konfrontiert zu werden. Dieser grauenhafte Anblick hatte sich für immer in meine Netzhaut gebrannt.

Es klappte. Mein bereits sabbernder Schwanz regte sich sofort ab und machte sich ganz klein, damit ich es nicht noch einmal wagte, eine so widerliche Erinnerung auf ihn abzufeuern.

»Du bist so … gemein!« Mia sprach die Gedanken meines Fickers aus. Verwundert öffnete ich meine Lider, weil ich diesen Satz doch schon mal gehört hatte. Da lag sie: die Arme vor der Brust verschränkt, aber breitbeinig. Ich musste so lachen, weil sie hinreißend komisch aussah. Superfeucht schaute sie schmollend zu mir hoch.

»Warum bin ich gemein, Baby? Die Einzige, die hier gemein ist, bist du …«, säuselte ich und legte mich auf den Bauch. Sie stieß den Atem aus, als ich gegen ihre verlangende Pussy pustete, die sich jetzt ungefähr fünf Zentimeter vor meinem Gesicht befand.

Fuck! Ich blickte als Pussygourmet, der ich war, gerade in mein persönliches Paradies.

»W … wieso?« Ungeduldig ruckelte sie mit ihren Hüften vor meiner Nase herum, was alles von ihr in absolut appetitliche

Schwingungen versetzte und mir ein raues und gleichzeitig ungewolltes Stöhnen entlockte.

»Weil es einfach fies ist, so eine unwiderstehliche Pussy zu haben. Zumindest dann, wenn ich sie nicht den ganzen Tag ficken oder lecken kann. Ungefähr so …« Mit fester Zunge glitt ich über ihren schon über alle Maßen angeschwollenen Kitzler.

So gut!

Mia schrie auf, ihr Becken kam mir entgegen. Mit beiden Händen griff ich danach und hielt es fest. »Beweg dich nicht, Baby«, befahl ich, obwohl klar war, dass dieses Unterfangen keinen Erfolg mit sich bringen würde. Denn als ich erneut von ihr kostete, während meine Augen sich nach oben verdrehten, weil sie einfach so verdammt delikat schmeckte, wand sie sich wieder. Dazu zischte sie, und kleine seufzende Laute verließen ihre Lippen.

Ihr zartes Fleisch pochte, weil sich das Blut an diesem Punkt sammelte. Ihr Puls raste. Meine Zunge verschwand in dem Eingang, in den ich meinen Schwanz pressen wollte, und sie erzitterte.

Fuck! Mit einem Stöhnen leckte ich noch einmal komplett über die gesamte Köstlichkeit.

Meine Selbstbeherrschung war aufgebraucht. Ich konnte einfach nicht mehr. Es war zwar egoistisch, aber ich hielt dieses elendige, aufmerksamkeitsheischende Zucken zwischen meinen Beinen nicht mehr aus und entschloss, sie aus purer Freundlichkeit und Nächstenliebe zu erlösen.

Also tauchte ich zwei Finger in ihre Nässe und tastete ihre inneren Muskeln nach dem berühmt-berüchtigten G-Punkt ab. Ihr Seufzen wurde zu einem Schreien, als ich ihn fand. Anstatt sich zu winden, schmiss sie sich mir nun entgegen, um meine Finger intensiver zu spüren.

Ich grinste und ließ meine Zunge fest und zielsicher über ihre angeschwollene Clit streichen.

»Ich … ich …«, stammelte sie und krallte sich in die Laken. Ihre Beine zitterten unkontrolliert.

»Ich weiß, Baby«, murmelte ich ruhig und fickte sie etwas härter und tiefer. Genauso, wie sie es brauchte. Es war gleich so weit.

Mein Schwanz tropfte schon fast, besonders als sie sich am ganzen Körper versteifte und mit einem lauten »Goooooott, Tristaaaaaan!« sehr aussagekräftig erbebte. Um ein Haar spritzte ich ab, weil sich ihre Muskulatur fest um meine Finger zog und ihr Lustpunkt unter meinen Lippen pulsierte.

Fuck! Der Hammer! Einfach der Hammer! Ich liebte es, wenn sie kam und überlegte kurz, ihr einen weiteren Höhepunkt zu schenken, als sie angewidert fragte: »Was stinkt hier so?«

Ich antwortete etwas angepisst: »Nichts«, weil ich meine Nase immer noch an ihrer Pussy vergraben hatte und sie alles andere als stank. Aber als ich kurz den Kopf hob, roch ich es auch. Meine Augen wurden riesig. Der verkohlte Geruch war unverkennbar.

»Die Pizza!«, stießen wir gleichzeitig aus. Ich sprang hektisch auf die Beine und sprintete in die Küche, um zu retten, was noch zu retten war. Leider kam jegliche Hilfe zu spät, denn es dampfte aus dem Ofen, in dem eine kohlrabenschwarze Scheibe lag, die so hart und knochentrocken war, dass man damit jemanden hätte erschlagen können. Fluchend schmiss ich das Teil in den Müll, schob eine neue Pizza rein und ging wieder nach oben, wo mich Mia-Baby bereits erwartete.

Sie saß grinsend im Schneidersitz auf dem Bett, mit einem hinterhältigen Funkeln in ihren Augen. Meine Alarmglocken schrillten, aber mein Ficker freute sich, denn sie hatte sich lediglich mein schwarzes Shirt angezogen. Ansonsten war sie nackt und wunderschön.

»Was heckst du aus?«, wollte ich misstrauisch wissen, während ich mich neben sie setzte. Noch misstrauischer wurde ich, als ihre Hand über meinen nackten Rücken strich und systematisch angenehm meinen Nacken kraulte. Ich ließ meinen Kopf nach vorne hängen und genoss einfach nur die sanfte Berührung, während sich ein feiner Gänsehautschauer über meinem Körper ausbreitete.

»Soll ich dir mal zeigen, wie unendlich sexy du bist?« Bei dieser Frage schaute ich wohl ziemlich doof aus der Wäsche, denn sie kicherte.

»Wie willst du das denn anstellen? Mir einen Spiegel vorhalten?«, zuckte ich mit den Schultern.

»Du bist ich und ich bin du.« Mir war schleierhaft, was sie da sagte, schon allein, weil etwa 99,9 Prozent meines Denkens spontan der Ficker da unten übernommen hatte. Der schien ihre Sprache allerdings zu sprechen und zuckte erwartungsgemäß. Ich grinste, als auch mir klar wurde, was sie mir da gerade vorschlug.

Kleines Luder …

»Du meinst, so richtig … mit meiner ähm ... dezenten Sprachweise, und so?« Bei dem Gedanken an Mia beim Dirty Talk wurde mir schon wieder so was von heiß, dass ich hoffte, meine Shorts würden nicht Feuer fangen. Angeblich war spontane

Selbstentzündung gar nicht so selten, nun wusste ich auch, wie sie zustande kam.

Als sie nickte, lächelte ich nur diabolisch und plumpste rücklings in die Kissen.

»Eine grandiose Idee, Miss Angel. Aber du musst erst essen, und ich rauche noch was, wenn es dich nicht stört?« Den Scheiß würde ich nur tun, wenn sie wirklich nichts dagegen hatte. Doch mein Mädchen wäre nicht mein Mädchen gewesen, wenn sie nicht sofort begeistert genickt hätte. Sie war ein offener Mensch, der alles einmal ausprobieren wollte, was mir schon etwas Sorgen bereitete.

22. ROLLENTAUSCH

Mia 'Tristan' Engel

Wir saßen im Schneidersitz auf Tristans Bett. Seine diesmal nur leicht verkohlte Hälfte der Pizza hatte er bereits heiß heruntergeschlungen, sodass er sich natürlich den Mund verbrannt hatte. Ich wartete lieber, bis sie abgekühlt war, und aß sie in aller Ruhe, während er mit gewohnt feinfühligen Fingern Tabak und Marihuana in ein weißes, fast durchsichtiges Paper, wie er es nannte, drehte. Satt und träge machte ich mich lang – bäuchlings, mit den Füßen zur Wand, damit ich den Fernseher im Blickfeld hatte. Mir wurde gnädigerweise "die Macht", also die Fernbedienung, überlassen. Im Gegenzug durfte ich nichts weiter anziehen, was ich ohnehin nicht vorgehabt hatte, und musste mich so drapieren, dass er meinen "Götterarsch" betrachten konnte. Immer wieder streichelte er mit langen Fingern über meine Oberschenkel sowie meine Rundungen oder spreizte etwas meine Beine, um Verstand raubend zwischen ihnen herumzuspielen. Jedes Mal konnte ich nicht anders, als die Augen zu verdrehen und gleichzeitig aufstöhnen, weil er einerseits so unersättlich war wie ich und es sich andererseits so wahnsinnig gut anfühlte. In der Hinsicht passten wir perfekt zusammen.

Irgendwann legte er sich zu mir, ebenfalls auf den Bauch, und grinste mich spitzbübisch an, während er einen großen silbernen Aschenbecher unter dem Bett hervorholte, auf den Boden neben unsere Teller stellte, und mit einem passenden Zippo das fertige Ding anzündete. Die Spitze glühte kurz auf und knisterte in der Luft. Mit dem ersten Zug blies er die kleine entstandene Flamme wieder aus. Fasziniert beobachtete ich, wie er genüsslich den Rauch in seine Lungen inhalierte, sich dabei seine vollen Lippen um den Filter legten, die Kiefermuskeln arbeiteten, wenn er daran zog und sein Mund ein kleines »O« formte, wenn er den blauen Dunst in Kringeln langsam wieder ausstieß.

Gott, ich musste ein Stöhnen unterdrücken. Allein wenn er Zigaretten rauchte, war er so unglaublich sexy, aber beim Kiffen übertraf er alles je Dagewesene. Denn das hier kostete er voll aus. Ob es nun der Joint war, den er rauchte, oder meine Anwesenheit, vielleicht sogar eine Mischung aus beiden, er wirkte entspannt und somit einfach nur wunderschön. Natürlich bemerkte er mein Starren und drehte mir sein Gesicht zu. Ich konnte seinem geradlinigen Seitenprofil nicht lange nachtrauern, weil er von vorne genauso übermenschlich attraktiv wirkte.

»Was ist?« Er stupste mich spielerisch mit seiner nackten Schulter an und strahlte dabei. Ich Idiotin hatte soeben tatsächlich gedacht, es ginge nicht makelloser, aber Tristan würde mich wohl auch hier immer wieder überraschen – vermutlich bis in die Ewigkeit. Diese Seite von ihm, so gelöst und offen, bekam sonst keiner zu Gesicht, auch nicht dieses Lächeln, von dem ich jahrelang geträumt hatte. Nun gehörte es mir!

Wort- und vor allem atemlos aufgrund meiner Erkenntnis und seinem gottgleichen Aussehen beugte ich mich zu ihm rüber und strich mit meinen Lippen über seine. »Du bist wunderschön, sogar wenn du illegale Drogen konsumierst«, flüsterte ich in seinen Mund.

»Das ist nichts gegen dich.« Zärtlich nahm er meine Unterlippe zwischen seine Zähne und zog sanft daran. Ich schmolz dahin …

Schmunzelnd widmete er sich wieder diesem Ding zu, um einen weiteren Zug zu nehmen. Dabei grinste er frech.

Ich erinnerte mich an die letzte Strandparty, an der er sich vehement geweigert hatte, mich probieren zu lassen, obwohl er es doch selbst tat.

»Wieso kiffst du?«, fragte ich ihn neugierig. Nachdenklich runzelte er die Stirn.

»Weil es mich beruhigt …weil es mir dabei hilft zu verdrängen, zu vergessen oder auch nachzudenken, je nachdem … Ich denke, wenn ich es nicht zu oft mache, geht das klar. Es kommt bei allem auf das richtige Maß an. Nicht zu viel und nicht zu wenig. Aber vor allen Dingen nicht zu viel!« Mit einem Schulterzucken tat er es ab und rauchte stattdessen weiter.

»Woher weißt du, dass du dein Maß nicht überschreitest?«

»Weißt du, Baby, mein Vater sagt immer: 'Solange ihr die Schule, später die Arbeit und sämtliche Verpflichtungen, also das ganze Leben, auf die Reihe bekommt und keinem anderen schadet, könnt ihr machen, was ihr wollt.' Ich finde, damit hat er recht, denn ich schade ja niemandem außer mir selbst.«

»Wenn man in der Schule die Filme sieht oder Erwachsene darüber reden hört, dann klingt es, als würde man auf rosaroten Wolken fliegen und von der Außenwelt nichts mehr mitbekommen. Du wirkst aber gar nicht so«, mutmaßte ich. Die einzige sichtbare Veränderung an Tristan waren seine leicht geröteten, etwas glasigen Augen und seine weicher wirkenden Gesichtszüge.

»Schön wär's ...« Sein heiseres Lachen füllte den Raum. »Ich schwebe nur dann auf verdammten rosaroten Wolken und bekomme nichts mehr mit, wenn ich in dir bin. Wenn ich kiffe, bin ich nur ruhiger und ziemlich faul. Das ist schon alles. Willst du auch mal ziehen?«, fragte er hinterhältig.

»Würdest du mich denn lassen?«, stellte ich im selben Tonfall die Gegenfrage.

»Nein«, antwortete er zuckersüß und lang gezogen, zog nochmal und blies demonstrativ den Rauch von mir weg, so wie er es bereits die ganze Zeit tat.

»Wieso nicht?«, brüskierte ich mich, weswegen er die Augen verdrehte.

»Weil ich meinem Mädchen sicher keine bewusstseinserweiternden Drogen gebe. Der Scheiß macht nichtsdestotrotz psychisch abhängig und kann bei sowieso schon labilen Persönlichkeiten großen Schaden anrichten, nicht dass ich denke, dass du das bist.«

»Ich dachte, es ist nicht so schlimm«, konterte ich und freute mich insgeheim, weil er mich schon wieder mein Mädchen genannt hatte. Seine Augen funkelten bereits etwas wütend, aber er sprach betont langsam, als wäre ich noch ein Kleinkind und geistig zurückgeblieben.

»Es ist nicht schlimm ... für mich. Ich saufe, und rauche haufenweise Kippen, da ist es das kleinere Übel, wenn ich ab und zu süchtig machenden Scheiß konsumiere. Du aber bist unverdorben, abgesehen von einer Sache ... Ein Laster reicht vollkommen aus!«

»Hä? Welches Laster meinst du?« Nach was sollte ich denn süchtig sein? Abgesehen von Tristan gab es nichts, aber das war ja wohl nachvollziehbar. Wer konnte ihm schon widerstehen?

»Sex vielleicht?« Mit hochgezogenen Augenbrauen musterte er mich, und ich kicherte.

»Stimmt!« Aber er hatte mich auch schon als Naturtalent betitelt, steckte es dann nicht schon in mir? Ich verkniff mir das Klugscheißern, denn ich wollte nach wie vor mal probieren, einfach aus Neugierde und um zu wissen, wie er sich gerade fühlte.

»Ich bin alt genug, um selbst zu entscheiden. Lass mich auch ziehen«, forderte ich also knapp. Tristans Augen verengten sich zu bedrohlichen Schlitzen.

»No fucking way!«, presste er langsam, wirklich sauer durch seine geraden, weißen Zähne.

»Komm schon. Von einem Mal werde ich nicht gleich abhängig«, versuchte ich ihn weiterhin zu überreden. Er schürzte seine vollen Lippen.

»Hör auf, Baby. Wenn ich Nein sage, dann meine ich … Hey!« Kurzerhand hatte ich ihm das Ding aus seinen Fingern geschnappt und war auf die Beine gesprungen. Ha! Ich war vielleicht nicht die Schlankeste, aber dennoch konnte ich ihn überrumpeln. Während ich glucksend ans andere Ende des Zimmers lief, zog ich an dem Joint – zwei Mal hintereinander. Prompt fing ich an zu husten wie eine Verrückte, weil der süßliche Rauch unerwartet in meinem Hals und in meiner Lunge kratzte.

»Fuck, du …« Tristan war sprachlos und kam auf mich zu, um mir die Tüte aus der Hand zu nehmen. Ich hustete immer noch und konnte mich nicht beruhigen. Es brannte im Inneren, sogar in den Augen, die aufgrund der Reizung schon tränten. Immer noch ohne ein Wort wurde ich zum Bett manövriert und darauf abgesetzt. Mit missbilligendem Gesichtsausdruck goss er ein Glas Orangensaft ein und reichte es mir.

»Du solltest ab und zu auf mich hören«, besserwisserte er trocken, rauchte aber gleichzeitig weiter. Mein abfälliges Schnauben ging in einem weiteren Hustenanfall unter. Erst als ich einen großen Schluck trank, beruhigte sich mein überreizter Hals. Dafür fühlte ich den leichten Nebel in meinem Kopf und grinste. Wie flauschige Watte legte er sich um meine Gedanken. Allein die Vorstellung brachte mich zum Kichern. Tristan zog eine Augenbraue hoch und blickte mich voller Unglauben an.

»Sag bloß, du bist von einem Zug schon prall?«, was mich gleich noch mehr kichern ließ. »Okay, du bist von einem Zug prall …«, stellte er fest und ließ sich seufzend neben mich aufs Bett fallen.

»Yeah, Baby, ich bin prall … Aber von zwei Zügen!«, gluckste ich und hob drei Finger hoch. Tristans Kopf fuhr zu mir herum, er starrte mich an.

»Was denn?«, fragte ich amüsiert und strich mit den Fingern meiner rechten Hand fahrig über die ausgeprägten Sehnen seines Unterarms, der lässig auf seinen Schenkeln lag.

»Du hast mich gerade ´Baby´ genannt.«

»Ich hab doch gesagt, ich bin du …« Mühsam kam ich auf die Knie. Tristan wirkte leicht erstaunt, als ich ein Bein über seine Hüfte legte. Allerdings tat ich das mit so viel Schwung, dass ich fast kichernd über ihn drüber fiel. Mit einem Arm und einem theatralischen Schnauben fing er mich auf.

»Ich … ich werde dich jetzt ficken … tief, und so einen Scheiß … Äh, obwohl … nein warte … andersrum …«, lachte ich und versuchte zeitgleich, seine tiefe Stimme zu imitieren. Jetzt war es an ihm zu grinsen, als ich mehr schlecht als recht seinen melodischen Tonfall hinbekam. Zugegeben, ich war eine grottige Kopie.

Er hielt mich am Rücken fest und beugte sich nach vorne, vermutlich um den Joint in den Aschenbecher zu legen. Kurz drohte er, mich loszulassen. Gleichzeitig klammerte ich mich stärker an ihn, wusste aber auch, dass er das nicht zulassen würde. Nie wieder.

»Andersrum ist auf jeden Fall besser, ich bin nicht so der Arschfickfan, auch wenn ich noch so benebelt bin …« Seine Hand stahl sich unter mein Shirt, was eigentlich seins war, und streichelte meinen Rücken. »Aber ich weiß nicht, ob von dem Gras oder deiner Anwesenheit.«

»Du und prall? Niemals!«, verarschte ich ihn kichernd. Unter Garantie verdrehte er die Augen, während seine Lippen meinen Hals küssten – langsam und gemächlich. »Wie fühlt sich das an, Baby?«, wollte ich wissen und ließ meine Hüften auf ihm kreisen.

Ich hatte noch immer kein Höschen an und so spürte ich genau, wie er zuckte.

»Genial«, nuschelte er an meinem Nacken und strich dabei wiederholt mit seiner warmen Zunge über meine Haut. »Weitermachen!«

»Also … Willst du mir deinen einzig wahren Ficker reinstecken?«, flüsterte ich in sein Ohr und grinste breit, als er scharf den Atem einsog.

»Du kannst öfter so mit mir …« Abrupt hielt er inne, weil meine Hand über seine muskulöse Brust bis unter den Bund seiner Hose rutschte, direkt in die Shorts, um seine schon steife Erregung zu umfassen.

»Verfluchte ... Scheiße ... Willst du mich umbringen?«, stöhnte er rau und ließ seinen Kopf nach hinten fallen. Ich grinste nur und begann, ihm langsam einen runterzuholen, auch wenn es ziemlich beengt war. Sein Griff an meinem Rücken verfestigte sich, während ich es voll und ganz genoss, hier auf ihm zu sitzen und ihn heiß zu machen.

»Gefällt es dir, wenn ich dir einen runterhole?«, wisperte ich.

»Das fragst du mich im Ernst?« Ich kicherte und entzog ihm meine Finger.

»Hey!«, protestierte er angepisst und leicht irritiert. Doch als ich mich von seinem Schoß erhob, wurde er richtig wütend.

»Ich glaube, mir ist viel zu warm …« Lachend drehte ich ihm meine Kehrseite zu und streifte mir mit unsicheren Bewegungen mein Shirt ab. Hinter mir hörte ich ihn zischen.

»Oh … da ist ja ein Krümel auf dem Boden …«, hauchte ich gespielt schockiert, dann bückte ich mich nach vorne, mir voll und ganz bewusst, wie er reagieren würde.

»Boah, Mia!«, stieß er aus. Ich grinste überlegen in mich hinein.

Er kam auf die Füße, und ich hörte Stoff rascheln. Mit einem Ruck drängte er meinen Hintern an seinen nun auch nackten Unterkörper. Wir stöhnten beide bei dem Hautkontakt. »Versuchen Sie mich etwa schon wieder zu beherrschen, Miss Angel?« Ich keuchte, hielt mich aber zurück, obwohl ich mir nichts sehnlichster wünschte, als nach hinten zu greifen und ihn in mich zu pressen. Doch seine Tortur von vorhin schwelte immer noch in meinem Kopf, also rieb ich mich ganz genüsslich an seiner beträchtlichen Länge.

»Wenn du mich so fickst, ist es verdammt tief«, hauchte ich und vernahm, wie er mit den Zähnen knirschte. »Aber ich habe jetzt keine Lust darauf«, setzte ich sofort nach. Grinsend entfernte ich mich wieder von ihm und ging zu seinem Bett.

»Was zum Fuck?«

»Sie haben schon richtig gehört«, sagte ich klar und deutlich, während ich auf die goldenen Laken krabbelte. Schockiert drehte er sich zu mir um, als ich bereits mit angewinkelten Beinen mit den Schulterblättern an der Wand lehnte.

Seine Augen schimmerten dunkel vor Lust, dennoch schien er zu fassungslos, um sich auch nur einen Schritt zu bewegen. Ich musterte ihn lasziv lächelnd und strich mit der rechten Fingerspitze über mein Schlüsselbein.

»Wissen Sie, Mista Wrangler, Sie haben mich in der Vergangenheit sehr oft geärgert und gequält. Da habe ich mir gedacht …« Ohne meinen Blick von ihm abzuwenden, fuhr ich mit der rechten Hand über meine Brust und zwickte mir in den bereits steifen Nippel. Er verspannte seinen Kiefer. Ich berührte mich weiter, streichelte über die weiche Haut meines Bauches …

»Tu das nicht!«, warnte er mit bebender Stimme.

Teuflisch grinsend wanderte meine Hand immer weiter Richtung Süden, während er schockiert jede meiner Bewegungen verfolgte. »Baby, stopp den Scheiß!« Ich ignorierte seinen rauen Einwand.

»Dass … ich es Ihnen auf jeden Fall noch heimzahlen muss«, beendete ich meinen Satz in dem Moment, als ich mit den Fingern zwischen meinen Beinen ankam. Mhm, das fühlte sich gut an...

Mein Atem beschleunigte sich. Tristan stöhnte laut und verzweifelt, was mich noch mehr anspornte, mich weiterhin zu verwöhnen und leise keuchend meinen Kitzler zu reiben. Bevor er auch nur daran dachte, sich auf mich zu stürzen, sagte ich schnell: »Anfassen verboten, "Mista" Wrangler!«, wobei ich in typischer Manier das »Mister« wie immer betont auf "A" enden ließ.

Sein Kiefer war verhärtet und seine Augen glühten vor Begierde. So nackt und komplett göttlich, wie er vor mir stand – kämpfend um Selbstbeherrschung –, war er Erotik pur. Unser beider Erregung steigerte sich sekündlich. Es musste an Folter für ihn grenzen, als zwei Finger in meinem Inneren verschwanden, denn seine lustvollen Laute steigerten sich und er kniff die Lider zusammen.

Doch kurz bevor ich dachte, ich hätte ihn an der Angel, verzogen sich seine Lippen zu einem hinterhältigen, wunderschönen Grinsen. Seine rechte Hand strich zielsicher über seine anbetungswürdigen Bauchmuskeln herab bis zu seiner schweren Erektion, die er mit langen, männlichen Fingern streichelte und gleichzeitig die Augen wieder öffnete, als nun mein Keuchen die Stille durchbrach.

Ganz gemächlich und bedächtig wurde er wieder Herr der Lage, indem er mit gekonnten Griffen seinen Schwanz massierte. Mit seinen Worten ausgedrückt …

FUCK!

»Wie es sich wohl anfühlen würde, wenn ich ihn ganz langsam an genau diesem feuchten Eingang reibe und nach innen drücke?« Seine Stimme klang rau und heiser. Ich erschauerte bei der Vorstellung.

Gott, wieso hatte ich nochmal dieses Spiel angefangen?

»Siehst du, was du mit mir machst?«, fragte er leise, und ich sah wie sich ein Lusttropfen auf seiner Eichel bildete. Mit einem angespannten Ausdruck verrieb er ihn mit dem Daumen. »Tristan …«, wimmerte ich.

»Ja, Baby?«, entgegnete er scheinbar die Ruhe selbst mit einem sehr höflichen Unterton.

»Das reicht!«

»Was denn?«, meinte er gespielt ahnungslos.

»Oh, Mia-Baby, tut mir leid ... Ich werde gleich abspritzen, ohne dich gefickt zu haben. So ein

verdammtes Pech aber auch ...«, raunte er fast schon gelangweilt und warf den Kopf nach hinten, während seine Bewegungen sich etwas beschleunigten. Bei seinem Anblick kam ich fast, obwohl ich meine Berührungen komplett eingestellt hatte. So war das nicht geplant!

»Nein! Komm nicht ... ohne mich!«, bettelte ich nun und wurde knallrot.

»Aber Anfassen ist doch verboten?« Seine Augen funkelten auffordernd in meine Richtung und verließen keine Sekunde meinen leidenschaftlichen Blick.

»Bitte, Tristan ...«, flehte ich leise und verzweifelt, weil das Pochen zwischen meinen Beinen unerträglich wurde. Mit einem Seufzer nahm er die Hand von seiner Erektion und kam überheblich auf mich zu. Anscheinend hatte er Erbarmen.

Geschmeidig und anmutig beugte er sich über mich, sodass ich aus meiner sitzenden Position nach unten rutschte und auf dem Rücken liegen blieb. Seine Arme stützte er links und rechts neben meinen Schultern ab, während sich sein Gesicht dem meinen näherte. Dennoch berührte mich kein Körperteil. Ich wollte mich beschweren, brachte jedoch kein Wort heraus bei seiner intensiven Präsenz.

»Wenn du mich beherrschen willst, musst du früher aufstehen, Mia-Baby«, murmelte er und strich mit seiner Nasenspitze über meine. Ich schnaubte frustriert auf und legte meine Hände auf seinen Rücken. Was beiläufig wirkte, ließ mich innerlich jubeln. Endlich hatte ich seine Haut unter meinen Fingern, spürte seine Wärme und wurde umgehend wieder gierig nach mehr. Mein Versuch, ihn stärker an mich zu drücken, wurde durch seine Kraft vereitelt. Er stemmte sich mit einem Glucksen dagegen, wobei ich durch seinen Duft abgelenkt wurde.

»Sag mir, was du von mir willst. Anfassen oder nicht? Du musst dich schon entscheiden.« Hauchzart strichen seine Lippen über meine.

»Anfassen!«, schoss es förmlich aus mir, was ihn erneut zum Lachen brachte.

Behutsam senkte er seine Hüfte und umfasste seinen Ficker mit einer Hand. Sanft berührte seine Spitze meinen empfindlichen Punkt und verstärkte das mittlerweile unangenehme Pochen.

Ich keuchte und wand mich unter ihm, wollte endlich meine Erlösung, aber er rührte sich nicht weiter.

»Was nun, Miss Angel? Reinstecken oder nicht?«, hauchte er sinnlich und erhöhte etwas den Druck seiner Eichel auf meiner Clit, rieb ein wenig darüber.

»Reinstecken!«, schrie ich beinahe, weil ich es kaum noch aushielt, und griff in seinen Hintern.

»Aha ...«, meinte er nachdenklich und triumphierend, bewegte sich aber immer noch nicht.

Behutsam begann er, genüsslich zwischen meine Falten entlangzufahren, verweilte kurz an meinem Eingang, bevor er seine imposante Länge nach und nach in mich gleiten ließ.

Ich fühlte Zentimeter für Zentimeter und jede Ader so wahnsinnig intensiv, dass ich ein Stöhnen nicht unterdrücken konnte. Sein brennender Blick auf mir gemischt mit diesen Empfindungen versetzte mich in einen Rauschzustand.

»Fuck!« Flüsternd kniff er die Augen zusammen, lehnte seine Stirn an meine, erhöhte aber gleichzeitig nicht sein Tempo, bis er mich nicht komplett ausgefüllt hatte und unsere Unterkörper sich berührten. Erst jetzt merkte ich, dass sein Atem stoßweise kam und er das Bettlaken rechts und links neben meinem Gesicht fest in seiner Faust umklammert hielt.

»Und nun?«, keuchte er rau gegen mein Gesicht. Ich spannte als Antwort meine Intimmuskeln an, aber nach wie vor hielt er stattdessen komplett still. Verrückt vor Verlangen lief ich förmlich aus, war kurz davor zu kommen, aber mir wurde der letzte fehlende Schritt verwehrt.

»Ficken oder nicht?«, presste er mit letzter Zurückhaltung hervor.

»Ficken!«, kreischte ich.

Und Tristan fickte mich ...

Heftig!

Wenige Male stieß er auf diese kraftvolle, verzehrende Art tief in mich und hielt dabei meinen Blick gefangen. Ich explodierte sofort. Es war verheerend.

Er folgte mir kurz danach und zog sich auf die Knie zurück. Ich sah überwältigt dabei zu, wie er seinen anscheinend enormen Druck auf meinem Bauch abbaute. Dabei stöhnte er kehlig meinen Namen. Auf einem Arm abstützend angelte er nach der Decke und breitete sie über unsere Köpfe aus. Zwischen meinen Beinen machte er es sich bequem, kuschelte sich an mich. Dass wir unangenehm wegen seinem Sperma aneinanderklebten, war uns egal – viel zu gut fühlte sich sein warmer Körper an meinem an. Mit Armen und Beinen umschlang ich ihn und hielt ihn fest, ganz fest.

Sehr lange.

Immer wieder brachte er mich an meine Grenzen und darüber hinaus. Durch ihn fühlte ich mich lebendig, überlegen, begehrt, und ich erfuhr, was Ekstase war.

Ich liebte diesen Mann – so sehr. Wollte, dass er wirklich nur mir gehörte, doch ich musste mir sicher sein.

»Tristan?« Zärtlich tänzelten meine Fingerspitzen über seine Wirbelsäule, was bei ihm eine Gänsehaut auslöste, die mich zum Lächeln brachte.

»Hmmm?«, nuschelte er gegen meine Halsbeuge und küsste mich sanft. Sein Daumen strich träge über meine Schulter, die er umfasst hielt.

»Sind wir jetzt eigentlich … zusammen?« Meine Stimme brach und ich räusperte mich. Ruckartig hob er den Kopf und sah mich mit gerunzelter Stirn an. Seine Schönheit fesselte mich aufs Neue. Doch sein Blick war missbilligend, fast schon wütend, worauf sich Kälte in meinem Körper ausbreitete.

»Mia Engel, hast du immer noch nichts verstanden?«, fragte er todernst.

»Äh, nein? Ich … glaube nicht … sonst würde ich ja nicht … fragen«, stammelte ich mit schockiertem Ausdruck.

Tristans Miene wurde weicher. »Natürlich sind wir zusammen!«

»Richtig, richtig zusammen?«, vergewisserte ich mich. Er seufzte ungeduldig.

»Ja, Mia!«

»Und du … willst keine andere mehr … ficken?« Wie selbstverständlich mir dieses Wort mittlerweile über die Lippen kam. Früher wäre ich puterrot angelaufen beziehungsweise hätte es erst gar nicht gewagt. Nun aber genoss ich seine Reaktion darauf, denn sein Ficker zuckte an meinem Oberschenkel.

»Verdammt, nein! Ich würde bei einer anderen sowieso keinen mehr hochbekommen!« Ungehalten funkelte er mich mit nun fast braunen Iriden an.

»Jetzt hör mir zu, denn in naher Zukunft will ich mich nicht wiederholen. Du siehst dich nicht richtig, aber ich sag dir mal, was ich in dir sehe! Du bist die Weiblichkeit in Person, hast ein wunderschönes Gesicht und bist dazu auch noch klug! Man kann sich mit dir über alles unterhalten, weil du schweinemitfühlend und auch noch so verdammt tolerant bist. Außerdem – und das sage ich dir nicht zum ersten Mal – ist deine Pussy die engste.

Also hör auf, dich selber runterzumachen und glaube mir, wenn ich dir sage, dass ich nur noch dich will. Okay, Baby?«

»Aber was ist in der Öffentlichkeit?«, flüsterte ich angespannt, weil ich schon ahnte, wie er reagieren würde. Ich sollte Recht behalten. Erschöpft ließ er sein Gesicht fallen und vergrub es an meiner Halsbeuge.

»Lass mir noch etwas Zeit …«, murmelte er gegen meine Haut und atmete tief durch. »Bitte lass mich noch nicht fallen, weil ich ein feiges Arschloch bin. Bitte hab noch etwas Geduld, okay?«, flehte er samten. Ich seufzte. Hatte er es denn immer noch nicht verstanden? Ich würde alles für ihn tun!

»Okay«, erwiderte ich leichthin, dann zog ich seinen Kopf zu mir hoch.

»Okay, was?«, bohrte er mit erhobener, scharf geschnittener Augenbraue nach.

»Okay. Alles, was du willst!« Ich küsste ihn zur Beruhigung sanft auf seine vollen, weichen Lippen.

Ich würde ihn mit Sicherheit nicht fallen lassen. Wer wäre so dumm?

Die nächste Stunde, obwohl ich das schwer sagen konnte, denn Zeit war mit Tristan relativ, verbrachten wir einfach nur knutschend. Liebkosende Lippen, schmeichelnde Zungen, leises Stöhnen und streichelnde Hände waren alles, was diesen Raum erfüllte. Es war perfekt. Für jetzt …

23. Unschönes Erwachen

Tristan 'fucked up' Wrangler

Ich war umnebelt von einem süßen, frischen, gleichzeitig bekannten Geruch und unter meinem Gesicht fühlte ich samtweiche Haut, weshalb sich meine Mundwinkel zu einem trägen Lächeln verzogen. Verschlafen strich ich mit meiner Nase über den Untergrund, der leicht nachgab. Leise seufzend hob ich etwas meinen Kopf und blickte direkt auf die wundervolle, tiefbraune, entspannte Brustwarze von meinem Mädchen.

»Mmmh!« Mit einem Schnurren hauchte ich ihr einen Kuss auf die Spitze.

Es werde hart ...

Mia seufzte genüsslich auf und wand sich träge unter mir. Aber an der faulen Art, wie sie sich regte, wurde deutlich, dass sie noch tief und fest schlief. Auch gut ... Eine weitere Runde pennen auf meinem Mädchen hörte sich nach einem guten Plan an. Also senkte ich mein Haupt und vergrub es in diesen Wahnsinnshügeln. So könnte ich jeden Tag schlafen.

Jeden Tag? Schlafen? Fuck!

Ruckartig fuhr ich hoch, um die Digitaluhr auf meinem ansonsten leeren Nachttisch anzuvisieren. Fünfzehn Minuten vor siebzehn Uhr strahlte mir in grünen, grausamen Ziffern entgegen.

Mein Vater würde in genau achtzehn Minuten von der Arbeit kommen, Phil in zwanzig vom Fußballtraining und Tommy wahrscheinlich gar nicht, weil er Vivi beglückte. Kurz gesagt: zu wenig Zeit! Warum verdammte Scheiße war ich nur eingedöst? Ich Idiot hatte meine ganze Fickzeit verpennt. Dafür waren ich und mein Mädchen bestens erholt, vorausgesetzt sie wurde wach. Allerdings machte sie nicht den Eindruck, langsam zu sich zu kommen, also würde ich wohl nachhelfen. Schließlich musste ich sie nach Hause schicken. Fuck!

Träumerisch wisperte sie: »Tristan ... lieb dich ... so«, im Schlaf, und machte es mir damit noch schwerer.

Schuldbewusst stöhnte ich und wollte meinen Schädel gegen die nächstbeste Wand dreschen.

Nur noch fünf Minuten, Pisser! Jetzt mal keine Hektik! Leg deinen Quadratschädel hin und chille! Mein Ficker übernahm kurzerhand das Kommando.

Also kuschelte ich mich noch einmal an ihre Brust und lauschte ihrem ruhigen Herzschlag. Noch immer befand ich mich zwischen ihren Beinen, während ihre Arme meinen Rücken umschlungen hielten und mich fester an sich pressten. Meine waren derweil eingeschlafen, weil ich ihre wundervollen Arschbacken in den Händen hielt und damit ihr Gewicht auf ihnen lastete. Krasse Position, aber ich genoss diesen Luxus auf einem menschlichen, duftenden, seidigen Kissen zu liegen. Für sie dürfte es allerdings ein wenig unbequem sein, denn ich stellte es mir nicht sehr gemütlich vor, auf harten Armen zu ruhen.

Vielleicht könnte ich ja meine Hände unter ihr hervorziehen, ohne sie zu wecken, vorausgesetzt ich konnte sie bewegen. Ich wackelte mit einem Finger, zumindest hoffte ich das, aber bis auf ein nerviges Kribbeln war nichts zu spüren. Das gab es doch nicht! Da hielt ich meinen zweitliebsten Körperteil von ihr in den Händen und merkte gar nichts. Gemeiner ging es wirklich nicht.

»Gottverdammte Scheiße!«, knurrte ich ungehalten, woraufhin Mia zusammenzuckte.

Dann wachte sie langsam auf und streckte sich genüsslich unter mir.

Grinsend hob ich meinen Kopf und freute mich schon darauf, wenn sie ihre Lider öffnen und realisieren würde, dass sie immer noch bei mir, in meinem Zimmer, in meinem allerheiligsten Heiligtum und vor allem in meinen Armen war. Ich freute mich darauf, dass sie glücklich lächeln und mich vielleicht ein kleines bisschen weiter nach oben ziehen würde, um mich mit ihren vollen, weichen Lippen zu begrüßen …

Verschlafen blinzelte sie, bevor ihre Augen fast schon überdimensional groß wurden und ihr ein Wort entkam, was sie sonst nie benutzte: »Scheiße!«

Irgendwas lief hier gar nicht so wie gedacht, aber bevor ich das auch nur im Ansatz verarbeiten konnte, hatte sie mich schon äußerst kraftvoll zur Seite geschoben und war aufgesprungen. Meine Arme, nun von ihrem Gewicht befreit, kribbelten schmerzhaft, als das Blut sich in ihnen wieder ungehindert ausbreiten konnte.

»Gottverschissene Scheiße«, vervollständigte ich ihren Fluch. Ich war immer noch gehandicapt und fühlte mich wie eine

Schlenkerpuppe, während ich mich umständlich aufsetzte.

Ihre Unterwäsche hatte sie bereits zusammengesucht und anzogen. Die Sport-Hotpants folgten auf direktem Weg.

Das mit anzusehen war zutiefst deprimierend. Ich wollte sie anschreien, weil sie nicht aufhörte, sich anzukleiden, dabei hektisch durch mein Zimmer stolperte und fast hinfiel, was ich nicht einmal hätte verhindern können, weil das Gefühl meine Hände noch nicht erreicht hatte. Gelinde gesagt war ich überfordert.

Was ging hier eigentlich ab? War sie immer so stressig nach dem Aufstehen? Wenn ja, musste ich ihr das schnellstens abgewöhnen!

»Was ist dein Problem?«, fragte ich und konnte nicht anders, als angepisst zu klingen. Sie wollte schon abhauen? Wie nervig!

»Mein Vater …«, murmelte sie vor sich hin und zog sich das weiße T-Shirt über. Als sie im Begriff war, zur Tür zu hechten, kam ich auf die Beine und verstellte ihr den Weg.

»Hey! Hey! Hey! Ein dickes, fettes Stopp! Was geht hier ab?!« Sie glaubte doch nicht allen Ernstes, einfach Hals über Kopf davonstürmen zu können. Verzweifelt sah sie mich an und zog die Unterlippe zwischen ihre Zähne.

»Mein Vater, er hat heute Frühschicht und kommt um halb sechs. Wenn er nach Hause kommt, muss ich auch da sein«, antwortete sie leise. In meinem Bauch brodelte es schon vor Wut. Allein schon, wie sie zitternd ´mein Vater´ sagte und damit ihre Ängstlichkeit unterstrich, brachte das Fass fast zum Überlaufen.

»Fuck off, Baby! Du bist siebzehn Jahre alt! Du wirst wohl später heimkommen dürfen als fünf Uhr! Was war am letzten Montag? Da warst du um die Zeit auch noch nicht zu Hause!«

Ihre weißen Zähne bohrten sich nun regelrecht in das bereits wundgekaute Fleisch.

Fuck! Ich hasste es, wenn sie so eingeschüchtert wirkte!

»Da hatte er Spätschicht und war nicht da … und meine Mutter, die … war schon eingeschlafen, deswegen habe ich keinen Ärger bekommen«, informierte sie mich mehr als unwillig.

»Wenn du von Ärger redest, was zum Fuck meinst du damit?«, presste ich hervor. »Und hör auf damit, verdammt!« Sie zuckte vor mir zurück, als ich meine wieder durchblutete Hand nach ihr ausstreckte. Doch ich ließ mich nicht beirren und befreite sanft ihre Unterlippe mit dem Daumen, so wie ich es bereits in der Turnhalle getan hatte. Dann streichelte ich über ihre Wange, während sie mich mit großen Karamellaugen flehend ansah.

»Tristan, bitte, ich muss gehen …«, bat sie schwach.

Es war klar, dass sie mir ausweichen wollte, aber das würde ich nicht zulassen – nicht bei diesem Thema. Ich wollte die gottverdammte Wahrheit!

»Nein, Mia! Vergiss es! Ich werde dich fahren und du wirst auch pünktlich sein, wenn du mir noch zehn Minuten gibst, also rede mit mir, verdammt nochmal! Was geht bei dir ab?«

Tränen verschleierten ihre Sicht, als sie mich energisch zur Seite schob.

»Das geht dich nichts an!«

What the fuck?

Sie öffnete die Tür und wollte hindurchschlüpfen, aber zeitgleich löste ich mich aus meiner Starre und knallte sie ihr direkt vor der Nase zu. Mit Blick auf meinen ausgestreckten Arm begann sie, am ganzen Körper zu zittern.

Jetzt hatte sie auch noch Angst vor mir! Das ging gar nicht! Also versuchte ich, mein brodelndes Temperament zu zügeln und ruhig mit ihr zu reden. Ich begab mich zu ihr auf Augenhöhe und sprach wie mit einem verwundeten Tier: »Baby, bitte, es macht mich verrückt, wenn sie dir etwas antun, ich muss es wissen!«

Viel zu trotzig bohrten sich ihre Iriden in meine. Was auch immer jetzt kam, es würde mir nicht gefallen.

»Und was hast du dann vor? Willst du wieder alles noch schlimmer machen – wie damals, als du meinen Vater so provozieren musstest?«, spie sie mir ungewohnt ätzend entgegen.

Es war scheiße, wenn ich Recht hatte.

Sprachlos seufzte ich frustriert auf.

»Du kannst sowieso nichts machen, ohne mein Leben noch zu verkomplizieren, und ich will auch nicht mit dir darüber reden, was daheim passiert. Das geht keinen etwas an!« Sie visierte den Boden an, während sie sprach.

»Aber … ich bin nicht … keiner.« Das letzte Wort war nur ein verletztes Flüstern. Wie viel bedeutete ich ihr? Wie sehr vertraute sie mir, wenn sie mich doch mit jedem x-beliebigen Menschen auf diesem Planeten gleichsetzte?

Verdammt. Dabei würde ich doch alles für sie geben!

Ich hatte ihr mein tiefstes Geheimnis anvertraut, ihr meinen schlimmsten Albtraum offenbart. Sie kannte mein traumatischstes Erlebnis, aber mir wollte sie nichts sagen? Das verletzte mich, und sie merkte es. Doch mit einem kalten Ausdruck sah sie mich an. In dieser Hinsicht war ich tatsächlich keiner, auch wenn ich ansonsten alles für sie zu sein schien.

Mein Mädchen wies mich ab. Damit konnte ich nicht umgehen.

»Dann verpiss dich doch!« Mit einem Ruck öffnete ich die Tür und krallte mich am Rahmen fest, während ich sie verbissen und eiskalt anstarrte. Sie erwiderte meinen Blick einige Sekunden sehr eindringlich, doch irgendwann verließ sie wortlos mein Zimmer.

Ich knallte die Tür mit einem lauten »Scheiße!« hinter ihr zu und raufte mir die Haare. »Gottverschissene dreckige Arschfotzenscheiße!«

Wie konnte das passieren? Und warum regte mich das so dermaßen auf? Ich kam mir vor, als hätte ich den Anschluss verpasst. Irgendwas musste mir entgangen sein.

»Scheiße, Scheiße, Scheiße!«, grölte ich noch zum Abschluss.

Zielsicher stürmte ich zu meiner Anlage, legte eine CD von »Sex on two legs« ein und drückte auf Play. Erst als die aggressive Stimme des Sängers Spank Ransom gemischt mit rockenden Bässen lautstark in meinem Schädel wummerte, zündete ich mir den Rest meiner Tüte an. Wie ein Sack ließ ich mich aufs Bett fallen und inhalierte den Rauch. Der Mist schmeckte nicht. Kein bisschen. Frustriert drückte ich den halben Joint aus und strich mit beiden Händen über mein angespanntes Gesicht und schaute blind zur Decke.

»Du kleiner Idiot …«, murmelte ich zu mir selbst.

Sie vertraute mir nicht. Ansonsten hätte sie mir erzählt, was in ihrem Elternhaus los war. Ich hatte nicht einmal eine Idee. Die Möglichkeiten waren schier endlos und mir wurde kotzübel, wenn ich nur daran dachte.

Wie lebte sie? Wie waren ihre Erzeuger drauf? Wurde sie regelmäßig geschlagen oder … missbraucht? Dass ihr Vater ein Pisser war und sie mindestens einmal verprügelt hatte, wusste ich schon. Er würde es wieder tun, oder sogar Schlimmeres. Mein Magen drehte sich um, mein Herz raste. Das durfte nicht sein! Nicht mein Mädchen! Fast wollte ich aufspringen und zu ihr fahren. Und dann? Was hätte ich dann getan? Was konnte ich machen, ohne die Lage zu verschlimmern? Nichts!

Und auf einmal fiel es mir wie Schuppen von den Augen.

Mia Engel hatte sich mir zwar körperlich komplett geöffnet, aber nicht geistig. Sie verschwieg mir Dinge, wichtige Dinge, und dass, obwohl ich ihr bereits mein Leben dargelegt hatte und ihr nichts mehr verschweigen würde. Dabei wollte ich alles von ihr wissen.

Die Sorge um sie fraß mich jetzt schon auf, da war an Schlaf in dieser Nacht mit Sicherheit nicht mehr zu denken. Ich hatte keinen blassen Schimmer, was sie zu Hause erwartete. Auf sie einprügelnde Eltern? Die Vorstellung machte mich rasend.

Nicht mein Mädchen! Keiner würde sie verdammt nochmal fertigmachen!

Heuchler, keifte eine altbekannte Stimme in meinem Kopf.

Ja, ich hatte ihr gesagt, dass sie sich verpissen sollte. War ich nicht mehr ganz dicht in der Birne? Wie konnte ich das tun? Fuck! Fuck! Fuck!

»Super verschissen, du Bastard«, grummelte ich vor mich hin. Der Tag war eindeutig zu lang für die ganze Scheiße heute. Erst beschützte ich sie, nahm sie mit zu mir, liebte sie, was sich zur Abwechslung mal richtig anfühlte, und dann zerstörte ich alles.

Toll gemacht! Wirklich toll, du Vollidiot ... Der Ficker war auch alles andere als amüsiert und im absoluten Kampfmodus.

Jetzt war es zu spät, um irgendetwas zu klären, aber morgen würden wir uns unterhalten. Ernsthaft! Über mich. Über sie. Und vor allem über uns. Es war wichtig, dass sie mir vertraute, dass sie an mich glaubte. Der neue Tristan würde sie nie im Stich lassen, egal was geschah.

24. Ignorieren

Mia 'the unholy' Engel

Komplett barfuß stürmte ich heulend durch das helle Haus der Wranglers mit seinen hohen Fenstern – froh, niemanden anzutreffen. Wie hätte ich auch meine Anwesenheit erklären sollen, so aufgelöst und eindeutig zweideutig zerzaust?

Unentdeckt schaffte ich es nach draußen und wollte gerade noch mehr Abstand zwischen mich und die riesige gelbe Villa bringen, bevor ich doch in eine prekäre Situation kommen würde, da ertönte eine bekannte, glockenklare Stimme, die verwundert nach mir rief.

»Mia?« Ertappt zuckte ich zusammen.

Mist! Eine Sekunde überlegte ich, wirklich so zu tun, als hätte ich sie nicht gehört. Denn ich wollte mich weder der Inquisition stellen noch hatte ich Zeit dafür. So oder so würde es nichts ändern, aber im Grunde hatte ich keine Wahl. Seufzend hielt ich inne und sah hoch zu ihrem Balkon. Vivian blickte auffordernd und gelassen zu mir runter. Ihr hellblauer Morgenmantel kombiniert mit einer giftgrünen Maske im Gesicht wäre in jeder Situation zum Schreien komisch gewesen, nun aber brachte es mich nicht einmal zum Schmunzeln.

Ihre sowieso schon großen Augen weiteten sich, als sie meinen Aufzug bewusst wahrnahm.

»Komm hoch, es ist offen!« Es war eindeutig ein Befehl, auch wenn sie äußerlich sehr ruhig wirkte.

»Ich muss nach Hause!«

»Zehn Minuten.« Ich verdrehte die Augen, immer diese zehn Minuten...

»Meine Mum fährt dich dann.«

Damit war mein letztes Argument hinfällig, denn mit dem Auto wäre es rechtzeitig zu schaffen und viel bequemer, als den ganzen Weg zu Fuß zurückzulegen. Geschlagen ging ich auf die Tür der Nachbarvilla zu, um ins Haus zu treten.

Ich vermied es, mich genauer umzusehen und steuerte gleich den ersten Stock an, wo Vivi mir bereits entgegenkam. Wortlos nahm sie mich in die Arme und gab mir Halt, ehe sie mich in ihr Zimmer zog. Von der Farbvielfalt fühlte ich mich kurzfristig erschlagen. Ich hielt inne, um nun doch einen Blick zu riskieren, aber es waren einfach zu viele Eindrücke auf einmal. Jedes anfangs normal wirkende Möbelstück erstrahlte in einem anderen Anstrich und buhlte aufgrund der Intensität um Aufmerksamkeit. Jetzt war mir auch klar, woher sie ihre Vorliebe für furchtbare Farben hatte.

Ohne meinen halb entsetzten Ausdruck zu registrieren, schubste sie mich weiter zu ihrem großen Bett, auf dem sie sich neben mir im Schneidersitz niederließ. Genauestens inspizierte sie mein verquollenes Gesicht und die wirren Haare, während sie ihre Augen zu kleinen Schlitzen verengte. Es war wohl offensichtlich, dass meine Optik nur einen Grund haben konnte: Tristan Wrangler.

»Weißt du was? Ich werde ihm einfach seine Gurke abhacken und sie in Essig einlegen«, sagte sie mit Bedacht, wobei sie erschreckend ernsthaft wirkte. Ich musste allerdings lachen, denn Vivi war so niedlich, wenn sie wütend wurde.

»Nein, nein, nein! So ist das nicht! Er hat nichts gemacht ...«, seufzte ich auf.

»Wie ist es dann?«, wollte sie neugierig wissen und beugte sich dabei zu ihrem quietschgelben Nachttisch, um eine Tafel Vollmilchschokolade mit ganzen Haselnüssen rauszuholen. Mein Lebensretter. Nichts ging über Süßes, wenn man deprimiert war. Schwesterlich teilte sie die Tafel in kleine Stücke und schob uns beiden je eins in den Mund, bevor ich noch immer kauend mit der Sprache rausrückte.

»Tristan ...« Allein seinen Namen auszusprechen, brachte mich dazu, sofort zu ihm zurück zu wollen, aber das schien im Moment unmöglich.

»Er wollte ganz plötzlich mehr über mich wissen. Über mein Zuhause und wie ich so ... lebe«, druckste ich rum. Vivian nickte wissend, schließlich war sie schon bei mir daheim gewesen.

»Du hast natürlich abgeblockt?!« Es war mehr eine Feststellung als eine Frage, denn sie ahnte bereits, dass ich über die dortigen Zustände nichts erzählen wollte. Sie kannte mich gut.

»Was denkst du denn?«, gab ich kleinlaut zu und machte mich über ein weiteres Stück Schokolade her, indem ich zaghaft daran rumknabberte wie ein Hase.

»Glaubst du, er würde dich deswegen verurteilen?« Sie tat es mir gleich, puhlte dabei aber die Nüsse raus, um sie separat zu essen.

»Ich weiß es nicht, aber ich denke ... schon«, zuckte ich mit den Schultern. »Ich will es nicht drauf ankommen lassen und ihn deswegen verlieren. Wahrscheinlich würde er annehmen, dass ich mal genauso werde und ...«

»Papperlapapp!«, unterbrach sie mich und winkte mit einer Hand ab.

»Tristan weiß genau, wie du bist!« Ich verdrehte die Augen. Für Vivi schien immer alles so einfach. »Also, du hast ihm gesagt, dass es ihn nichts angeht, was bei euch los ist, und er ...?«

»Anstatt zu antworten, hab ich ihm vorgeworfen, dass er mich damals vor meinem Vater beschützt hat.« Wo war noch einmal das Loch, in dem ich auf der Stelle versinken konnte? Jetzt fühlte sich das alles so falsch an.

»Oh, und weiter?«

»Ich ...«, angespannt malträtierte ich wieder meine Lippe. »Ich habe ihm ... irgendwie ... zu verstehen gegeben, dass ich ihm nicht wirklich vertraue. Daraufhin ist er ziemlich wütend geworden und hat gesagt, ich … ich ...« Tränen stiegen mir in die Augen, als mir seine Worte wieder in den Sinn kamen, die mich nach wie vor verletzten. »Dann war er wieder so kalt und abweisend wie früher immer und meinte, ich soll mich verpissen, und das hab ich getan!« Um mein Unbehagen zu überspielen, stopfte ich mir gleich zwei Stücken Schoko-Nuss in den Mund.

Düster wagte ich einen Blick zu Vivi, deren Ausdruck zwischen Unglauben, Fassungslosigkeit, wieder Unglauben, Einsicht und schließlich Ärger hin und her wechselte.

»Er muss lernen, dass er mit dir so nicht umspringen kann!«, brachte sie schließlich hervor und hatte zusehends mit ihrer Selbstbeherrschung zu kämpfen.

»Ich kann es ja irgendwie ... nachvollziehen. Er würde mir auch alles erzählen, aber ich kann einfach nicht ... er ...«, verteidigte ich ihn, aber Vivi unterbrach mich scharf.

»Nein, Mia! Du darfst dir von ihm nicht alles gefallen lassen! Auch wenn er von sich annimmt, dass er ein beschissener Gott, Halbgott oder eine Art Jesus ist, der die Liebe unter den Frauen verteilt. Er ist nichts von alledem. Er ist lediglich ein pubertierender, leider ziemlich gutaussehender Achtzehnjähriger, der weder Grenzen noch Regeln oder irgendjemanden auf diesem Planeten akzeptiert und respektiert. Wenn möglich sollte ihm jeder zu Füßen liegen und ihn anbeten, einfach aufgrund der Tatsache, dass er existiert.

Du musst ihm zeigen, dass auch ein Tristan Wrangler nicht alles tun und lassen kann, denn du bist die Einzige, die es schafft, ihn im Inneren zu berühren!«

»Aber wie denn?« Das Thema laugte mich aus. Und wenn ich ehrlich war, wollte ich gar nicht wissen, was Vivi schon wieder ausheckte, denn ihr Grinsen verriet nichts Gutes. Zu gern hätte ich alles vergessen und wäre in seine schützenden Arme geflohen, dennoch war es auch nicht falsch, mal die rosarote Brille abzunehmen.

»Du lässt ihn abblitzen!« Ohne Vorwarnung ließ sie die Bombe platzen.

»Spinnst du?«, konterte ich sofort. Das kam überhaupt nicht infrage. Aber sie lachte nur über meinen panischen Gesichtsausdruck.

»Mensch, Süße. Bleib locker! Du kennst doch Tristan! Er wird sich sowieso nicht abwimmeln lassen. Wenn er nämlich etwas will, kann er sehr ehrgeizig sein, und dich will er – wahrscheinlich mehr als alles andere!«

Nein, das konnte ich unmöglich tun. Als Antwort schüttelte hektisch mit dem Kopf.

Es war doch zwischen uns gerade alles so schön gewesen und hatte sich so toll angefühlt. Das Risiko wäre viel zu groß, dass irgendwas schief ging.

»Mia!« Streng sah mich Vivi an und nahm meine Hand in ihre zierlichen Finger. »Es ist dein gutes Recht, ihm nicht alles erzählen zu wollen. Du bist nicht sein Eigentum. Du hast nichts falsch gemacht. Bitte, Süße, glaube mir. Er wird dich nicht fallen lassen, nur weil du ihm zeigst, wo es langgeht. So wie ich das sehe, weiß er längst, dass ihr füreinander bestimmt seid.«

Mein Entschluss geriet ins Wanken.

»Wenn Tristan wirklich etwas für dich empfindet, wird er um dich kämpfen. Wenn er es nicht tut, dann weißt du wenigstens, woran du bist, auch wenn es sehr schmerzhaft wird. Mit Sicherheit braucht er so einen Dämpfer, um sich über seine Gefühle im Klaren zu werden. Und es ist doch nur morgen. Ignoriere ihn in der Schule für diesen einen Tag und ich schwöre dir, er wird es nicht ertragen können.« Ihre Ansprache gab den Ausschlag. Ich willigte ein, wenn auch mit einem verdammt schlechten Gefühl.

»Morgen müssen wir in die Kirche«, fiel mir grummlig ein. Meine Freundin grinste nur dämonisch, was mir ehrlich gesagt langsam Angst machte.

»Dann musst du dich in die letzte Reihe setzen«, verkündete sie triumphierend. »Tristan liebt den Kick!«

Sein poliertes Auto stand unter einem Baum. Einerseits glitzerte es unschuldig in der Sonne, andererseits strahlte das verruchte Rot bereits von Weitem. Normalerweise parkte er woanders, heute allerdings hatte er es neben den Fahrradständern abgestellt. Kurz war ich versucht, sämtliche Vorsätze über Bord zu werfen und ihm um den Hals zu fallen, als ich ihn sah. Denn Tristan war wegen keiner Geringeren als mir hier. Mein Tunnelblick fokussierte sich komplett auf ihn und nahm nicht einmal mehr die lästernden Mitschüler wahr.

Locker und unvergleichlich schön lehnte er an seinem Audi. Der schwarze Kapuzenpulli und die tief auf den Hüften hängenden schwarzen Jeans kleideten ihn ungemein, dazu die verschränkten Arme, seine forschenden Augen und die unvergleichlichen Haare … Ich war absolut verloren, schmolz dahin und vergaß sogar in die Pedale zu treten, weshalb ich auf meinem Rad ins Wanken geriet und fast ein paar Erstklässler über den Haufen fuhr, die mich selbst zu Fuß in einem Affenzahn überholten. Meine Träumereien endeten beinahe in einem äußerst peinlichen Sturz, aber ich schaffte es, mir einen letzten Rest Würde zu bewahren. Ich stieg ab und nahm mir gleichzeitig vor, ihn nie wieder anzustarren, wenn ich mit dem Fahrrad unterwegs war.

»Das Wichtigste: Rede nicht mit ihm! Kein Wort! Nicht ein einziges! Unter gar keinen Umständen! Sag weder ʹHalloʹ, ʹTschüssʹ, ʹIch liebe dichʹ noch ʹIch will ein Kind von dirʹ. Sag rein gar nichts zu ihm.« Vivis Abschlussworte drehten fröhlich ihre Runden in meinem Kopf.

Drei Meter trennten uns voneinander, als ich mein ehemals rotes Klapperrad seufzend mit dem alten schwarzen Schloss sicherte. Trotz seiner Nähe schaffte ich es, ohne dass meine Hände wie verrückt zitterten. Das änderte sich, als ich im Augenwinkel bemerkte, wie er sich von seinem Auto abstieß und gewohnt elegant auf mich zu schlenderte. Mein Herz schlug zum Bersten laut in meiner Brust und mein Atem begann zu rasen. Direkt hinter mir blieb er stehen, und ich fühlte ihn schon, bevor er mich ansprach.

»Ich denke, wir müssen reden, Baby?« Es wirkte eher wie eine Frage und kam sehr leise, sogar etwas verunsichert.

Ich erschauderte, denn ich liebte seine mit Samt umwobene Stimme, auch wenn sie so ernst klang wie jetzt gerade. Dennoch wusste ich, welche unanständigen, erregenden Dinge er damit in mein Ohr hauchen konnte.

Den Gedanken wischte ich beiseite. Ich durfte mich jetzt unmöglich ablenken lassen! Also erhob ich mich, würdigte ihn keines Blickes und ging auf das Schulgebäude zu. Ihn einfach stehen zu lassen erforderte eine fast unmenschliche Kraftanstrengung, aber es gelang mir. So selbstsicher wie möglich bahnte ich mir den Weg durch die Mitschüler, die dieses Schauspiel scheinbar interessiert mitverfolgten.

Am Eingang traf ich auf Vivi und Tom. Meine Freundin lachte nur, aber der Bruder meines Traummannes schien fassungslos vor Unglauben. Seine Augen vergrößerten sich besorgniserregend, während er mich musterte. Als er seinen Fokus auf etwas hinter mir richtete, wurde ich auch schon am Arm gepackt und herumgewirbelt. Wirklich wütende, nun eher braune Iriden funkelten mich an, was Toms schockierten Ausdruck erklärte.

»Bist du gerade vor mir davongelaufen oder hast du mich einfach nicht gehört?«, fragte Tristan verwundert mit einem deutlich pissigen Unterton. Ich konnte nicht anders, als leise, ganz, ganz leise zu seufzen, weil ich seine Berührung sogar durch den Stoff meiner Kleidung spürte. Scheinbar hatten wir beide keine sehr erholsame Nacht hinter uns, denn er sah aus, wie ich mich fühlte.

»Hör auf zu träumen und antworte.« Deutlich genervt fuchtelte er mit seinen langen Fingern vor meiner Nase rum.

Vivi lenkte meine Aufmerksamkeit auf sich, indem sie mir gestikulierend zu verstehen gab, dass ich das Gespräch umgehend beenden sollte. Dabei glitt ihr Zeigefinger quer über ihren Hals. Es war eindeutig, aber ich brachte es kaum über mich. Unmöglich!

»Du wolltest doch, dass ich mich verpisse!« Damit ließ ich ihn erneut stehen und machte mich auf den Weg in meinen Klassenraum. Diese harten Worte überraschten mich selbst, dennoch musste ich, bis ich endlich an meinem Platz saß, gegen den Drang ankämpfen, zu ihm zurückzulaufen und ihn um den Verstand zu küssen. Aber ich blieb stark. Ein einziges Mal wollte ich ihm zeigen, dass er mich so nicht behandeln konnte und mich durchsetzen.

❦

Meine Beine waren mit Gänsehaut überzogen, als ich um elf

Uhr in der Kirche saß. Wiederholt verfluchte ich, dass ich mich für einen leichten weißen Baumwollrock entschieden hatte statt für eine dicke Jeans, am besten noch mit Strumpfhosen darunter. Für eine Heizung würde ich meine Seele verkaufen.

Wie mit Vivi abgesprochen suchte ich mir ganz hinten in der vorletzten Reihe, links neben einer dicken Säule, meinen Platz. Ich hatte mich so breitgemacht, dass ich auf dieser Bank so ziemlich alleine war. Vor und hinter mir befand sich auch niemand, sodass ich wenigstens allein vor mich hin zittern konnte. Und da ich sowieso fast jedem Mitschüler egal war, drehte sich auch keiner zu mir um.

Diesmal begrüßte ich es sogar, denn die neugieren Blicke, welche schon den ganzen Tag an mir klebten, waren auf die Dauer nicht auszuhalten. Genaugenommen nervte diese Sensationsgier, die mir überall entgegenschlug, enorm. Nur die Tatsache, dass Tristan involviert war, hinderte sie daran, dämliche Sprüche loszulassen oder mich blöd anzumachen. Dennoch konnte ich fast schon die Fragen hören, die in den Köpfen meiner Klassenkameraden rotierten.

Hier hatte ich endlich meine Ruhe und entspannte mich ein wenig. Einmal im Monat mussten alle zum Gottesdienst. Fast jeder war hier katholisch, in Bayern nicht unüblich, und so blieb uns die Kirche nicht erspart, egal ob wir gläubig waren oder nicht. Obwohl ich regelmäßig hier war, unterschätzte ich diesmal die Kühle, egal wie warm es draußen war. Vermutlich lag das an meinem Traummann. Nein, nicht vermutlich, ganz sicher sogar.

Die vorangegangenen Stunden war ich ihm aus dem Weg gegangen oder zeigte ihm erfolgreich die kalte Schulter, sodass er keinen neuen Versuch mehr wagte. Selbst in der großen Pause hatte er lediglich an der Wand gelehnt, die Hände tief in den Hosentaschen vergraben und mich stirnrunzelnd taxiert. Was da wohl Düsteres in seinem hübschen Kopf vorging? Seitdem wurden meine Gedanken von beängstigenden Vorstellungen heimgesucht, besonders als er seinen Blick endgültig von mir abgewandt, um Valerie zu ärgern, indem er ihr permanent ihr knappes Oberteil öffnete – was im Nacken zu knoten war –, bis sie heulend ins Schulgebäude flüchtete.

Derweil wurde ich komplett in Frieden gelassen, worüber ich einerseits glücklich war, es mir allerdings andererseits gewaltig gegen den Strich ging, dass er andere Frauen berührte und sei es nur, um sie zu provozieren. Vielleicht steckte aber auch Berechnung dahinter, denn er war eben ein ausgewachsenes manipulatives Aas.

So bekam er, was er womöglich wollte. Bedingt durch meine Unsicherheit spielten sich diverse Horrorszenarien detailgetreu vor meinen Augen ab. Wenn Tristan nun endgültig genug von mir hätte und sich wieder einer seiner ... Schlunzen – wie er sie liebevoll nannte – zuwandte, dann wäre Vivi fällig – sie und ihre tollen Pläne! Nicht zum ersten Mal stellte sich mir die Frage, warum ich mich überhaupt darauf eingelassen hatte.

Mit Adleraugen beobachtete ich jeden, der in die große, goldgeschmückte, schrecklich protzige Kirche kam, um Tristan auszumachen. Aber ich sah ihn nicht.

Selbst als sich der letzte Schüler gesetzt hatte und der alte weißhaarige Pfarrer mit monotoner Stimme zu reden begann, konnte ich ihn nicht entdecken. In meinem Bauch machte sich bittere Enttäuschung breit ... und eiskalte Angst.

Hatte er doch keine Lust auf das Theater mit mir und bestätigte damit meine Vermutung? War es ihm sogar recht, dass ich ihn ignorierte, weil er meiner überdrüssig wurde? Hatte ich verspielt und meine einzige Chance mit Tristan Wrangler weggeworfen?

Ein verzweifeltes Nein wollte mir von den Lippen rutschen, doch mir kam in den Sinn, wer an dem ganzen Desaster die Schuld trug. Wütend versuchte ich, die Urheberin dieses Dilemmas mit Blicken zu erdolchen, während ich mir meine Ohrstöpsel in die Ohren steckte, mich nach hinten lehnte, die Beine lautstark auf die Kniebank stellte und mich von einem meiner Lieblingslieder berauschen ließ.

Was, wenn meine Zeit mit Tristan abgelaufen, der Bann wirklich gebrochen war?

Was, wenn er mich nie wieder anlächeln und mit der Tiefe seiner Augen bis in mein Innerstes sehen würde? Wenn ich nie wieder seine langen, geschickten Finger in mir spüren und er mich dabei fast besinnungslos küssen würde? Ich nie wieder in den Genuss seines F ...

»Ah!« Besagte Finger legten sich auf meinen Mund, bevor ich laut losschreien konnte. Von dort aus glitten sie zu meinem rechten Ohr, um mir den Ohrhörer rauszuziehen und ihn mit seinen Lippen zu ersetzen. Sein Duft, der mich ...

»Hör mir drei Minuten zu!« Ja, wie denn? Er roch so unbeschreiblich männlich, sexy und anziehend. Ich wollte mich an ihn kuscheln und mein Gesicht schnuppernd an seiner Halsbeuge vergraben. Stattdessen blickte ich stur die Säule an und rutschte auf der ungemütlichen Holzbank herab, während ich den Kopf schüttelte.

»Wieso so stur? Bedeutet dir das hier wirklich gar nichts?«

Seine Hand schummelte sich vorwitzig von meinem Knie nach oben direkt unter den Rock, der sich in meinem Schoß bauschte. Ich erschauerte, diesmal nicht vor Kälte, und in meinem Bauch zog sich alles zusammen.

»Tristan!«, flüsterte ich ungehalten und umklammerte seinen Unterarm, um ihn von seinem ungehobelten Tun abzuhalten. »Wir sind in der Kirche ... Du besitzt wirklich überhaupt keine Skrupel!«

Leise lachte er, beugte sich etwas vor und legte seine unglaublich weichen Lippen auf meinen Nacken. Ganz leicht.

»Der Scheißer steht doch angeblich so auf Nächstenliebe ...«

Als er an meinem Ohrläppchen knabberte, musste ich ein tiefes Seufzen unterdrücken. Seine Berührungen schossen heiße Blitze geradewegs in meine Mitte.

Oh mein ... Tristan Wrangler! Ich war so was von verloren und presste fest meine Beine aneinander. Er lachte nur und fuhr mit seiner Zunge die Kontur meines Ohrmuschel nach, um mir anschließend mit seiner ´Ich bringe dich jetzt komplett um den Verstand´-Stimme zuzuflüstern: »Ich war gestern ein Arsch. Meine Gefühle für dich machen mich zum kompletten Vollidioten ... Und weißt du was? Es macht mir mittlerweile einen Scheißdreck aus! Ich kann an nichts anderes mehr denken als an dich – an das hier. Nenn mich versaut. Das bin ich. Und ich weiß, du liebst es!« Seine Hand drückte, als wolle sie seine Worte bekräftigen, meine Schenkel auseinander. Eine Gänsehaut bedeckte meinen ganzen Körper und ich biss mir heftig auf die Lippe. »Ich weiß, dass du gerade ausläufst!«

Mein Atem kam stoßweise. Die Abwehr war fast dahin, und so suchten sich seine Finger unter meinem Rock ihr Ziel. Diesem durch und durch sinnlichen, atemberaubenden und so typischen Tristan-Angriff konnte ich nicht mehr standhalten.

Wer war ich, dass ich mich ihm verweigerte?

Ich brauchte ihn mindestens genauso sehr wie er mich. War er denn so ahnungslos? Mein Widerstand schrumpfte zusehends, und ich machte mich mit dem Wissen, dass uns jederzeit jemand erwischen konnte, mal wieder zur kompletten Deppin. Aber ich liebte ihn eben. Wenigstens bot die Säule etwas Sichtschutz vor neugieren Blicken, sollte sich einer dazu herablassen, sich zu uns umzudrehen.

»Ich liebe dich, auch wenn du ein Arsch bist«, wisperte ich und drehte mein Gesicht, um ihn zu küssen. Überrascht stöhnte er auf, als meine Zunge seine umspielte, was seine Hand nicht hinderte, sich auf meine heiße, pulsierende Mitte zu legen.

Ich antwortete mit einem tiefen, viel zu lauten Seufzen. Das schockte mich so sehr, dass ich aus meiner von Lust durchwobenen Welt auftauchte, mich etwas distanzierte und knallrot wurde.

»Tristan, das geht nicht ... die anderen ... die Kirche ... Gott!«, stotterte ich und versuchte, etwas Platz zwischen uns zu schaffen. Die Augen verdrehend rückte er nach, dachte offenbar nicht einmal im Traum daran, von mir abzulassen und quetschte mich stattdessen lieber zwischen sich und der Säule ein, sodass ich mich nicht mehr von ihm entfernen konnte. Als hätte das Sinn...

Mit einem dreckigen Grinsen strich er mit seinem Mittelfinger mit meinem Höschen als Barriere über meinen schon komplett durchnässten Intimbereich.

»Wir können alles machen, was wir wollen. Die anderen sehen uns nicht. Außerdem scheiße ich auf die Kirche, sie scheißt schließlich auch auf uns. Das Einzige, was zählt, bist du.«

Automatisch presste ich meinen Schritt gegen seinen reibenden Finger und malträtierte meine Unterlippe, um ein lautes Stöhnen zu verhindern. Mit meiner Selbstbeherrschung war es nun beinahe endgültig vorbei, als er mit seinem Handballen meinen Kitzler massierte. Bei seinen Fertigkeiten konnte ich unmöglich leise sein und spätestens, wenn ich zum Orgasmus käme, würde ich die ganze Kirche zusammenschreien. Und ein Höhepunkt war mir tausendprozentig sicher, schließlich ging es hier um Tristan!

Gott! Nicht hier!

Unter einiger Anstrengung sammelte ich meine letzte Kraft, versteifte mich am ganzen Körper und versuchte ihn davonzuschieben – mit mehr oder minder Erfolg. Zumindest brachte ich ihn dazu, mit seinen Hammerlippen von mir abzulassen und mich entnervt anzuschauen.

»Du machst es mir heute echt verdammt schwer!«, beschwerte er sich.

»Der Pfarrer geht gern durch die Reihen und könnte alles sehen, ganz zu schweigen von den anderen!« Demonstrativ linste ich zwischen meine Beine, dort wo immer noch seine Hand lag, und wieder hoch in seine tief glühenden Augen. Seine Züge wurden weich und er streichelte mit den Fingerspitzen über meinen Wangenknochen.

»Du kannst mir vertrauen.« Misstrauisch runzelte ich die Stirn, denn es war mir ein Rätsel, wie er das meinte. Ohne darauf einzugehen zog er sich seinen Kapuzenpulli über den Kopf und präsentierte sich lediglich in einem schwarzen Muskelshirt. Mir klappte der Mund auf und ich musste mich konzentrieren, um nicht zu sabbern, denn er sah göttlich aus. Allein dieser Anblick ließ mich fast kommen und ich schmolz dahin wie Eis in der Sonne.

»So wird keiner sehen, was ich gleich mit deiner feuchten, einladenden Pussy anstelle. Lehn dich zurück und genieße es. Ich weiß, dass du es willst ... also scheiß auf den Rest!« Den Pullover deponierte er auf meinem Schoß und machte somit klar, dass ich keine Chance mehr hatte. Hier und jetzt würde er mich befriedigen – inmitten einer Kirche, zwischen Heiligenbildern und Kreuzen an jeder Ecke. Es war unmoralisch, verwerflich! Und ich wollte es! Also kam ich seinen seidigen Lippen entgegen, während er gleichzeitig mein feuchtes Höschen beiseiteschob.

»Aber mein Stöhnen ... ich ... ich bin zu laut.« Trotz meiner Lust blieb die Angst vor einer Entdeckung. Denn wie sollte ich es denn fertigbringen, ruhig zu bleiben?

»Du musst dich eben zurückhalten. Ich weiß, du schaffst es, Baby«, neckte er mich sanft. Bevor ich die Augen verdrehen konnte, begannen rhythmisch seine Fingerspitzen, meinen Kitzler zu reiben.

»Mhmmm, du bist schon so angeschwollen ...«, raunte er zufrieden. Meine Hüften kreisten im Einklang mit seinen Bewegungen, ohne mein Zutun. Er war so gut. Sein Geruch umgab mich und ließ mich in eine Welt voller Hingabe hinüberdriften.

Heiser und erregt klang seine Stimme, die mir ins Ohr flüsterte, was mich noch mehr anheizte. Vergessen war die Kälte, die zuvor jede Zelle meines Körpers gefangen gehalten hatte. »Du darfst mich nie wieder verlassen, egal was für einen Scheiß ich sage. Das nächste Mal haust du mir einfach eine rein oder fickst mich um den Verstand. Irgendwas. Aber du darfst nie wieder gehen!«, flehte er zwischen seinen verzehrenden Küssen und massierte stärker meine Klitoris.

»Ohhh!«, stöhnte ich leise und spürte sein Grinsen an meiner Haut.

»Leise, Mia-Baby«, warnte er mich sanft und tauchte mit einer geschmeidigen Bewegung in mein Inneres. Nur er schaffte es, mit nur zwei Fingern ein Feuerwerk in mir auszulösen. Ich keuchte in seinen Mund, den er sofort mit seinem verschloss, um meine Geräusche zu dämpfen. Im selben Moment sangen alle »Halleluja« und Tristan konnte sich ein Lachen nicht verkneifen. Selbst in meinem weggetretenen Zustand ging es mir nicht anders, denn die Ironie dieser Situation war zu komisch.

Aber genauso schnell gewannen die Gefühle wieder Oberhand, und ich zog meine Intimmuskeln zusammen.

»Halleluja, Baby«, hauchte Tristan atemlos. »Mach den Scheiß nochmal!« Mit Hilfe seiner drückenden Finger verwöhnte ich mich selbst, während Tristan zusätzlich meinen Kitzler bearbeitete. Ich geriet komplett außer Kontrolle, ebenso wie meine Hüften. Alles war ein Rausch aus Küssen, kreisenden Becken, dem Reiben meiner intimsten Stellen, untermalt mit lauten Halleluja-Rufen und einer Orgel, die zu ihrem großen Finale meinen Höhepunkt einleitete.

Ich schrie … direkt in seinen Mund.

Doch niemand nahm mich wahr, zumal ich es wohl ohnehin nicht realisiert hätte. Mein Orgasmus nahm mich viel zu sehr gefangen. Ein deftiger Fluch von Tristan pushte mich noch höher, während ich um ihn herum pulsierte. Sobald die letzte bebende Welle über meinen nun aufgeheizten Körper gerauscht war, löste ich mich etwas von ihm, lehnte meine Stirn gegen seine und atmete ... einfach nur atmen.

Puh!

»Glaubst du, ich lande jetzt in der Hölle?«, fragte ich träge und kicherte losgelöst. Was mir aber sofort verging, als er seine Finger mit einem absichtlich sehr lauten Schmatzen aus mir herauszog. Da zwischenzeitlich Ruhe eingekehrt war, hörten es einige Mitschüler und lachten. Doch ich konnte mich nicht darüber aufregen, selbst wenn ich es gewollt hätte. Postkoital entspannt genoss ich Tristans Nähe.

»Du landest ganz sicher im Himmel, Baby«, verdrehte er die Augen und schüttelte seinen Kopf. »Weil der Penner da oben dich nach dieser geilen Aktion sicher auch fingern will!«

Jetzt konnte ich mich nicht mehr beherrschen und lachte so laut los, dass selbst der Pfarrer in seiner Rede stockte. Er machte erst weiter, als Tristan mir den Mund zuhielt. Dabei sah mein Traummann mich glücklich und zufrieden an, vielleicht auch ein bisschen tadelnd.

Mit einer Hand umfasste er meinen Kiefer, »Siehst du, Baby«, und streichelte mit dem Daumen über meine Unterlippe, »du kannst mir vertrauen.«

Ich nickte nur. Er wollte, dass ich ihm vertraute. In seine Augen trat zudem ein weicher Ausdruck, der mir erstmals die Gewissheit gab, dass er für mich dieselben Gefühle hegte wie ich für ihn.

»Tristan?«, fragte ich leise und vernahm im Hintergrund die Abschlussworte des Pfarrers, die ein lautes Rascheln zur Folge hatten, da alle schnellstmöglich aus der Kirche raus wollten. Doch das war jetzt egal, denn ich brauchte die Sicherheit. Alles verlangte danach, es zu hören, so wie damals alles danach verlangt hatte, es ihm zu sagen. Ich konnte mich nicht stoppen.

»Hm?« Er strich sanft über meine erhitzte Wange und ein wunderschönes Lächeln zierte sein Gesicht. Gott, er war so perfekt.

Meine Stimme versagte fast, aber ich nahm seine Hand und schmiegte mich enger gegen ihn.

»Du liebst mich, stimmt's?«

Ich konnte meinen Blick nicht von ihm abwenden, war förmlich erstarrt. Seine klaren Augen weiteten sich, verschleierten sich kurz, aber seine Mimik veränderte sich nicht. Mit angehaltenem Atem wartete ich auf eine Reaktion und hatte gleichzeitig Angst davor. Deswegen presste ich mich regelrecht an ihn, weil sein Körper sich anspannte und seinen Fluchtinstinkt unterstrich. Vermutlich handelte es sich nur um ein paar Sekunden, aber es fühlte sich wie Jahre an, in denen mein Herz stehen blieb und meine Lunge fast vor Sauerstoffmangel kollabierte.

Alles in mir schrie: Das war zu früh, um etwas zu verlangen. Aber gleichzeitig war es zu spät, um die Worte zurückzunehmen! Das erste Mal hatte ich nicht nur gegeben.

Ich war mir sicher, er würde gehen. Was war ich doch dämlich! So dumm, dumm, dumm!

Langsam löste ich mich von ihm, wandte mich ab, um dem Unvermeidlichen ins Gesicht zu sehen. Keine Antwort war schließlich auch eine. Doch sein Griff verfestigte sich und zwang mich damit, seinem Blick erneut zu begegnen. Zuckende Mundwinkel ließen Hoffnung in mir aufkeimen. So zart wie junge Pflanzen, aber doch stark genug, um geduldig zu sein. Wie ein Lichtstrahl erhellte sein zaghaftes Lächeln mein Innerstes. Aber die Unsicherheit kämpfte gegen das Leuchten. Erst als auch seine andere Hand meine Wange umschloss und mich zärtlich berührte, nahm Verwunderung ihren Platz ein. Mein Mund klappte auf, meine Augen wurden riesig, und ich war mir sicher, ein selten dämliches Bild abzugeben, wenn ich mich darauf hätte konzentrieren können.

Mit schief gelegtem Kopf sagte er süß, sanft, aber gleichzeitig absolut sicher …

25. LIEBE UND ANDERE KRANKHEITEN

Tristan 'ill' Wrangler

Mein Mädchen hatte ihr Gesicht merkwürdig verzogen. Sie dachte gar nicht daran, dies zu ändern – sah dabei gleichermaßen lustig und hinreißend aus. In der Hoffnung, sie aus ihrer Erstarrung zu lösen, rückte ich ein Stück von ihr ab. Mir war klar, dass sie sich vermutlich vor ihrer eigenen Courage erschreckt und zudem vor dem Umstand, dass sie mich mit ihrer Frage, die ja eigentlich keine war, eiskalt erwischt hatte, was es mir unmöglich machte, sofort zu reagieren.

Währenddessen war der Gottesdienst beendet worden und sämtliche Mitschüler strömten an uns vorbei Richtung Ausgang und beäugten uns kritisch. Neugier spiegelte sich in ihren Visagen, sprachen geradezu Bände, aber mein 'Halt die Klappe'-Blick signalisierte, dass es keiner wagen sollte, auch nur einen Kommentar abzugeben.

Phil und Tom schauten besonders bescheuert aus der Wäsche – für meine Brüder wohl eine Art Pflichtdisziplin. Ich zeigte ihnen lediglich meinen Lieblingsfickfinger, worauf sie sich lachend verzogen, und musterte erneut Mia.

Diesen Orgasmus würde sie mit Sicherheit nicht so schnell vergessen. Ich allerdings auch nicht. Fortwährend hatten sich ihre Muskeln um meinen Finger zusammengezogen, was mich selber fast abspritzen ließ, und das nur, weil ich wusste, wie genial sich dieser Scheiß für meinen Schwanz anfühlte. Zum Glück konnte ich mich im letzten Moment zurückhalten, denn auf eine eingesaute Hose mit eindeutigen Spuren wäre ich nicht sonderlich scharf gewesen. Jedoch war der Tag einer der schlimmsten in meinem Leben. Zumindest kam er locker unter die Top drei.

Denn Mia Engel, ihres Zeichens der Ex-Truthahn und mein neues Sexsymbol, hatte mich ignoriert!

Rund um die Uhr dachte ich nur an sie. An ihre kleinen Hände, wenn sie sich Halt suchend an mir festkrallten, ihr Lachen, ebenso wie ihr Stöhnen, wenn sie mich anflehte, sie zu ficken, wie hingebungsvoll sie sich mir gegenüber verhielt und wie viel sie mir gab.

Ich brauchte sie, da gab es nichts dran zu rütteln. Aber dass dieses Bedürfnis so verdammt stark werden würde, hätte ich niemals angenommen. Mittlerweile hatte die Gewissheit, dass sie zu mir gehörte und alles mit uns in Ordnung war, etwas Essenzielles an sich. Doch heute war nichts in Ordnung gewesen, was mich regelrecht krank gemacht hatte. Ich wusste nicht einmal, dass ich so empfinden konnte. War es Liebeskummer? Wundern sollte es mich nicht, denn ich musste mir bereits eingestehen, dass ich sie liebte – und das bis zur absoluten Dussligkeit. Das war so absurd, dass es dafür gar keine Worte gab.

Tristan Wrangler hatte verschissenen Liebeskummer wegen Mia Engel. Wie hatte das nur passieren können? Wieder eine Frage, die ich nicht beantworten konnte. Unter anderem, weil sich mein gesamtes Denken, mein komplettes Sein nur noch um sie drehte. Ich wollte meine Zeit mit nichts anderem verbringen, als sie glücklich zu machen.

Gestern hatte ich dabei versagt, total verkackt, um genau zu sein. Ich schmiss sie stattdessen aus dem Haus. Damit degradierte ich sie zu einem der x-beliebigen Spasten, obwohl sie mir vertrauen und an den neuen Tristan glauben sollte. Doch ich brachte nichts Besseres zustande, als das alte Arschloch raushängen zu lassen, welches sie bisher nur verletzt und verachtet hatte.

Dann … war sie gegangen … einfach so, ebenso wie heute Morgen vor meinem Bruder und der Mini-Hexe. Als sie mich dort wie bestellt und nicht abgeholt stehen ließ, hatte sie dem Ganzen die Krone aufgesetzt. Das Bedürfnis war groß gewesen, irgendjemandem dafür die Schuld zu geben – leider lag sie allein bei mir. Denn ich hatte ihr nie gesagt, was ich für sie empfand, ihr nie gegenüber zugegeben, dass sie mein neuer Lebensinhalt war. Sicherlich verglich sie sich mit einer dahergelaufenen Hobelschlunze, die mir nichts bedeutete.

Nur wie gestand man jemanden seine Liebe, wenn man gerade erst selbst gecheckt hatte, dass man diese Gefühle überhaupt in sich trug? Es machte mir zwar keine Angst mehr, aber die Unsicherheit war omnipräsent. Fuck, ich war so eine verdammte Pussy!

Es half nichts, ich versuchte Wiedergutmachung. Zwar wollte ich sie nicht in der gottverschissenen Kirche fingern und es zudem so sehr genießen, aber ich war ein schwacher Penner, der ihrem reinen, anziehenden Duft, dieser Wärme und ihren wunderschönen Karamellaugen niemals widerstehen konnte. Allein ihr Anblick ließ mich nur noch an Sex denken. Vom ersten Tag an war diese Lust ungebrochen und würde wohl auch nie ein Ende nehmen – nicht dass ich mich beschweren wollte. Dafür liebte ich die körperliche Ebene unserer Beziehung zu sehr. In der Hinsicht harmonierten wir perfekt!

Ich wusste, welche Knöpfe ich bei ihr drücken musste, während sie sich nahm, was sie brauchte und sich mir komplett hingab.

Fuck! Wie ich dieses kleine notgeile Wesen doch liebte!

Während dieses phänomenalen Höhepunktes hatte ich gedacht, sie würde meine Finger zerquetschen, aber nachdem sie langsam wieder zu Atem gekommen war und vertrauensvoll die Stirn gegen meine lehnte, konnte ich mein Glück kaum fassen. Sie zu halten, ihre geröteten Wangen zu sehen, in diese leicht verschleierten Augen zu blicken und dieses sanfte Lächeln zu betrachten, machte mich glücklich. Wärme breitete sich allein bei dem Gedanken in mir aus, die eine tiefe Zufriedenheit mit sich brachte. Es war so banal und simpel: Mir ging es gut, weil es ihr gut ging.

Doch dann hatte sie mich angeschaut. Mit diesen Augen, die trotz aller Mauern und Widerstände, die sie bisher noch nicht niedergerissen hatte – es scheinbar vermochten, bis in mein Innerstes vorzudringen und mich direkt zu durchleuchten, meine Seele zu erkennen und alles zu verstehen. Für mich war eindeutig, was sie dort finden würde.

Meine Liebe für sie.

Es fühlte sich an, wie erwischt worden zu sein, als sie mich dann tatsächlich fragte, auch wenn es eher einer Feststellung glich. Wortwörtlich sagte sie: »Du liebst mich, stimmt's?« Ich fiel aus allen Wolken, denn ihre Empathie war bewundernswert. Sie war bewundernswert. So beschissen ihr Leben augenscheinlich verlief, ihre Freundlichkeit und Fröhlichkeit waren beispiellos. Wenn ich sie ansah, ging die Sonne auf, wenn sie lachte, musste ich es ihr gleichtun. Dieses anbetungswürdige Wesen verkörperte für mich alles Positive.

Durch ihre Gutmütigkeit, ihrer Hilfsbereitschaft, ihrem Mitgefühl und aufgrund der Tatsache, dass sie jeden Scheiß mitmachte, stellte sie alle in den Schatten. Sie konnte über sich selbst lachen, ohne die Affektiertheit, die anderen in ihrem Alter zu eigen war, zeichnete sich durch Bescheidenheit aus, und ihre Gier stillte sie beim Sex. Mia entsprach der fleischgewordenen Perfektion. Wie könnte ich sie also nicht lieben? Wie? Sie hatte es trotz meiner Befürchtungen verdient, es zu hören.

Daher fragte ich sie: »Wie könnte ich dich nicht lieben, Mia-Baby?«

War sie vorher erstarrt, so versteinerte sie nun regelrecht – wie ein Gargoyle bei Tagesanbruch.

Mittlerweile hatte sich die Kirche geleert, aber wir saßen noch immer auf der vorletzten Bank und schwiegen. Sie fokussierte den großen Altar, als hätte sie ihre Religion für sich entdeckt. Im Profil sah ich, wie sich ihre Augen mit Tränen füllten, die sich langsam Bahn brachen, ihre Haut benetzten, bis sie schließlich auf ihr Oberteil tropften. Ansonsten rührte sie sich nicht.

Es war mir schnurzegal, wo wir uns befanden, ob allein oder in einer überfüllten Kathedrale. Ich rutschte näher an sie heran, schlang einen Arm um sie und zog ihr Gesicht gegen meine Brust, während ich mit den Fingerknöcheln die Feuchtigkeit von ihren Wangen wischte.

»Schon klar, ich würde auch heulen, wenn mich so ein Arschloch lieben würde«, murmelte ich gegen ihre Haare und küsste sanft ihren Kopf. Ein ironisches Schnauben war alles, was ich hörte, dicht gefolgt von einer wahren Tränenflut untermalt mit ununterbrochenen Schluchzern. Sie konnte sich kaum beruhigen, bebte in meinen Armen, und ich bereute beinahe, ihr meine Gefühle offenbart zu haben. Ich hatte sie verletzt – schon wieder –, dabei war alles, was ich wollte, sie glücklich sehen.

Doch ich würde es nicht mehr zurücknehmen. Es war die Wahrheit und ich ein ehrlicher Scheißer. Also hielt ich sie so fest wie möglich, vergrub meine Nase in duftenden Strähnen und streichelte ihre Schulter. Mit beiden Armen hatte sie meinen Bauch umklammert und machte nicht den Eindruck, dass sie mich jemals wieder loslassen würde. Mein Muskelshirt war mittlerweile schon komplett durchnässt, aber wenn mein Mädchen in einer Kirche an mich gekrallt heulen wollte, dann sollte sie das tun! Ganz fucking einfach!

Nach und nach beruhigte sie sich. Wir lösten uns etwas voneinander und sie sah mit einem schüchternen und absolut bezaubernden Lächeln zu mir auf.

»Danke, Tristan!« Ihre Stimme glich einem Krächzen, war noch rau vom Weinen. Ich verdrehte meine Augen, bevor ich mich erhob und mich streckte.

Fuck!

Wie lange saßen wir hier rum?

»Dafür musst du dich nicht bedanken!« Dieser Satz hatte beinahe Erinnerungswert. Er passte einfach bei jeder Gelegenheit.

Meinen Pullover drückte sie eng an sich und schien nicht geneigt, ihn mir in naher Zukunft wiederzugeben. Auch gut, war ja nicht mein Lieblingsteil, oder so.

»Wir müssen noch das Interview führen. Das Schuljahr ist bald vorbei, und ich muss den Artikel fertig schreiben«, wechselte ich abrupt das Thema. Sie kommentierte es mit einem mir nachempfundenen Augenverdrehen. Ich liebte es, wenn sie so vorwitzig war!

»Ja, Tristan. Wir führen schon dein tolles Interview, falls du mich davor nicht zu Tode nervst«, fügte sie noch hinzu. Mein Lachen hallte durch die Kirche und wirkte so laut, dass wir beide prompt zusammenzuckten und uns daraufhin angrinsten.

»Also …« Mit den Fingerspitzen strich ich zärtlich über ihre Schläfe. »Rate mal, was diesen Samstag ansteht?«, fragte ich leise und betont verführerisch. Umgehend strahlte sie vor Vorfreude.

»Sex mit wirkender Pille!«, rief sie euphorisch. Ein Grinsen stahl sich in mein Gesicht. Sie war einfach unverbesserlich, fast so schlimm wie ich.

»Das sowieso, aber noch was anderes.« Völlig hingerissen beobachtete ich, wie sie sich an mich schmiegte.

»Was denn?«

»Eine wundervolle, tolle, noch nie dagewesene Abschluss-Strandparty!«, eröffnete ich ihr fröhlich, warf dabei die Arme in die Luft und lauschte dem Klang ihres nun ertönenden Lachens, was von den alten Kirchenmauern widerhallte.

»Ich hasse Strandpartys!«, knurrte sie schließlich.

»Ich weiß. Ich mag sie auch nicht besonders.«

»Wieso gehst du dann hin?«, wollte sie wissen – neugierig wie immer und erpicht darauf, alles über mich zu erfahren.

Ich zuckte die Schultern. »Dort gibt's Alkohol und halbnackte Bräute ...«

Fuck!

Ihr Gesichtsausdruck wandelte sich schlagartig von belustigt zu tieftraurig und enttäuscht.

»Woah, woah, woah, Baby! Ich bin ein Idiot! Vergiss den letzten Scheiß!« Als könnte ich das Gesagte damit rückgängig machen, zog ich sie in meine Arme, was sie bereitwillig geschehen ließ. Unser direkter Körperkontakt veränderte unsere Stimmung automatisch. Mia biss sich auf die Unterlippe und ich kämpfte gegen die Versuchung, sie um den Verstand zu küssen. Stattdessen umfasste ich mit einer Hand ihr Gesicht.

»Die Bräute sind mir wirklich scheißegal! Es war nur Gewohnheit, dass ich den Fuck gesagt habe, glaubst du mir das?« Sie musste mir glauben, denn ich würde sie never ever belügen oder gar betrügen! Niemals! Weder in diesem noch im nächsten Leben!

Sie seufzte. »Natürlich glaube ich dir, Tristan.« Erleichtert atmete ich auf. Völlig ruhig betrachtete sie mich, scannte wieder einmal, wie nur sie es konnte, meine Augen. Was auch immer sie darin fand, veranlasste sie, mit ihren Fingern hauchzart über meine Wangen zu fahren und zu lächeln. Dann allerdings schweifte ihr Blick ein Stück höher und sie runzelte nachdenklich die Stirn.

»Warum magst du es eigentlich nicht, wenn jemand deine Haare berührt?« Boah! Mein Mädchen war heute nicht nur neugierig, sie schien ihre gottverdammte mentale Liste: ´Was ich noch nicht über Tristan Wrangler weiß´ abzuarbeiten.

»Wegen meiner Frisur«, schnaufte ich unwillig.

Ungläubig hob sie eine Augenbraue, was mich frustriert aufstöhnen ließ.

»Meine Mutter hat mir immer durch die Haare gestreichelt, okay?«, spuckte ich aus und war wie immer grob, wenn es um dieses schwere Thema meines Lebens ging. Doch Mia wäre nicht Mia, hätte sie nicht verständnisvoll reagiert. Mitfühlend sah sie mich an und flüsterte: »Das hab ich mir gedacht ...« Ich nickte und beugte meinen Kopf herab, um meine Stirn gegen ihre zu lehnen, dabei ihren Duft zu genießen und dieses Flimmern zwischen uns zu spüren, wodurch ich mich so lebendig fühlte.

»Willst du über gestern reden, Baby?« Vorsichtig tastete ich mich ran, denn dieser Vorfall war nach wie vor ungeklärt. Sie schloss die Augen – blockte ab.

»Nein.«

»Wieso nicht?« Die Sorge brannte sich wie Säure durch meinen Körper, aber ich wollte auch gleichzeitig keine Wiederholung unserer Auseinandersetzung. »Egal was bei dir daheim los ist, ich werde es verkraften.«

»Nein!« Ihre Stimmte klang knallhart, absolut kompromisslos und so völlig entgegengesetzt ihrer sonstigen Natur. Es war kaum zu ertragen, dass sie mir eine Antwort verweigerte, aber ich musste wohl lernen, geduldiger zu sein.

»Ich werde dich nach Hause fahren«, wollte ich die Eskalation vermeiden, natürlich nicht ganz ohne Hintergedanken. Vielleicht könnte ich ja mit nach oben kommen und …

»Nein!« Dieses Wort nervte mich langsam wirklich.

»Was?«, fragte ich und löste meine Stirn von ihrer. »Wieso nicht?«

»Du willst schnüffeln, deswegen nicht!« Fuck! Sie war schlau und kannte mich zu gut.

Ein Blick in mein Gesicht bestätigte es auch noch.

»Sieh es doch einfach so, Tristan. Du willst nicht in der Öffentlichkeit mit mir gesehen werden und ich will nicht, dass du mein Zuhause siehst und meine Familie kennenlernst.« Wann war sie eigentlich so knallhart geworden? Und von welcher Öffentlichkeit sprach sie? Mittlerweile wussten doch garantiert alle Bescheid. Ganz untypisch für mich reagierte ich defensiv: »Schwör mir, dass sie dir nicht wehtun!« Sie schien genauestens zu überlegen.

»Ich schwöre dir, dass sie mir in den letzten Wochen nicht wehgetan haben«, antwortete sie leise – etwas stockend –, wollte sich umdrehen und gehen. Aber so nicht! Ich packte sie am Handgelenk und wirbelte sie zu mir rum. Auf ihren abwehrenden sowie verwirrten Blick folgte ein strenger meinerseits.

»Mia, schwöre mir auch …« Ihre Augen weiteten sich deutlich, als sie die Warnung in meiner Stimme vernahm, »dass du zu mir kommst, falls irgendjemand auch nur seinen kleinen Finger an dich legt!«

»Nein!«

»Was?« So kamen wir nicht weiter, zumal ich langsam richtig pissig wurde. »Baby, ich meine es fucking ernst!«, drohte ich düster. Herrje, ich wollte sie doch nur beschützen, war das zu viel verlangt?

»Ich auch!«, spie sie mir kämpferisch entgegen. »Ich komme schon alleine klar, Mista Wrangler. Machen Sie sich mal um mich keine Sorgen. Ich hab's die letzten Jahre auch irgendwie geschafft, und du bist nicht für mich verantwortlich!«

»Aber ... jetzt bist du nicht mehr allein!« Zur Abwechslung konnte ich mich nicht auf ihr »Sie« und dieses »Mista Wrangler« konzentrieren, was sie immer auf ihre Art betonte. Diesmal machte es mich auch nicht so unsagbar an wie sonst, stattdessen stand ich kurz davor durchzudrehen.

Angestrengt fuhr ich mir durch die Haare. So hatte ich mir das keineswegs vorgestellt.

»Doch! Offiziell bin ich sehr wohl allein! Tristan, bitte!

Kümmere dich um dein eigenes Leben und deine eigenen Probleme!«

Verstand sie denn gar nichts?

»Mia!« Ich umfasste ihr Gesicht mit beiden Händen und sie keuchte, als sie die Intensität meines Blickes bemerkte. »Du bist jetzt mein Leben. Allein der Gedanke, dir könnte irgendetwas passieren... Bitte, nimm wenigstens meine Handynummer – ruf mich an, Tag oder Nacht, wenn was sein sollte, oder auch... » Gefühlvoller als sonst kamen mir diese Worte über die Lippen, obwohl ich dabei leicht schmunzeln musste, als ich an die Möglichkeiten von wüstem Telefonsex dachte. Sie allerdings schien viel zu gerührt, um meine schmutzige Fantasie auch nur zu erahnen. Aber sicherlich würde sie dennoch gleich weiter diskutieren. Um sie abzulenken beugte ich mich kurzerhand herab und küsste sie. Es wirkte sofort. Ihre kleinen Hände tasteten sich über meine Brust nach oben und verschränkten sich schlussendlich in meinem Nacken. Sanft spielte ihre Zunge mit meiner, während ihr Körper sich träge an mir wand.

Mein Herz raste.

Definitiv, sie war mein Leben, auch wenn ich lange gebraucht hatte, um dies einzusehen. Aber jetzt, wo ich es wusste, würde ich es ihr bei jeder noch so kleinen Gelegenheit zeigen, bis sie es einsah. Wenn das bedeutete, sie allein heimgehen zu lassen, dann bitteschön, selbst wenn es mir unsagbar schwerfiel, diese Kostbarkeit sich selbst zu überlassen.

✤

Diese verdammten Gotteshäuser!

Es war wirklich nicht ratsam, bei dieser Schweinekälte mit nur einem Muskelhemd bekleidet, mein Mädchen zu beglücken. Am nächsten Morgen hatte ich das Resultat: eine fucking Grippe. Mein Vater war so besorgt, dass er mich mit einem Dreijährigen verwechselte, Fieber maß und mir Nilpferdscheiße-grünen Tee machte. Er übertrieb es, als er mir verbot, das Bett zu verlassen. Mein Protest ging allerdings in einem heiseren Röcheln unter. Außerdem war mir so schwindlig, dass ich sowieso nicht weit gekommen wäre. Also fügte ich mich notgedrungen.

Großartig!

Wer sollte jetzt meinem Mädchen hinterherschnüffeln, sie in der Besenkammer küssen und in ihre wundervollen Augen schauen? Verdammt, selbst ihre süße Stimme blieb mir verwehrt, da ich nicht mal wusste, ob sie überhaupt ein Handy besaß.

Es war erstaunlich. Im Zeitalter der Technologie hatte ich sie nie nach ihrer Nummer gefragt, auch wenn sie jetzt wenigstens meine besaß. Kopfschüttelnd musste ich mir aber eingestehen, dass mein Mädchen vermutlich ohnehin keinen Wert auf diesen Schnickschnack legte.

Fuck! Genervt mummelte ich mich in meine Decken und versuchte, eine Runde zu schlafen. Es blieb bei dem Versuch. Hin und her wälzend, vor mich hin fluchend und schließlich aufgebend öffnete ich schlagartig die Augen.

Ich war viel zu unruhig, denn meine Gedanken kreisten nonstop um Mia. Ob ihr jemand Bescheid geben würde, dass ich krank war? Oder vermutete sie gar, ich hätte genug von ihr und hielt mich deshalb fern? Ihr hübscher Kopf brütete manchmal solch absonderliche Ideen aus. Auch wenn sie schon an Selbstbewusstsein gewonnen hatte, so war sie ab und zu noch voller Selbstzweifel.

Es nervte mich, dass ich sie nicht erreichen konnte. Also biss ich in den sauren Apfel, schnappte mir ächzend mein Handy und scrollte so lange durch meine Anruferliste, bis ich bei Dürrer Hexenarsch ankam, um kurzerhand eine SMS zu formulieren.

Hey, Hexe. Sag Mia, sie soll mich anrufen, falls sie ein Handy hat. Wenn nicht, dann lass sie deins benutzen. Ich zahl dir den Scheiß! T.W.

Bevor ich es mir noch anders überlegen konnte, drückte ich auf Senden. Keine zwei Minuten später kam ihre Antwort.

Hey, du Kranker (und das bezieht sich nicht auf deine Grippe). Mia hat schon nach dir gefragt. Ich glaube, sie vermisst dich ... Wie bist du nur an so ein nettes Mädchen gekommen? Die Frage stellte ich mir ebenfalls. Ich schau, was sich machen lässt. Trink viel Tee und mach dir Wadenwickel! Deine Schwägerin.

Meine Fresse. Das war so typisch Frau.

Erstens: endlos lange SMS. Zweitens: ungefragt Informationen über Mias Gemütszustand weitertratschen. Drittens: der Seitenhieb und viertens: nicht zu vergessen, die Bemutterung.

Machst du's? Ich verengte die Augen.

Jawohl, Sir!, kam umgehend zurück. Das war echt nicht witzig! Schließlich hatte ich immer noch keine Ahnung, wie sich mein Mädchen gerade fühlte oder was sie machte.

Aber jetzt hieß es abwarten, denn mir ging es echt beschissen.

Da Vivian mit Mia nicht in eine Klasse ging, konnte sie erst in der Pause mit ihr Kontakt aufnehmen. Deswegen verwirrte es mich, dass schon nach kurzer Zeit das Telefon klingelte. Leicht dösig ging ich ran. Vermutlich waren es Tom oder Phil, die meine angeschlagenen Nerven überstrapazieren wollten.

»Wer stört?«, gähnte ich ausgiebig.

»Tristan?«

»Baby!« Mit einem Schlag war ich hellwach. Stirnrunzelnd schielte ich auf das Display, aber die Nummer war mir unbekannt. Seltsam.

»Es tut mir leid, dass ich dich störe ... ähm ...«, druckste sie rum. Vermutlich hatte sie sich auf Toilette verzogen, um mich anzurufen, denn es hallte, wodurch ihre Stimme lauter wirkte, als sie tatsächlich war.

»Du störst mich nie!« Mit dem Mist sollte sie erst gar nicht anfangen.

»Ich ... ähm ... wollte nur wissen ...« Sie verstummte und kaute wahrscheinlich auf ihrer Lippe – wie immer, wenn sie unsicher war. »Ich wollte mich erkundigen, warum du nicht in der Schule bist, hab aber bereits gehört, dass du krank bist. Wahrscheinlich willst du auch schlafen, also lass ich dich in Ruhe ... mach einfach die Augen zu und ...«, leierte sie ohne Luft zu holen in einem Affenzahn runter.

»Woah, stopp. Ich bin froh, dass du dich meldest! Ich liege hier sowieso nur blöd im Bett und muss an dich denken. Also ... Was machst du?«

»Äh ... ich bin auf ... der Toilette.« Aha!

»Angezogen, oder?« Sie verdrehte unter Garantie die Augen wegen meines anzüglichen Tonfalls.

»Ich sitze auf dem zugeklappten Klodeckel, Tristan«, erwiderte sie trocken, taute aber langsam auf.

»Hast du dich weggeschlichen, nur um mich anzurufen?«, fragte ich belustigt.

»Ja.«

»Böses braves Mädchen. Ist das deine Nummer?«

»Ähm, nein.« Jetzt wurde es interessant.

»Von wem ist sie dann?« Mit zusammengekniffenen Augen sah ich sie mir erneut an. Nein, es blieb dabei. Unbekannt.

»Von ... äh ... keinem?« So nicht, mein Fräulein!

»Von wem ist die verdammte Nummer, Mia?« Jetzt wurde ich sauer.

»Ich will es dir nicht sagen!«

»Spucks aus, sonst lasse ich dich das nächste Mal nicht kommen!«, drohte ich zum Teil belustigt, aber mit dem festen Vorhaben, es in die Tat umzusetzen, sollte sie nicht antworten.

Meine Warnung kam an, denn sie stieß hörbar die Luft aus.

Dann druckste sie weiter.

»Also, es könnte sein ... dass ich heute Morgen so ganz zufällig Martin ...«, bei dem Namen kroch mir Dampf aus den Ohren, »... getroffen habe, als ich in die Schule wollte. Es hat geregnet wie aus Kübeln!« Fuck! »Und ...« Wie, was kam denn jetzt noch? »Ähm ... er hat mich in die Schule gefahren, zumal mein Rad auch noch einen Platten hatte.«

Was?! Wollte sie mich verarschen? »Und äh ... ich habe ihn später gefragt, ob ich vielleicht mal von seinem Handy aus telefonieren könnte. Er ... hat's mir einfach gegeben und meinte, ich soll's ihm zurückgeben, wenn er mich nach Hause fährt ... und ... Tristan, bist du noch da?«

Ich war schwer in Versuchung zur Schule zu fahren und diesem Wichser zum zweiten Mal die Fresse zu polieren. Was dachte der sich eigentlich? Kaum war ich nicht da, schmiss er sich an mein Mädchen ran. Schon wieder!

»Hallo? Tristan?«

»Hm!« Mein Kiefer war so stark zusammengepresst, dass es mich nicht gewundert hätte, wenn meine Zähne brechen würden.

»Was ist mit dir los? Du klingst so ...«

»Nichts«, erwiderte ich angestrengt.

»Tristan!«, bohrte sie genervt nach.

»Hat. Der. Penner. Dich. Angefasst? Irgendwie? Irgendwo?« Die Vorstellung seiner großen, viel zu groben Hände auf ihrer weichen, warmen Haut machte mich fuchsteufelswild.

»Nein! Mit Martin ist nichts! Er will nichts von mir!«

»Das kannst du deiner toten Oma erzählen!«, nuschelte ich vor mich in.

»Wie bitte?«, mokierte sie sich.

»Nichts, nichts, Baby.« Krampfhaft versuchte ich, aus meiner mörderischen Stimmung herauszufinden. »Fahr nicht mit der Arschgeige heim, okay? Ich frage Tommy oder Phil, ob sie das übernehmen.« Sie lachte lediglich.

»Warum lachst du?«

»Ja, klar, dann frag mal deine tollen Brüder, die für mich nichts als Verachtung übrig haben, ob sie mich mit dem Auto mitnehmen.«

»Sie verachten dich nicht. Nicht mehr«, fügte ich leise an.

»Aber sie achten mich auch nicht.« Damit hatte sie nicht ganz Unrecht, aber das behielt ich wohlweislich für mich.

»Wenn ich es ihnen sage, dann fahren sie dich. Das ist

überhaupt kein verficktes ...«

»Du musst lernen zu akzeptieren, wenn ich Nein sage, weißt du. Ich liebe dich zwar über alles und möchte dich nicht verlieren – dir zuliebe würde ich auch alles tun, was du willst, aber ich mag Martin. Er war schon nett zu mir, als du mich noch nicht mal gegrüßt hast.«

»Aber die Party...! Ich kann den Gedanken nicht ertragen, dass du dich mit einem Typen abgibst, der mit seiner Zunge schon deine Mandeln massiert hat!«

»Er hat meine Mandeln nicht massiert«, murmelte sie verlegen. Tief ein- und ausatmen.

»Du weißt ganz genau, was ich meine!«

»Ja, weiß ich. Aber du siehst ja die anderen Mädchen auch noch, ohne dass ich was sage!«, warf sie mir jetzt vor, und ich kniff die Augen zusammen, weil sie natürlich Recht hatte.

»Du nervst mich gerade ziemlich, Baby. Ich würde dich jetzt wirklich gern küssen, bis dir die Luft wegbleibt«, knurrte ich düster.

»Tu's doch, wenn du kannst.«

»Boah, Mia! Du kleines ... Miststück!« Aber sie wurde gerade erst warm.

»Ich hätte gerne deine Zunge in meinem Mund oder zwischen meinen Beinen«, plapperte sie munter weiter, als würde sie über das verdammte Wetter reden. Dabei wusste sie ganz genau, was sie mir mit ihren Worten antat.

Scheiße! Mein Ficker brach in theatralische Charlie Brown-Tränen aus.

Halbtot ans Bett gefesselt war ich außerhalb ihrer Reichweite und sie hatte nichts Besseres zu tun, als mich zu reizen. Das kotzte mich richtig an, ebenso wie meinen Ficker.

»Weißt du, was ich gerne mit dir machen würde?«, fragte ich absolut ernst, und ich hörte sie laut schlucken. Dabei grinste ich dreckig vor mich hin.

»Zuerst würde ich dir für das hier deinen Arsch versohlen...«, ein Keuchen am anderen Ende der Leitung, »... dann müsstest du mir einen blasen. Das liebst du, nicht wahr, Mia-Baby? Du weißt genau, wie verdammt hart du mich machst ...«, säuselte ich nun samten und betonte verführerisch ihren Namen.

»Mhm«, war ihre verträumte Antwort. Ja, ich wusste, wie ich ihr Kopfkino anheizen konnte.

»Und dann, wenn ich dir in den Mund gespritzt habe ...«

»Ich muss aufhören!«, und dann war sie auch schon weg.

Fuck! Was war das denn jetzt? Lehrer im Anmarsch?

Andere Schüler im Anmarsch? Martin Arschnase im Anmarsch? Mittlerweile war ich natürlich hart und konnte nichts tun...

Wollte sie mich für dumm verkaufen? Verdammt, was war hier los? Ging denn in dieser verflixten Schule alles schief? Da war man einmal nicht da, meldete sich der Arschkrapfen als Seelentröster für mein Mädchen. Als sie sich schon ins Schulklo verpisst hatte, um in Ruhe mit mir zu quatschen, funkte wieder irgendwer oder irgendwas dazwischen. Ich hasste es einfach, nicht die Kontrolle zu haben, besonders über Dinge, die mir am Herzen lagen, und Mia lag mir am Herzen. Sie war mein verdammtes Herz!

Leider überstieg diese Situation aber momentan meine Möglichkeiten und allein darüber nachzugrübeln war so furchtbar anstrengend.

Ich kam mir vor wie im Delirium, denn meine Augen schlossen sich von allein und in mir drehte sich alles, während mein Kopf kurz vor dem Implodieren stand. Alles tat weh …

Das konnte keine normale Grippe sein, vermutlich raffte mich gerade ein mutierter Killervirus dahin.

Derweil musste ich auf meine verdammten Brüder bauen und ihnen das Wichtigste in meinem Leben anvertrauen. Also schrieb ich, bevor ich endgültig wegdriftete, eine SMS, die mich in absolute Erklärungsnöte bringen würde, vorausgesetzt, die Invasion der Kampfviren wäre nicht mein Untergang.

Die letzten Wochen konnte ich ihnen mit vorgetäuschter schlechter Laune aus dem Weg gehen, aber das hätte von nun an ein Ende. Sie waren ohnehin schon misstrauisch, was mein Mädchen anging.

Jetzt schiss ich drauf. Denn ich würde auf keinen fucking Fall zulassen, dass Mia nochmal in das Auto dieses Sunnyboyverschnittes stieg. Niemals!

Hey, Tommy. Fahr Mia nach der Schule nach Hause. Tris.

Ich drückte auf Senden und fiel sofort in einen unruhigen Schlaf, der mich mit Albträumen folterte.

Mein Mädchen und Arschnase. Lachend. Glücklich. Fummelnd. Fickend … Die Hölle …

26. GRENZEN

Mia 'the magnet' Engel

Der Beinahe-Herzinfarkt, den ich bekam, als die Tür zu den Toilettenräumen plötzlich aufging, kostete mich sicher zehn Jahre meines Lebens. Trippelnde Schritte waren zu hören und mir wurde klar, dass ich hier nicht viel länger verharren konnte, also verließ ich die Kabine und fand mich Vivi gegenüber, die mich mit ungewohnt ernster Miene sofort in eine, trotz ihrer geringen Größe, fast Rippen brechende Umarmung zog. Ihr Verhalten schockte mich gelinde gesagt und ich brauchte eine ganze Weile, bevor ich diese Zuneigungsbekundung erwidern konnte.

»Hä?«, gab ich meiner Verwirrung Ausdruck, während meine Freundin mir über den Rücken strich.

»Einfach so«, murmelte sie und entließ mich schließlich aus ihrem Klammeraffengriff.

In ihren grünen Chucks, den zerrissenen Jeans sowie dem knallgrünen Oberteil sah sie gewohnt umwerfend aus; ich derweil schaute wohl nach wie vor ziemlich durcheinander drein. Meinen skeptischen Blick nicht beachtend schlüpfte sie an mir vorbei in die nächste Kabine.

»Du hast Tristan das Arschloch Wrangler dazu gebracht, dass er sich um jemand anderen sorgt als um sich selbst«, hörte ich sie gedämpft, während sie ihr Geschäft erledigte.

»Wie kommst du jetzt drauf?«, fragte ich. Natürlich war ich neugierig – wie immer, wenn es um Tristan ging.

»Gestern vielleicht? Und außerdem hat er mir vorhin extra eine SMS geschrieben. Ich soll dir mein Handy geben, damit du ihn anrufen kannst. Ist das nicht süß?«

»Ich hab schon mit ihm gesprochen. Und er war total genervt, weil ich Martin Schmitts Telefon benutzt habe.«

Ihre Tür ging wieder auf und sie erwiderte meinen Augenkontakt. »Wieso hast du Martin Schmitts Handy? Hast du es geklaut?«

Klar, Mia, die Schwerverbrecherin ...

»Er hat mich heute früh mit in die Schule genommen und es mir später gegeben, als du mir erzählt hast, dass Tristan nicht da ist ...«, erklärte ich händeringend, während sie sich ihre wusch und danach abtrocknete.

Mit dem Rücken gegen die Waschbecken gelehnt musterte sie mich letztendlich.

»Er hat dir sein Handy gegeben, einfach so?«

»Ja.« Aus meiner Jeans holte ich das schwarze Teil und zeigte es ihr.

»Martin steht auf dich«, stellte sie trocken fest. Ungläubig runzelte ich die Stirn.

»Glaub es mir ruhig! Kein Typ gibt einfach so sein Phone aus der Hand!« Eindringlich starrte sie mich an, bis ich seufzte und aufgab.

»Selbst wenn er auf mich steht. Es ist mir egal! Ich habe Tristan.«

»Hast du ihn, ja?« Keine Ahnung, wie sie das meinte, aber es regte mich auf. Stellte sie wirklich die Ernsthaftigkeit unserer Beziehung infrage? Okay, noch waren wir nur inoffiziell zusammen, aber waren nicht die Gefühle ausschlaggebend?

»Er hat gesagt, dass er mich liebt!«, zickte ich sie also an.

»Was! Sag das nochmal!« Nun war es an ihr, durcheinander zu wirken, wobei sie das sicherlich nicht so eindrucksvoll zustande brachte wie ich.

»Also, ich habe ihn gefragt, ob er mich liebt und er hat geantwortet: ʹWie könnte ich dich nicht liebenʹ?« Ich widerstand dem Drang, ihr kindisch die Zunge rauszustrecken und zuckte mit den Schultern, als wäre es nichts.

»Wie hast du reagiert?«

»Ich habe angefangen zu heulen.« Allein die Vorstellung daran brachte uns beide zum Kichern.

»Das glaub ich dir. Ich würde auch heulen, wenn so ein Arschloch mich lieben würde.«

»Hey! Genau dasselbe hat Tristan auch gesagt, aber er ist mir gegenüber keins mehr!« Wie ein Arschloch benahm sich Tristan tatsächlich nicht mehr. Im Gegenteil, er war der geborene und einzig wahre Ficker!

»Es sieht so aus. Aber wenigstens hat er mit dieser überheblichen Selbsttäuschung aufgehört«, murmelte Vivi vor sich hin. »Also jetzt, wo du weißt, dass er nicht mehr zurück kann ... Wann wirst du ihm das Messer an den Hals setzen?« Verwirrt zog ich die Augenbrauen hoch.

»Wie bitte?«

»Willst du nicht auch, dass er sich in der Öffentlichkeit zu dir bekennt, dass er dich nicht mehr versteckt und jeder erfährt, dass er dich liebt?«

»Schon ...«, antwortete ich zögerlich.

»Also! Du musst nur etwas Druck an den richtigen Stellen ausüben, Mia!«

»Aber ...«

»Nichts aber! Jetzt hör mir zu. Ich hab den absoluten Masterplan!« Ich schnaubte ironisch auf und verschränkte die Arme vor der Brust. Das war ja mal was ganz Neues ...

»Nein, nein, nein, komm mir nicht so, Fräulein! Du weißt, dass meine Pläne immer funktionieren! Soll ich dich an das Wachsen erinnern? Oder was war mit der Handschellenaktion, ganz zu schweigen, als du ihn ignoriert hast? Halleluja – Orgasmus in der Kirche und so?«

Mir stieg das Blut ins Gesicht und ich wiegelte ab, bevor sie ihre Liste noch weiter ausführen konnte: »Ooookay ... was ist dein toller Masterplan?«

Sie grinste zufrieden und auf jeden Fall teuflisch – ganz die Hexe, die sie war.

»Du hast nächsten Samstag mit ihm Sex.«

»Das ist nichts Neues.«

»Vor allen anderen«, setzte sie noch dazu. Mein Mund klappte vor lauter Empörung auf.

»Nur über meine Leiche.«

»Ihr müsst ja nicht gleich ficken. Aber du wirst ihn verführen. Wickel ihn um deinen Finger. Mach ihn an. Spiel mit deinen Reizen. Bring ihn zum Sabbern. Zeig allen anderen, wie er auf dich reagiert, und zwar nur auf dich!«

Das konnte ich unmöglich schaffen, aber Vivi schien meine Gedanken erraten zu haben und zwickte mir vorwitzig in die Nase.

»Jetzt tu nicht so! Wir wissen beide, was für ein versautes Luder du tief in dir bist und dass er genau darauf total abfährt. Es wird dir gefallen, und Tristan umso mehr! Ich garantiere dir, wenn du mit ihm fertig bist, wird es keinen Zweifel mehr an euch beiden geben ... Dann kann er nicht mehr zurück.«

Ihre Worte klangen einleuchtend, wie immer. Erneut würde ich mich ihrer Idee beugen, eben weil sie meine einzige Freundin war, nur das Beste für mich wollte und es nicht infrage kam, sie zu enttäuschen.

Die weiteren Schulstunden flossen nur so an mir vorbei, ohne dass ich etwas bewusst wahrgenommen hätte. Meine Gedanken drehten sich dafür mal wieder viel zu sehr um Tristan, aber auch um mich. Ich musste mir eingestehen, wie verletzend es war, dass er mich immer noch vor jedem geheim hielt, auch wenn wohl spätestens nach der Kirchen-Aktion allen klar sein dürfte, was zwischen uns lief. Ja, er liebte mich und betrachtete mich nicht nur als lästiges Anhängsel oder Statussymbol, wie all die anderen Aufreißer an unserer Schule es mit beliebten Mädchen gerne taten. Mia Engel, das Statussymbol, sehr witzig. Aber selbst wenn ich ein gewisses Ansehen genossen hätte, niemals würde er sich mit mir schmücken oder mich nur als nettes Beiwerk betrachten, einzig und allein darauf bedacht, seine Triebe zu befriedigen. Stattdessen zeigte er mir sein wahres Ich, was er sonst jedem vorenthielt und bewies mir damit mehr, als Worte es je könnten, wie tief seine Gefühle tatsächlich gingen.

Leider blieb der fade Beigeschmack, dass ihm sein Ruf immer noch wichtiger zu sein schien. Wäre ich eine der hübschen Barbiepüppchen, hätte er mich schon längst offiziell präsentiert. So aber blieb ich die kleine hässliche, pummlige Mia, die man verheimlichen musste. Es war völlig nebensächlich, wie besonders ich für ihn auch immer sein mochte, zu demütigend war letztendlich die Einsicht, dass er sich offenbar gleichzeitig für mich schämte. Dabei war dieser Wunsch präsent, mit ihm durch die Straßen zu laufen, vorzugsweise mit meiner Hand in seiner, während wir beispielsweise Eis aßen oder ins Kino gingen, am See lagen und uns sonnten. Völlig egal. Mir war nur wichtig, Zeit mit ihm zu verbringen, ihn zu küssen und anfassen zu dürfen, wann immer ich das Bedürfnis dazu verspürte.

Allerdings ließ sich dann auch nicht vermeiden, ihm mein Leben zu zeigen, mein Zuhause zu öffnen. Wie er darauf reagieren würde, konnte ich unmöglich vorhersagen. Zwar akzeptierte er meine Eigenwilligkeit, aber ob dies ausreichte, um meine Welt zu tolerieren, wusste ich nicht. Gerade das machte mir eine Heidenangst. Allein die Vorstellung ließ mich in Schweiß ausbrechen, mein Herz rasen und meinen Atem sich beschleunigen. Würde es immer so sein, dass die Befürchtung mich gefangen nahm, ihn jederzeit zu verlieren? Könnte ich mir seiner jemals voll und ganz sicher sein? Keine Ahnung. Nur eines war glasklar: Seit Tristan Wrangler mich in sein Herz und seine Arme gelassen hatte, sehnte ich mich jede Minute meines Daseins nach seiner berauschenden Nähe, seinem wunderschönen Lachen, seinen gefühlvollen Berührungen und seinen wissenden Blicken.

Kurzum: nach ihm.

Heute konnte ich ihn jedoch nicht einmal aus der Ferne beobachten. Ob er schwer krank war? Definitiv war er ziemlich verschnupft. Schon witzig: Der legendäre Tristan verlor jegliche Härte, wenn seine Stimme heiser und nasal klang. Der selbsternannte Kontrollfreak stand wohl fast vor dem Wahnsinn, so hilflos ans Bett gefesselt. Kümmerte sich jemand um ihn? Ich konnte es nur hoffen, denn eigentlich hatte ich mir geschworen, immer für ihn da zu sein. Und jetzt?

Jetzt machte ich ihm auch noch Ärger, ohne dass er die Möglichkeit hatte einzugreifen, indem ich mit Martin nach Hause fuhr. Nur blieb mir kaum eine Wahl. Es regnete kübelweise, mein Fahrrad war nicht zu gebrauchen, und Martin ein echt netter Kerl. Dazu kam, dass er mein Nachbar war und sowieso in dieselbe Richtung musste, daher wäre es doch wirklich dumm, sein Angebot abzuschlagen.

Wie schon Vivi immerzu predigte: Ich sollte mehr auf das hören, was ich selber wollte. Genau das würde ich auch tun, indem ich ohne schlechtes Gewissen, entgegen Tristans ›Befehl‹, mit der Arschnase, wie er ihn nannte, heimfuhr.

In dem Moment wurde ich gewahr, dass die stundenlangen Tiraden meiner Freundin, selbstbewusster zu werden, anscheinend wirkten. Es schien tatsächlich etwas hängen geblieben zu sein. Schließlich hieß es doch in den Psychoratgebern immer, man solle sich jeden Tag vor dem Spiegel sagen: »Ich bin schön und selbstbestimmend«. Angeblich glaubte man es dann auch irgendwann. Was machte es da schon, wenn genau das jemand anderes tat – Vivi oder eben Tristan?

Hilfreich war natürlich, dass der schönste Mann der Welt einen liebte. Es war wie ein Kick. Denn gab es etwas Besseres, als wenn man das jahrelang vergötterte Traumwesen schließlich für sich gewinnen konnte? So hart Tristan auch immer war, ausgerechnet bei ihm hatte die kleine Mia erstmals so etwas wie Macht. Nichts anderes ist die Liebe – eine besondere Form der Macht.

Nun war ich stark. So stark, dass ich sogar seine harte Schale knacken konnte.

Ob er geahnt hatte, dass sich diese innere Kraft mal gegen ihn richten würde? Vermutlich! Denn obwohl es mir bisher nie so bewusst gewesen war, ich konnte mich immer besser gegen Tristan durchsetzen, was er auch noch indirekt herausforderte, obwohl er jedes Mal halb wahnsinnig dabei wurde, wenn ich nicht nach seiner Pfeife tanzte.

Doch gleichzeitig turnte es ihn an, wenn ich gegen ihn rebellierte, meine wahren Gedanken und Gefühle offenbarte und seine natürliche Autorität – vor der jeder andere kuschte – nicht anerkannte.

Es schien das Spiel Nummer eins zwischen uns geworden zu sein, und ich liebte es.

Mit ihm fühlte ich mich so gut, so glücklich, so vollkommen.

Ich war süchtig nach diesen Spielen. Ich war süchtig nach ihm.

Meine gewonnene Sicherheit reichte jedoch nicht aus, um das ungute Bauchgrummeln zu vertreiben, was sich einstellte, wenn ich daran dachte, dass Tristan höchstwahrscheinlich sauer auf mich sein dürfte. Außerdem wusste ich nicht, wann ich ihn wiedersehen würde. Allein das katapultierte mich wieder in mein extrem unsicheres Ich zurück.

⊙≈✿≈⊙

Seufzend betrat ich den Parkplatz und hielt Ausschau nach Martin und seinem schwarzen Opel Corsa. Ersteren fand ich umringt von ein paar anderen Typen seiner Clique. Alle zusammen wirkten verwegen, aber auch ungepflegt – ganz und gar nicht freundlich. Aber als Martin mich sah, grinste er und winkte mir zu. Selbst nach dem Kuss, woraufhin er Prügel bezogen hatte, schien sein Lächeln für immer auf seinem Gesicht verewigt worden zu sein. Sein Mut war bewundernswert, denn so manch anderer hätte mich nun gemieden und eine Anzeige gegen Tristan gestellt. Doch er hatte lediglich nachgefragt, was zwischen uns lief. Ob er meine Lüge, es würde sich nur um eine Art Verantwortungsgefühl handeln, weil ich mit Vivi befreundet war, die wiederum Tom liebte, abgekauft hatte, konnte ich schwer einschätzen.

Aber zum Glück hakte er nicht weiter nach. Ich hasste jegliche Form der Lügerei. Nicht nur das, auch allen anderen Involvierten gegenüber hatte ich ein schlechtes Gewissen.

Den Blick fest auf Martin gerichtet ging ich über den Parkplatz direkt auf ihn zu. Sogar ein Grinsen brachte ich zustande, denn seine Mimik war ansteckend.

Eine Hand aus dem Nichts packte mich am Arm und stoppte jede Bewegung. Irgendwann wäre mir ein Herzstillstand, einfach vor lauter Schreck, sicher. Mit weit aufgerissenen Augen sah ich in das dazugehörige, wirklich schöne und männliche Gesicht. Ich war völlig geblendet, aber so ging es mir ja mit der ganzen Familie. Da machte auch ein Tom Wrangler keine Ausnahme. Völlig dümmlich glotzte ich – ohne zu blinzeln – in seine wirklich hellblauen Augen, bis er sie verdrehte und die Stirn runzelte.

»Nein. Ich werde dich jetzt nicht kidnappen und zu dem Idioten bringen. Ich soll dich nur nach Hause fahren«, knurrte er nicht gerade begeistert und ließ mich los. »Also komm mit. Ich hab nicht ewig Zeit!« Geschmeidig machte er sich auf dem Weg zu seinem Auto, nur ich war viel zu perplex, um zu realisieren, was hier passierte.

»Hey?«, erklang Martins Stimme direkt neben mir und ich konnte nicht anders, als zusammenzuzucken. »Kommst du?« Misstrauisch betrachtete er Tom, der mittlerweile seinen gelben Mini mit den Ralleystreifen erreicht hatte.

»Ähm?« Tristans Bruder drehte sich nun auch noch um, weil ich ihm nicht folgte wie ein übergewichtiges Hündchen. Er verzog das Gesicht, als er Martin entdeckte, während er schwer seufzend an sein klingelndes Handy ging.

»Alter! Du nervst!« Er fixierte mich mit einem bösen Blick. »Jaaaaa, Mann. Beruhige dich, sie ist hier! Genau vor mir, kaum zu übersehen!«

Ich? Telefonierte er etwa mit Tristan? Steckte er hinter dem neuen Chauffeurdienst, obwohl ich ihm klar gesagt hatte, dass dies nicht infrage kam? Typisch! Ungehalten schnaubte ich auf.

»Gehen wir!« Ich winkte Tom zu, dessen Augen groß und ungläubig wurden, als ich mich umdrehte und in die andere Richtung davonging.

»Ähhh, Mayday, Mayday! Der Truthahn tritt soeben die Flucht an.« Genervt zischte er ins Telefon. »Was soll ich machen? Soll ich ihr einen verschissenen roten Teppich zum Auto ausrollen? Soll ich sie kidnappen? Tristan, du bist krank! Nein! Das werde ich nicht tun! Bist du irre?« Mittlerweile schrie er quer über den Parkplatz.

Vorsichtshalber beschleunigte ich meinen Schritt.

»Nein! Ich werde sie nicht einfach ins Auto packen und losfahren! Ich glaube, sie könnte mir ernsthaft wehtun!« Toms Stimme klang etwas ängstlich, woraufhin ich zu ihm sah und die Augen verdrehte. Martin neben mir wirkte eher belustigt und verwirrt, was mich zum Kichern brachte. Aber er sagte nichts weiter, als er mir die Beifahrertür seines Autos öffnete, um sie nach meinem Einsteigen gleich zuzuknallen und damit das genervte Fluchen von Tristans Bruder auszusperren. Er tat mir sogar ein bisschen leid.

»Erklärung?«, forderte nun Martin doch, als er den Motor startete und losfuhr.

Mit hochgezogener Augenbraue musterte er mich kurz, und ich seufzte schwer. Was sollte ich auch sagen? Die Wahrheit? Wohl kaum, Tristan würde ausflippen. Daher entschied ich mich für die Ausweichtaktik.

»Ich weiß nicht, wovon du redest.« Bevor er aber zu einer Antwort ansetzen konnte, ertönte „Herzilein" von den Wildecker Herzbuben aus meiner Schultasche.

»Dein Handy!«, rief ich aus, kramte auch schon nach dem Telefon und versuchte krampfhaft, bei diesem Lied nicht zu lachen. Aber das wollte mir nicht wirklich gelingen. Bis ich es fand, lief fast der gesamte Song und aus dem Augenwinkel sah ich einen erstmals errötenden Martin, was mich noch lauter lachen ließ. Schließlich fand ich es und mit einem intensiven Blick in sein beschämtes Gesicht reichte ich es weiter.

»Hallo?« Seine Augen verengten sich sofort zu Schlitzen und seine Lippen verzogen sich zu einem dünnen Strich. Noch immer glucksend visierte ich ihn fragend an, als er mir das Telefon gab.

»Ja?«, grinste ich, denn das Lied spulte sich permanent in meinem Kopf von neuem ab.

»Jetzt hör mir mal zu, denn ich sage es dir nur ein einziges Mal, okay? Du bist mein Mädchen. Meins. Ganz allein! Als dieses hast du nur mit mir irgendwohin zu fahren und nicht mit diesem ... Penner! Ich bin so kurz davor, hier alles kurz und klein zu schlagen. Tom hätte dich mitgenommen und wäre nett zu dir gewesen, weil ich ihm angedroht hab, ihn andernfalls zu kastrieren. Und was machst du? Du machst dich trotzdem mit Arschhaufen davon?«

»Tristan … ich … äh …« Mir wich jegliches Blut aus dem Gesicht und mein Lachen blieb mir im Hals stecken.

»Tristan, was?«, fragte er gereizt.

Ich atmete tief durch und rieb mir über die Stirn. Mit einem Seufzen antwortete ich: »Du reagierst gerade über.«

»Und?!«, grölte er jetzt. Schnellstmöglich hielt ich mir das Handy vom Ohr, aber seine Stimme war dennoch im kleinen Innenraum des Wagens für jeden wahrnehmbar. »Ich könnte es nicht ertragen, dich zu verlieren, verstehst du das denn nicht?«

»Du ... wirst mich nicht verlieren«, flüsterte ich leise, wurde puterrot und drehte mich von Martin weg, obwohl das wohl ziemlich unsinnig war. Wenigstens hatte er den Anstand, so zu tun, als würde er nicht zuhören, sondern pfeifend den grauen Himmel einer eingehenden Musterung zu unterziehen.

»Kann ich zu dir kommen?« Alles in mir wehrte sich gegen die Vorstellung.

Ich schluckte angestrengt. »Du bist krank!«

»Ja, und!«

»Tristan, bitte. Ich hab noch ein paar Sachen zu erledigen.« Die Notlüge klang dermaßen schlecht, dass er sie unmöglich glauben konnte. Aber ich fühlte mich so unter Druck, dass ich nicht wusste, wo oben und unten war. Mein Traummann – wobei ich die Bezeichnung noch einmal überdenken sollte – machte mich enorm wütend, und Martin neben mir dürfte einleuchten, was ablief. Ein Blick auf ihn bestätigte das natürlich auch noch. Mir war zum Schreien zumute.

»Was für Sachen?« Der Mann war einfach zu neugierig, mehr als gut für ihn war.

»So Sachen eben!«, keifte ich giftig. Sollte er doch ausflippen.

»Na gut, gottverdammte Scheiße, du bist das sturste Ding, das mir jemals untergekommen ist. Dann fahr eben mit Arschgeburt nach Hause und dann erledige deine Sachen! Wir sehen uns Samstag, verfickt nochmal, und ich lasse jetzt nur locker, weil ich weiß, wann eine Halbzeit verloren ist. Aber glaub nicht, dass das Thema gegessen ist, Fräulein!« Oha, er lenkte ein. Mein Sieg auf ganzer Linie brachte mich zum Kichern.

»Ja, ja, lach mich nur aus«, murmelte er eingeschnappt.

»Ich liebe dich«, erwiderte ich laut und deutlich, woraufhin beide Männer, der am Telefon und jener neben mir, den Atem geräuschvoll ausstießen. Dann war es leise. Mucksmäuschenstill. Sehr lange...

...

...

»Schön.«

»Schön?« Mit Sicherheit verdrehte er gerade die Augen.

»Du weißt, ich bin in der Scheiße nicht gut. Aber ich weiß, dass du weißt, wie ich empfinde?

»Du bist mein Mia-Baby.«

»Ja!« Indirekt gab er erneut zu, dass er mich liebte, und das reichte aus.

»Und ich würde für dich sterben, das weißt du auch, oder?« Oh Gott, jetzt war ich fast schon schockiert und verging vor Zuneigung zu ihm.

»Hmhm«, hauchte ich völlig verträumt und allen Worten beraubt. Bis mir Martin wieder einfiel, der gerade verkniffen die Stirn runzelte. Erst dann realisierte ich, dass wir gar nicht mehr fuhren und schon vor meinem Wohnblock standen.

»Oh! Wir sind schon da. Ich muss aufhören«, und wollte im selben Moment fluchen. Genau das hatte Tristan geplant.

Mich so lange unterhalten, dass ich keine Gelegenheit haben würde, mit meinem Fahrer zu sprechen.

»Steig jetzt aus und geh rein«, wies er mich an.

Mit einem Schnauben antwortete ich: »Ja, Sir.«

»Vorsicht, Baby ... Wirst du an mich denken?«, überging er meine Provokation beinahe kommentarlos.

»Ja!«

»Wirst du viel an mich denken?«

»Ja!« Ich kicherte.

»Die ganze Zeit?«

»Jaha!«

»Auch an meinen Ficker?«

»Tristan!« Mein verzweifelter, ungehaltener Tonfall amüsierte selbst Martin.

»Steig aus, jetzt!«

»Jaha, ich steig gleich aus! Tschüühüüss!« Somit legte ich kopfschüttelnd auf, bevor er mich weiter nerven konnte.

»Also, die Erklärung ist nun ausführlicher ausgefallen als vermutet«, begann Martin, während ich ihm sein Telefon zurückgab.

»Danke fürs Ausleihen.«

»Wie es aussieht, hab ich wirklich keine Chance bei dir.« Es war viel mehr eine Aussage als eine Frage, aber ich wurde knallrot. Um mich von der peinlichen Situation abzulenken, nahm ich schon mal die Schultasche auf meinen Schoß.

»Sorry«, nuschelte ich.

»Dafür musst du dich doch nicht entschuldigen! Aber ich verstehe echt nicht, wie der anstandslose Penner jemals an so ein cooles Mädchen wie dich kommen konnte«, erwiderte er düster. Wenn er nur wüsste ... im Bett war ich alles andere als anständig, aber diese Seite kannte nur Tristan. Jener Mann, der, obwohl er eine Zeit lang den falschen Weg eingeschlagen hatte, ein gutes Herz besaß.

»Tristan ist auch anständig«, verteidigte ich ihn also, was mir Martin eindeutig nicht abkaufte, wie seine Grimasse verriet.

»Du kennst ihn kein bisschen!« Keiner tat das.

»Was ich von ihm kennengelernt habe, reicht mir schon! Ich denke, ich kenne seinen Hang zu Gewalttätigkeit besser als alles andere an ihm. Ganz zu schweigen von den Weibergeschichten, den Drogenstorys und was weiß ich nicht noch alles... «

»Es war nicht richtig von ihm, dich anzugreifen«, gab ich zu.

»Aber was meinst du für Weibergeschichten?« Natürlich hatte ich schon des Öfteren mit angesehen, wie Tristan sich mit einer anderen vergnügte, und auch Vivi erzählte mir ab und zu ein paar Anekdoten.

Aber seit er mich mochte, kam mir nichts mehr zu Ohren. Zwar vertraute ich ihm, aber es gab eben auch immer noch dunkle Flecken seiner Vergangenheit, die er vor mir verbarg, obwohl ich alles von ihm wissen wollte.

»Die Wranglers sind dafür bekannt, ihre Schwänze nicht bei sich behalten zu können. Das weiß doch die ganze Stadt.« Martin zuckte die Schultern. »Besonders deiner. Ich hoffe, du weißt, was du tust, Mia. Sollte er dich vergraulen, komm einfach zu mir.« Als er auch noch zwinkerte, hatte ich genug und stieg umständlich aus. Dann beugte ich mich nochmal herab und grinste: »Ich glaube, das wird nie geschehen. Aber vielleicht kannst du mich ja trotzdem mal wieder in die Schule mitnehmen.«

»Yes, Ma'am!« Martin salutierte und strahlte mich an. Ich richtete mich auf und sah ihm im nieselnden Regen nach, als er davonfuhr, bis er hinter der nächsten Biegung verschwand.

Zu Hause schnappte ich mir Stanley, um mit ihm spazieren zu gehen, brachte das Bad und mein Zimmer in Ordnung, duschte mich und brütete schlussendlich am Abend über meinen Hausaufgaben. Normalerweise gingen sie mir leicht von der Hand, aber die Gedanken an den heutigen Tag machten es schwieriger, mich zu konzentrieren. Als ich endlich fertig war, legte ich mich zufrieden ins Bett, um mit meinem MP3 Player noch ein wenig Musik zu hören.

Lange währte die Entspannung jedoch nicht, denn ein paar Minuten später kam mein Vater in mein Zimmer gestürmt und warf das Telefon auf das Bett. »Deine magersüchtige Freundin!«, kommentierte er barsch und verließ mit einem lauten Knall meiner Tür den Raum. Seufzend nahm ich den Hörer.

»Es tut mir leid, Vivi«, entschuldigte ich mich erst einmal, denn sie hatte definitiv alles gehört.

»Ach, ich weiß ja, wie charmant dein Vater sein kann. Das ist für mich nichts Neues«, erwiderte sie nur lapidar.

»Was gibt's?«, fragte ich und nahm die Stöpsel meines Players aus den Ohren, um sie verstehen zu können.

»Ich werde am Samstag vor der Party zu dir kommen, dann machen wir uns gemeinsam fertig.«

»Nein!«, schrie ich schon fast in das Telefon. Ich wusste doch, wie das enden würde. Mia mit Minirock und bauchfreiem, Möpse rausquetschenden Oberteil, nicht zu vergessen: die meterhohen Nuttenlatschen.

»Ich verspreche dir, nicht zu übertreiben, okay?«

»Konkreter«, forderte ich unglücklich.

»Rasieren. Rock. Oberteil kannst du dir aussuchen, aber es muss zu dem Rock passen und ... keine Unterwäsche!«

»Niemals!« Allein bei dem Gedanken daran errötete ich. »Dann kann ich ja gleich nackt rumlaufen und vor allen meinen Speck schütteln!«

Das brachte Vivi zum Lachen.

»Yeah, Mia ... schüttel dein Speck ... schüttel dein Speck … Nein, jetzt im Ernst. Du willst ihn doch um den Finger wickeln, also musst du auch was wagen!«

»Ach, halt die Klappe!«, murmelte ich und kaute auf meiner Unterlippe.

»Du musst nur einen kleinen subtilen Kommentar loslassen und Tristans Kopfkino wird sich den ganzen Abend nur um dich drehen«, schmunzelte sie. »Er wird kein anderes Mädchen ansehen, glaub mir.«

»Aber was, wenn es jemand bemerkt?«, warf ich verzweifelt ein.

»Du musst eben ein bisschen aufpassen.«

»Hmpf.« Sie hatte schon so gut wie gewonnen. Mist.

»Ja!«, rief sie euphorisch. Aber so leicht wollte ich es ihr nicht machen.

»Ich hab noch nicht Ja gesagt!«

»Wirst du aber ... Ich bin eben eine Überredungskünstlerin«, schallte mir ihre zufriedene Stimme ins Ohr.

»Ich hasse dich!«

»Ich weiß, Süße. Ich liebe dich auch.«

❦

»Ich hasse dich immer noch«, grummelte ich vor mich hin, während Vivi an meinen voluminösen Locken rumzupfte, die sie mir folternd in die Haare gezaubert hatte.

Neun Uhr am Samstagabend und wir müssten uns gleich zu dieser ach so tollen Strandparty aufmachen. Das Fest allein hätte ich gern ausgelassen, aber die Aussicht darauf, Tristan zu begegnen, machte die ganze Quälerei wett.

Ich musste jede Gelegenheit nutzen, mit ihm Zeit zu verbringen, denn bald standen die Sommerferien an. Sicherlich würde er in den Urlaub fahren und mich mit nichts weiter als Erinnerungen an unsere gemeinsamen Momente zurücklassen. Aber daran wollte ich jetzt noch nicht denken. Schließlich hatten wir noch ein ewig geplantes Interview zu führen, worauf ich mich nur wegen Tristan freute.

Ich wurde immer aufgeregter. Die ganze Woche konnten wir uns nicht sehen – was mich wirklich an den Rand meiner Selbstbeherrschung brachte –, telefonierten auch nicht mehr, obwohl ich ihn so gern angerufen hätte. Gleichzeitig wollte ich ihn nicht stören, und mir jedes Mal ein Handy auszuleihen, weil es von daheim nicht machbar war, brachte ich auch nicht über mich. Erstmals bereute ich es, kein Handy zu haben.

Vivis Kommentare, er wäre angeblich todkrank halfen da nicht wirklich, also blieb nur tief durchatmen und geduldig sein.

Doch heute sollte es endlich so weit sein, zumindest wäre es angeraten, sonst würde der Plan meiner Freundin ´Mia rennt ohne Höschen rum´ nichts bringen. Überzeugt war ich immer noch nicht davon, aber die kleine Hexe ließ nicht mit sich reden. Sollte ich vielleicht doch beten, dass Tristan weiterhin zu krank wäre, um zur Party zu kommen?

»Muss das wirklich sein?«, startete ich den vermutlich tausendsten Versuch und betrachtete skeptisch mein Spiegelbild. In meinem dunkelblauen Neckholder Kleid wurden meine Brüste extrem nach oben gepusht, ungefähr bis unter mein Kinn. Der leichte Stoff umschmeichelte meinen Körper und reichte bis zu den Knien. Er fiel so locker, dass ich wenigstens nicht den ganzen Abend meinen Bauch einziehen musste, und war lang genug, damit ich meine fehlende Unterwäsche ignorieren konnte, ohne Angst haben zu müssen, dass es jemand bemerken würde. Einzig die Flip Flops, die diesen „Möpsebetoner" komplettierten, konnte ich durchsetzen, was an verdammte Schwerstarbeit grenzte.

Dafür musste ich mir aber die Nägel lackieren lassen – dunkelblau –, passend zum Kleid, und weil das Vivi noch nicht ausreichte, schminkte sie noch leicht mein Gesicht. In der Hinsicht hielt sie sich wirklich zurück, denn weder mir noch Tristan gefielen die meterdicken Make up-Schichten, die so manch aufgetakelte Tussi tagtäglich mit dem Spachtel aufzutragen schien. So aber sah es wirklich natürlich aus, obwohl meine getuschten Wimpern und der klare Lipgloss kaum seine Aufmerksamkeit erregen dürften. Meine Kurven wären da schon eher in seinem Fokus. Er liebte und begehrte jede einzelne, was mir ein deutlich besseres Körpergefühl bescherte, auch wenn vermeintliche Idealmaße noch in weiter Ferne lagen. Doch ich trauerte ihnen nicht mehr hinterher, egal wie sehr uns die Gesellschaft ihre Wichtigkeit weismachen wollte.

Hauptsache ich war gesund, agil und vor allem gelenkig. So fühlte ich mich beinahe wohl.

Allein deshalb durfte Vivi an mir rumfuhrwerken, während ich mir erlaubte, mich ein klitzekleines bisschen auf die Party zu freuen. Mit den Wranglers und ihren Freundinnen an meiner Seite würde mich wohl niemand anmachen, zumindest nicht dämlich. Also dürften mir jegliche Kommentare erspart bleiben. Was Tristan anging, war ich mir gar nicht so sicher, spätestens wenn er merken würde, dass ich kein Höschen trug. Wie wohl seine Reaktion wäre? Bei dem Gedanken daran grinste ich lüstern und wurde gleichzeitig rot.

»Haha, Mia …«, lachte Vivi »Ich will gar nicht wissen, was gerade in deinem Kopf vorgeht, obwohl ich es mir fast denken kann!« Schmunzelnd zog sie mich auf die Beine. »Können wir?« Noch immer amüsiert nickte ich, und sie hielt ihre Hand mit der Fläche nach oben auffordernd in meine Richtung.

Mit ihren geglätteten fuchsroten Haaren und dem trägerlosen weißen Kleid sah sie wirklich bezaubernd aus – wie eine märchenhafte Fee. Aber das war alles nur Tarnung, denn sie war die als Fee verkleidete Hexe, die meinen Slip wollte.

Während der Aufhübschaktion hatte ich darauf bestanden, einen zu tragen; nun streifte ich ihn mir ab und warf ihn umgehend in den Wäschekorb.

»Zufrieden?«, keifte ich sie im Vorbeigehen an und hielt ihr die Tür auf, um sie endlich aus meinem Zimmer zu komplimentieren. Dabei grinste diese Höschendiebin teuflisch.

In Gedanken war ich schon längst auf der Party. Ich brauchte auf jeden Fall Alkohol, möglichst viel davon. Anders wäre diese Scharade nicht zu überstehen. Warum hatte ich mich nur darauf eingelassen? War ich denn völlig verrückt? Ganz klar, mein Arsch ging auf Grundeis und an allem war nur Vivi schuld. Herrgott, ich sollte wirklich Tristan anmachen, ohne Slip und mit dermaßen gepushten Titten, dass sie heute garantiert noch aus dem Kleid fielen. Es gab zu viele unvorhersehbare Risiken, und eine davon bildete Tristan. Sollte er sich wider Erwarten, obwohl ich ihm wohl mehr vertraute als jedem anderen, als Arsch aufführen, würde ich daran zerbrechen. Heute lieferte ich mich ihm vor der gesamten Schule aus – freiwillig. Dementsprechend verletzlich war ich.

Und doch war es auch eine Art Feuerprobe. Sollte er zu mir stehen, dann würde ich ihn mit in meine persönliche Hölle nehmen – in mein Zuhause.

27. Grenzüberschreitung

Tristan ´out of Control´ Wrangler

Tag: Samstag,
Ort: Strandparty,
Zeit: keine verdammte Ahnung,
Getränk: Whiskey-Cola,
Gemütszustand: gelangweilt,
Fickermodus: motzig.
Wie immer das alte Spiel. Ich war saugeil aufgestylt und damit
der Traum eines jeden Höschens, saß an der Bar und hatte keine
Lust zu gar nichts.

Selbst meine Brüder nervten mich, was zugegebenermaßen
nichts Neues war. Der einzige Lichtblick war mein Mädchen. Sie
würde mit Vivi kommen, und so freute ich mich erstmals seit
Menschengedenken auf die Schlunzen von Tom und Phil.

Natürlich ließen sie sich mal wieder endlos Zeit und folterten
währenddessen lieber Mia.

Vermutlich zwangen sie sie in verschiedene Outfits, Teenie-
Zeitungen wie die Bravo zu lesen oder zuckerfreien Kaugummi
zu kauen. Weiber!

Garantiert hasste sie es, denn sie bestach durch ihre
Natürlichkeit, hatte gleichzeitig aber so viele Facetten
vorzuweisen. Einerseits schüchtern, andererseits so lebendig,
eben voller Gegensätze. Jede einzelne hatte es mir angetan, egal
ob wütend, zickig oder albern. Vor allem liebte ich allerdings,
wenn sie glücklich war. Ihr inneres Leuchten zog mich dann in
ihren Bann und machte mich schlichtweg sprachlos. Die
funkelnden Augen fesselten mich und erweckten eine Wärme, die
sich schützend in mir ausbreitete. War sie jedoch traurig, konnte
ich es kaum ertragen. Daher schwor ich mir, ihr immer ein
Lächeln ins Gesicht zu zaubern und sie vor den
Ungerechtigkeiten dieser Welt zu schützen.

Merkwürdig, solch schnulzige Gedanken wären mir früher nie in den Sinn gekommen, erst durch mein Mädchen kam diese Seite in mir zum Vorschein, und es war mir so was von fucking egal.

Heute Abend würde ich sie endlich wiedersehen. Die ganze verdammte Woche hatte ich keine Gelegenheit dazu gehabt und war dementsprechend ausgehungert.

»Verdammt!« Meine Geduld hielt sich in Grenzen, war nahezu nicht existent. Wenn sie nicht bald auftauchen würden, hätte das ein Nachspiel. Mit einem Knall stellte ich mein leeres Glas ab. Meine Brüder, die meine mangelnde Selbstbeherrschung kannten, zuckten dennoch zusammen und sahen mich verwundert an. Allein ihr grunzdämlicher Anblick machte mich schon wütend, besonders nachdem ich die Augen verdrehte und sie nur dreckig grinsten. Penner!

»Brüderchen …« Phil legte ohne Vorwarnung seinen Monsterarm auf meine Schulter. Angeekelt versuchte ich auszuweichen, weil sich bereits Schweißflecken auf seinem weißen Hugo Boss-Hemd abzeichneten. Leider kam ich nicht weit, da Tom mich von der anderen Seite umklammerte wie ein verkackter Monchichi.

Fuck!

»Jetzt sag doch mal. Was ist das mit dir und dem Truthahn?«, säuselte der Freund der kleinen Hexe.

»Wir sind doch Familie, oder? Uns kannst du alles erzählen«, fügte Phil noch scheinheilig hinzu. Grob schob ich beide aus dem Weg, löste mich damit aus ihrer Einkeilung, und wischte mir theatralisch die Schultern ab.

»Verdammt, Phil! Hast du schon mal was von Deo gehört?«, stieß ich aus. »Fuck, das geht euch einen feuchten, ekelhaft stinkigen Furz an! Kümmert euch um eure eigenen Schlampen!« Die sollten mich jetzt bloß in Ruhe lassen und ihre vorlauten Klappen halten. Noch war ich nicht bereit, mich dieser spöttischen Inquisition zu stellen.

Synchron zogen sie ihre Augenbrauen nach oben. »Also ist sie deine Schlampe?«, versuchte Tom mich auszutricksen.

»Nein! Sie ist keine gottverdammte Schlampe!« Ging es noch nerviger? Ja, offensichtlich.

»Also willst du sagen, alles Schlampen außer der Truthahn?«, bohrte Phil weiter.

»Sagt mal, ist euch zufällig das Gen zum Schnauzehalten abhandengekommen?«

»Nö«, antworten sie unisono. Scheiße, hatten die das einstudiert? »Wir werden dich so lange stressen, bis du uns die

Wahrheit sagst. Es geht schließlich um unseren kleinen verschossenen Bruder und den Truthahn«

»Sie ist auch kein Truthahn!«, rief ich ungehalten und krachte meine Faust auf den Tresen. Abwartend starrten wir uns einen Moment lang an, bis mir mein Fauxpas klar wurde.

Indirekt hatte ich zugegeben, in sie verschossen zu sein. Mir blieb auch nichts erspart. Ich seufzte und fuhr mir durch die Haare. Bevor ich aber voll in die Offensive gehen konnte, übertönte eine glockenklare Stimme die Musik.

»Baabyyy!« Vivi kam wild winkend auf uns zu. Aber auf sie verschwendete ich keine Energie. Nur eine war wichtig: Mia! Unsicher ging sie hinter der kleinen Hexe und Katha her. Dabei stellte sie beide locker in den Schatten. Ihre glänzenden, goldbraunen Haare fielen in wilden Locken über die Schultern und ich wollte sofort meine Hände in ihnen vergraben. Die vollen Kirschlippen schimmerten und luden zum Küssen ein, aber es waren ihre Augen, die mich sofort gefangen nahmen. Schüchtern blinzelte sie in meine Richtung, sah aber immer wieder nach unten, und mein Blick folgte ihrem: bewunderte die wohlgeformten Hüften nach oben über die schmale Taille, bis er an ihrem wirklich üppigen Dekolleté hängen blieb. Es sollte verboten werden, so auszusehen.

Ich wollte sie! Sofort! Wollte sie aus dem dunkelblauen Kleid schälen und ihren wundervollen weiblichen Körper verehren. Als meine Augen wieder die ihren fanden, schmunzelte sie mich an, als hätte sie meine Gedanken erraten. Es kostete mich alle Kraft, an Ort und Stelle zu bleiben und nicht zu ihr zu rennen, um sie in meine Arme zu ziehen. Lediglich eine Woche hatten wir uns nicht gesehen. Mir kam es vor wie eine verdammte Ewigkeit. Erst ihr Anblick erinnerte mich daran, wie sehr ich sie tatsächlich vermisst hatte. Ich sehnte mich regelrecht danach, sie zu halten, zu fühlen, zu schmecken ... Krampfhaft umklammerte ich mein Glas und zündete mir eine Zigarette an, damit ich meine Hände bei mir behielt, denn gleich würde sie da sein.

»Heeey!«, grölte Phil und packte sich Katha, um sie ausgiebig zu küssen. Tom tat es ihm gleich, nur nicht so ausschweifend und auffällig. Er nahm einfach nur Vivis Hände in seine und zog sie gegen seinen Körper, um sie zu umarmen. Trotzdem nichts, was ich mir freiwillig antun wollte.

Mia blieb zwei Schritte vor mir stehen. »Hi«, murmelte sie und errötete niedlich. Zu gern hätte ich ihr über die Wange gestreichelt, ihre weiche Haut unter meinen Fingerspitzen gefühlt und ihr die Unsicherheit genommen.

Sie sollte wissen, dass sie zu mir gehörte, aber so weit war ich einfach noch nicht. Hier allen zu zeigen, was sie mir bedeutete, brachte ich nicht fertig und verfluchte mich dafür. Also zog ich stattdessen an meiner Kippe und exte meinen mittlerweile puren Whiskey.

»Hey«, grüßte ich sie unterkühlt zurück. Verdammt, dabei wollte ich gar nicht so abweisend sein. Sie schien es aber gar nicht zu registrieren, denn sie fixierte meinen Glimmstängel und das nun leere Glas, um mir anschließend auffordernd mit einem missbilligenden Ausdruck in die Augen zu sehen – fest und gebieterisch. Sie zog sogar eine neuerdings gezupfte Braue hoch.

»Gottverdammte Scheiße«, fluchte ich und schnippte die Kippe weg, die einen Typen am Hinterkopf traf, zum Glück, ohne seine widerlich fettigen Haare zu entflammen.

»Nicht mal zwei Minuten da und schon Forderungen stellen«, grummelte ich weiter und entledigte mich meines Glases. Mit verschränkten Armen und leicht schmollend musterte ich sie. »Zufrieden?« Breit grinsend nickte sie. Das war so süß, dass ich nicht anders konnte, als mich etwas zu ihr nach unten zu beugen und meine Lippen hauchzart an ihr Ohr zu legen. Dabei sog ich den fruchtigen Duft ihrer Haare in meine Lungen wie ein Süchtiger.

»Und mit was soll ich mich jetzt davon abhalten, dich unanständig anzufassen, Mia-Baby?«, flüsterte ich und grinste anzüglich, denn sie erschauderte aufgrund meines Atems an ihrem Hals.

»Du musst dich nicht abhalten. Du darfst mich anfassen. Immer und überall …«

Das war so typisch für sie: mich noch mehr reizen, obwohl ich schon längst am Rande meiner Selbstbeherrschung stand. Ich keuchte leicht, als sie ihr Gesicht ein Stück drehte, mit ihrer kleinen, süßen Nase über meine Wange strich und tief durchatmete. »Ich habe schon fast vergessen, wie unsagbar gut du duftest«, säuselte sie verträumt, und dabei wollte ich nur ihre vollen roten Lippen kosten. Ich musste Abstand schaffen. Sofort!

Die Ellenbogen auf den Tresen stützend lehnte ich mich zurück an die Bar. Mit schief gelegtem Kopf musterte ich sie dann skeptisch, denn irgendwas stank hier zum Himmel, und es war ausnahmsweise nicht Kathas Zuckerwatte-Parfum! Mia benahm sich seltsam und wirkte so überlegen, als hätte sie noch ein Ass im Ärmel. Was zur Hölle war hier los? Meine Brüder steckten wohl nicht dahinter, denn die waren noch immer mit ihren Schlampen zugange.

»Du hast was vor«, stellte ich fest, worauf sie unschuldig grinste – zu unschuldig. Ich seufzte schwer. »Was hast du vor?«, wollte ich wissen und fuhr mir mit der Hand angestrengt durch die Haare.

»Nichts!« Na klar und im Himmel war Jahrmarkt inklusive Black Jack und Nutten.

Dabei brauchte sie gar nicht erst versuchen, mich zu verarschen, schließlich kannte ich sie. Als sie noch breiter lächelte, zog ich eine Augenbraue in luftige Höhen, während sie mit ihren schlanken Fingern lasziv über ihr Schlüsselbein strich. Oh fuck!

Meine Augen weiteten sich ungläubig, als sie sich berührte, obwohl ich es so gern übernommen hätte.

»Ich habe nichts vor, Mista Wrangler … überhaupt nichts ...« Sie kam einen Schritt auf mich zu. Ich stieß hart den Atem aus. Gleichzeitig ignorierte ich das Flimmern, das sich immer weiter aufbaute, je näher sie mir kam. Sie ging mir so was von unter die Haut und geradewegs in meinen Ficker – es war nicht mehr feierlich –, der sich panisch Luft zufächelte. Das war Foltern auf hohem Niveau.

»Baby, stopp!«, siegte die Vernunft. So unter Druck gesetzt ich mich auch gerade fühlte, von mir schieben konnte ich sie auf keinen fucking Fall. Natürlich hatte ich die Rechnung mal wieder ohne Mia gemacht. Sie ließ sich nicht beirren und legte mir ihre kleine Hand auf die Brust, krallte sich in meine dünne schwarze Krawatte und sah mir mit ihrem intensiven Funkelblick in die Augen. Meine Kehle wurde trocken.

»Ich will nur allen zeigen, was mir gehört!« Mein logisches Denkvermögen verabschiedete sich endgültig, als sie mich an meinem Schlips langsam und bedächtig zu sich zog. Wie ferngesteuert folgte ich ihrer Bewegung, und in meiner Hose zuckte es verdächtig. Ich war ihre Marionette. Hilfe!

»Ich kann noch nicht ... bitte ...«, flehte ich, als ich wieder einigermaßen zu mir kam. Meine Stimme klang erstickt und ich musste hart schlucken, denn ihr Gesicht war gerade mal ein paar Millimeter von meinem entfernt. Fuck, mein Mädchen war unglaublich.

»Doch, du kannst, Tristan. Du liebst mich«, antwortete sie felsenfest, stellte sich auf die Zehenspitzen und lehnte ihren weichen, warmen Körper gegen meinen, sodass sie mir direkt ins Ohr flüstern konnte. Sie wand sich träge gegen mich. »Sie werden mir heute Abend nicht widerstehen können, und wissen Sie warum, Mista Wrangler?«

»Boah, Mia!«, presste ich gerade noch heraus. Denn ich brauchte all meine Kraft, ballte meine Hände zu Fäusten, um sie nicht zu packen, meine Lippen auf ihre zu drücken und zu küssen, bis ihr Hören und Sehen verging.

»Ich sage dir jetzt ein Geheimnis«, wisperte sie, als wäre nichts geschehen, als wüsste sie nichts von meinem inneren Kampf. Nach einer kleinen Kunstpause fuhr sie fort und gab mir im absolut unschuldigsten Tonfall den Rest: »Ich. Habe. Kein. Höschen. An.« Jede Silbe betonte sie auf erotischste Weise – dunkel und heiser –, sodass ich im ersten Moment gar nicht begriff, was das kleine Luder mir da gerade mitteilte. Ihre Lippen drückten sich für einen kurzen, aber wahnsinnig innigen Moment auf meinen Hals, direkt neben meine Kehle, bevor sie mit einem Ruck zurückwich, sich umdrehte und mit wundervoll wackelndem Arsch davon marschierte. Ich blieb perplex zurück, versuchte zu rekapitulieren, was gerade passiert war und klammerte mich währenddessen an der Bar fest, um nicht den Halt zu verlieren oder ihr wie ein notgeiler Teenager hinterherzustolpern.

So starrte ich lediglich ihrem wiegenden Hinterteil nach und wollte ihre Worte Lügen strafen, indem ich krampfhaft die Kontur eines Höschens unter dem blauen Stoff suchte. Aber entweder Wichsen beeinträchtigt tatsächlich das Sehvermögen, denn nichts anderes hatte ich die letzte Woche getan, oder sie war bereits zu weit weg. Fuck! Den ganzen Abend würde ich jetzt an nichts anderes als ihre nackte, luftige Pussy denken können, was Mia ganz klar beabsichtigt hatte. Sie reizte mich mal wieder gekonnt und amüsierte sich köstlich, holte sich womöglich noch einen Kick dabei. Aber wie sollte ich da sauer sein, das war schlichtweg unmöglich, schon gar nicht, als sie sich in einer perfekten Pose an die gegenüberliegende Bar stellte. Es war mir schleierhaft, wann sie gelernt hatte, sich so vorteilhaft zu präsentieren.

Aber natürlich, innerlich verdrehte ich die Augen über mich. Die kleine Hexe hatte ihre Finger im Spiel, denn diese gesellte sich zu ihr, drückte ihr irgendetwas Alkoholisches in die Hand und hielt die andere hin, damit mein Mädchen einschlagen konnte. Das zarte Erröten bewies jedoch, dass es Mia unendlich peinlich war. Der ´Ich quäle Tristan Wrangler mit meiner blanken Pussy´-Plan war allein auf Vivis Mist gewachsen. Wäre ja nicht das erste Mal.

Während ich die Lage durchschaute, was sich wohl auf meinem Gesicht widerspiegelte, hielten wir Blickkontakt. Grinsend wartete das Teufelsweib, bis sich der Jäger auf sein (scheinbar) wehrloses Opfer stürzte. Sie genoss es eindeutig. Bevor sie trank, prostete sie mir auch noch zu und zwinkerte vorwitzig. Danach leckte sie sich betont langsam über die Unterlippe und vergrub zum Abschluss noch schön ihre Zähne darin.

Allein diese Geste ließ mich daran zweifeln, wer von uns beiden die Beute und wer das Opfer war. Sie hatte sich fucking gut entwickelt und konnte mir sowohl in diesem Spiel als auch in sexueller Hinsicht locker das Wasser reichen.

So ein gerissenes Luder. Sie wusste, wie sie mich dazu bringen würde, sämtliche Barrieren fallen zu lassen und ihr vollkommen zu erliegen, aber es juckte mich einen Scheiß. Unmännlich hin oder her, ich war ihr verfallen. Das war ja nun wahrhaftig nichts Neues.

Unser Flirt wurde jäh durch irgendwelche Pappenheimer unterbrochen, die die äußeren Qualitäten meines Mädchens erkannten. Sie schwirrten um sie herum wie die Motten um das verdammte Licht. Innerlich kochte ich und meine Pissigkeit wuchs proportional zu ihren Anmachen, bis sie astronomische Ausmaße annahm. Nur ihre konsequenten Abfuhren, die sie jedem der dahergelaufenen Spackos erteilte, hinderte mich daran aufzuspringen und jedem einzelnen von ihnen, eine saftige Abreibung zu verpassen.

Aber nicht nur sie hatte sich gegen penetrante Volldeppen zu wehren. Mir klebte Eva samt ihrem gehirnamputierten Gefolge am Arsch. Unfassbar, wie dumm diese Tussen waren. Das tat schon beim Hinsehen weh.

Obwohl mein altes Arschloch-Ich auf Hochtouren lief, schmachteten sie mich an, als wäre ich ihr verschissener Gott. Na ja, ganz von der Hand zu weisen war es nicht. Dennoch wollte mir nicht in den Schädel, was sie trotz permanenter erniedrigender Kommentare meinerseits an mir fanden. War es nur das Aussehen oder auch das Geld? War es Macht, Ansehen und Ruhm? Zählte denn in dieser abgefuckten Welt nur noch das?

Mein Bedarf an oberflächlicher Debilität war nach zwei Minuten gedeckt, also sah ich wieder zu Mia. Wenn ich sie schon nicht wirklich ficken konnte, würde ich sie eben weiterhin blickficken müssen. Und sie wäre nicht mein Mädchen, wenn es nicht wieder was zum Lachen gäbe. Gerade versuchte sie mit verbissenem Gesichtsausdruck, umständlich auf einen der Barhocker zu kommen, um gleich darauf fast nach hinten zu kippen. Nur Tom konnte es im letzten Moment verhindern, indem er sie auffing. Zu seinem Glück war der Krapfen nett zu ihr, sonst hätte ich ihn einen Kopf kürzer gemacht.

Schon merkwürdig. Seit wann benahm er sich ihr gegenüber eigentlich nicht wie ein absoluter Vollidiot? Hatte er geschnallt, wie viel sie mir bedeutete und wollte sich meine Ausraster nicht antun? Oder hatte Vivi ihm den Schwanz gewaschen und er traute sich deshalb nicht mal mehr, den Mund aufzumachen? Im Grunde egal, wichtig war nur, dass Mia endlich sie selbst sein konnte, auch wenn ihr ihre Schusslichkeit selbstredend unheimlich unangenehm war und sie sich bestimmt tausendmal bei ihm entschuldigte.

Doch er winkte nur ab, worauf die kleine Hexe lachte und alle mit einstimmten. Mir wurde bei dem Anblick der losgelösten, entspannten Mia ganz warm ums Herz.

Diese Situation bewies doch, dass es Menschen gab, denen andere Werte wichtiger waren.

Nicht das An- oder Aussehen machte jemanden aus, ausschlaggebend war, was hinter der Fassade einer Person steckte, und ich konnte froh sein, erfasst zu haben, was Mia so gekonnt vor allen anderen verbarg.

❦

Irgendwann später fand ich mich auf einem Stamm am Lagerfeuer wieder und wurde von was oder wem auch immer zugelabert. Mann oder Frau, woher sollte ich das denn wissen? So voll, wie ich war, nahm ich alles nur noch als nerviges Summen wahr. Aber um nicht komplett unhöflich zu wirken, gab ich ein gelegentliches Brummen von mir, das als Antwort auf diesen endlosen Redeschwall reichen musste.

Nur eins interessierte mich: mein Mädchen. Mit düsterem Blick musterte ich sie und qualmte eine Zigarette nach der nächsten. Gerade schnippte ich eine Kippe weg, versuchte den abartigen Gangster-Rap, der im Hintergrund lief, zu ignorieren, als der Stamm unter mir erzitterte, weil Phil sich neben mir fallen ließ, während er seinen Riesenarm auf meiner Schulter parkte. Schon wieder!

»Heeey, Bro! Lang nisch mehr gesehen!«, lallte er euphorisch. Fuck, der war voll wie eine Haubitze, schließlich war er gerade mal zwei Minuten weg gewesen. Trotzdem konnte ich meine Augen nicht von Mia nehmen, die gerade, eindeutig schwankend, mit der Hexe und der Zickenkönigin zu uns ans Lagerfeuer kam. Na endlich, wurde auch langsam Zeit! Natürlich schaffte sie es zu stolpern – direkt in die Arme irgendeines Kerls. Der war so angetan, dass er gar nicht daran dachte, sie freizugeben. Nur widerstrebend löste er sich zu seinem eigenen verdammten Glück, als mein Mädchen ihm entschuldigend die Brust tätschelte. Aber der nächste Anwärter lauerte schon, hielt sie an der Hüfte fest und wirbelte sie im Kreis.

Lachend schob sie auch ihn von sich und bahnte sich weiter ihren Weg, ohne auch nur zu ahnen, dass ich einen verfickten Millimeter davor stand, wie eine verfickte Bombe hochzugehen.

Gottverdammte vier Stunden beglückten wir diese Party mit unserer Anwesenheit, und sie hatte eindeutig zu tief ins Glas geschaut! Okay, ich war auch alles andere als nüchtern, aber darum ging es nicht, schließlich konnte ich auf mich aufpassen. Wo es bei ihr hinführte, sah man ja.

Als wäre nichts gewesen erreichten sie uns schließlich, was mich sofort etwas beruhigte, weil Mia in Reichweite war. Katharina schwirrte wieder ab und quatschte Leute voll. Währenddessen kam aus dem Nichts Tom, schnappte sich Vivi und schwang sie im Kreis, was sie mit spitzen Schreien quittierte, um dann völlig aus dem Häuschen seine Riesenglubscher in unsere Richtung zu bewegen.

»Yeah! Ich hab mir ein Lied gewünscht! Ratet mal welches?!« Schon erklangen die ersten eindringlichen Takte rockiger Gitarren. Genervt verdrehte ich die Augen.

»Gott, Tom ... das haben wir gehört, als wir vierzehn waren!« Er grinste nur.

»Ich liebe dieses Lied!«, rief mein Mädchen aus, bevor sie anfing, genau vor meinem Gesicht mit ihrem Arsch zu wackeln, und ja ... verfickt noch eins, es stimmte ... *Sie trug kein Höschen!*

Mit offenen Mündern starrten wir absolut weggetreten zu Mia, die mit Rhythmus und Leidenschaft im Blut talentiert ihre Hüften kreiste, sodass man sofort merkte, dass sie Musik nicht nur liebte, sondern lebte. Völlig in der Melodie gefangen schloss sie die Augen und vergrub die Hände in ihren Haaren. Der Schweiß glitzerte ... Wie ein tanzender Traum fesselte sie mich. Das tat sie doch mit Absicht! Aufreizend drehte sie sich, funkelte mich unter halb geöffneten Lidern an und biss sich auf die Unterlippe.

Fuck!

Als sie vor mir in die Hocke ging, kippte ich fast vom Stamm und konnte mich nicht mehr rühren. Mein Herzschlag, mein Atem, alles nahm ein rasantes Tempo an, aber sie ließ sich nicht beirren und legte beide Hände auf meine Oberschenkel, fixierte meinen Blick mit ihren tiefen Augen und sang leise – nur für mich ...

Das Einzige, was ich denken konnte, während sie den Text hauchte, war: Oh ja, Baby, wir verlieren uns in der Sonne, lassen unsere Seelen fliegen! Wir werden eins werden … Darauf kannst du verdammtes Gift nehmen! Ich verlor die Kontrolle. Komplett!

Erschrocken keuchte sie, als ich sie unversehens auf meinen Schoß hob. Völlig perplex schaffte sie es, die Beine zu spreizen, sodass sie rittlings auf mir landete. Mia schien dieser Überfall nichts auszumachen, ganz im Gegenteil. Ihre Verblüffung wich sehr schnell; sie schmiegte sich an mich und kreuzte letztendlich ihre Fußknöchel hinter meinem Rücken, um mich noch näher an sich zu ziehen. Meine Jeans drückte gegen ihre blanke Pussy und der Kontakt brachte uns dazu, gleichzeitig aufzustöhnen. Ihr Tanz, im Grunde der ganze Abend, hatte meine Erregung geschürt. Ich wollte sie – jetzt! Und ihr schien es nicht anders zu gehen, denn als ich den Druck verstärkte, bohrte sie sich mit ihren Fingern regelrecht in meine Schulter, um nicht laut aufzuschreien.

»Willst du mit mir fortfliegen, Baby?« Alles, was ich sah, war sie. Alles, was ich fühlte, war sie. Alles, was zählte, war sie...

Eine Antwort gaben ihre weichen Lippen, die sich auf meine senkten, mir das schenkten, was ich wollte, brauchte, begehrte. Meine Geschmacksnerven lechzten nach ihrem Aroma, meine Zunge wollte ihren Mund erkunden. Nichts war wichtiger in diesem Moment. Heftig erwiderte ich ihren Kuss, denn es war nicht genug, würde nie genug sein. Dabei krallte ich meine Hand in ihre Haare und öffnete mit der anderen meine Hose.

Als meine Fingerknöchel ihre erhitzte Mitte streiften, stöhnte sie auf. Ich tat es ihr gleich, gequält und verzweifelt, denn sie war so feucht, so verdammt bereit für mich, nur für mich …

»Ich hab dich vermisst«, murmelte ich gegen ihre Lippen. »Ich brauche dich, Mia-Baby. Jetzt!« Wieder kam sie mir mit einem Kuss entgegen, der mich beflügelte. Meine Zunge drang tiefer, intensivierte das Spiel. Wir nahmen nichts anderes mehr wahr, schwebten in anderen Sphären, genossen Empfindungen und peitschten unsere Erregung immer höher. Völlig auf Autopilot befreite ich meinen bereits schmerzhaft pochenden Ficker und umfasste ihn mit der Faust, dirigierte ihn an ihre pulsierende Mitte und drückte sie mit der freien Hand nach unten. Mia riss die Augen auf, verdrehte sie aber sofort lustvoll, presste sich enger an mich und biss mir spielerisch in die Unterlippe. Ich fühlte mich wie im Himmel. Das war der Himmel. Ihre festen Muskeln schmiegten sich um meinen Schwanz, zogen sich zusammen. Sie war so göttlich eng und fühlte sich exquisit an.

Ihre Hüften fanden den uralten Rhythmus, bewegten sich

kreisend auf mir, während sie meinen Nacken umklammerte. Unser Atem ging hektisch, unsere Herzen schlugen im Gleichtakt, den unsere Leidenschaft vorgab.

Die Anspannung entlud sich in einem Zittern, der unsere Körper beherrschte. Wir waren völlig in diesem alles verzehrenden Rausch gefangen.

Es zählte nur mein Mädchen und ich. Nichts anderes war existent.

Doch der Kontakt reichte mir nicht. Am liebsten wäre ich mit ihr komplett verschmolzen, hätte jede Zelle in Besitz genommen. Also vergrub ich meinen Kopf an ihrer duftenden, vom Schweiß feuchten Halsbeuge – nutzte jede Möglichkeit, ihr noch näher zu kommen. Sie umfasste meine Wangen, beugte so meinen Kopf zurück, und schon fühlte ich ihre weichen Lippen an meinem Hals und vernahm ihr hingebungsvolles Seufzen.

»Ich. Liebe. Dich ...« Nur ein abgehacktes, verletztes Flüstern, vorherrschend durch ihren Atem, der mich streifte und mir eine Gänsehaut bescherte, während sie unendlich genussvoll anfing, an meinem Ohrläppchen zu knabbern. Es war das Paradies.

Der gewohnte Druck baute sich auf – viel zu schnell. Aber ich konnte mich kaum bremsen. Unsere Bewegungen beschleunigten sich von allein, nur auf einen allumfassenden Höhepunkt hinarbeitend, ohne dass ich es verhindern konnte. Dabei wollte ich weiterhin in diesen Gefühlen schwelgen, die Hitze unserer Leiber auskosten, aber die Woche war zu lang gewesen ... Mir blieb nichts anderes übrig, als mich mitreißen zu lassen, die Kontrolle abzugeben und in diesen Strudel purer Gier einzutauchen. Sich kontrahierende Muskeln, rasselndes Keuchen und eine Anspannung, die in einem einzigartigen Höhepunkt gipfeln würde. Gleich war es so weit. Mia stand an der Klippe, genau wie ich. So empfänglich sie war, reichte lediglich meine Stimme und die richtigen Worte, um sie zum Explodieren zu bringen und mich dadurch mitzunehmen.

»Flieg mit mir, Baby!«, forderte ich dominant, denn ihr Körper würde mir ohne ihr Zutun gehorchen. Er tat es. Heftig!

Plötzlich gruben sich ihre kleinen Zähne in meinen Hals und brachten mich zum Stöhnen, dann fühlte ich nur noch ihr Zucken und Pulsieren. Ich konnte mich einfach nicht mehr beherrschen...

»Gottverdammte Scheiße, Mia!«, stieß ich aus, lehnte mein Gesicht jetzt auch an ihren Hals und klammerte mich an ihr fest.

Das erste Mal kam ich direkt in ihr – ohne störende Barrieren – spürte einfach alles und verlor mich in einem zerstörenden Orgasmus.

Bunte Blitze und Sterne tauchten vor meinen Augen auf, waren anfangs farbenfroh, bis sie immer blasser wurden und schließlich ganz verschwanden.

Völlig verausgabt sackte Mia in sich zusammen, sodass ich meinen Griff um sie verstärken musste und ihr beruhigend über den Rücken strich. Langsam kehrte mein Denkvermögen zurück, wobei ich als erstes dem Erfinder der wirkenden Pille dankte.

Entspannung setzte ein. In ihrer postkoitalen Niedlichkeit war sie kaum zu übertreffen, zahm wie eine Hauskatze, die schnurrend von mir gekrault wurde. Wobei es mir nicht anders ging. Zärtlich verteilte ich kleine Küsse auf ihrer Schläfe, nahm unseren gemeinsamen Geruch vermischt mit Sex in mir auf und aalte mich in ihrer Nähe.

Doch die Realität streckte sich immer vehementer nach uns aus, kitzelte meine übrigen Sinne, animierte sie.

Eben noch war es still, alles konzentriert auf die glückliche Frau in meinen Armen, doch dann traf es mich wie die Wucht einer Atombombe.

Wir waren nicht allein!

Die Wörter Strandparty und Öffentlichkeit blinkten alarmrot in meinem Kopf. Oh fuck!

Ich hatte mein Mädchen tatsächlich gerade vor den Augen und den Ohren der anderen gefickt!

Nein, schrie alles in mir. Das konnte nicht wahr sein. Das musste ein gottverschissener Albtraum sein. Nichts anderes war möglich. Ich wollte beten, den Scheißer da oben anflehen, es ungeschehen zu machen, aber ich musste der tödlichen Wahrheit ins nackte Gesicht sehen.

Tristan Wrangler war und blieb ein dreckiges Arschloch. Etwas so Unmoralisches, Abartiges und Verwerfliches toppte alles bisher Dagewesene. Ich hatte die Frau, die ich liebte, die das Wichtigste in meinem Leben war, so dermaßen gedemütigt, dass es dafür keine Entschuldigung gab. Ausgerechnet ihr hatte ich das angetan!

»Gott. Nein!« Verzweifelt rückte ich ein Stück von ihr ab und suchte tieftraurig ihren Blick. Erst jetzt schien sie zu bemerken, was geschehen war. Ich sah die Angst, die von ihrem Gesicht Besitz ergriff, und hieß die Kälte, die sich daraufhin in mir ausbreitete, beinahe willkommen.

Spürte, wie sie sich wie ein Eisring um mein Herz legte und hoffte auf eine allumfassende Taubheit, die die Panik vertreiben und mich wieder klar denken lassen würde.

28. Der Schuss, der nach hinten losging

Mia 'fucked up' Engel

»Gott! Nein!« Tristan Wrangler starrte mich an. Mir wurde übel, als ich den unbändig gequälten Ausdruck in seinen wunderschönen Augen erkannte. Aber seine Worte konnte ich nicht erfassen. Was war hier eigentlich los? Er hätte doch glücklich aussehen müssen; ich war es zumindest. Noch immer vernahm ich das typische Rauschen in meinen Ohren, hörte, wie das Blut durch meine Venen gepumpt wurde. Es war so beruhigend. Der einzige Störfaktor war Tristans schmerzverzerrte Miene. Die Antwort auf das Warum wollte einfach nicht in meinen Kopf.

Nur nach und nach gesellten sich zu dem Rauschen undeutliche, nicht identifizierbare Töne dazu. Bis mir schlagartig, als hätte jemand den Schleier zur Gegenwart gelüftet, klar wurde, wo wir uns befanden, was wir getan hatten! Alles ergab plötzlich einen Sinn. Oh Gott, nein! Wie konnte das passieren?

Meine Überlegungen, die meinen noch immer verwirrten Geist ungemein überforderten, wurden jäh unterbrochen, als Tristan sich nach hinten abstützte und sich ruckartig mit mir auf seinen Hüften erhob. Ein kleines Kreischen entschlüpfte mir, denn meine Nerven waren gespannt wie Drahtseile. Das hier konnte unmöglich die Realität sein, ganz sicher hielten mich noch Morpheus' Arme gefangen statt die meines Traummannes.

Doch dieser Geruch, dieser starke Körper, der mich hielt, das war keine Illusion, erst recht nicht, da ich mich noch stärker an ihn klammern und meinen Kopf in seiner Halsbeuge vergraben konnte. Nur dieser knallharte Blick machte mir Angst. Kalt wie Eis fixierten mich seine Iriden. Die gerunzelte Stirn und der verkniffene Mund komplettierten diese fast schon abstoßende Maske.

Alles, was ich nie wieder sehen wollte, stand darin geschrieben: Ekel, Schock, Hass. Nur zögerlich schaute ich mich um, aber alle um uns herum waren offenkundig entsetzt, fassungslos und vollkommen versteinert.

Der ganze Abend spulte sich vor meinem inneren Auge ab. Es war entsetzlich mitzuerleben, wie ich mich ihm anbot, diese private Leidenschaft füreinander ausnutzte, um ihn hier vor allen zu verführen. Was hatte ich mir dabei gedacht?

Sämtliche Schüler hatten uns beim Sex beobachtet. Eine Tatsache, die doch zeigte, wie wenig mir an Tristan selbst und der Besonderheit unserer Beziehung lag. Dazu kam, dass er es noch nicht wagte, sich öffentlich zu mir zu bekennen. Verständnisvoll hatte ich reagiert, wollte ihm die nötige Zeit geben, hinterging ihn trotzdem ohne Skrupel bei der erstbesten Gelegenheit, indem ich ihn so bloßstellte.

»Es tut mir leid«, wisperte ich mit rauer Stimme gegen Tristans Hals, obwohl mit einer Entschuldigung nichts wiedergutzumachen war. Er reagierte auch erwartungsgemäß nicht, visierte nur den Kies an, den ich unter seinen Schuhen knirschen hörte. Neben seinem Auto stellte er mich auf die Füße, die mich nur widerwillig trugen. Nach wie vor verschloss er sich und mir liefen eisige Schauer den Rücken hinunter, womit er die Kälte teilte, die seine Augen ausstrahlten.

»Tristan?«, versuchte ich erneut, ihn anzusprechen, um wenigstens eine Reaktion von ihm zu erhalten, aber er öffnete mir lediglich die Tür. Ich zitterte. So nah wir uns körperlich waren, so weit entfernt schien sein Geist – er war nur eine Hülle.

»Steig ein!«, forderte er knapp. Mein Magen verknotete sich schmerzhaft, denn sämtliche Horrorszenarien spülten über mich hinweg, als ich seinem Befehl nachkam. Als er die Tür laut zuschlug, zuckte ich auf dem Sitz zusammen. Scheinbar im nächsten Atemzug saß er schon neben mir und startete wortlos den Motor.

»Es tut mir wirklich leid«, flüsterte ich erneut. Diese Distanz zwischen uns war für mich unerträglich. Irgendeine Reaktion wollte ich provozieren, denn ich konnte ihn überhaupt nicht einschätzen. Also griff ich nach seiner Hand, die auf der Gangschaltung lag, doch er zog sie ruckartig weg. Mit diesem Verhalten hatte ich nicht gerechnet, aber es war auch nicht sonderlich überraschend, genauso wenig wie der Schmerz, der darauf folgte.

»Was tut dir leid? Dass du mir keine andere Chance gelassen

hast, als dich vor allen anderen zu ficken wie eine kleine billige Schlampe? Tut dir das leid, Mia?«, spie er mir verächtlich entgegen.

Sein Blick schien Funken zu sprühen, vertrieben das Eis, schmolzen es weg. Er war so wütend – zu Recht. Unwillkürlich kaute ich auf meiner Unterlippe und versuchte, die aufsteigenden Tränen zu unterdrücken.

»Ja«, gab ich ängstlich zu, doch er schnaubte nur ironisch auf und steuerte das Auto weiter durch die dunklen Straßen. Vermutlich fuhr er mich nach Hause.

»Das ist so verdammt typisch! Nimm nur wieder alles auf dich! Aber ich sag dir jetzt was: Du bist nicht schuld. Okay! Ich bin schuld! Ich bin an allem schuld!«, zischte er. Vehement schüttelte ich den Kopf, woraufhin er nur sauer auf mich herabsah. Das konnte er nicht ernst meinen! Ich war hier das Flittchen! Ich hatte alles initiiert, folgte dem Plan von Vivi, nur ich allein setzte es um. Zwar war es so nicht gedacht gewesen, aber das Ergebnis zählte.

»Tristan, bitte …«

»Nichts, Tristan bitte! Es hat sich ausgebeten, Mia! Das kann so nicht mehr weitergehen! Ich ziehe dich immer weiter in die Scheiße rein!«

»Nein!«, erwiderte ich panisch, denn seine düsteren Gedanken entsprachen offenbar meinen bereits ausgemalten Horrorszenarien. Nun konnte ich auch die Tränen nicht mehr aufhalten. »Nein, Tristan, tu das nicht!«, flehte ich nun und griff erneut nach seiner Hand. Doch wieder ließ er es nicht zu, fuhr stattdessen an die Seite, drückte auf die Bremse, stemmte die Ellbogen aufs Lenkrad und vergrub sein Antlitz in seinen Handflächen. Wir waren da. Bei mir zu Hause ...

Oh Gott ... bitte lass es nicht wahr sein. Bitte! Bitte! Bitte! Mein Magen wollte sich nicht mehr beruhigen, in meinem Kopf wirbelte alles wild durcheinander. Ich fühlte mich wie unter Zeitdruck. Der Zug ins Glück fuhr davon und ich konnte die Tür nicht mehr öffnen, egal wie hart und verzweifelt ich dagegen hämmerte. Ohne dass ich ihn aufhalten konnte, verschwand er und ich blieb allein zurück. An einem steilen Abgrund stehend, der tiefen gähnenden Leere unter mir und einem kaltem Wind, der meine Haare zerzauste und mich frösteln ließ.

»Wegen mir mutierst du zur gewissenlosen Schlampe!« Ich zog scharf den Atem ein, denn Tristan sprach das aus, was ich bereits dachte. Nur eines stimmte nicht. Was mich trieb, wusste ich immer noch nicht, einzig, dass Tristan nichts dafür konnte.

»Ich werde dich immer mehr versauen und kaputtmachen, bis irgendwann nichts mehr von dir und deiner Unschuld übrig ist, und ich könnte nicht ertragen, das schönste Wesen auf dieser Welt zerstört zu haben...«, nuschelte er resigniert in seine Hände. »Das geht nicht. Ich kann das nicht tun, ich kann dich nicht zerstören. Nicht dich ... bitte, Mia!«

Diese gebrochene Seite zeigte er nur mir. Zu meiner Schande war ich allerdings diesmal der Grund für seine Zerrissenheit. Ich wollte ihn nicht so leiden sehen, aber gleichzeitig sollte er bei mir bleiben, sich nicht von mir verabschieden. Meine Emotionen hielten kaum dem Ansturm seiner Worte stand. Ich war völlig hilflos, konnte aber auch nicht kampflos aufgeben.

»Nein, Tristan! Durch dich lebe ich erst. Ich bin nichts ohne dich, ich brauche dich, ich liebe dich ... mit allem, was ich bin und sein will! Verstehst du das denn nicht? Du machst mich kaputt, wenn du mich verlässt!«, schluchzte ich. Mein ganzer Körper bebte gegen die Einsicht, nichts tun zu können, wenn er sich wahrhaftig trennen wollte.

»Ich weiß, dass du mich liebst, Mia-Baby.« Unverhofft sanft klang seine Stimme, fast schon selig. Dann richtete er sich auf und drehte sich zu mir um, sodass wir uns Angesicht zu Angesicht gegenübersaßen. Mit gerunzelter Stirn schmiegte er schwer seufzend seine Hand an meine Wange, um mit dem Daumen die Tränen fortzuwischen.

»Nein, es macht dich kaputt, so einen zerstörten Typen wie mich zu lieben. Ich bin nicht gut genug für dich.«

»Du bist das Beste in meinem Leben!«, widersprach ich schnell, doch er lächelte nur leicht ... und irgendwie kraftlos.

»Es wird andere geben. Andere, die besser für dich sind ...«, betonte er samten. Meine Augen weiteten sich schockiert. Wie konnte er so was sagen?

»Andere?« Er bestätigte damit meine schlimmsten Ängste, ließ sie wahr werden. Es würde nie einen anderen als Tristan Wrangler geben, niemanden, der auch nur ansatzweise an ihn herankam! Niemals!

»Ich will nur dich! Seitdem ich lieben kann, liebe ich dich, Tristan, und ich will keinen verdammten anderen! Es passt kein anderer so gut zu mir wie du! Ich würde jeden mit dir vergleichen und keiner kann dem gerecht werden. Keinen werde ich so lieben können, wie ich dich liebe!«, rief ich beinahe schon hysterisch.

»Du wirst mich vergessen.« Unmöglich!

»Nein!«

»Doch, Mia! Du wirst mich vergessen!« Dieser Tonfall forderte

Gehorsam; dieser Dominanz unterwarf ich mich normalerweise. Diesmal widerstrebte es mir.

»Tristan ... bitte …«, schluchzte ich. Ganz klar, nur eine Wiederholung, derer ich nicht müde wurde. Aber wie sollte ich ihn überzeugen, nicht diesen furchtbaren Schritt zu tun?

»Tu es nicht ... ich ... ich liebe dich und ich weiß, dass du mich liebst. Das ist das Wichtigste. Alles andere wird sich geben!«

Er lachte humorlos. »Wenn es so wäre, hätte ich dir nicht vor allen anderen meinen Schwanz in die Pussy gesteckt. Dann würde ich dich mit Respekt behandeln und nicht immer wieder und wieder in den Abgrund ziehen und dir deine Würde nehmen!«

»Ich wollte es doch auch«, erwiderte ich schwach.

»Du hättest dich mir nie verwehren können. Du würdest alles für mich tun. Diese totale Selbstaufgabe…«, stellte er fest und klang absolut niedergeschlagen, » ist nicht gesund. Es ist nicht gut.«

»Sag so was nie wieder! Du bist das Beste in meinem Leben!«, konterte ich nochmals, unvermögend zu glauben, was er von sich gab. Dennoch flüsterte widerstrebend eine Stimme in meinem Kopf, dass er womöglich doch nicht ganz falsch lag. Wir hatten uns in eine Art Abhängigkeit voneinander begeben, ohne einen Weg, dies zu ändern. Aber sollte es gleichzeitig das Ende bedeuten?

»Und du in meinem.« Fast emotionslos sprach er, einfach viel zu ruhig für diese eskalierende Situation. Bewies diese Ruhe doch, dass er sich bereits entschieden hatte und nichts, was ich sagte, ihn davon abbringen konnte. Es wäre bei Weitem einfacher, wenn er mich hassen würde, mir ins Gesicht schrie und damit alles wie eine Naturgewalt mit sich reißen würde. Aber dem war nicht so. Seine Hand lag fast schon entspannt an meiner Wange und in seinem Blick machte sich eine Endgültigkeit breit, die mir eine Gänsehaut bescherte. Eindeutig, er war dabei mit dem Kapitel ´Mia´ abzuschließen und mich damit aus seinem Leben zu verbannen.

»Tristan, tu mir das nicht an ...« Obwohl die Hoffnungslosigkeit mein Herz abschnürte, konnte ich nicht anders, als ihn weiterhin anzuflehen. Es war egal, wie armselig ich mir dabei vorkam. Wenn nötig, wäre ich auch vor ihm auf die Knie gefallen. Schließlich entfernte er nicht nur sich aus meiner Welt, sondern alles Positive, die Liebe, die Freude, selbst sämtliche Farben. Trostlosigkeit machte sich breit.

»Du musst mich loslassen, Mia-Baby. Du musst aufhören, dich zwanghaft auf mich zu konzentrieren.

Es gibt auch andere Dinge im Leben eines siebzehnjährigen Mädchens als ein sexbesessener Typ, der ein Arschloch ist.«

Hilflos schüttelte ich den Kopf, aber realisierte gleichzeitig, dass ich verloren hatte. Geduldig blickte er mir in die Augen, bis er die Kapitulation darin erkannte.

Seufzend wollte er sich abwenden, mir seine Hand entziehen, als letzter unwiederbringlicher Beweis, dass es hier und jetzt ein Ende hatte. Aber so weit war ich noch nicht. Fast schon panisch klammerte ich mich an sie, drückte sie weiterhin gegen mich, um den Trost ihrer Wärme in mich aufzunehmen. Noch einmal diese weiche Haut an meiner spüren, noch einmal diesen unvergleichlichen Duft inhalieren und mich in den Phantasien verlieren, dass alles doch nicht der Wirklichkeit entsprach. Mit meiner Nase glitt ich über die Handfläche und überflutete sie mit tränennassen Küssen. Verlor ich diesen Kontakt, würde es zu einer Realität werden, der selbst ich nicht mehr entkommen konnte. Tristan gab mir diesen Moment, schenkte mir kurzfristig die Möglichkeit, den Schmerz zu vergessen, der mich unweigerlich in die Tiefe reißen würde. Mit fast unbewegtem Gesichtsausdruck ließ er es geschehen, aber ich sah auch die Qual in seinen wunderschönen Zügen.

Doch die Maske verhärtete sich, schottete ihn ab und schloss mich gleichzeitig aus. Es war so weit. Ich musste seine Entscheidung akzeptieren, deren Gründe mir immer richtiger vorkamen, je länger diese absonderliche Stimme in meinem Inneren sie bestätigte. Dennoch widerstrebte es dem Rest in mir. Jede Faser schrie nach ihm, versuchte, sich an ihn zu ketten, ihn niemals gehen zu lassen, war bis zum Zerreißen gespannt. Bleischwer lastete die Unabänderlichkeit seiner Worte in dem abgeschotteten Raum des Wagens.

Ich konnte ihn nicht überzeugen, wollte ihn nie einengen, nichts von ihm verlangen, also durfte ich es nicht komplizierter machen, als es war, auch wenn es mir das Herz brach.

»Heißt das ... es ist ... aus?« Wie ich es schaffte, diese Frage zu formulieren und ihm damit mein Einverständnis gab, mich zu verlassen, diesen Traum endgültig zu beenden, würde mir immer ein Rätsel bleiben.

Tristan presste die vollen Lippen aufeinander und nickte knapp. Seine Finger zitterten und zeigten nochmals eine Gefühlsregung, ansonsten wirkte er versteinert.

Als er seine Hand fortzog, war es nicht nur der Verlust seiner Berührung, nein, die Wärme verschwand und wurde durch die eisige Kälte ersetzt, die Tristan fortwährend abzustrahlen schien.

Alles andere von ihm war schon zu weit weg, unerreichbar.

Sämtliches Blut wich aus meinem Gesicht, kalter Schweiß brach aus und ich wollte nur noch in der Leere versinken.

»Mia ...«, krächzte er und ein letztes Mal kehrte er zu mir zurück. Sein Schmerz war deutlich hörbar. Ein Schmerz, den er selber herbeigeführt hatte. Ein letztes Aufbäumen einer noch nicht komplett gebrochenen Seite brachte endlich die Wut zum Vorschein, die ich bereits herbeigesehnt hatte, die sich aber bisher nicht einstellen wollte.

Er hatte kein Recht, Schmerz zu empfinden oder verletzt zu sein! Er hatte doch alles zerstört, hatte mir das Messer tief ins Herz gejagt!

»Ich hasse dich!« Meine Aggression brach sich Bahn, aktivierte letzte Kraftreserven, die ich nutzte, um gegen seine harte Brust zu schlagen.

Geschockt über mich selber, handgreiflich geworden zu sein, stoppte ich, riss die Tür auf und stolperte ins Freie. Keinen Augenblick länger hielt ich es neben ihm aus!

Als Abschied trat ich mit voller Wucht gegen die Tür, drehte mich wortlos um und stürzte in Richtung meines Hauses. Mein Zorn verpuffte genauso schnell, wie er gekommen war, und hinterließ gähnende Leere, in der es nur Verzweiflung gab, die so schwer wog, dass ich sie nur gedämpft wahrnahm. Genauso gedämpft wie die Splitter meines gebrochenen Herzens, die sich durch meine Eingeweide fraßen.

Mit quietschenden Reifen brauste er davon, und mit jedem Meter, den sich Tristan von mir entfernte, wurde ich stärker in die Vergangenheit der letzten Jahre katapultiert. Allein und einsam, nur dass es diesmal richtig wehtat. Ich hatte geliebt und verloren. Er hatte mich geliebt und dennoch von sich gestoßen.

Mit Licht war er in mein Leben gestürmt, um es dann voller Dunkelheit zu verlassen. Wo lag darin der Sinn?

Erschöpft fiel ich auf die Knie, schlug die Hände vor das Gesicht und schüttelte meinen Kopf. Die Tränen erhielten neuen Antrieb, quollen ungehindert aus meinen Augen, um zwischen meinen Fingern hindurch, stetig auf den kalten dunklen Steinboden zu fallen. Meine Energie war verbraucht.

War alles nur ein Märchen? Das Zusammensein mit meinem Helden mit den dreckigen Gedanken und dem knallroten Audi konnte nicht echt gewesen sein. So viel Glück wurde mir noch nie zuteil. Aber war es denn Glück, wenn man in den Himmel gehoben wurde, um danach unweigerlich dermaßen hart aufzuschlagen, dass einem vor Trauer die Luft zum Atmen fehlte?

Ich wusste es nicht. Ich wusste gar nichts mehr.

Nur in einem war ich mir restlos sicher: Von diesem Verlust konnte ich mich unmöglich erholen.

Niemals.

BONTH
DON

Immer wieder samstags

reloaded

Auszug

Tristan war mir nicht wieder über den Weg gelaufen. Vielleicht war es aber auch besser so, denn sein Anblick hätte mich unwillkürlich in Tränen ausbrechen lassen. Was hatte ich denn jetzt noch von ihm zu erwarten, wenn er wieder zur Schule kam? Konnte ich überhaupt etwas erwarten? Diese Unsicherheit, die Tatsache im Ungewissen zu sein, machte mir wirklich Angst.

Nur mühsam gingen die Stunden an mir vorbei. Einerseits begrüßte ich es, andererseits war es ein Fluch. Denn heute würde ich ihn wiedersehen. Das erste Mal seit …

Der Termin für das Interview stand in der Aula an, was er noch für die Schülerzeitung schreiben musste. Nur wie sollte ich das überleben, wie mich ihm gegenüber verhalten?

Seine Erscheinung ertragen, ohne ihn berühren zu dürfen? Keine Chance. Nach wie vor fand er sich in all meinen Gedanken, meinen Träumen wieder, während meine Liebe zu ihm unveränderlich in mir schwelte. Tristan war so unberechenbar. Selten nahm er etwas ernst, daher wusste ich nicht einmal, ob er überhaupt kommen würde. Weder die Aussicht, ihm wieder gegenüberzustehen, noch die Möglichkeit, dass er mich versetzte, wollten einen Hoffnungsschimmer in mir gedeihen lassen. Beides würde mich mit Sicherheit noch tiefer in das mittlerweile schon bekannte dunkle Loch stoßen, in dem ich mich befand, seit er mich verlassen hatte. Allein daran zu denken, tat weh.

Als das Klingeln das Ende der letzten Stunde einläutete, blieb ich so lange sitzen, bis alle den Raum verlassen hatten. Ich wollte niemandem auf dem Gelände begegnen, um weiterhin die Anfeindungen zu ertragen oder die anzüglichen Blicke der Jungs. Ich dankte Gott dafür, dass die Sportlehrerin heute krank war. Gerade als ich mein Geschichtsbuch in meiner Tasche verstaute, hörte ich ein auffälliges Räuspern und realisierte erst jetzt, dass mir meine Ruhe doch nicht gegönnt wurde. Fragend schaute ich auf, geradewegs in große dunkelblaue Augen, betont mit dickem Kajal, Mascara und glitzerndem lila Lidschatten. Eva.

Mit Sicherheit bedeutete das nichts Gutes!

Kalter Schweiß breitete sich aus und das nervöse Flattern in meinem Magen, was ich schon den ganzen Tag wegen des bevorstehenden Treffens mit Tristan verspürte, nahm zu.

Mit ihrem rosa blinkenden Handy kam sie auf mich zugestöckelt, lächelte falsch und zog eine dünn gezupfte Augenbraue nach oben, während sie einen Knopf des Telefons drückte. Ich runzelte die Stirn, denn ich konnte anfangs gar nicht erfassen, was ich da hörte. Aber dann … Sämtliches Blut wich aus meinem Gesicht, meine Augen weiteten sich vor Schock und ich keuchte. Durch den leeren Klassenraum hallte es: mein Stöhnen.

Mit einem süffisanten Grinsen beobachtete sie die Veränderung meiner Mimik mit einer Genugtuung, die ihre Hinterlistigkeit unterstrich.

Eva hatte alles gefilmt!

Konnte mein Leben noch schlimmer werden? Eindeutig.

Ich wollte schreien, weglaufen, sie angreifen, ihr das dämliche Handy aus der Hand schlagen, mich irgendwo verkriechen. Möglichst alles auf einmal, aber ich erstarrte lediglich.

Nein, nein, nein! Bitte nicht!

»Hmm, obwohl du so fett bist, fickt er dich so … So hat er es noch nie mit mir gemacht … Wie er dich festhält …« Nachdenklich schaute sie den Mitschnitt, um mir anschließend unverwandt in die Augen zu sehen. Ihr Blick war eiskalt, so hasserfüllt, dass ich erschauderte.

»Ich weiß nicht, was er an dir findet. Ich weiß nicht, wieso er gerade dich so behandelt! Wirklich nicht.« Abwertend musterte sie mich, und ich fühlte mich entblößt, geradezu nackt vor ihr.

»Was willst du von mir Eva?«, flüsterte ich irgendwann, ohne das Selbstbewusstsein lauter zu sprechen, da meine Stimme fast brach.

Ihr widerlich hohes lautes Lachen drang schmerzhaft in meine Ohren. »Ich will nur, was jedes andere Mädchen auf dieser Schule auch will, du kleine dumme Kuh!

Und ich war so nah dran … als ich den Dreier mit Valerie und Tristan hatte. Aber dann kamst du dahergeschwabbelt!«, spie sie mir verächtlich entgegen, und ich runzelte verwirrt die Stirn. Was? Er hatte tatsächlichen einen Dreier mit den größten Schlampen der Schule, während wir uns nähergekommen waren? Konnte das wahr sein? Mir kam in den Sinn, wie Tristan sie immerzu behandelte, in Verlegenheit brachte und sie sogar in der

Turnhalle wegen mir zusammengestaucht hatte. Warum sollte sie ihn wollen? Ihn, der sie bei jeder sich bietenden Gelegenheit demütigte. Gleichzeitig musste ich mir aber auch eingestehen, dass ich genauso war. Würdelos hatte ich ihn aus der Ferne angeschmachtet, so wie es Valerie und Eva noch immer taten. Doch nun war alles anders. Ich konnte mir gewiss sein, dass mich Tristan zumindest einmal geliebt hatte. Eine Gewissheit, die Eva nie haben würde. Ekel überkam mich. Ekel vor der alten Mia und vor Eva.

»Schau mich nicht so an! Du verstehst es nicht! Ich liebe ihn!« Tatsächlich mischte sich Gefühl in ihren herablassenden Ton. Sie klang verletzlich, und ich hatte fast Mitleid mit ihr. Aber nur fast, denn sie liebte Tristan nicht. Sie liebte vielleicht die äußere Hülle, das, was er repräsentierte, aber nicht den Menschen dahinter. Den Menschen, den sie nicht kannte und auch nie kennenlernen würde.

»Ich würde alles für ihn tun!« Oh Gott, ihre Aussage erinnerte mich stark an mich damals. »Wirklich ... alles, weißt du ...« Den Film hatte sie zum Glück ausgemacht, dennoch hielt sie mir ihr Telefon unter die Nase und fuchtelte damit rum, sodass die Kunststeine darauf glitzerten. »Ich würde deinem Vater sogar das hier zukommen lassen! Was meinst du, würde er wohl sagen?«, säuselte sie.

»Das kannst du nicht machen!«, warf ich panisch ein, doch sie grinste nur breiter. Denn allein die Vorstellung von Harald, der das Video sah ... Nein, das durfte einfach nicht passieren! »Keine Angst, Mia. Ich werde es natürlich für mich behalten. Unter einer klitzekleinen Bedingung ...« ,

»Ich soll mich von Tristan fernhalten«, antwortete ich emotionslos, denn es war nicht schwer zu erraten, auf was sie abzielte, und konzentrierte mich dabei auf die Maserung im Tisch vor mir.

»Mir scheint, du bist doch nicht so blöd, wie du ausschaust. Aber du hast Recht. Keine Dates. Keine Küsse. Kein Sex. Du wirst ihn komplett links liegen lassen und nicht beachten.«

»Aber ich muss ein Interview mit ihm führen.« Geschlagen stellte ich den Blickkontakt wieder her.

»Kannst du ja. Aber du wirst ihn nicht anmachen und ihm deine ...«, sie gestikulierte vor mir mit ihrer Hand herum, »Riesentitten ins Gesicht strecken.« Mit einem Nicken signalisierte ich, dass ich sie verstanden hatte. Mir war es kaum möglich, nur ein Wort rauszubringen.

»Gut.« Sie schien zufrieden und ich widmete mich weiter der Holzplatte, indem ich imaginäre Linien miteinander verband, immer darauf hoffend, dass sie endlich gehen würde, denn mir einzureden, dass alles nur ein Traum war, schaffte ich nicht. Nicht mehr. Ich wollte in Ruhe und vor allen Dingen allein zusammenbrechen.

Im Augenwinkel beobachte ich, wie Eva ihr Handy in der Hosentasche ihrer knappen Jeans verstaute, flehte innerlich, dass sie schneller machen möge. Mit einer erstaunlich grazilen Drehung auf diesen hohen Schuhen wandte sie sich bereits ab, und Hoffnung keimte auf. Aber kurzfristig überlegte sie es sich anders, näherte sich mir erneut und drohte: »Und vergiss nicht! Wenn du ihn irgendwie anmachst, dann landet das hier schneller bei deinem Vater, als Tristan dich ficken kann!« Und als wäre nichts gewesen, streckte sie ihre Hand aus, der ich nicht mehr ausweichen konnte, und tätschelte mir den Kopf, als wäre ich ein braver Hund, um anschließend beschwingt den Raum zu verlassen.

Mit dem Geräusch der zufallenden Tür ließ ich meinen Tränen freien Lauf und vergrub den Kopf in der Ellenbogenbeuge meiner auf dem Tisch befindlichen Arme, sodass meine Stirn die harte Oberfläche unter mir berührte. Wiederholt stieß ich schmerzhaft dagegen, einfach um mich von diesem Irrsinn abzulenken, der die letzten Tage von mir Besitz ergriffen hatte.

Tristan hatte ich bereits verloren, war komplett auf mich gestellt. Zwar könnte ich sicherlich zu ihm gehen und von Evas Plan erzählen, aber entweder würde er mich zurückweisen, dass ich mit meinem Kram von nun an alleine klarkommen musste, oder er würde dermaßen ausflippen, dass sie ihres Lebens nicht mehr sicher wäre. Die Folgen wären katastrophal. Womöglich müsste er die Schule verlassen, während sie es trotzdem schaffte, meinem Vater das Video zukommen zu lassen. Was für mich im Klartext bedeutete, dass ich abgeschoben werden würde. Denn mein Erzeuger drohte mir schon seit Jahren damit, mich zu meinem Onkel Patrick zu schicken, sollte ich nicht so spuren, wie er es verlangte. Ein paar Mal hatte ich ihn bereits getroffen, und mir wurde heute noch schlecht bei dem Gedanken an seine eisblauen Augen, die mich boshaft musterten, geradezu durchleuchteten. Sein herzlich wirkendes Lächeln war eine schlechte Karikatur eines durch und durch sadistischen Mannes, der Frauen wie Abschaum behandelte. Dieses Risiko konnte ich nicht eingehen, unter keinen Umständen.

Also beschloss ich, Tristan nicht einzuweihen, zumal ich

ohnehin nicht sagen konnte, wie er darauf reagieren würde, denn eine weitere Demütigung ertrug ich nicht. Ich war mit meinen Kräften am Ende angelangt. Im Grunde wollte ich mich irgendwo zusammenrollen und schlafen, mich in eine Traumwelt flüchten, wo alles schön und friedlich war, nicht so kalt und dunkel wie mein Leben.

Dennoch kam ich nicht umhin, mich zu fragen, warum ich und Tristan nicht einfach ein ganz normales Liebespaar sein konnten. So viel Glück war mir zuteilgeworden, als wir zusammenkamen. Aber mit ihm verließ mich auch die Gunst des Schicksals. Nun schien alles wie ein Kartenhaus um mich herum zusammenzufallen, begrub das wenige Positive, was mir noch geblieben war, unter sich.

Die laut tickende Uhr über der Tafel erinnerte daran, dass ich mich wieder der Gegenwart stellen musste. Genug mit dem Selbstmitleid und der Heulerei! Mich mit Tristan auseinanderzusetzen, würde mich genug fordern, um diese Erpressung für einen kurzen Moment halbwegs zu vergessen.

Die Schluchzer ebbten ab und ich wischte mir die Tränenrückstände von den Wangen. Ein wenig kaltes Wasser und er dürfte nicht mitbekommen, dass ich geweint hatte, vorausgesetzt es interessierte ihn überhaupt. Schwerfällig erhob ich mich und verließ gerade das Klassenzimmer auf dem Weg zu den Waschräumen, als ich gegen eine harte, bekannte Brust stieß.

»Ups!«, entkam ihm. Er packte mich an den Oberarmen, als ich taumelte und fast das Gleichgewicht verlor. Immer war er da, um mich aufzufangen. Gleichzeitig fühlte ich seinen eindringlichen Blick auf mir, während ich den Boden fixierte, in der verzweifelten Hoffnung, man würde mir die tiefgreifende Traurigkeit nicht ansehen. Ach, wem machte ich was vor? Das Glück ist eine Hure, die mich verlassen hat, dachte ich zynisch.

Natürlich bemerkte er meine noch immer geröteten Augen und mein nach dem Weinen grundsätzlich fleckiges Gesicht.

»Wer war das?«, blaffte er mich an, und ich zuckte vor ihm zurück.

»Wir müssen das Interview führen, dann muss ich nach Hause«, versuchte ich abzulenken und vermied es weiterhin, ihn anzusehen. Bestimmend entzog ich mich seinem Griff und wollte an ihm vorbei, aber sein langer, muskulöser Arm schoss nach vorne. Mich an die Wand drängend kesselte er mich ein, die Hände links und rechts meines Kopfes platziert, und lehnte seine Stirn an meine. Dieser Duft, seine Wärme, sein Körper an meinem und seine Nähe…

Ich war wie berauscht und ein Seufzen entkam mir. Ohne es zu wollen, aber auch ohne die Chance, es zu verhindern, lud sich dieses Knistern, diese Energie zwischen uns auf. Gänsehautschauer rieselten meinen Rücken hinab – ich war völlig bewegungsunfähig.

»Bist du wegen mir so fertig? Wegen Samstag?«, hauchte er mit rauer Stimme. Tristans Atem streichelte meine Haut wie seine Aufmerksamkeit meine Seele.

Seine Anwesenheit benebelte meinen Verstand, aber tief in mir gab es jenen dunklen Punkt, der nicht von Tristan eingenommen wurde, jenen Punkt, der ohne Unterlass Evas Worte wiedergab, in Endlosschleife gefangen. Dieser abwertende, drohende Tonfall rüttelte mich wach, brachte mich dazu zu erkennen, wo wir uns befanden und wie verfänglich diese Situation womöglich auf Außenstehende wirkte.

»Nein.« Ich schluckte hart und versuchte, ihn wegzustoßen, eine Distanz zwischen uns zu schaffen, die es mir ermöglichen würde, wieder logisch zu denken, aber er hielt mich mühelos an Ort und Stelle.

»Hat dich irgendwer blöd angemacht, Mia? Bitte sag es mir! Ich will nicht, dass du wegen mir fertiggemacht wirst, okay? Egal, was mit uns ist. Ich werde verfickt nochmal nicht mehr zulassen, dass sie dir was tun!«

Kurz wollte ich schwach werden, mich an ihn drängen, seinen Schutz annehmen und ihm alles sagen. Angefangen von meinen Gefühlen, wie sehr er mich verletzt hatte, ich ihn aber dennoch von ganzem Herzen liebte, dass alles trist und grau ohne ihn war, bis hin zu Evas Erpressung, die mein Leben noch schlimmer machen konnte, als es sowieso schon war. Aber nichts wollte meinen Mund verlassen. Rein gar nichts, außer …

»Nein, Tristan …« Meine Beine nahmen die Konsistenz von Wackelpudding an und ich hatte die Befürchtung, dass sie jederzeit nachgeben könnten, denn er kannte mich gut und würde meine Lüge wahrscheinlich durchschauen.

»Es war falsch, wie ich reagiert habe. Es war falsch, gleich aufzugeben. Es tut mir leid. Es tut mir so leid...«, wechselte er abrupt das Thema und klang ganz heiser. »Alles ... außer das hier.« Langsam beugte er sein wunderschönes Gesicht zu mir hinunter, strich mit seiner Nasenspitze über meine, und ich badete in seinem heißen Atem, der mich einhüllte, mir Frieden schenkte, bis er mit seinen Lippen hauchzart, fast schon fragend, über meine glitt. Ab dem Moment lief ich auf Autopilot. Alles war vergessen, und ich hob meine Hände, krallte mich in sein graues

Shirt und zog ihn an mich. Zu sehr hatte ich mich nach seiner Nähe gesehnt ... Ich wollte sie auskosten, wenigstens noch ein einziges Mal. Es war nur eine Ausnahme, ein letzter Kuss zum Entwöhnen. Leider, oder vielmehr Gott sei Dank, kam ich wieder ins Jetzt und Hier, erfasste das Verbotene an unserem Kontakt und schob ihn kraftvoll von mir, um anschließend sofort unter seinem Arm durchzuschlüpfen. Viel zu überrumpelt ließ er es geschehen.

»Es ist zu spät ... Bringen wir einfach das Interview hinter uns.« Tonlos reihte ich diese Worte aneinander, von denen mir nicht klar war, wen sie mehr verletzten. Ihn oder mich. Aber ich konnte, nein, durfte auf diese sinnlosen Überlegungen keine Kraft verschwenden. Die brauchte ich, um Abstand zu wahren, diese Scharade aufrechtzuerhalten. Absichtlich vermied ich es, mich auf dem Weg zur Aula umzudrehen, wollte den Schmerz meiner Abweisung nicht in seinem Gesicht lesen.

Tristan weiterhin nicht beachtend kam ich endlich an und sah zu allem Überfluss auch noch Tom an einem der Tische sitzen. Obwohl, vielleicht war das sogar besser. Ansonsten waren wir allein. Außer Puste ließ ich mich gehetzt wie eine Verrückte auf den erstbesten Stuhl ihm gegenüber fallen, als auch schon mein "Verfolger" neben mir Platz nahm. Ein kurzer Blick zu ihm verriet mir alles, was ich wissen musste. Tristan war sauer.

Seinen kompletten Körper zu mir drehend lehnte er einen Ellbogen auf den Tisch und ignorierte seinen Bruder dabei völlig.

»Was soll das heißen, es ist zu spät? Spinnst du?«, fragte er aufgebracht, und ich seufzte, weil mir doch klar sein musste, dass er diese Sache nicht einfach auf sich beruhen lassen würde. Wann gab er jemals einfach so nach? Nur, wie sollte ich ihm begreiflich machen, dass ich ihn nicht mehr wollte, obwohl es eine eiskalte Lüge war?

»Es soll heißen, dass du ein Arschloch bist, Tristan!«, spie ich ihm wagemutig entgegen. Tom holte scharf Luft. Ohne den Blick zu heben, starrte ich vor mich hin, sah dabei kein Detail. Krampfhaft fixierte ich dieses Nichts, um nicht in seine Richtung zu sehen. Er würde mich durchschauen, ganz sicher. Und dann?

»Uhhh!«, kommentierte Tom. Derweil bohrten sich die Augen von Tristan in mein Profil. Es tat fast körperlich weh, weil ich beinahe spüren konnte, wie schockiert er war. Gleichzeitig schämte ich mich zutiefst. Aber ich hatte keine Wahl.

Ein abfälliges Schnaufen neben mir brachte mich dazu, wankelmütig zu werden und dennoch seinen Blick zu erwidern. Das Grün-Braun funkelte angriffslustig und sein Gesichtsausdruck verhärtete sich.

Seine Wut fesselte mich, feuerte meine Angst an, die mich wohl nie wieder verlassen würde, und hinderte mich daran wegzusehen. Hoffentlich glaubwürdig setzte ich eine unbeteiligte Miene auf.

»So wollen sie es also, Miss Angel? Auf die Vorwurfstour? Sehr gerne! Also ... Du hast mich
gereizt und du wolltest es genauso wie ich und du hättest jederzeit sagen können, dass ich aufhören soll. Aber du wolltest nichts anderes, als von mir gefickt zu werden. Ich hab dir lediglich einen verdammten Gefallen getan!«

Das war doch wohl die Höhe! Natürlich hatte er mir lediglich einen Gefallen getan wie ein verdammter Samariter. Ja, verdammt. Selbst das Fluchen in Gedanken war wohltuend!

»Ja, und!«, schrie ich voller Zorn. »Du hast mich ja auch systematisch gefügig gemacht mit deinen Talenten und deinem ... deinem ... Scheiß-Ficker! Du bist einschüchternd schön und dazu auch noch gefährlich fähig. Du weißt ganz genau, wie du mich berühren musst, damit ich weder ein noch aus weiß! Und du weißt auch, dass dir keine Frau widerstehen kann und ich dir sowieso vollkommen verfallen bin! Also tu jetzt verdammt nochmal nicht so, als wärst du an dem Ganzen unschuldig!« Wir sahen uns rasend an, während er konterte: »Andersherum ist es doch dasselbe! Ich kann dir auch nicht widerstehen, und du weißt das auch! Du bist die, die mich ständig reizt und mich süchtig nach sich gemacht hat. Du hast meine Schwächen für dich genauso ausgenutzt, wie ich es bei dir getan habe!«, brüllte er zurück. Mit zu Fäusten geballten Händen keuchten wir um die Wette, bis ich an Tom dachte, der uns mit offenem Mund anstarrte. Das war ernüchternd, also schüttelte ich kurz den Kopf, um mich zu sortieren.

»Führen wir jetzt das gottverschissene Interview, und dann lass mich in Ruhe, Tristan! Das bringt nichts«, murmelte ich. Irritiert musterten mich beide, weil ich nun auch schon verbal fluchte. Toms Reaktion mündete in einem Glucksen, was von einem mürrischen Grunzen neben mir zum Schweigen gebracht wurde.

»Fein!«, knurrte Mister Angepisst und knallte einen Block auf den Tisch, den er förmlich aus seiner Schultasche riss. Mit dem passenden Stift legte er auch schon los.

»Wo bist du geboren?«, fragte er superknapp und kalt.

»Hier!«, antwortete ich genauso.

»In dieser Aula, oder was?«, erwiderte er ätzend, und ich wollte ihm die Zunge rausstrecken.

»Ja! Hier auf diesem Tisch!«, schnauzte ich zurück.

»Was sind deine gottverschissenen Hobbys, außer mich fertigzumachen?«

»Mich von dir ficken zu lassen!«, rotzte ich, worauf er nur sein Gesicht verzog, es aber aufschrieb.

»Lernst du oft?«

»Nein!«

»Wie oft?«

»Gar nicht!«

»Trotzdem nur Einser?«

»Ja!«

»Ein verdammtes Genie, hm?«

»Ja«

»Genie und Genie gesellt sich gern«, warf Tom freundlich ein.

Ich verdrehte theatralisch die Augen. Dann ging es in gleichem Ton weiter. Wie ein Tennismatch knallten wir uns Fragen und Antworten um die Ohren.

»Was ist dein Lieblingsfach?«

»Biologie!«

»War ja klar ... Lieblingsfarbe?«

»Rot!«

»Lieblingsmusik?«

»Alternative!«

»Lieblingssport?« Hier stockte er und sah mich eindringlich an, um sich seine Frage selbst zu beantworten, und schrieb: Ficken mit Tristan Wrangler. Wir verkniffen uns ein Schmunzeln.

»Lieblingsgericht?« Diesmal klang er weicher.

»Lasagne und Antipasti.«

»Was willst du machen, wenn du mit der Schule fertig bist?« Besorgt sah er mich an, und ich realisierte erst jetzt, dass es ihn wirklich interessierte. Mir wurde warm im Bauch, als mir klar wurde, dass er nicht wollte, dass sich unsere Wege endgültig trennten.

»Ich werde Künstlerin.« Trotzig hob ich mein Kinn, als er mit dem Schreiben stoppte, um mich fordernd anzuschauen. »Ich werde nicht wegziehen«, zerstreute ich seine unausgesprochenen Ängste.

»Ich würde dich sowieso nicht fortlassen«, gab er trocken hinterher und notierte es. Gespielt ernst verschränkte ich die Arme vor der Brust, auch wenn meine Gliedmaßen die Stabilität einer Qualle hatten.

Tom hingegen, der die ganze Zeit unserem Duell lauschte, prustete plötzlich los, woraufhin wir ihn böse anfunkelten.

»Läuft das immer so zwischen euch ab? Wenn ja, dann will ich öfter dabei sein, denn ihr seid wirklich lustig«, amüsierte er sich schulterzuckend.

»Das ist nicht witzig!«, knurrten wir gleichzeitig und blitzten uns dann aus schmalen Augen wütend an. Einerseits völlig lächerlich, andererseits war es uns tatsächlich ernst.

»Okay, okay, ich bin schon still!« Tom grinste noch immer und lehnte sich nun entspannt zurück, als säße er im Kino, darauf wartend, dass die Vorstellung weiterging. Nur das Popcorn, eine Cola und die 3D-Brille fehlten.

Tristan und ich blendeten ihn aus und maßen uns weiterhin, versuchten, den anderen einzuschätzen, in ihm zu lesen beziehungsweise zu ergründen, was in dem Gegenüber vorging. Mit einem Seufzen gab er schließlich auf und strich sich erschöpft mit beiden Händen durch sein wunderbar dunkelbraunes Haar.

»Wieso bist du so, Baby?«, platzte es aus ihm. Ihn verwirrte mein Verhalten zusehends, aber darauf konnte ich keine Rücksicht nehmen.

»Weil es vorbei ist. Schon vergessen?«

»Fuck!« Sein Fluch wurde untermalt durch das Geräusch des Stiftes, der seiner Hand entglitt und auf dem Tisch landete. Verzweifelt fuhr er sich erneut durch seine Strähnen.

»Meinst du das echt ernst?« Obwohl noch ein wenig Hoffnung in seiner Frage mitschwang, hörte man auch die resignierte Aussage darin.

»Du wolltest es so ...«, nickte ich und bevorzugte es überall hinzusehen, nur nicht zu Tristan. Ich ertrug es einfach nicht und fühlte mich miserabel, ihn wiederholt verletzen zu müssen. Aber es war sinnlos. Es gab keinen anderen Weg, also musste ich die Konsequenzen tragen, ihm kurzfristig wehzutun, anstatt ihm womöglich dauerhaft sein Leben zu ruinieren, weil sein Temperament mit ihm durchging, sollte ich ihm alles beichten.

»Nein, tut sie nicht«, ergriff Tom das Wort, und ich schaute ihn giftig an. Entschuldigend hob Blondi seine Hände.

»Hey, ich werde Psychologie studieren und hab mich lang genug mit der Materie beschäftigt, um mich vorzubereiten. Also kannst du mir so schnell nichts vormachen. Tristan muss wirklich blöd sein, wenn er dir diesen Scheiß abkauft. Von wegen vorbei, schau doch mal deine Körperhaltung an. Du krabbelst ja fast auf seinen Schoß«, redete er besänftigend auf mich ein, erreichte damit aber nur, dass ich ertappt meine Unterlippe malträtierte. Oh Gott, Tom zerstörte alles! Verstand er denn nicht, dass es nur zu

Tristans Bestem war? Konnte er nicht einmal seinen Mund halten? Wenn er nur wüsste, was er damit anrichtete. Verzweifelt strich ich über meine Stirn, bemerkte, dass ich Tristan tatsächlich zugewandt saß und korrigierte es umgehend. Wie sollte ich ihn jetzt noch überzeugen, genaugenommen beide?

»Dann wirst du mal ein wirklich schlechter Psychologe werden, denn das mit Tristan ist vorbei! Ausnahmsweise hat er nämlich Recht, er ist nicht gut genug für mich. Hat er doch selbst bestätigt!« Wie hieß es doch gleich? Angriff ist die beste Verteidigung!

Getroffen zuckte Tristan zusammen, aber ich ignorierte ihn.

»Ich hab die ganze Woche darüber nachgedacht und endlich gemerkt, dass er ein Arschloch ist, und tja ... ich bin keins.« Tief durchatmen und mit fester Stimme argumentieren, impfte ich mir ein.

Tom seufzte nur und konterte dann ruhig: »Tristan kann zwar ein Arschloch sein, wie er immer wieder so eindrucksvoll beweist. Aber er liebt dich, Mia!« Mit Mühe hielt ich meinen unbewegten Gesichtsausdruck aufrecht, obwohl ich vor Rührung am liebsten in Tränen ausgebrochen wäre. Es war so liebenswert, wie er seinen kleinen Bruder in Schutz nahm. Allein dafür wollte ich ihn in den Arm nehmen und richtig knuddeln. Außerdem schien er mit unserer Verbindung kein Problem zu haben. Das Bedürfnis, die abwehrende Maske herunterzureißen und meine kalten Worte an Tristan mit Küssen zu negieren, wurde immer stärker. Warum gab es keine andere Möglichkeit?

Meine zunehmenden Zweifel würden alles verraten. Das durfte nicht passieren. Evas Stimme in meinem Kopf erinnerte mich zuverlässig an die Keine-Chance-Garantie.

»Ich kann für mich selber sprechen, Tommi!«, wehrte sich Tristan natürlich, denn er wollte seit jeher allein auf seinen schönen Beinen stehen.

»Ach ja? Du hast mir doch noch nie gesagt, dass du mich liebst!« Mit dem Satz zog ich ihm den Boden unter den Füßen weg, das war eindeutig. Wie konnte es geschehen, dass ich so herzlos und gemein zu ihm wurde? Nicht einmal die Erpressung durch Eva rechtfertigte mein Verhalten.

Er sah das wohl genauso: »Das bist nicht du, Mia. Sag mir bitte, was los ist. Was ich tun kann ...« Erschreckend, wie gut Tristan mich schon kannte. Aber auch, wenn er seinen Blick förmlich in meinen bohrte, ich blieb standhaft.

»Das geht dich nichts an! Ich geh dich nichts an, okay? Nicht mehr«, formulierte ich teilnahmslos.

Selbst Tom war wohl mit seinem Latein am Ende, denn als sich Tristan nun doch hilfesuchend an ihn wandte, zuckte der nur mit den Schultern und flüsterte: »Lass ihr Zeit.«

Ich verdrehte die Augen. Wäre das alles nicht so traurig, könnte ich mir ein Lachen nicht verkneifen, viel zu surreal war diese ganze Unterhaltung.

»Sind wir jetzt fertig mit deinem Interview?«, lenkte ich von der Grundsatzdiskussion ab, denn hier war kein Weiterkommen möglich.

»Nein, gottverdammte Scheiße! Du wirst erst gehen, wenn du mir gesagt hast, was mit dir los ist!« Sollte Tristan nur ausflippen, das war ohnehin leichter. Also stand ich einfach auf und schulterte meine Schultasche.

»Ich gehe jetzt, Mista Wrangler!«

»Fuck, Mia, nein!«, haspelte er fast hilflos. Dann hatte er mich schon am Arm gepackt und an sich gezogen. Mit Wucht drückte er mich mit seinem Unterkörper gegen die nächstbeste Wand.

»Mia-Baby ... bitte ...«, flehte er. Seine Hände lagen an meinen Hüften und seine Daumen fanden ein wenig freie Haut am Bund des Pullovers, die sie streichelten.

»Ich bin ein Vollidiot und kann vollkommen verstehen, dass du mit mir nichts mehr zu tun haben willst, nachdem, was ich dir am Samstag angetan habe, aber ich werde deine Entscheidung nur akzeptieren, wenn du mich nicht mehr liebst ... und das ist nicht so. Du hast es selber gesagt. Wir können alles überwinden, solange wir uns lieben«, bettelte er regelrecht. Ich war kurz davor zu schmelzen. Tristan Wrangler kämpfte um mich, wollte nicht ohne mich sein. Kein Mädchen dieser Schule hätte ihn abgewiesen – bis auf eins. Und dieses tat es nicht freiwillig. Mit zusammengepressten Lippen starrte ich ihn an, immer noch geschockt von seiner Ansprache. Mir durfte jetzt kein Fehler unterlaufen, also sagte ich gar nichts. Genoss stattdessen das Gefühl, ihm ein letztes Mal so nah zu sein, gewohnt in herrischer Manier – zwischen ihm gefangen – mit seinem Atem in meinem Gesicht.

»Ich werde mich ändern, Mia. Nur für dich, okay? Aber bitte gib uns nicht auf.« Jetzt musste ich schon auf meine Unterlippe beißen, um nicht wie ein Wasserfall alles auszuplaudern, was er wissen wollte. Ich liebte diesen Mann so sehr, und hielt es kaum aus, ihn so zu sehen, so verzweifelt, so am Ende. Ein Blick in seine bezaubernden Iriden und ich wollte alles vergessen, ganz besonders die Schlampe mit ihrem Video! Sollte sie doch zu meinem Vater gehen; wenn der sich das Teil ansah, würden

Tristan und ich längst irgendwo sein – weit weg. Ausgewandert an einen Ort, wo uns niemand finden konnte...

»Bitte ...«, wisperte er wieder und meine Augen brannten. Ein Schluchzen wanderte langsam meine Kehle hinauf. Nur noch Sekunden und es würde die letzten Barrieren überwinden und dann ... dann würde ich nachgeben und alles zunichtemachen. Aber es gab kein Irgendwo, es gab nicht einmal eine Flucht und damit kein: ... und Tristan und Mia liebten sich, bis der Ficktod sie trennte ... Eilig senkte ich den Kopf, betrachtete aufmerksam den leicht abgenutzten Boden der Aula. Ich musste jetzt stark sein. Nicht für mich – ich war egal. Doch für ihn. Für ihn!

Eine phantastische Motivation, so wie immer. Der Zauber wirkte unvermindert. Ich benötigte zehn elend lange Sekunden, dann hatte ich mich gefangen und meine Knie drohten nicht mehr, unkontrolliert zu zittern. Das verdammte Herz in meiner Brust führte einen irren Wirbel auf, der diesmal garantiert nicht auf einen glücklichen Moment zurückzuführen war. Doch ich brachte es fertig, ihn anzusehen. Er war mir so nah. Es war so intim. Er hielt mich so fest. Sein göttlicher Körper nur zentimeterweit von meinem entfernt.

»Liebst du mich noch, Mia?«, fragte er nun vermutlich doch unsicher geworden, während sein Daumen meine Lippe zwischen den Zähnen hervorzog, um anschließend sanft darüber zu streichen. »Sag es mir. Sag mir, dass du mich nicht liebst und ich werde dich in Ruhe lassen.« Wie tiefe Seen lagen seine Augen auf mir, sodass ich den Blick nicht abwenden konnte, voller Sorge und Zuneigung, aber auch voller Leidenschaft und Liebe. Ich empfand so viel Zärtlichkeit für diesen Mann, die sich eher noch steigerte, als abebbte. Erst recht, als sein Braun-Grün durch Tränen verschleiert wurde. Tränen!

»Tristan«, hauchte ich gebrochen. Mehr brachte ich nicht zustande, denn er untergrub fortwährend meine Selbstbeherrschung.

In diesem Moment erlaubte ich mir, noch einmal schwach zu werden. Ich holte ihn: meinen letzten Kuss. Und weil der bis an mein Lebensende genügen musste, berührte ich nicht nur wie so häufig seinen Nacken – was er im Übrigen ohne Widerstand geschehen ließ. Die vorwitzigen Finger tasteten sich vor, bis sie volles Haar fanden, von dem ich wusste, wie sexy es roch.

Überrumpelt ergab er sich mir, erlaubte erstmals ohne Widerstand, dass ich seine seidigen Strähnen mit meinen Fingern berührte, mich regelrecht an ihnen festkrallte und seine ohnehin chaotische Frisur zerstörte, komplett durchwühlte.

Mich willkommen heißend presste er sich an mich und rieb genüsslich seinen Schritt an meinem. Sein Stöhnen vibrierte tief in jedem noch so kleinen Knochen in mir, begleitet von Bildern, von denen ich annahm, dass sie nie wieder Wirklichkeit werden würden. Bilder, die mich belebten, die uns beide eng umschlungen zeigten: Tristan in mir, verbunden mit Händen, den Lippen, unseren Körpern und den Herzen. Doch etwas störte die Einträchtigkeit, kam bedrohlich näher wie Gewitterwolken, die einen schönen Sommertag störten, kombiniert mit einem noch entfernten Donnern, dass das Unheil ankündigt. Ein tiefes Grollen, das uns jederzeit erreichen konnte, sich nach und nach in der Klangfarbe änderte, bis immer deutlicher Eva herauszuhören war und mich somit unwillkürlich aus meinem Traum riss.

»Ich kann dich nicht mehr lieben!«, nuschelte ich also direkt in seinen Mund.

Bevor er auch nur verkraften konnte, was ich da artikulierte, schubste ich ihn von mir und stürmte mit Tränen in den Augen aus der Aula. Eilig rannte ich zu den Fahrradständern, wo mein Beben und die verschwommene Sicht mich daran hinderten, ohne weiteres das Schloss zu öffnen. Ungehalten kämpfte ich damit, aber ich war nicht schnell genug. Tristans Schritte drangen an meine Ohren. Er war wirklich hartnäckig, wenn er etwas wollte.

»Zuerst der hammergeile Kuss und dann sagst du mir, dass du mich nicht mehr lieben kannst! Wie zum verdammten Teufel soll ich das verstehen? Bist du jetzt schizophren geworden, oder was?«

»Ja!«, schrie ich und trat verzweifelt gegen die Reifen, weil ich dieses verdammte Schloss nicht aufbekam.

»Baby, du tust dir noch weh.« Tristan schob mich zur Seite und öffnete behände das Schloss, währenddessen redete er weiter: »Von mir aus sag, dass du mich nicht liebst! Ist mir egal, weil ich weiß, dass es nicht stimmt! Du kannst mich nicht verlassen! Du bist Mia. Ich bin Tristan. Das geht nicht!«

Egal was ich tat, egal was ich von mir gab, es spielte keine Rolle. Er machte ohnehin, was er wollte. Das brachte das Fass endgültig zum Überlaufen. Mein Blut begann zu kochen, verwandelte sich in gleißende Lava und gipfelte in ausbrechender Wut. Mit dem festen Willen, diesem Unsinn jetzt ein Ende zu bereiten, baute ich mich vor ihm auf, auch wenn ich aufgrund meiner geringen Größe wohl nicht sonderlich einschüchternd wirkte.

»Du hast mich verlassen, nachdem du mich gefickt hast, als wäre ich eine deiner billigen Schlampen, okay? Es gibt nichts mehr zu besprechen zwischen uns. Du kannst jetzt so weiterleben, wie du es vor mir getan hast.« Mein Zorn verlieh mir die Kraft, zur Not auch unfair vorzugehen, aber mehr als ein leises Zischen brachte ich nicht fertig, ohne laut zu schreien.

»Ach ja, willst du das?« Provokativ hob er eine Augenbraue, auch er sprach gefährlich leise.

»Mach doch, was du willst«, erwiderte ich kühl.

»Es macht dir nichts aus, wenn ich meinen Ficker in eine andere Pussy stecke?« Entweder kam die Bedeutung meiner Aussagen nicht bei ihm an oder er glaubte mir schlichtweg nicht.

Daher nickte ich nur knapp, während sein Blick immer düsterer wurde.

»Und du?«, kam nun bedeutend unsicherer von ihm.

Mir war klar, dass meine Antwort die letzten Zweifel in ihm zerstören musste, also holte ich zum vernichtenden Schlag aus: »Ich werde nicht so weitermachen, wie ich zuvor gelebt habe. Ich habe mich nämlich weiterentwickelt und meine Pussy auch. Im Übrigen vielen Dank dafür. Die anderen Ficker werden sich sicher freuen!«

Somit packte ich mein Rad, schwang mein Bein über den Sattel und brachte mich aus seiner Reichweite, nur weg von ihm!

Meine Tränen behinderten erneut meine Sicht, mein Herz legte ein Stakkato hin und mein Magen nahm mir die ganze Aufregung enorm übel.

Doch am allerschlimmsten war, dass ich meine und Tristans Liebe mit Füßen getreten hatte, den Mann, den ich so sehr begehrte, dass es wehtat, demütigte und ihm eiskalt ins Gesicht log. Ich fühlte mich widerwärtig. Gleichzeitig verfluchte ich Eva und die dumme Technik von heute, die mich erst dazu gebracht hatten, so zu werden ...

Wo sollte das nur hinführen?

DANKSAGUNG

Vorsicht, das hier wird wahrscheinlich die längste Danksagung aller Zeiten, auch wenn mich mein Gedächtnis teilweise im Stich lässt und ich improvisieren muss.

Natürlich danke ich zuallererst meinem Sohn, weil er mein Herz ist, weiterhin meinem Mann, der meinen Wahnsinn erträgt und mich immer unterstützt, dann Victoria, die die beste Schwester dieser Welt ist, und meinen Eltern, auf die ich mich immer verlassen kann.

Dann möchte ich meiner Lektorin danken. Immer wieder hat sie es geschafft, mich mit ihrem Einfühlungsvermögen zu wundern. Ich hatte manchmal das Gefühl sie würde meine Charaktere besser kennen als ich selbst. Tausend Wortwiederholungen rückte sie an den Leib und schreckte auch vor meinen berühmt-berüchtigten Lieblings- und Zwangswörtern nicht zurück. Ich bin froh, eine Person gefunden zu haben, die mit demselben Herzblut – ihrer Seele – an der Geschichte hängt wie ich und Szenen mit mir ausbaute, wodurch die Geschichte zu dem werden konnte, was sie nun ist. Ich weiß, es war wirklich harte Arbeit für dich, Baby. Vielen Dank dafür, dass du dich so auf DwF und Mia-Baby und vor allem meinen Wahnsinn eingelassen hast. Ich verbeuge mich vor deinem Können!

Ich danke meiner Babels/Mrs. Muse. Mit einer Review fing eine Freundschaft fürs Leben an, die (hoffentlich) überdauern wird, bis wir im Rollstuhl mit DwF und Rotzi auf unserem Burgbalkon sitzen. Danke, dass du da bist, Baby. Du bist mein Notizblöckchen, meine Krücke … Danke für die ehrlichste Kritik, aber auch die große Begeisterung, die du beim Probelesen an den Tag legst und mit der du mich dazu bringst, mich immer und immer und immer wieder in meine Charaktere neu zu verlieben, weil sie genauso deine Babys sind wie meine.

Ein großes Danke geht auch an Anke! Ihre Liebe fürs Detail, vor allem bei »Ruf des Teufels«, ihr sprachliches Gefühl und ihr kühler Kopf haben mir bei einigen Geschichten und auch persönlich oft weitergeholfen. Grüße an Peter schick und wildwink.

Maya, du bist so ein lieber Mensch und eine wunderbare Autorin! Ich möchte dich den ganzen Tag knuddeln! Danke für deine Hilfe! Drück dich gaaaaaaaaaaaaaaaaaaaaaaaanz fest!

Last but auf keinen Fall least danke ich allen Fanfiction Lesern und unerwähnten Freunden. Eure Unterstützung, Eure Offenheit und Euer Verständnis haben mir den Mut gegeben, an mich zu glauben!

Denn dieses Buch ist und bleibt mein Baby Nummer eins. Mein gesamtes Herzblut, all meine Leidenschaft, vieles was mich bewegt und zutiefst berührt, steckt hier drin, und ohne Euch hätte ich genau DIESEN Schritt hier nie gewagt!

Ich hab Euch so lieb!

⊙═╾╼═⊙

Zum Schluss möchte ich auch ein bisschen was über die Beweggründe sagen, die mich dazu bewogen haben, dieses Buch zu schreiben.

Ich hatte das Glück in einer wundervollen, intakten Familie mit einer acht Jahre jüngeren Schwester aufzuwachsen – inklusive vieler Tiere, wie zum Beispiel Katzen, Hunden, Meerschweinchen, Wüstenrennmäusen und Kaninchen. Sogar lesbische Enten waren zeitweise dabei.

Kurz vor meiner Geburt sind meine Eltern aus Prag nach Deutschland gezogen, um sich in Oberbayern niederzulassen. Dort auf dem Land mussten sie sich alles neu aufbauen. Trotz dieses schwierigen Starts und obwohl sie nie viel Geld besaßen, wurde ich immer geliebt, in allen verrückten Phasen unterstützt. Auch heute noch haben sie natürlich jederzeit ein offenes Ohr für mich. Dafür und für viele andere Dinge werde ich ihnen auf ewig dankbar sein.

Doch leider hat nicht jeder dieses Glück.

Da ich sehr offen erzogen wurde, interessiere ich mich für Menschen, ihre Geschichte, und habe dementsprechend auch schon genügend kennengelernt, die keinen so angenehmen Start ins Leben hatten. Tagtäglich kommen Horrormeldungen aus Deutschland und der ganzen Welt dazu, die die Tragweite dieser Zustände offenbaren. Davor darf und sollte man nicht die Augen verschließen!

Allein deshalb würde ich mir gern etwas wünschen.

Solltet Ihr, meine lieben Leser, auf der Straße jemanden begegnen, der Euch aus welchen Gründen auch immer nicht passt/komisch erscheint, denkt an diese Geschichte. So tolerant, wie wir alle vermeintlich sind, so vollgestopft sind wir mit Vorurteilen, ob wir wollen oder nicht.

Sagt Euch: ´NEIN, ich möchte nicht verurteilt werden, also verurteile ich auch nicht!´

Ruft euch Tristan und Mia ins Gedächtnis. Er hat auch einige Zeit gebraucht, um hinter ihre Fassade zu blicken, und entdeckte dann einen herzensguten Menschen, genauso ist es andersherum. Er wirkt wie ein intolerantes Arschloch, ist aber so viel mehr … Mehr dazu im zweiten Teil ;)

Nehmt euch ein paar Minuten Zeit und versucht, auch hinter die Maske zu schauen, die manche Menschen nur aus reinem Selbstschutz tragen, weil sie gar keinen anderen Ausweg sehen, um in der heutigen Gesellschaft klarzukommen, oder es einfach nie gelernt haben. Es gibt immer Gründe, die Leute zu dem machen, was sie sind. Oft sind diese absolut unvorstellbar, aber dennoch real!

Geht mit offenen Augen durchs Leben und seht nicht alles schwarz/weiß oder nur Euch selbst.

Es ist ein Tropfen auf dem heißen Stein, wie man so schön sagt, aber ein Anfang.

Jetzt bin ich abgeschweift, und womöglich ist hier weder der rechte Ort noch die rechte Zeit, um dies zu sagen.

Aber wenn nicht jetzt, wann dann?

Over und Out alias Uwe und Klaus!

Eure

Kera Jung

Urteil: *Leben*

Feuer und Wasser

APP   Roman

Als Andrew die junge Josephine kennenlernt, weiß er sofort, dass er endlich das gefunden hat, wonach er niemals wirklich suchte, es aber mehr als sein Leben braucht: Die große Liebe, der Mensch, für den er bereit ist, alles zu opfern und alles zu geben. Und auch sie scheint seine Gefühle zu erwidern. Sehr bald müssen beide jedoch erkennen, dass sie von jedem Glück weit entfernt sind. Während Andrew für keine Sekunde mehr ohne die neue und gleichzeitig erste Frau in seinem Leben sein will, kann die überhaupt nicht mit seiner Nähe umgehen. Ein Paar wie Feuer und Wasser, das dennoch entschlossen ist, um sein Glück zu kämpfen. Werden die beiden die großen Hürden bewältigen oder ist ihre Beziehung von Anfang an zum Scheitern verurteilt und sie steuern unbemerkt in die Katastrophe? Kera Jung einmal anders.

ISBN Print: 9783945164013

Kera Jung

Erstens kommt es anders ...

Roman

Überglücklich glaubt Stephanie - Stevie - Grace, endlich eine sichere, lukrative und in erster Linie komplikationslose Anstellung
gefunden zu haben. Michael denkt, dass er eine fähige, attraktive
und vor allem willige Assistentin aufgetan hat. Beide liegen mit
ihren Annahmen nicht unbedingt richtig, was zwangsläufig zu
der einen oder anderen Komplikation führt.

ISBN: 978-3-945164-03-7